極權暴政的席捲與野蠻歐陸的誕生

共同體的神話

From
Peoples
Into
Nations

A History of
Eastern Europe

JOHN CONNELLY
約翰·康納利
黃好萱 譯

東歐百年史・冊2

CONTENTS

PART 3

獨立的東歐

PART 4

納粹與蘇維埃帝國下的東歐

PART 3

獨立的東歐

chapter

12

一九一九年：新歐洲與老問題

若說一八四八年至一八四九年歐洲革命人士的訴求在於與君主統治的舊世界決裂，那麼一九一七年至一九一八年的革命才算是真正的成功。從柏林、維也納、布達佩斯及華沙，一路往東到莫斯科及更遠東之處，「人民」的代表推翻了國王、公侯和領主的統治，幾個月後，中東歐的地圖上已布滿先前從未有過的國家，與此同時，左派也出現新的分支，撼動了這場史上首見的大規模民主化實驗。

兩代人之前，支持「人民統治」理念的是自由主義者，其中立場偏左的人支持男性普選權，中間派則希望僅限受過教育和持有財產的成年男性。然而，情況至今已有所改變，自由主義漸漸不再是核心的政治承諾，中東歐也有越來越多主張人民統治的新一代政治力量或多或少遵守著自由主義原則，其中勢力最大的為社會民主主義者（大多遵循馬克思的傳統），但也有民族民主主義者、民族社會主義者＊、基督教社會主義者，以及各式各樣的農民黨派（這類黨派在部分天主教地區被稱作人民的政黨，在波希米亞為「農民派」〔Agrarian〕，在加利西亞為「皮亞斯特」〔Piast〕，在塞爾維亞則稱為「激進派」〔Radical〕）。第一次世界大戰結束時，社會民主主義出現了重大的政治分歧，社會民主主義的中間派及右派主張與其他勢力合作，制定國會民主制度，但極左派此時出現了名為「共產主義」的新興勢力，欲以社會主義革命的名義奪權，粉碎資產階級，而俄羅斯與德國正是雙方勢力拉鋸最著名的戰場。

一九一七年春季的俄羅斯，先是女性、再來是工人與士兵，接連湧入彼得格勒（Petrograd）訴求和平與麵包。即使軍警人員開槍殺死數百人，群眾人數仍不斷擴大，占領了市中心。幾天之內，君主退位，自由主義和社會主義政治人物建立臨時政府，準備舉行全國選舉。同時間，工人和士兵採用了一九○五年革命遺留下來的組織形式，也就是之後造成深遠影響的蘇維埃運動，讓工人和士兵可於工廠、軍隊及城鎮中推選代表。在俄國社會民主主義內部，雖然溫和派「孟什維克」（Menshevik）占多數，但還有個激進的左翼革命團體，其領袖列寧認為世界大戰已將歐洲推向社會主義革命的邊緣，他不容忍任何與「資產階級」合作的統治形式。他的支持者「布爾什維克」（Bolshevik）在好幾個蘇維埃中都占多數，廣受士兵和農民歡迎。

在協約國的施壓下，俄羅斯政府不顧損失慘重，繼續打著一場沒有勝算的戰爭，傷亡人數於一九一七年整個春夏不斷攀升，城市補給情況惡化，導致民眾情緒高漲、越發激進。秋天，右派試圖發

＊編註：「national socialism」在德國與法西斯語境中等同納粹主義（國家社會主義），但中東歐並非每個民族社會主義黨派都是法西斯黨派，為區分兩者，只有提及法西斯組織時會採用「國家社會主義」，但此與蘇聯時期的state socialism並不相同。

動政變無果，遭工人和士兵壓制，列寧和布爾什維克黨人發現權力「就處於街頭」，並與左翼農民激進分子一起以社會主義革命的名義奪取了政權。一九一八年一月，布爾什維克黨派關閉了近期甫推選出的自由制憲國會，他們在國會中占少數（但此時布爾什維克於俄羅斯社會民主黨〔Russian Social Democrats〕中占多數），將「資產階級」國會民主派送入了「歷史的垃圾箱」（dustbin of history）。然而，俄羅斯是農業國家，有百分之八十五的人口都以務農維生，大多採用原始農法，這樣的經濟發展水準，遠低於馬克思主義認定可成功過渡到社會主義的必要條件。因此，從右派到左派有許多人都認為，如果不借鏡工業化西方的革命，俄羅斯的激進社會主義革命就無法成功。[1]

德國革命於一九一八年秋季爆發，俄羅斯內戰也於此時全面開打，布爾什維克奮力抵抗俄羅斯白軍與外國軍隊，從戰役中掙扎求生。十月，德國水兵和士兵發動叛變，欲推翻四年多來恣意犧牲人命的政權，他們開始與工人一起籌組工農兵會議（Räte），這是一種類似蘇維埃的直接民主形式，立意在於從舊政權過渡到民主制。十一月，君王出逃，社會民主黨人菲利普·謝德曼（Phillip Scheidemann）和卡爾·李卜克內西（Karl Liebknecht）幾小時內就雙雙宣布成立共和國：前者為代表人民意志的國會民主制、遵守自由體制的民主德國；後者則為採取社會民主制，支持破壞資產階級秩序的社會主義德國。十二月，來自德國各地的工農兵會議代表於柏林開會，民主德國以四百票對五十票勝出。

德國工人階級大多無意以暴力推翻資本主義秩序。然而，柏林的激進派工人和士兵於一九一九年一月自行發動了叛亂，新成立的德國共產黨（社會民主黨極左派的一個分支）決定支持這場叛變。當時直到能夠舉行選舉為止前，都由主流的社會民主黨掌管臨時政府，而黨內領袖弗里德里希·艾伯特

（Friedrich Ebert）和古斯塔夫・諾斯克（Gustav Noske）則動員軍隊，使用大砲和重機槍迅速蠻橫地平息動亂。社會民主黨的右翼盟友開始追捕共黨領袖，並於一月中旬處決了兩位最顯要的人物：羅莎・盧森堡（Rosa Luxemburg）和卡爾・李卜克內西。德國已暫且消滅布爾什維克式的統治勢力，但德國共產主義仍是一股強大的力量且不見頹勢，共產主義的擁護者也疏遠了社會民主黨中曾經的同志。

至一九一九年初，俄羅斯和德國之間的國度也各自陷入了複雜的革命轉型，但這些轉變一直以來都被史學家低估，因為這些變革屬於共和主義、民族主義，大多採取和平手段且遵守自由主義原則，而非訴諸共產主義與暴力。[2] 然而，這些革命也極度戲劇化，對德國和俄羅斯以及整個歐洲來說，無論是自由主義、共產主義還是其他主義，革命的命運在此已然注定。

對共產主義者而言原因很明顯。延伸至柏林和薩克森的波蘭平原，或延伸至維也納和義大利北部的匈牙利盆地，成為了串聯俄羅斯革命與（預期會在更發達的中、西歐展開的）工人革命的管道。布爾什維克相信激進社會主義革命隨時都會爆發，因為波蘭人民和哈布斯堡王朝的走向，似乎也照著曾於彼得格勒和莫斯科上演過的劇本進行：毫無意義的戰爭造成大屠殺與饑荒，罷工和叛亂隨之而來，布達佩斯或維也納等地接著成立工農兵會議。一九一九年和一九二〇年，蘇維埃紅軍兩度差點成功接應匈牙利和波蘭的激進左翼勢力，幾乎取得軍事勝利。一九二〇年夏天，外交官們為躲避預計從基輔和東邊席捲而來的紅騎兵風暴，紛紛撤離華沙。

數十萬曾在俄羅斯作為戰俘的奧匈帝國和德國士兵於此時返回，西方觀察家擔心布爾什維克的思想和行為會傳播到整個中東歐，人們對布爾什維克主義及其暴力和混亂的恐懼，令艾伯特和謝德曼領導的德國主流社會民主人士與德軍右翼勢力聯合起來，一同抵抗國內共產主義者。人們就某方面而言似乎過度恐懼了，但就某方面而言似乎又並非如此。社會民主主義是東歐大部分地區最強大的政治勢力，問題是：我們在俄羅斯和德國見過的中左翼分裂是否會再次上演？新的共產主義又會變得多強大？

民族問題乃是東歐的重大議題，比在俄羅斯還重大得多，但最能表達民族基本訴求的仍屬布爾什維克領袖弗拉迪米爾・列寧（Vladimir I. Lenin）。一九一六年，他挺身為受壓迫的民族爭取「自決」權利。[3]然而列寧會這麼做，實際上是為了讓受沙皇政權壓迫的眾多民族支持自己，以藉此撼動資產階級秩序，而不是因為對民族主義或偉大的俄羅斯等等有所依戀。其實，列寧於一九一八年三月在布雷斯特里托夫斯克（Brest-Litovsk）與同盟國進行和平談判時，他還願意犧牲好幾代以來屬於俄羅斯的大片土地，為的是替自己發起的社會主義革命爭取和平。

列寧以民族自決為口號向西方世界施壓，令他們作出回應。一九一七年十二月，蘇維埃的外交事務委員列夫・托洛斯基（Leon Trotsky）嘲弄俄羅斯的盟友，問他們是否會效法俄羅斯布爾什維克給芬蘭和烏克蘭人民的承諾，[4]承諾加利西亞（Galicia）、波茲南（Poznan）、波希米亞（Bohemia）和南斯拉沃尼亞（South Slavonia）的人民自治。他們很快就得到了回應。一月初，英國首相勞合・喬治（David Lloyd George）痛斥奧地利未能承認被統治民族的自治權利，並強調「在這場戰爭中，徵得被統治者同意的政府必須是解決任何領土爭議的基礎」。奧匈「民族」必須有「真正的自治政府」作為保障，且必須建立獨立的波蘭，「由所有希望波蘭獨立的真正波蘭人組成」。一月八日，美國總統伍德羅・威爾遜（Woodrow Wilson）向國會發表十四點和平演說，他也要求波蘭獨立，主張讓奧匈帝國人民自主發展。

然而，威爾遜所說的「人民統治」與列寧的意思完全不同。威爾遜的民族主義是絕對的自由，他的民族自決理念是要透過國會、法治和自由選舉來治理國家。他告訴國會「政府的正當權力，是來自於被統治者的同意」。但誰是被統治者？[5]威爾遜沒有回答這個問題。雖然他早在一八八〇年代就研究過哈布斯堡王朝的政治問題，但這位美國總統並未具體說明他希望解放哪些中東歐「被壓迫的人民」，更不用說要畫定什麼樣的界線，來將他們區分成新的民族國家了。[6]

對列寧和威爾遜而言，民族自決的承諾也與國際和平的意識形態息息相關，儘管方式有所不同。社會主義革命欲消弭不同人群間的差異，讓生產工具成為社會財產，終結造成人類衝突的基本根源；資本主義爭奪市場是造成戰爭的原因，但自由民主（人民自治）也讓人難以想像會發生戰事，因為人民無意互相壓迫，更別說要互相殘殺了。和平倡導者兼瑞典外交官奧古斯特・施萬（August Schvan）在一九一五年很中肯地表達出這一觀點：「根據國籍原則，所有民族都有權依自己認定的最好方式來自治，只有想支配他國的人才會為此爭吵。」一九一九年，威爾遜在巴黎會議上表示，如果和約締造者無法滿足人民自治的願望，那麼他們的任何安排都無法保證世界和平。[7]

哈布斯堡政權走向衰亡

儘管戰時有審查制度，民族自決這個詞在一九一七年及一九一八年仍撼動了整個東歐。這個詞喚起的希望，讓自由主義革命戰勝了社會主義革命，只有一個例外。然而，會出現這個讓社會主義革命短暫占上風的例外，卻是因為比起威爾遜的自由主義，列寧的激進社會主義在匈牙利似乎更能體現民族主義的承諾。

威爾遜的承諾非常廣為人知，德國和奧匈帝國政府在一九一八年秋天訴求和平時都援引了這些承諾，儘管兩國仍是由君王擔任元首。威爾遜提倡沒有勝利者的和平，表示所有人在戰後協議中都會占有一席之地，他也談及奧匈帝國人民的自主發展，似乎暗示著哈布斯堡王朝可以繼續存在。但威爾遜在十月十八日的回應中告知奧匈帝國，自他於一月在美國國會發表十四點演說至今，環境已因各種事件而有所改變。與此同時，美國政府已承認「捷克斯洛伐克委員會」為盟國政府，委員會轄下的捷克斯洛伐克軍團正於俄羅斯和法國為協約國而戰，而美國也支持「南斯拉夫人對自由的民族主義的渴望」。因此，這些人民的代表必須自行決定「奧匈帝國政府應採取何種行動，才能滿足他們的渴望，以及他們身為國際大家庭的一員對自身權利和命運的構想」。[8]

雖說威爾遜啟發了捷克斯洛伐克和南斯拉夫的民族主義者，但這些民族主義者卻不是由他創造。捷克斯洛伐克國民議會（Czechoslovak National Council）早於一九一五年即開始運作，當時捷克和斯洛伐克的政治人物紛紛逃離哈布斯堡王朝的土地，前進敵人領土（尤其是法國），並於西方首都大肆鼓吹獨立。當時的國民議會領袖是托馬斯・馬薩里克（Tomáš G. Masaryk），與他合作的人則是狡猾的外交部長兼社會學教授愛德華・貝納許（Edvard Beneš），及斯洛伐克天文學家兼戰鬥飛行員米蘭・施特凡尼克（Milan Štefánik，施特凡尼克於一九一九年五月因飛機失事而喪命）。同樣也是在一九一五年，哈布斯堡的南斯拉夫人在巴黎成立了自己的遊說團體：南斯拉夫委員會（Yugoslav Committee）。其中來自克羅埃西亞和塞爾維亞的成員，原就聯手反對匈牙利的去民族化政策，堅守伊利里亞主義（Illyrianism）的傳統。南斯拉夫委員會的主要人物是能幹的編輯法蘭諾・蘇皮洛（Frano Supilo），但他卻沒能活著見證嶄新國家的承諾：蘇皮洛於哈布斯堡的克羅埃西亞奮鬥多年，加上開始擔憂新的南斯拉夫國家會受貝爾格勒（Belgrade，塞爾維亞首都）控制，於一九一七年因精神崩潰去世。[9]

流亡在外的波蘭人也鼓吹建立民族國家，他們和南斯拉夫及捷克斯洛伐克的流亡人士一樣，在巴黎設立了辦事處，並於英國、美國和日本提出自己的主張。在流亡的波蘭人中，著名人物有立場激進的民族主義者兼作家羅曼・德莫夫斯基（Roman Dmowski），以及鋼琴演奏家伊格納齊・帕德雷夫斯基（Ignacy Paderewski），其中帕德雷夫斯基屬於政治溫和派，他為人所知的不只是飄逸頭髮，還有著西方政治與社會菁英的良好人脈。相比之下，波蘭民族民主黨（*Endek*）領袖德莫夫斯基縱然才華洋溢又會說多種語言，卻從未嘗試掩飾自己的民族狂熱，使得西方外交官紛紛提防，擔心波蘭人會覬覦德國和俄羅斯之間突然沒有固定邊界的大片土地。

這些人並非因選舉上位，而是自己挺身而出，然而他們也結合了各政治階級對自治的基本願望，包括波希米亞的捷克人、匈牙利的塞爾維亞人、達爾馬提亞（Dalmatia）的克羅埃西亞人，以及三個瓜分區域內的所有波蘭人。如果連立場最激進的人物，如捷克民族主義者卡雷爾・克拉馬日（Karel Kramář），都未能於一九一四年之前大聲疾呼獨立，那是因為與君主制度完全分離在當時看來仍不切實際，而一八六七年之後的匈牙利也顯示了在哈布斯堡的統治下可能享有自治權。

不過，協約國的決策可以追溯到戰爭初期，且早在英相勞合・喬治和美國總統威爾遜發表聲明之前，便已逐漸開始動搖君主制及其正當性。英國和法國代表以祕密條約將義大利（一九一五年）和羅馬尼亞（一九一六年）引誘到同一陣線，並承諾哈布斯堡轄下的大片領土，範圍遍及達爾馬提亞、伊斯特里亞（Istria）、的里雅斯特（Trieste）、南提洛爾（South Tyrol）、布科維納（Bukovina）、外西凡尼亞（Transylvania）及巴納特區的蒂米什瓦（Banat of Temesvar）。[10] 一九一六年十二月，協約國表示願意解放「受外國統治的斯拉夫人、羅馬尼亞人和捷克斯洛伐克人」。這段話暗示著協約國支持徹底重組君主制，因為「捷克斯洛伐克人」遍及奧地利和匈牙利。一九一八年春，現已納入美國的協約國明確承諾支持捷克斯洛伐克和波蘭獨立。[11]

即便到了戰爭最後一年，絕大多數哈布斯堡王朝子民依然忠誠。當時最踴躍參戰的是德意志人和匈牙利人，但部分斯拉夫族群（例如斯洛維尼亞人和克羅埃西亞人）的死亡率卻遠高於平均值。自一九一四年夏末起，在很多戰事中都可見到奧地利的波蘭人對戰俄羅斯的波蘭人，或匈牙利的塞爾維亞人對抗塞爾維亞王國的塞爾維亞人。當義大利和羅馬尼亞分別於一九一五年和一九一六年加入協約國時，帝國軍隊裡有些人便擔心哈布斯堡的義大利和羅馬尼亞軍隊會叛逃，但事實證明，留在前線的人就與其他軍隊一樣可靠。[12]

然而，協約國可不只是採用軍事策略：他們利用英國海軍封鎖北海、切斷糧食供應，迫使同盟國挨餓屈服。在德國占領的波蘭中部，物價指數在戰爭期間翻了七倍，波蘭人、斯洛伐克人和捷克人眼睜睜看著最好的食物都送往德國，[13] 而他們從戰爭初期就必須忍受配給制度，一九一六年之後麵粉短缺更導致沒有麵包可吃的局面，蔬菜水果在冬天也幾乎無法取得。

至一九一七年，生活水準崩潰，再加上無止盡的死傷名單，令人們提出了一個曾經看似只存在於理論的問題：奧匈帝國是為誰的利益服務？戰爭的目的在於粉碎塞爾維亞，但這個目的也在哈布斯堡轄下領地激起了狂熱的反斯拉夫情緒，從波士尼亞（Bosnia）和克羅埃西亞延伸至平靜的斯洛維尼亞和波希米亞，各地警察局充斥著對南斯拉夫人的舉發，當局也根據戰時緊急法令將民族政治人物以涉嫌煽動叛亂為由逮捕入獄。戰爭期間，哈布斯堡當局處決了大約五萬名被視為「國家敵人」的烏克蘭人、捷克人、塞爾維亞人和斯洛維尼亞人，就算只是無害地展現民族精神，例如在軍隊中唱捷克歌曲，也可能招致死刑。[14]然而，無論這場戰爭的目的為何，都不是真心為了改進捷克或南斯拉夫的實質權利，事實上人們對斯拉夫民族主義的過度恐懼，令帝國當局打壓屬於斯拉夫公民的公民自由，無論是德意志人還是匈牙利人，都不會僅僅因為所屬族群而遭受惡意懷疑。

奧地利皇帝法蘭茲．約瑟夫（Francis Joseph）於一九一六年去世，其繼任者卡爾一世（Karl I）採取了更為溫和的手段，釋放了身處囹圄的民族主義政治人物，也鬆綁了審查制度。他還透過自己的比利時大舅進行祕密談判，設法結束戰爭。但他成功做到的只有提高人們的期望。一九一七年五月，波希米亞有個捷克政黨聯盟呼籲將君主制轉型為聯邦制，因為原有的二元體系產生了統治與被統治民族不正當的結合。這些人的舉動鮮為人知，訴求卻很有革命性，他們不僅是以波希米亞王國領地（Koruna Česká）的權利為基礎提出要求，也是基於民族自治的自然權利。斯洛維尼亞代表則要求將君主體制中斯洛維尼亞人、克羅埃西亞人和塞爾維亞人居住的所有土地統一成一個自治國家，不受外人主宰，僅受哈布斯堡王朝管轄。[15]

然而，自一九一八年初幾個月起，將王朝轉變為一個由人民組成的自由聯盟之希望已然破滅。四月，法國政府公開卡爾一世於前一年為推廣和平而採取的手段，迫使他出面否認但無人相信，卡爾隨後也只能親自在柏林向威廉二世（William II）難堪地道歉。奧匈帝國的命運原本就緊握在德國手裡，現在更是難以掙脫。對斯拉夫政治人物來說，同盟國若取勝，顯然會是泛日耳曼中歐（*Mitteleuropa*）崛起的預兆，從萊茵河到俄羅斯、再延伸到博斯普魯斯海峽（Bosphorus）的廣大土地，將全都在柏林的掌控之下。這種新生的絕望感，也讓他們願意接受更具革命性的思想。奧地利社會主義者奧托・鮑爾（Otto Bauer）就在其著作《奧地利革命》（*Austrian Revolution*）中寫道：「斯拉夫人肩負著在戰爭中犧牲鮮血與財產的雙重負擔。這些犧牲看似是為了外來的國家，為了外來的原因。戰事拖越久，反奧地利的民族革命運動就會越發壯大。」如果說過去是由奧地利主宰，那現在便是由德國主導，而在捷克人和斯洛維尼亞人的歷史記憶中，這不僅代表德意志官員的權力，也代表德意志金融家和老闆握有的權力。[16]

在漸漸壯大的群眾集會和示威中，社會和民族訴求變得密不可分。一九一八年五月一日，十萬人占領布拉格市中心，要求民族自由及沒收資本主義財產。捷克人、波蘭人、羅馬尼亞人、南斯拉夫人、斯洛伐克人及義大利人——這些「受壓迫民族」的代表無視奧地利規定，聚集於布拉格國家劇院，誓言人民將「依民族自決崛起，走向屬於自己的獨立國家新生活」。羅馬也出現了類似集會，宣稱哈布斯堡王朝是「德意志統治的工具，也是實現人民願望和權利的根本障礙」。斯洛伐克的抗議人士則要求「所有民族的自決權獲得無條件承認」。[17]

該年年初，奧地利已有數十萬工人為走上街頭爭取和平，騷動蔓延到摩拉維亞（Moravia）和匈牙利。政府從前線派出部隊壓制抗議活動，但是從奧地利和匈牙利到波蘭與被占領的塞爾維亞，都有越來越多士兵叛變。六月二日，當局不顧一切極力鎮壓，於塞爾維亞處決了四十四名斯洛伐克士兵，這樣的手段更加劇了動亂，軍隊繼續潰散。不計其數的波蘭部隊出逃，其中還有約瑟夫・哈勒（Józef Haller）將軍率領的一個旅。前線的捷克軍隊也曾試圖逃跑，但遭到血腥鎮壓。[18]

六月中旬，奧地利取消了對義大利的最後一波慘烈攻勢，為時僅僅一週，傷亡或失蹤者達十四萬人；至夏末，德軍在西部一系列大規模卻無意義的攻勢後已筋疲力竭，被逼退到自家邊界。每天都有一萬名美軍登陸歐洲，同盟國無法取勝。

然而奧匈帝國末幾位領袖不願收手，拒絕考慮讓斯拉夫人享有自治。一九一八年七月，奧國首相恩斯特・賽德勒（Ernst Seidler von Feuchtenegg）表示：「今天的德意志人民是這個多形態國家的支柱，未來也仍是如此。」他重新端出上一代捷克人曾拒絕過、把波希米亞畫分為單一民族次行政區的提議，同時也為了平息捷克的民族運動而釋放獄中的捷克民族主義者。除此之外，他為了向烏克蘭取得糧食，也承諾將波蘭聲稱擁有的領土（海烏姆地區〔Chelm〕）交由烏克蘭控管，結果在波蘭各城鎮引發大規模抗議。[19] 加利西亞的菁英人士已不願合作，使得哈布斯堡王朝難以鞏固對波蘭的統治，波蘭愛國者也於各地發起示威。多年來，波蘭人一直耐心忍受物資短缺，但現在，要犧牲那塊屬於早已不復存在的波蘭國度的疆土（目前屬於烏克蘭族群）的可能，讓他們都走上了街頭。恩斯特・賽德勒被迫下台。

遲至九月，馬扎爾（Magyar）政治領袖伊什特萬・蒂薩（István Tisza）仍堅持奧匈帝國永遠不會有「三元主義」——換句話說，馬扎爾德意志雙元帝國會永遠持續下去，不會有斯拉夫人的代表。十月，塞爾維亞、法國、希臘人聯手突破了南部前線，奧地利的倒數第二任首相胡薩雷克（Hussarek）提議採用聯邦制，但僅限於內萊塔尼亞（Cisleithania），排除匈牙利（以及附屬的斯洛伐克）。然而，匈牙利倒數第二位首相桑德爾・衛克禮（Sándor Wekerle）則表示，如此改革即代表匈牙利不再受制於一八六七年妥協。[20]

君主制長久以來都無法改革，現在更是無力回天。因此，古老的哈布斯堡帝國如何在一九一八年突然「瓦解」？原因何在？這些都不是恰當的問題。哈布斯堡的體制沒能滿足自身多元的族群，實際上是自我毀滅了。取而代之的政治體似乎採用了更為靈活的觀念，而非過時的想法。

嶄新的自由民族國家

十月十八日，哈布斯堡王朝皇帝卡爾向子民承諾自治發展，但幾乎沒有人聽得進去。巴爾幹前線不復存在，協約國軍隊往北推進，直搗克羅埃西亞和匈牙利。捷克、斯洛伐克和南斯拉夫地區的政治領袖紛紛開始建立自己的國家，各大城市如克拉科夫、札格雷布（Zagreb）、盧比亞納（Ljubljana）和塞拉耶佛（Sarajevo）也出現和平的政權轉移。十月二十八日，捷克的改革推動者於布拉格成立「捷克斯洛伐克」（Czechoslovakia）；十一月十日，被監禁在德國的波蘭領袖約瑟夫・畢蘇斯基（Józef Piłsudski）獲釋返國，並於次日在華沙掌權。[21]哈布斯堡王朝領地的南斯拉夫從政者向塞爾維亞國王彼得（Peter I of Serbia）請願結盟；十二月一日，「塞爾維亞人、克羅埃西亞人與斯洛維尼亞人王國」成立，即後來的南

圖 12.1　一九一八年十月二十八日，人民聚集於布拉格慶祝獨立。
來源：Miroslav Honzík and Hana Honzíková, *Léta zkázy a naděje* (Prague, 1984), 187. Via Wikimedia Commons.

斯拉夫（Yugoslavia）。同一天，羅馬尼亞代表聚集在外西凡尼亞地區的阿爾巴尤利亞市（Alba Iulia），於全體掌聲中表決加入羅馬尼亞王國，進而形成「大羅馬尼亞」（Greater Romania）。同一年稍早，比薩拉比亞（Bessarabia）和布科維納兩地（有羅馬尼亞人定居的前俄羅斯和奧地利地區）就先加入了羅馬尼亞。[22]

波蘭、羅馬尼亞、捷克斯洛伐克及南斯拉夫這些共和政體都是歐洲政治舞台上的新星，但只有捷克人會使用「革命」這個字眼來描述改革人士的行動。他們並沒有具體指明這是社會性還是民族性的革命，因為兩者兼有，這場革命同時實踐及內化著自由主義的原則。突然之間，捷克的勢力主導整個波希米亞，將民眾從德意志制度和奧地利官僚階層的束縛感中解放出來。捷克溫和的社會民主黨人卡瑞・薩瑪哈（Karel Zmrhal，一八八八年至一九三三年）就曾寫道，民族革命旨在擺脫哈布斯堡王朝的專制統治，以及脫離德意志－馬扎爾政權的「殘酷壓迫」。捷克斯洛伐克軍隊正在打造一個由人民統治的共和國，也將人民對社會正義的需求謹記在心。[23]

雖然社會及民族革命彼此相連，兩者發展的速度卻不同。社會立法的進程要花上好幾年，但同時間捷克文化方面的推動工作卻很有成效。皇帝法蘭茲・約瑟夫一世於一八六八年造訪布拉格時，曾表示該市很有德意志風味，因而惹惱了接待他的地主；在接下來的二、三十年，捷克愛國者大量落腳於較新的地區（努斯萊區〔Nusle〕）並於市中心放置雙語招牌，希望建立平等地位。但光是這樣還不夠，布拉格必須完全屬於他們才行。如今隨著哈布斯堡政權式微，捷克人也跟著矮化任何與德意志有關的事物。有位見證人對當年十月二十八日布拉格慶祝獨立的場面描述如下：「一整天有數百人在街道上遊行，所到之處都能見到旗幟和布條，不只遍及住宅，連民眾的帽子、士兵的軍帽、甚至是馬匹輓具上都配有這些標誌。他們扯下了軍官、士兵、郵差和警察帽子上代表奧地利的徽章。有些人本想反抗，但很快就改變了主意。」各處的哈布斯堡王朝雙鷹標誌都被拆下，德文字樣也都遭到塗改。[24]

法蘭茲・約瑟夫已見過了這個轉變的早期階段。這時的事件走向是一大突破與轉變，就好比從黑白變成彩色，比槍上刺刀更強大的情緒讓捷克文化轉為主導地位。不過，實踐了這種轉變的卻是這場進程有素的革命的代理人，也就是曾經宣誓效忠皇帝、現在佩戴著捷克斯洛伐克徽章的正裝警察。在捷克斯洛伐克宣布主權後的數小時內，地區「民族委員會」就在整片捷克土地上正式掌權，準備建立自由的捷克斯洛伐克憲政制度。[25]

就表面上看來，新秩序已深深紮根。馬薩里克與其追隨者一直在宣揚對往日英雄的崇拜（像是新教先驅揚・胡斯〔Jan Hus〕、孔麥紐斯〔Comenius〕等捷克啟蒙人士），宣稱要喚回捷克古老的「和平與自由」遺產。雖然民族主義者對波希米亞國家權利的訴求也參雜了對舊波希米亞王國的政治主張，但一九一八年的捷克愛國者並沒有宣稱要恢復舊王國。捷克斯洛伐克理所當然已納入古老王國的每一寸土地，也聲稱繼承了其所有優秀遺產，但它仍是一個共和國，肩負將中歐推向更高舞台的使命，擺脫成見，迎接廣受歡迎的人民自決。然而，這個新國度也納入了數百萬斯洛伐克人，沒有人問過他們是否願意歸屬其下。這些斯洛伐克人就這樣迎來新的命運：成為新國度的子民，「捷克斯洛伐克人」。

在東歐政治家之中，立場最接近威爾遜自由政治理想主義的就屬馬薩里克了。兩人對人性向上發展的信念之後曾引來哲學家卡爾・波普（Karl Popper）的批評（波普認為他們抱持著無法實踐的理想）。但馬薩里克也與威爾遜唱著同調，因為他娶了一位出生於布魯克林的妻子，並透過她得知美國的情況，馬薩里克是唯一一個會對美國歷史發表高見的東歐政治家。他曾於芝加哥、匹茲堡（Pittsburgh）等城市向台下聽眾強調，捷克斯洛伐克人只是在複製美國制度依循的原則。威爾遜和馬薩里克也都像教授一樣講述同一套道理：兩人會耐心解釋道，要由人民統治才能保證和平。

捷克人會覺得他們適合使用「革命」這個字眼，也許是因為減少民族敵人的效果在這裡立竿見影，於別處前所未見。就拿波蘭來說，俄羅斯在當地雖有政治和文化方面的勢力，卻沒有經濟層面的影響力

（也就是說，與上層階級並無明顯往來）。而在一九一八年秋天以前，俄羅斯勢力就已成為遙遠的記憶，因為德國軍隊於三年前便將俄羅斯人驅逐出波蘭中部。

然而那段時日在波蘭目睹事件的人，仍會被那種動員能量所打動（雖然他們不會稱其為「革命」）。十月三十一日，波蘭軍隊在沒有造成傷亡的情況下接管了克拉科夫的軍事基地，兩天內便在西加利西亞各處的政府建築上升起了紅白相間的國旗。十一月十日，正當德皇逃離德國時，畢蘇斯基乘坐的火車也駛進了更北邊的華沙。德國精銳部隊清楚意識到大勢已去，紛紛放棄崗位，還經常向高中生棄械投降。波蘭人將這些事件稱為「重生」或「重獲獨立」。隨著代表「不公義」的支柱被拆除，俄羅斯和奧匈帝國也跟著「崩潰」與「瓦解」，德意志帝國被「粉碎」了。[26]可是，幾代以來統治波蘭土地的國家就這樣消失，通常只體現於一位官員把鑰匙交給另一位官員而已。

來自多個軍隊的波蘭人現已合而為一，並招募新的年輕人加入。三天內，布格河（Bug River）境內的舊波蘭王國就已被清除。[27]行政官員隨後將德文標誌替換為波蘭文，可是並非所有說波蘭語的人都抱持同樣的熱忱。新軍雖有大量知識分子、工匠和學生加入，但農村地區卻是盡全村之力阻撓年輕人。對部分極左翼分子而言，新軍隊的革命任務（在一九二〇年夏天阻止紅軍進軍華沙）似乎有違革命理念。莫斯科的布爾什維克革命人士驚訝地發現，波蘭的工人（連社會主義者也是）竟然會將民族團結看得比跨國階級團結更加重要。

匈牙利社會民族革命失敗

因羅馬尼亞與協約國支持的匈牙利反革命勢力取得勝利，至一九二〇年，激進社會主義革命往西推進的大好機會就此溜走。就如俄羅斯，匈牙利的走向起初或多或少符合馬克思主義理論的預期。一九一七年二月，彼得格勒的婦女、士兵及工人推翻了獨裁者；而一九一八年秋天，布達佩斯的婦女、士兵及工人則推翻君主制度、建立了共和國。但兩地的發展都太快，使得欲建立自由秩序的中間派政府無法持久。

匈牙利人將一九一八年十月的和平政權轉移稱為「菊花」（Chrysanthemum）革命，因為士兵們加入走上布達佩斯街頭的市民，一起佩戴這些花朵來擁護人民主權。制定新的民主憲法的計畫已訂，出身匈牙利大貴族世家的自由主義者米哈伊．卡羅伊（Mihály Károlyi）被任命為過渡時期的領袖。然而在一九一九年三月，卡羅伊的政府收到通知，匈牙利軍隊不僅須撤出有羅馬尼亞人或斯洛伐克人分布的東部和北部地區，還須撤出匈牙利平原東部邊緣地帶，而這裡正是同質的馬扎爾人居住之處，這個要求讓人民不再信任協約國懷抱善意。卡羅伊手下擁護自由主義的民族事務部長表示：「我們不只感到挫敗、沮喪又墮落，比這還糟的是心理上的欺瞞、背叛與玩弄。」俄羅斯紅軍這段日子剛好在烏克蘭進展順利，直逼喀爾巴阡山脈（Carpathian Mountains）。[28] 威爾遜的民族自決讓匈牙利人失望了，使得他們開始好奇，與俄羅斯結盟是否能保住匈牙利視如珍寶的領土（這些土地的地位，就好比英國重視的德文郡

〔Devon〕或約克郡〔Yorkshire〕）。

卡羅伊和首相辭職下台，隨後由規模尚小的社會黨（Socialist Party）掌權，該黨是由左翼社會民主黨和共產黨組成的聯盟，兩黨依循布爾什維克模式建立了「匈牙利蘇維埃共和國」（Hungarian Councils Republic）。[29]許多領袖都是曾被俄國俘虜的奧匈帝國士兵，而後在俄國革命中選擇支持布爾什維克。新任政府領袖貝拉・庫恩（Béla Kun）是名平民記者，與列寧也有私交。因他的聯盟願意將捷克斯洛伐克人逐出「Felvidék」（匈牙利語中的「斯洛伐克」），使得庫恩一派深受農民階級與城市中產階級的歡迎，無論是天主教徒、新教徒、猶太教徒還是無神論者都表示支持。

然而，過早取得成功使得貝拉・庫恩太過得意忘形，好高騖遠的他未能吸取布爾什維克的經驗，忘了在農業社會中爭權時也必須安撫農民。列寧曾承諾給予土地，卻在一九一七年和一九一八年時，任由俄羅斯或烏克蘭村民爭搶；而庫恩則先是把土地給了匈牙利農民，後來又將之奪走。一九一九年春天，他的手下強迫農民加入集體化農場。匈牙利的激進社會主義人士接著關閉教堂、監禁牧師，更加疏離了多有虔誠信仰的農民。此外，庫恩還取締非社會主義的政黨、排除「布爾喬亞階級」投票的權利、推動對階級敵人的恐怖活動，進而失去城市居民的支持。[30]他立下的各種細小規矩（例如，規定蘇維埃共和國授權公民持有的襯衫和內衣數量），浪費了革命能量。[31]

一九一九年夏天，有協約國增援的捷克和羅馬尼亞軍隊分別從北部和東部進攻，匈牙利軍隊被打得落花流水，貝拉・庫恩與其同黨逃往維也納，留下支持者自行面對接下來的「白色恐怖」：保守的哈布斯堡前海軍將領米克洛什・霍爾蒂（Miklós Horthy）帶頭大肆殺戮與逮捕人民，其新右翼政權逮捕了七萬多名涉嫌支持匈牙利蘇維埃共和國的民眾，更有大約五千人遭到處決。[32]

原有共和國的許多領導人都是猶太人，這場反革命則帶有反猶主義色彩，因此有大量與激進社會主義無關的猶太人都成了大屠殺受害者。這些大屠殺會如此驚人，是因為自一八四〇年代後期以來，猶太人在匈牙利承受的暴行原本幾乎無人知曉。[33]然而這些年上演的大屠殺並不僅限於匈牙利；在更北邊，反猶暴力行動也肆虐著波蘭東部，當時政治秩序尚薄弱，基督徒農民也相信猶太人支持布爾什維克主義的故事。有兩年多的時間，新興的波蘭國度幾乎未曾保護猶太人及其財產；在兩百七十九次的反猶暴動中，死亡的總人數可能超過五百人。再往東邊走到未來的蘇聯領土上，更有五萬至二十萬名猶太人死於白軍、烏克蘭軍和紅軍的攻擊。[34]

雖然霍爾蒂上將與其首相伊斯特萬·貝特倫（István Bethlen）最終恢復了猶太人和其他匈牙利人的秩序與安全，但在這個縮水許多的國度裡，戰前的仕紳猶太聯盟（聯盟中的匈牙利民族主義者歡迎猶太人的支持，以在匈牙利王國上推廣馬扎爾文化）已招來偏見和嫉妒。猶太人被指控對商業和專業領域造成不良影響，原本歡迎猶太人參與馬扎爾國家建設的態度也被「封閉、排外的民族主義」取代，這種排外的民族主義正好吸引到很多知識分子階級的支持。[35]

在匈牙利社會主義革命前和革命期間，民族主義就已凌駕於社會主義之上。匈牙利工農階級會擁護共產主義者庫恩，是因為他保證要收復領土。當他推動種種舉措來加速社會轉型，並威脅到私有財產和公民自由時，便失去了工人、農民以及中產階級的支持。接下來幾年，東歐各國政府都吸取了自身教訓，於各處取締具有顛覆力量的共產黨人，只有捷克斯洛伐克例外。激進左派本身也學會了警惕「反革命」的力量。霍爾蒂上將的例子證明了當有組織的工人階級犧牲了權力時會發生什麼事情：社會主義者不僅會受到大規模迫害，歷史巨輪也將倒轉。

來自外國的革命？

隨著塞爾維亞、捷克和羅馬尼亞軍隊在匈牙利王國的舊領土（如斯洛伐克和外西凡尼亞）上爭奪土地，這些地區的人民也見證到，民族革命是如何由刺刀發動而非出自他們的本意。一九二四年，斯洛伐克詩人揚．斯默瑞克（Ján Smrek）寫道：「這裡沒有真正的革命：沒有障礙、沒有染滿血液的空氣。……自由幾乎是悄悄來到我們身旁，這是我們人民在境外的祕密行動，像成熟的蘋果一樣落入我們的懷抱。」[36]這說明了新南斯拉夫的克羅埃西亞人和斯洛維尼亞人（在新的「大羅馬尼亞」上則稱外西凡尼亞羅馬尼亞人）後來為何並未將這些事件稱為民族解放，更別說是革命了。當軍隊和官員從波希米亞地區、塞爾維亞和羅馬尼亞湧入時，人民只是坐在城裡的露天咖啡館旁觀，塞爾維亞和羅馬尼亞就這樣擴大了他們的邊界。

驚人的是，人們很快就意識到新出現的「南斯拉夫人」和「捷克斯洛伐克人」其實並非全然為真。在一九一八年以前，連愛國的克羅埃西亞人或斯洛伐克人都會將塞爾維亞人或捷克人視為「兄弟」，也願意共同建國。如今被譽為塞爾維亞英雄的加夫里洛．普林西普（Gavrilo Princip），在當時卻自稱為南斯拉夫人。波士尼亞或克羅埃西亞的知識分子也同樣相信南斯拉夫統一，學者們意見一致（至少支持斯拉夫民族事業的人是如此）。曾於巴黎和平會議（Paris Peace Conference）上為美方代表團提供建議、哈佛出身的歷史學家羅伯特・克納（Robert J. Kerner）稱南斯拉夫人的存在是一項「科學」事實，「克羅埃西亞實質上完全就是南斯拉夫」，而新國度等於是在實現克羅埃西亞人、塞爾維亞人及波士尼亞人的夢想。克納是出生於芝加哥的捷克人，他以學者觀點作出的判斷也帶有馬薩里克的色彩（他在戰前於布拉格修讀研究所時，曾讀過馬薩里克的理論）。[37]

斯洛伐克民族主義者安德烈・赫林卡（Andrej Hlinka）神父向美國代表團的另一名成員坦言，他在一九一八年停戰後幾天曾告訴西方列強，「我們斯洛伐克人在種族上屬於捷克斯洛伐克，我們希望與他們一起居住於獨立的國家、享有平等的權利」。赫林卡神父從一九一八年十一月到一九一九年一月確實一直推廣這個新國度，也鼓勵天主教神職人員一同支持。但至一九一九年夏天，在目睹捷克官員進入斯洛伐克後，他非常懊悔曾經宣揚捷克斯洛伐克。「無宗教信仰、思想自由的捷克人」跟他的人民並不同，雙方甚至不能稱為兄弟。赫林卡說，捷克人將斯洛伐克視為「殖民地」，並「仗著他們在布拉格的強大地位，將我們視為伐木取水的人」。之後，赫林卡於巴黎為斯洛伐克爭取自治權，此舉激怒了捷克當局，使得他在一九一九年十月返回布拉格時被捕。由於《聖德意志條約》（*Treaty of St. Germain*）已成定局、難再改動，赫林卡在捷克斯洛伐克憲法起草過程中遭到封口，憲法也於一九二〇年通過。他出獄後發起了分離主義運動，並於一九二五年的選舉中獲得了超過三分之一的斯洛伐克人選票。[38]

哈布斯堡的南斯拉夫人也開始覺醒，他們意識到自己與前鄂圖曼帝國領地上的居民並不同。一九一八年，塞爾維亞勢力曾進入波士尼亞、原屬匈牙利的巴納特（Banát）、巴奇卡（Bačka）、希爾米亞（Syrmia）（此三區域大多被統稱為弗伊弗迪納〔Vojvodina〕）及克羅埃西亞，還有奧地利達爾馬提亞與斯洛維尼亞。塞爾維亞人將此運動稱為「統一行動」（*ujedinjenje*），是將所有塞爾維亞人（也就是使用什托方言〔Štokavian〕的人）合併為一個王國的最終階段。塞爾維亞人之所以傾向不稱此為革命，是因為他們（就如波蘭人）認為自己正在回歸原有的自然狀態：所有塞爾維亞人聚集一堂。不過有些人可能會偏好稱之為「南斯拉夫」，在塞爾維亞民族主義者的心目中，這兩個詞本為同義。

沒有人問過克羅埃西亞人和斯洛維尼亞人是否願意歸屬南斯拉夫。一九一八年十二月，哈布斯堡的南斯拉夫從政者前往貝爾格勒，請求加入塞爾維亞王國，然而他們並未獲得民眾授權。這些人都是極少接觸大眾的知識分子。在匈牙利掌控下的克羅埃西亞從未享受過正當選舉權，也無人知曉有多少克羅埃西亞人想要加入南斯拉夫。就如同斯洛伐克，當哈布斯堡官員在一九一八年秋天下台時，民眾原本都充滿了熱情。美國外交官也於一九一九年初回報，「絕大多數克羅埃西亞人」都支持統一的南斯拉夫。[39]但這種熱情很快就消退了。

一九一九年三月，克羅埃西亞終於舉行了自由無拘束的選舉，斯傑潘・拉迪奇（Stjepan Radić）的農民黨（Croat Peasant Party）取得了多數選票。他一直都在告誡著渴望加入塞爾維亞的從政者，在這些人於一九一八年十二月前往貝爾格勒前，拉迪奇曾告訴他們，他們就像「衝進迷霧中的傻鵝」。三月選舉之後，拉迪奇因公開要求建立共和國而遭到逮捕。

究竟是出了什麼差錯？雖然一九一八年秋天的圓滿統一確實操之過急（因哈布斯堡制度垮台而匆匆促成），但幾個世代以來，早至揚・科拉爾（Jan Kollár）和其友人柳德維特・蓋伊（Ljudevit Gaj）等斯洛伐克知識分子，都一直在為捷克斯洛伐克與南斯拉夫規畫某種統一形式，最近一次行動是在一九一五年於巴黎創立的各委員會。這類委員會的成員不僅討論、籌備了戰後秩序，也讓統一成了既成事實；他們不顧數百萬中東歐人的意願，拍板組建國家的決策。委員會的成員都聲稱擁護人民自治、自稱為真正的自由主義者，可是他們也害怕，如果人民真的被問及是否想要統一，可能就沒有機會成立新的國度。

他們也心知肚明，若沒有協約國支持，他們也不可能成立這些國家。一九一七年七月，俄國已退出戰爭，協約國希望在東部得到更多支持，因此向塞爾維亞政府施壓，要求其於希臘的科孚島（Corfu）接待南斯拉夫委員會代表團（一九一五年，塞爾維亞國王及其大臣為躲避奧地利入侵，便是在該島避難）。塞爾維亞政府一直與哈布斯堡王朝的流亡人士保持一定距離，因為他們對國家的未來自有想法——該政府原計畫要向北擴展塞爾維亞的邊界，納入波士尼亞與赫塞哥維納，但不含斯洛維尼亞，也不含克羅埃西亞部分經認定無法同化的地區（也就是不使用什托方言的地區）。

現在塞爾維亞政府與哈布斯堡南斯拉夫人面臨主要源自法國的壓力，雙方倉促於一九一七年七月二十日達成協議，同意於戰後成立塞爾維亞、克羅埃西亞與斯洛維尼亞王國，組織的細節則無人過問。哈布斯堡一方偏好分權統治，希望能賦予克羅埃西亞自治權（幾世紀以來這裡的貴族一直享有特權）；但塞爾維亞將擴張後的國家設想為集權治理，因為想要組織強大、成功的現代國家就該如此，法國便是榜樣。

同樣地，流亡的捷克人和斯洛伐克人，連同西方政治家，也在戰時就捷克斯洛伐克達成了基本協議——在距離這個未來國度的領土或人民非常遙遠之處。一九一五年，捷克和斯洛伐克的代表於克里夫蘭

（Cleveland）達成協議建立共同的國家；一九一八年五月，捷克人、斯洛伐克人和魯塞尼亞人（Ruthenian）齊聚匹茲堡，同意建立捷克斯洛伐克。根據協議內容，斯洛伐克將設有專屬的行政機構、國會和法院，有些斯洛伐克人以為這表示他們會享有自治。一九一八年十月，馬薩里克在費城的獨立紀念館（Independence Hall）宣布捷克斯洛伐克誕生，馬薩里克與其追隨者都認定捷克斯洛伐克理當由布拉格統治，就好比法國是由巴黎統治一樣。

捷克政治家與其斯洛伐克支持者對此意志非常堅定，因為哪怕有一點異議，都可能會讓他們失去西方大國的支持。他們也擔心談及自治或區域主義會樹立危險的先例——如果布拉格同意讓斯洛伐克自治，那麼德意志人、馬扎爾人和魯塞尼亞人也會提出同樣的要求。[40] 斯洛伐克本身就相當多元，城市和南部邊境大多數為馬扎爾人，西部、中部和東北部也分別有德意志人的三大孤立「地盤」。有些斯洛伐克政治人物希望日後有機會能夠商討地方自治的細節，但同時卻不得不採取行動來抵制匈牙利提出的要求。新興的捷克斯洛伐克主義意識形態（一個民族兩個部族）掩去了質疑的聲音，一九二〇年制定的憲法提及了「捷克斯洛伐克」語；換句話說，這表示斯洛伐克的捷克官員可以隨意使用捷克語（雖然斯洛伐克人理解無礙）。然而，他們這樣的行為也開始觸動當地的敏感神經，造成前所未見的差異感，原來這兩群人根本互不相識。

然而這種「捷克帝國主義」也有其實際面。因為匈牙利政府幾世代以來一直在阻礙斯洛伐克菁英的發展（一九一〇年，斯洛伐克各級政府官員共六千一百八十五人，但只有一百五十四人為斯洛伐克人），所以他們也需要受過教育的專業捷克人來成立學校、創造工作機會、設立文化機構，當然還有治理國家。以斯洛伐克首府布拉提斯拉瓦（Bratislava／匈牙利語：波佐尼〔Pozsony〕／德語：普雷斯堡〔Pressburg〕）為例，遲至一九二五年，警察署中的人數比例仍為四百二十名捷克人和兩百八十一名斯洛伐克人。[41] 但捷克人也擺出高高在上的態度，外交部長貝納許就曾經表示，斯洛伐克人人口稀少，「不足以創造出自己的民族文化」。而儘管馬薩里克的父親是斯洛伐克人，他仍堅持認為：

> 斯洛伐克民族並不存在，那是馬扎爾人政治宣傳的發明。捷克人和斯洛伐克人本是同根生……分化兩者的只有文化水準——捷克人比斯洛伐克人更進步，因為馬扎爾人蓄意剝奪他們的意識。我們將創立斯洛伐克學校。[42]

令人不安的真相遭到掩蓋。馬薩里克也曾參與匹茲堡協議，承諾會給予斯洛伐克人特定的自治權，但他並沒有把這個承諾當一回事。[43] 在起草憲法時，德意志、波蘭、馬扎爾及魯塞尼亞族群的代表（這些人約占新國度人口的三分之一）卻沒有參與其中。出席會議的斯洛伐克代表並非選舉推派，而是由捷克斯洛伐克國民議會的主席瓦夫羅．施羅巴爾（Vávro Šrobár）自行挑選，他是一位活躍於斯洛伐克政壇的外科醫師，恰好也認識馬薩里克。施羅巴爾和斯洛伐克代表人員是屬於少數的新教徒，他們比斯洛伐克占多數的天主教人口更有興致與捷克統一。他們贊成建立中央集權的國家，因為大量不識字的斯洛伐克人口還不夠「成熟」，無法實現地方自治，也因為馬扎爾勢力捲土重來的威脅似乎使得他們有必要與捷克人密切合作。[44]

表面上看來，外西凡尼亞也與斯洛伐克和克羅埃西亞有許多共同點。此時軍隊與官員也從鄰近的王國（在本例中為羅馬尼亞）前來，意圖吞併新疆域、納入從未於同一國度共處過的人民。統一最終還是成功了，並沒有遇上太大的阻礙。

東部和西部兩邊的羅馬尼亞人都使用相同的語言和字母，大部分也信仰東正教；然而在另一方面，大多數克羅埃西亞人和塞爾維亞人除了碰巧都會講塞克語（Serbo-Croatian）基本什托方言外，彼此的字母、宗教及地方語言都不一樣。從南斯拉夫出現至解體為止，人們一直爭論著應該視為標準語言的是通用語言的克羅埃西亞變體，還是塞爾維亞變體？在今天，已分離的兩國都在塑造自己所謂的獨立語言。不過在當時的「大羅馬尼亞」中，每個人都理所當然認為，從摩達維亞（Moldavia）至外西凡尼亞的人民均是使用標準的羅馬尼亞語。宗教也選擇了統合而非分化：一九一九年十二月，來自古王國雷加特（Regat）以及外西凡尼亞的東正教主教組成了共同的宗教會議，並推選外西凡尼亞的米倫．克里斯蒂亞（Miron Cristea）擔任領袖。一九二五年，他成為羅馬尼亞東正教會的第一任主教。

就如其他新建國家的建國者，羅馬尼亞建國者也宣稱統一是自然所趨，他們只是復興一六〇〇年的景況，當年勇者米哈伊（Michael the Brave）成功統一了外西凡尼亞、瓦拉幾亞（Wallachia）和摩達維亞三地好幾個月。幾代以來，統一計畫一直是羅馬尼亞的政治話題，從一八四〇年代開始，便有位外西凡尼亞人提過完成轉型的各階段：先是民主，再有社會，最後才是民族。每個階段都緊緊相依，如果沒有一場爭取土地的社會革命，農民就仍會是「少數人」的奴隸。為迅速回應此需求，新國家制定了東歐最激進的土地改革政策，不過這也是因為土地是由外來群體擁有，讓掌權者得以方便行事。就這樣，外西凡尼亞的羅馬尼亞農民得到了曾經屬於馬扎爾人和德意志人的土地。[45]

他們將原本被馬扎爾化的空間羅馬尼亞化，是來自古王國雷加特與外西凡尼亞的羅馬尼亞人合作的最深層基礎。國家行政機構和學校都必須具有羅馬尼亞元素，學校也得作為外西凡尼亞的羅馬尼亞知識分子向上爬的管道。融入馬扎爾已不在是變得有教養和專業的條件。

不過由於新國家是由布加勒斯特（Bucharest）集中統治，使得醞釀的不滿情緒開始發酵。回到一九一八年十二月，人民曾於阿爾巴尤利亞市的群眾集會上要求加入羅馬尼亞，也要求在聯邦制度中尊重外西凡尼亞的權利。此時不滿的聲音很快地成倍增長，人民認為布加勒斯特的決策者不尊重該協議，因為他們就如貝爾格勒、布拉格和華沙的決策者一樣，不接受聯邦制的分裂。[46]外西凡尼亞的羅馬尼亞人認為自己在某方面擁有獨特又優越的政治文化，引以為傲的不只是能從普通民眾中培養出領袖，也篤信自己屬於更誠實、能幹的「中歐」文明，行事風格與古王國時期喜歡小題大作的「地中海」同胞大相逕庭。外西凡尼亞人還反對任命最多只受過小學教育的境外官員，對於這些官員侮辱和迫害當地人的行為以及他們前所未見的貪腐行徑怨聲載道。至一九三〇年代，由於行政官職滿是非本地人，使得當地人開始使用「殖民」這個字眼。[47]

儘管如此，比起斯洛伐克人與克羅埃西亞人對所謂捷克和塞爾維亞同胞的疏離感相比，這些小摩擦仍屬微不足道。捷克斯洛伐克和南斯拉夫除了結合從未共存於同一國的不同地區之外，內部的貧富也有落差，從東到西呈現陡峭的坡度：在捷克斯洛伐克，外喀爾巴阡魯塞尼亞（Subcarpathian Ruthenia／Podkarpatská Rus）大部分人口都不識字，往西會經過深受匈牙利影響的科西策（Košice）和布拉提斯拉瓦，最後再到富有又現代化的布爾諾（Brno）和布拉格；至於南斯拉夫，則是從較貧窮的科索沃（Kosovo）、波士尼亞和馬其頓（Macedonia）開始，再到較富裕的札格雷布以及更加富裕的盧比亞納。

這些新興國度的地域和族群的貧富差距並不容易解決。雖然布拉格對斯洛伐克的基礎教育設施及各項國家制度有極大貢獻，但斯洛伐克人仍埋怨外國的「殖民」剝削造成他們窮困，這也顯示了主觀看法如何否定嚴酷的政治和經濟現實。克羅埃西亞人和斯洛維尼亞人則抱怨道，他們的財富被轉移流至南斯拉夫較貧窮的地帶，但這些金錢卻只是消失在貪腐的泥潭中。經濟分化無法鼓勵團結的民族奉獻精神，甚至打從一開始就阻礙了廣泛的民族身分認同。問題的根源不在於財富，而在於人們對自我與異己的觀感，也在於他們總覺得自己的命運掌握在「外國人」的手中。昨天是馬扎爾，今天則換成了捷克人（在斯洛伐克）或塞爾維亞人（在克羅埃西亞）。

地域的貧富差距持續存在，不僅強化了舊有的刻板印象，更助長形成了新的偏見。較富裕的捷克人和克羅埃西亞人瞧不起斯洛伐克人與塞爾維亞人，認為他們生性懶散；斯洛伐克人與塞爾維亞人則反過來認為另一方自大又無情。兩國的捷克和塞爾維亞官員都自認為是認真辦事、意志堅定的建國者，跟隨著前人奠下的基礎，繼續耕耘著民族運動當今的成果。

然而從塞爾維亞官員進入克羅埃西亞的那一刻起，他們就得到了貪污和暴虐的名聲。一九一九年五月十七日，克羅埃西亞領袖斯傑潘．拉迪奇曾從獄中寫信給女兒，說到他很難過塞爾維亞軍隊在脫離匈牙利統治的地區「毆打人民」，「戰前就已令人不齒的腐敗制度，現在更是糟糕透頂」。[48] 這些「巴什波祖克」（bashi bazouk）＊對克羅埃西亞人的所作所為，並無異於當初匈牙利人對斯洛伐克人的暴行，但身為塞爾維亞人假想的兄弟，克羅埃西亞人沒資格抱怨。相比之下，惹惱斯洛伐克人的並非貪腐，而是態度：捷克人沒有平等看待他們，在斯洛伐克土地上設立的機構裡，人員的雇用與配置，甚至是體系全都是聽從捷克人發落。這樣的結果，就是讓斯洛伐克人及克羅埃西亞人覺得對自身事務沒有發言權，也隱約覺得民主制度沒有作用；畢竟，無論制度程序多麼公正，民族享受不到的民主統治都不算是自決。許多斯洛伐克人和克羅埃西亞人都成了當時右翼民粹主義鼓動的對象，他們開始覺得，自己是自家土地上的陌生人。[49]

邊境：重塑哈布斯堡歐洲

捷克和塞爾維亞建國者並沒有畫定新國家的疆域。他們將此責任交由於巴黎與會的和約締造者，這些人將四項條約強加給戰敗國，分別為德國的《凡爾賽條約》（*Treaty of Versailles*，一九一九年）、奧地利的《聖德意志昂萊條約》（*Treaty of Saint Germain-en-Laye*，一九一九年）、保加利亞的《塞納河畔納伊條約》（*Treaty of Neuilly-sur-Seine*，一九一九年），以及匈牙利的《特里亞農條約》（*Treaty of Trianon*，一九二〇年），條約均是以簽署所在的城堡所命名。雖然從未明說，這些和約締造者使用簡單卻與威爾

＊譯註：原指鄂圖曼土耳其帝國在衝突中雇用的非正規軍，以手段殘忍聞名。

遜理想主義格格不入的原則來畫定邊界：獎勵戰勝國、懲罰戰敗國。不論原則有多膚淺（但據說都是經過深思熟慮），只要可以證明現在的決定是正確的就好。他們有時是依循「歷史」原則，例如，德意志人雖然占多數，但這個地區長期以來都屬捷克王室；有時則是「族群」原則，比如外西凡尼亞人「就是」羅馬尼亞人。但這些原則幾乎也都有其戰略考量：捷克斯洛伐克、波蘭或南斯拉夫必須強大起來（即便這表示這些國家必須納入異族），才能成為法國對抗德國的盟友；同樣的道理，德國、匈牙利、奧地利和保加利亞的實力也必須被削弱。正如經濟學家約翰·凱因斯（John Maynard Keyne）所說，和約締造者善用冠冕堂皇的語言來掩蓋他們的真實意圖。在恣意爭搶外國民族（多為馬扎爾）土地的人之中，來自羅馬尼亞的揚·布勒蒂亞努（Ion Brătianu）稱這些條約是「以威爾遜花環作妝點的拿破崙條款」。[50]

奧地利在被剝奪所謂的斯拉夫和義大利土地後所遭受的待遇，更是對民族自決理想的糟蹋。剩下的奧地利就是個七百萬人口的阿爾卑斯山共和國，他們認為自己是德意志人，希望歸屬於德意志民族國家；但法國否決了，因為德國是戰敗國，不可以讓其有發展的機會。奧地利有家社會主義報紙對此寫下：「從來沒有一紙和平條約可以如此背離原本聲稱應遵守的原則，每一項條款都殘忍無情，察覺不到一絲人性同理的氣息。」然而《凡爾賽條約》第八十條並沒有明說禁止奧地利與德國統一，只是聲明「德國認可且恪守奧地利的獨立」——這種辯解使得凱因斯將該條約稱為是「最狡猾詭辯家和最虛偽起草人」的產物。[51]

就哈布斯堡德意志人和匈牙利人而言，否認自決是理所當然而非例外，這也充分解釋了為什麼在二十年後阿道夫・希特勒（Adolf Hitler）將目光投向摧毀捷克斯洛伐克和波蘭時，能夠成功挑戰和平條約的結論。

畫定捷克斯洛伐克邊界的主要挑戰，在於波希米亞中近兩百五十萬人的少數德意志人口。二、三十年以來，這批族群本來就有政治組織，代表人也於一九一八年秋季投票支持加入德意志奧地利（German-Austria）。[52]看一眼地圖，就能發現只要將薩克森、巴伐利亞（Bavaria）和奧地利的邊界往波希米亞領土移動十至二十幾英里，就能輕鬆讓蘇台德德意志人（Sudeten German）加入德國版圖（這個解決方案最早於一七四〇年代便已有人提出）。但有各種因素阻撓著德意志人想要歸屬德國的願望。其中影響力最大的是，捷克堅持讓波希米亞王國領地保持完整，因為這裡是聖文才（St. Wenceslaus）近乎神聖的領地。雖然捷克斯洛伐克是共和國，但王國的古老疆域卻不容質疑。另一個更重大的原因則與戰略有關：波希米亞的邊境與蘇台德山脈（Sudeten Mountains）和波希米亞森林（Bohemian Forest）等丘陵地形重疊，這些地區提供了天然屏障。捷克外交官進一步表示，波希米亞幾世紀以來便有成長中的生產與商業活動，必須好好維護以保有經濟穩定。但在談及哈布斯堡君主制時，這個論調倒是沒那麼站得住腳了，畢竟哈布斯堡王朝也是有著發展了好幾世紀的巨大經濟體。

馬薩里克與其部長愛德華・貝納許見機補充道，讓捷克斯洛伐克納入更多德意志人其實符合德意志民族利益。假設任意調整邊界，允許三百萬人口中的兩百萬人加入德意志帝國，那麼留下來的德意志人就更有可能面臨被剝奪民族認同的風險！每個人都有各自的利益與權力，但只有在國家內部才得以實現。後來這類論調失去了作用，新掌權者動用武力：一九一九年三月，德意志人走上街頭示威，意圖爭

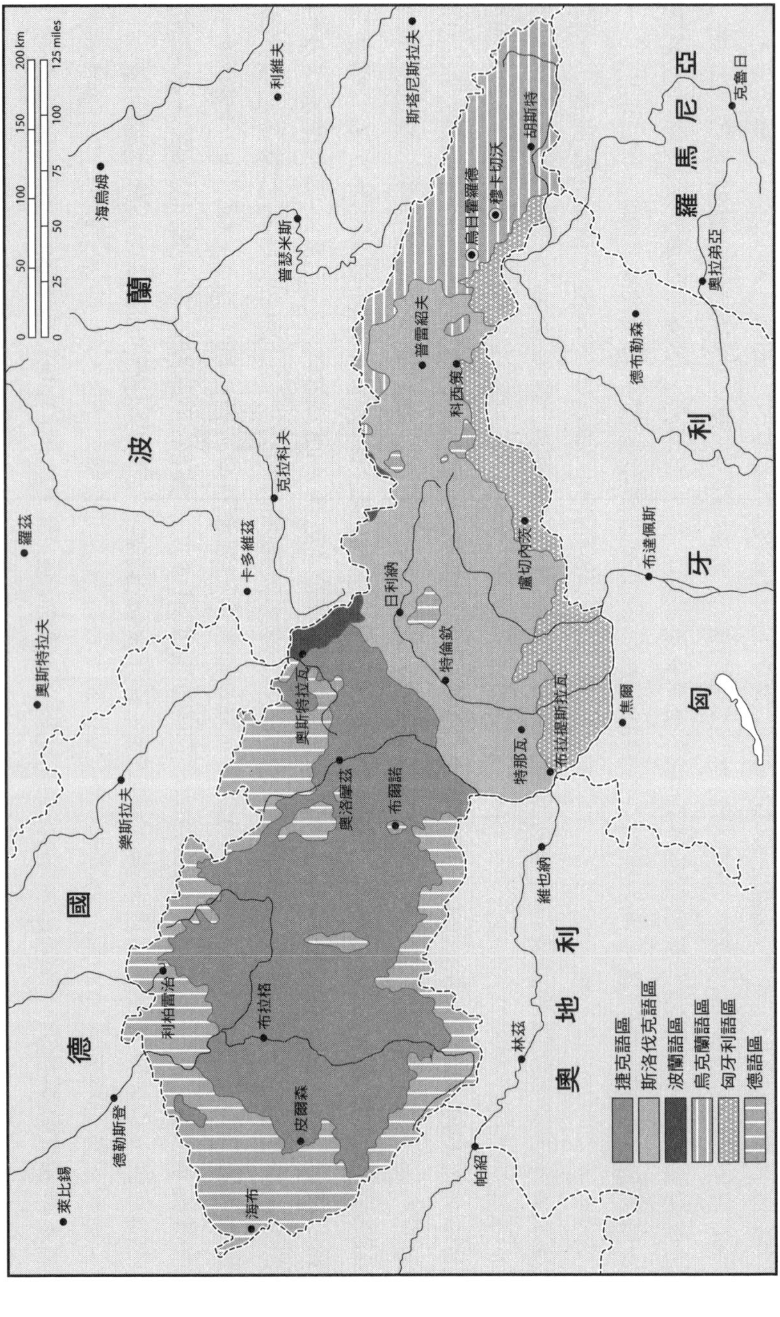

地圖 12.1 戰間期的捷克斯洛伐克

取威爾遜前一年向「奧匈帝國人民」承諾的「自治發展」，結果有五十二人遭捷克士兵開槍打死。[53]

在巴黎的美國代表團幾乎沒有反對捷克人的論述。威爾遜的團隊完全不曉得該如何實現他的願景，連國務卿羅伯特・蘭辛（Robert Lansing）都感到困惑。蘭辛問道：「總統在談論『自決』時，指的是什麼單位？是種族、領土單位還是某個群體？」[54]至於威爾遜對波希米亞邊界發表的評論，僅存的紀錄也令人費解。十二月十二日，就在美國軍艦華盛頓號（USS Washington）於十艘戰艦和二十八艘驅逐艦的護航下即將停靠在法國布雷斯特（Brest）之際，威爾遜說道：「為波希米亞畫定新邊界是太過複雜的任務，即便我們顯然可以、也應該畫定這麼一條線，直接從捷克斯洛伐克移除兩百萬德意志人。」[55]但威爾遜這時為何會認為動不得這些邊界？這點尚不清楚。不過正如我們所見，整個地區的其他古老歷史邊界也正在蒸發，匈牙利尤其如此。

似乎可以確定的是，威爾遜手下的專家無法告知他即將出現那些問題。在由威爾遜的顧問愛德華・豪斯（Edward M. House）組成的一百五十人事實查核委員會（名為「調查」〔The Inquiry〕）中，只有一個人懂捷克語或是對哈布斯堡的領土略有了解，這人就是羅伯特・克納。就如我們所見，這位後來任教於柏克萊的教授是捷克裔美國人，對中歐政治的觀察也完全稱不上中立。據馬薩里克事後回憶，他於一九一八年前去調查委員會就捷克事務進行遊說時，克納已經在「代表捷克人」工作了。克納在向長官報告時，似乎還嚴重低估了居住在波希米亞的德意志人數。據說威爾遜在前往歐洲的途中才被告知確切人數，讓他驚呼道：「什麼？馬薩里克從來沒有告訴我！」[56]

一九一九年一月，和約締造者成立了由民族問題專家組成的聯合機構捷克斯洛伐克事務委員會

（Commission on Czechoslovak Affairs），主席由老練的法國外交官儒勒・康朋（Jules Cambon）擔任，他比馬薩里克、貝納許或克納都還更堅定地認為波希米亞的邊界不可侵犯。[57]貝納許原本還有意願考慮作出有利於德國的修正，但康朋擔心微小的調整可能會為更大的改動創造先例，他也獲得同意，談判會以波希米亞的「歷史邊界」作為基礎。就算是在「有爭議的邊緣地帶」將決策權交付公民，也會誘使前哈布斯堡王朝領地的其他德意志群體要求比照辦理，更會引起戰敗的德國仍會得到領土的疑慮。[58]

法國的政策走向絕不允許這件事發生，他們必須削弱德意志與其原有盟國，使東歐的新興國度成為抵禦「布爾什維克毒藥」的強大堡壘。因此，法國外交官在更東邊（現屬斯洛伐克的匈牙利舊有國土）畫定邊界時，極力主張將其向南延伸，儘量靠近布達佩斯北部的山區，深入匈牙利人定居已久的聚落。次年，捷克斯洛伐克併吞匈牙利多瑙河以北的區域，其中一處還聚居了七十四萬五千名馬扎爾人（超過這個新興國家人口的百分之五）。[59]法國外交官比美國外交官更執著與堅持，美國外交官只想找出「公正」的解決方案。確實，既然大家已經認定族群原則可以輕易修改，那何不儘量擴大捷克斯洛伐克呢？

一九一八年，羅馬尼亞軍隊占領外西凡尼亞（此為一九一六年布加勒斯特加入協約國陣營時，曾承諾交給羅馬尼亞的領土），使得匈牙利失去了更大批的匈牙利人。羅馬尼亞人如捷克人一樣大肆掠奪，輕鬆就往西併入歷史悠久的外西凡尼亞省疆域。羅馬尼亞自由派政治人物揚・布勒蒂亞努表示，他的國家需要蒂薩河（Tisza River）作為保護邊界。匈牙利無論如何注定要失去外西凡尼亞的數十萬人民（其中羅馬尼亞人占多數），可是如此肆無忌憚地將邊界更深入匈牙利平原，同樣也犧牲了許多大型的匈牙利人聚落。[60]一九二〇年，各國於特里亞農與匈牙利簽訂的條約，使得三百萬匈牙利人離開了自己的國家，其中有超過一半的人聚居在新邊界的周圍地帶。61

※

協約國對所有怨言充耳不聞。一九一八年秋天，匈牙利新任國家元首米哈伊・卡羅伊曾會見法國將軍路易・弗朗謝・德斯佩雷（Louis Franchet d'Esperey），這位將軍正帶領軍隊協助鞏固新畫立的邊界。即使被告知卡羅伊代表的是全新、自由的匈牙利時，弗朗謝・德斯佩雷依然粉碎了一切寬容處理的希望。弗朗謝・德斯佩雷說道：「我懂你們的歷史，貴國一直在壓迫非馬扎爾族群，現在捷克人、斯洛伐克人、羅馬尼亞人和南斯拉夫人都是你們的敵人。」儘管外西凡尼亞自十一世紀以來一直是屬於匈牙利，但沒有任何人可以爭得過族群論述——羅馬尼亞人聲稱他們定居在外西凡尼亞的時間更長。一九一九年三月，正是因為法國有消息指出匈牙利就連在未來邊界上仍是馬扎爾人為主的地區都留不住，才會導致卡羅伊下台，讓權給激進左派，最終使得匈牙利的民主倒退了幾十年，並在巴黎和會中壯大了羅馬尼亞的勢力（因為羅馬尼亞軍隊替協約國粉碎了庫恩的匈牙利蘇維埃共和國）。法國人還允許塞爾維亞、克羅埃西亞與斯洛維尼亞將巴納特部分匈牙利人口眾多的地區納入弗伊弗迪納省。62

只有與德意志簽訂的《凡爾賽條約》清楚列出了爭議領土的解決方式：詢問民眾他們想歸屬哪個國家。方法就是全民投票，但即使是在德國，這個方法也只用上了兩次。63

一九二〇年七月，東普魯士（East Prussia）大部分地區的居民被問及是否願意留在東普魯士，有超過九成的人投了贊成票。雖然有很高比例的人口在日常對話中使用的都是波蘭語的一種變體，但這些領土自一六五七年以來大多都不屬於波蘭。[64]波蘭提出抗議，指出德國人「政治宣傳」的優勢很大，並認定說波蘭語的人即屬於波蘭人，聲稱全民投票違背了「民族原則」。雙方都承認，全民投票時，波蘭在華沙附近與紅軍的戰役導致選民憂心新的波蘭國度不會持久。

上西利西亞（Upper Silesia）的情況更為複雜，此地區自十四世紀以來一直不屬於波蘭，而是由捷克、哈布斯堡王朝和普魯士／德國所統治。但從上西利西亞至下西里西亞邊界（布熱格〔Brzeg／Brieg〕）的人民（尤其是鄉村地區）都使用波蘭語。波蘭以民族（語言）為由來聲稱主權，但該地區的大多數人（百分之五十九點六）在一九二一年三月二十日均投票支持加入德國。波蘭人強烈反對並表示東部地區主要人口為波蘭人（甚至有三起武裝起義作為證明），國際聯盟採取合理行動並畫分了領土（此為《凡爾賽條約》所許可），將以壓倒性多數投票支持波蘭的地區交給了波蘭，大約占該區域總面積的三分之一。但德國始終不甘心，認為這不僅違背民意，還使德國失去了第二大的工業區。

波蘭的外交政策掌握在曾為社會主義者的約瑟夫．畢蘇斯基手中，他認為東部的邊界議題必須動用武力才能解決。[65]然而他也將舊波蘭聯邦放在心上，認為波蘭必須聯合其他民族，才能在德國和俄羅斯的勢力下生存。因此，在一九二〇年初，他與烏克蘭領袖西蒙．彼得留拉（Symon Petliura）結盟，率領聯合軍隊遠征至基輔（Kiev），希望由波蘭、立陶宛、烏克蘭和白羅斯組成一支各民族聯盟。但畢蘇斯基過度擴張戰線，並於一九二〇年夏天被逼退至華沙；接著又輪到他反轉局勢，他採取閃電側翼戰術，成功驅散、摧毀了數支蘇聯軍團。至九月，布爾什維克求和，提議要是能在十天內停戰的話，那麼波蘭

圖 12.2　波蘭女子軍團準備迎接布爾什維克的攻勢（一九二〇年八月）。
來源：Agence Rol. Agence photographique 1920, from French National Library.

人想要多少東部領土都能如他們所願。[66]

隔年，各國於里加（Riga）舉行和平會議，並由波蘭與蘇聯的談判人員分配領地，東部土地（含明斯克市與基輔市）併入了蘇維埃白羅斯與烏克蘭，其餘的則成為波蘭的省分，包含東加利西亞的利維夫市（波蘭語：Lwów／烏克蘭語：Lviv）。與其他東部民族組成聯盟的希望徹底破滅，因波蘭團隊是由民族民主黨人主導，所以在畫分邊界時是依照羅曼．德莫夫斯基的心意，最終得到的領土還遠少於蘇聯願意提供的土地（放棄明斯克、遺棄波蘭的烏克蘭盟友西蒙．彼得留拉）。[67]然而，波蘭東部領土仍包含數百萬白羅斯人和烏克蘭人，就算是最有熱忱的波蘭擴張主義者也無法吸收。

諷刺的是，畢蘇斯基打造出了一個正合對手心意的國家：由波蘭人為波蘭人建立的波蘭國家。這樣的認可讓他很困擾。一九二〇年，畢蘇斯基與羅曼．德莫夫斯基最後一次談話，對方譏諷道：我們怎麼可能在接手利維夫、占領東加利西亞的同時，還聲稱支持烏克蘭人建國的願望？聲稱願協助他們納入這些土地？這番話令畢蘇斯基憤而中斷兩人的對話。[68]畢蘇斯基行為上的矛盾也發生在立陶宛。一九二〇年十月，波蘭將軍盧揚．澤利戈夫斯基（Lucjan Żeligowski）為波蘭占領了立陶宛首都維爾諾（波蘭語：Wilno，今維爾紐斯〔立陶宛語：Vilnius〕），惡化了兩國在戰間期的關係。但澤利戈夫斯基的行動卻是得到了畢蘇斯基的默許，不顧波蘭已向協約國承諾會承認立陶宛在威爾諾的主權。[69]

因此，以畢蘇斯基和德莫夫斯基各自支持者這種一塌糊塗的合作方式所創造出的波蘭，無論是在國內還是在國際上，都重挫了雙方對波蘭發展的理想。波蘭沒能成功聯合小國家組成區域聯盟，反倒是在一個迷你版的哈布斯堡疆域中疏遠了大小鄰邦。[70]東部邊界的畫定就是一場幻覺與騙局。畢蘇斯基認為小國可以團結起來，卻沒有考慮這些國家是否同意畫分其領土的方式，即便出現爭議，他也只是占領他自認屬於波蘭的地區。德莫夫斯基則認定，較小巧的波蘭可吸收東部的大量人口，忽略了奧地利早已向加利西亞數百萬名烏克蘭人傳播了民族意識。蘇聯在求和時並沒有放棄對全球革命的長遠希望，對他們來說，簽訂《里加條約》（*Riga Treaty*）本來就只是權宜之計——這紙條約使得波蘭成了「介於兩大巨頭之間的中等國家」，這正是畢蘇斯基最大的恐懼。[71]

為了激發動人民對來自東方的威脅的恐懼，波蘭使用了標準的反猶圖像來印製海報，有些則是針對不願支持波蘭「領主」大業的農民（這也是布爾什維克政治宣傳中為波蘭人塑造的形象）而設計。波蘭媒體充斥著猶太人（尤其是東部猶太人）支持紅軍、年輕猶太男子逃避波蘭兵役的故事。一名拉比還因涉嫌將波軍在普洛克（Płock）附近的據點洩漏給布爾什維克，而遭到槍決。[72]但事實上，與波蘭其他族群一樣，波蘭猶太人對戰爭的態度並不一致。在波蘭中部，幾十個猶太社群籌募資金以保家衛國，有數千名猶太士兵在波蘭單位中作戰，直至一九二〇年八月十六日為止——因新任波蘭國防部長卡齊米日·索恩科夫斯基（Kazimierz Sosnkowski）下令清查所有猶太人，並將他們從軍中驅逐。約有一萬七千名官兵被關押在亞布沃納（Jabłonna）的營地，猶太學生志願兵也被送往勞動營。戰爭局勢正是於此時轉為對波蘭有利，但波蘭士兵對猶太人及其財產的處置也越發暴力。恢復和平與穩定後，波蘭軍隊再次納入猶太人：一九三九年，約有十二萬名猶太人與其他波蘭公民一同抵禦德軍，其中大概戰死了四分之一的人。[73]

協約國在理論上支持烏克蘭建國。至一九一九年夏天，波蘭部隊掌控了大部分的東加利西亞。[74]協約國很清楚這塊土地上是烏克蘭居民占多數；一九一九年六月，英相勞合·喬治和美國總統威爾遜同意應舉行全民公投。他們將此事報至外長會議（Council of Foreign Ministers），各國外長卻意見分歧。法國與義大利贊成將領土交與波蘭；英國偏好暫時由波蘭控管，隨後交付公投；美方則提出了折衷方案，也就是先由波蘭託管，直到人民有機會決定該歸屬哪個國家為止。

可是在強大武力的支持下，波蘭大眾仍立場堅決。儘管波蘭代表鋼琴家伊格納齊·帕德雷夫斯基接受了美方觀點，但他的國人完全無法容忍任何有損波蘭主權的行為，認為東加利西亞自一七七二年便屬於當時的波蘭。最後，協約國同意由波蘭託管二十五年，之後將舉行公民投票。但波蘭人同樣無法接受，甚至還導致帕德雷夫斯基下台（他於一九一九年十二月九日辭職）。當時美參議院已拒絕簽署《凡爾賽條約》，美國不再參與會談。不到兩週後，法國和英國便暫停了對東加利西亞的決策，之後也從未再作商議。

雖然是德國和俄羅斯之間人數最龐大的民族，但烏克蘭人根本無法建國。烏克蘭民族運動與捷克相似，目的都在於建立現代國家，代表生活在外國壓迫之下、幾乎沒有建國史的「沒有歷史」的人群。烏克蘭人的民族「覺醒」發生於捷克覺醒之後約二、三十年。烏克蘭人占據了也住有其他族群的領土（主要是有波蘭人的東加利西亞），困境與捷克相似；但烏克蘭人也面臨另一道難題，那就是他們居住在波蘭和俄羅斯主張擁有的土地上。西烏克蘭的利維夫市也是一座古老的波蘭城市（自一三四九年起），而更東邊的地區也深刻影響到俄羅斯的早期發展。正如普丁（Vladimir Putin）最近總是重複的一句老話：基輔是「俄羅斯城市之母」。[75]

其他大批的烏克蘭族群（時稱魯塞尼亞人）則落入了捷克斯洛伐克和羅馬尼亞。這些人（「外喀爾巴阡魯塞尼亞人」）成為捷克斯洛伐克公民，因為居住在美國的同族人曾要求所有「居住在喀爾巴阡山脈以南的喀爾巴阡魯塞尼亞人」應與捷克斯洛伐克共和國建立政治連結，並保證讓他們享有自治權利。[76]他們確實彼此相連了，但自主權卻沒有獲得尊重。

⁂

第一次世界大戰後幾年，人們見證了新舊世界最重大的交會時刻。舊世界可追溯到十五世紀，首先是法國和德意志啟蒙運動的刺激，加上本土對外國列強征服的擔憂，導致十八世紀後期開始出現了一系列民族運動，這些運動全都傳遞著同樣的基本訊息：每個民族都應該決定自己的命運。一九一七年，美國總統開始向北美與歐洲宣揚看似完全相同的理念：所有文明的人民都應享有自由（即便他對遙遠土地上的複雜歷史進程一無所知）。但他卻不認為這樣的信條也適用於亞非與中東。

威爾遜和他在東歐的主要盟友馬薩里克都清楚明白，兩人有哪些共同的希望與願景；然而，美國對人民的觀念，以及中東歐國家對民族的觀念交會後會如何產生一觸即發的緊張局勢？威爾遜對此卻一無所知。美國人民的自決並不等同捷克或捷克斯洛伐克人民的自決。前者指的是讓特定領土內的每個人都享有平等公民身分；後者則會將領土中不屬該「族群」的人民視為二等公民——比方說，捷克斯洛伐克不屬於德意志人，而是屬於捷克斯洛伐克人。德意志人雖也被納入國家，但這只是因為他們定居在捷克人想要的土地上。

儘管有人人平等的保證，且捷克人和斯洛伐克人可隨意地在國家機構使用母語（無論使用人數有多麼稀少），但德意志人若想使用德語，就算是在最小的行政區內，也必須要有二成的以上人口才行。在公共部門中，捷克應徵者比德意志應徵者更受到青睞。[77] 回顧過去，我們承認捷克政府給予蘇台德德意志人的待遇的確優於中歐東部的其他少數族群，但正如史學家威廉・約翰・羅斯（William John Rose）所說，他們仍然「遠未享受到他們在邊境以內本應享有的地位」。[78] 他大概還可以再補充道：也無法享受德語人士數世代以來在波希米亞享有的優越地位。

在新興中東歐的所有新任領袖中，馬薩里克是唯一一位承諾遵守更高人道原則的人，但在他心目中，這些原則只能由「民族」來實踐，而在波希米亞正應由波希米亞人（捷克人）來負責。馬薩里克於一九一八年十二月在布拉格對革命國民議會發表演說時，指出「我們創造了自己的國度，並由此確立了國內德意志人的國家權利地位，他們當初是以移民和殖民者的身分來到這裡」。馬薩里克所說的「我們」是指斯拉夫人，德意志人則是客人。雖然他承諾給予「完全平等」，但那是賞賜，稱不上權利。烏克蘭裔美國史學家羅曼．斯波爾魯克（Roman Szporluk）便曾寫下，無論馬薩里克多真誠援引他的崇高原則，「他都沒能找出組織嶄新多族群國家的方法，讓統治權不會只掌握在單一民族手中」。[79]

回顧歷史，聯邦制似乎是波蘭、南斯拉夫、捷克斯洛伐克（也許還有羅馬尼亞）這類多族群國家最明顯的解決方案：以靈活的單位組成國家，考量聚居在特定地區民族的權益，例如波蘭東部的烏克蘭人或西波希米亞的德意志人，讓這些族群可以針對切身相關的議題（語言、教育和文化）發表意見，不要讓他們覺得自身的經濟和法律事務任由優勢民族擺布。這樣的制度也有前例可循，前哈布斯堡王朝和俾斯麥統治下的德國都曾出現三元主義的規畫，將重大權利下放給薩克森王國或巴伐利亞王國等附屬諸侯國。

在強勢民族眼中，聯邦制似乎是用來壯大少數民族的陰謀詭計，所以這個制度無意中也成了民族的敵人。可以理解新建國家的確會希望儘量強大起來，避免因分權而分裂。連自由主義者也反對聯邦制，因為他們認為這種制度有損民主改造政治的力量。[80]

雖然也有針對少數民族簽訂的條約，但目標卻在於推廣「漸進且無痛的同化」。[81]然而，說他們是少數其實有點誤導人，因為在當時的一億名德意志人中，不住在德意志民族國家的估計就有三至四千萬人。這些數字並不精確，還算進了不在歐洲的人口，不過這也點出了一個問題：不僅有許多德意志人自認為是「沒有空間的民族」（*Volk ohne Raum*），他們還有許多同胞（*Volk*）＊生活在外國領土上，結果成為了腐蝕歐洲政治架構的一股力量。

不過，戰間期隨之而來的問題卻不是源自強加於東方的西方思想；戰後整頓的結果也不是威爾遜、法國人或英國人發想出的東歐樣貌。革命是由東歐人自行發起，不同民族的革命各處皆有，而且都宣揚自由主義制度，堅決否定布爾什維克主義，與新興的德意志十分雷同。匈牙利貝拉·庫恩革命的暴行被渲染與放大，每個新興國度都禁止共產黨，只有捷克斯洛伐克為例外，因為禁止共產主義等於是違背國家對自由憲政的承諾。

捷克斯洛伐克的領袖與其他新建國的領袖一樣，決定依自身需求調整威爾遜（而非列寧）的民族自決思想，另一方面也讓西方列強聽他們想聽的話。這些新民族國家即將面臨的一大問題，就是要結合他們聲稱自己所代表的人民（不然就是他們忽略其存在的人民）。這是和平時期的普遍問題，儘管分權的治理方式會大大減輕生活在異邦的不易，這些新興國度仍無一為少數民族安排自治政府。

＊編註：Volk特指十九世紀末以來受（德意志）種族觀念架構的人民／民族認同，除了定義誰屬於民族，也定義了誰不屬於民族，此種民族認同隨後由納粹擴散。進入蘇聯時期後，Volk也有東歐式「人民民主」政權的人民之意。

chapter 13

民族自決失敗

美國加入大戰是為了維護世界民主和平，西方政府也發行手冊來闡明訊息：自由自治是年輕人為國捐軀的原因。但要讓此目標顯得更切身相關，其實不需要太多的政治宣傳。各處的人民都認定，只要解除舊國王與皇帝的壓迫，自由民主的統治形式就會自行茁壯成長。[1]各國家（意即人民）也終將能自我治理。協約國向德意志與奧地利表明，在兩國採取共和制以前，他們絕對不接受停戰談判；然而這個期待對於捷克斯洛伐克、波蘭及南斯拉夫等新興國度而言更有說服力，因為這個說法之所以成立，就是要讓從未享有自治的人民可以實現這項基本權利。[2]他們本可成為前所未見、具代表性的超級民主國家。

反過來說，中東歐新興國家的民主秩序與國際和平息息相關。暴虐的奧匈帝國與德意志帝國一直以來都是由非民選的君王領導，他們簽訂祕密條約，發動與國家子民利益毫不相干的戰爭。現在，中東歐的民選國家將追求和平，因為戰爭對人民毫無利益可言；他們會加入組織有條理的國際社會，躋身治理有方的西歐國家之列。

研究東歐的幾個西方專家多半都預見到問題。戰爭結束後，有位歷史學家曾於倫敦與巴黎鼓吹「新中歐」，此人來自加拿大，正是未來將任教於倫敦大學學院（University College London）的威廉・約翰・羅斯。他表示，舊時的多瑙河流域原本是虛假效忠及制度的據點，並指出：「許多中歐人民都身不由己地受到戰爭的威脅，厭惡讓自己奮鬥與犧牲的事物，所有人都盼望著集權帝國的毀滅。」[3]當時羅斯才剛設法離開哈布斯堡王朝統治下的西利西亞，他在那裡與後方人民度過了三年漫長的艱苦歲月。期間他曾與數十名波蘭人、捷克人及烏克蘭人對談過，羅斯確信這些人都渴望「自由，也就是依照上帝意旨發展自我的權利」。[4]

民主制似乎是唯一的選擇，歷史上也完全沒有失敗的先例，因為民主化在一九一九年仍是尚未有人嘗試的藝術，而且在小細節上懷疑並不容於當代的精神。後來成為哥倫比亞大學（Columbia University）重要歐洲史學家的卡爾頓・海斯（Carlton J. Hayes）在巴黎會談期間曾與美國總參謀本部（US General Staff）的軍事情報部門（Military Intelligence）合作。海斯從與歐洲人的多次對談中得出結論，大戰造成的傷亡「太過慘重」，因此世界不可能再回到一九一四年的樣貌，這場戰爭「終結了人類史上的一個時代，並開啟了另一個時代」。英裔比利時學者查爾斯・薩羅利亞（Charles Sarolea）是研究歐亞的最高權威，他寫道：「斯拉夫人經過一千年的屈從後，如今終於得以繼承他們的種族遺產。」羅馬尼亞人對民主也是同樣熱情高漲，原因很簡單，因為有三分之二的選民都會是農民，[5]而新建的國度必須能夠照顧多數羅馬尼亞人的利益才行。

薩羅利亞、羅斯和海斯都知道邊界畫定會出現爭議，但是在世界歷史的變動下，這些爭端都顯得微不足道。南斯拉夫人希望放下過去分歧、完成統一；捷克人和波蘭人欲解決西利西亞的爭端，以「冰釋前嫌」；德國人也理當與新建的捷克斯洛伐克和解。在幾世紀以來受到哈布斯堡王朝統治的廣大土地上，很少有人為了即將離去的奧地利官僚流淚。未來一片光明，「不對他人心懷惡意，對任何人都心存寬容」[6]。戰爭已讓歐洲人了解到他們必須合作。

結果，人們對政治轉型投注的希望徹底破滅。墨索里尼（Mussolini）於一九二二年被任命為義大利總理後，各地的民主政體便開始瓦解，彷彿早有安排；義大利之後是阿爾巴尼亞（一九二五年），接著是波蘭和立陶宛（一九二六年）、南斯拉夫（一九二九年）、德國與奧地利（一九三三年）、保加利亞、愛沙尼亞及拉脫維亞（一九三四年）、希臘（一九三五年），最後是羅馬尼亞（一九三八年）。一九二一年，匈牙利在霍爾蒂將軍的掌控下，立法人員在鄉村強制舉行記名（而非不記名）投票，並將社會民主黨限制在都市地區，藉此剝奪了農村人口的選舉權。匈牙利是個冒牌民主國家，執政黨（「統一黨」〔Party of Unity，一九二一年至一九三二年〕和「民族統一黨」〔Party of National Unity，一九三二年至一九四〇年〕）從未在選舉中失利。[7]民主秩序在捷克斯洛伐克撐得最久，直至一九三八年九月為止，因英法兩國將該國的邊防地區交由希特勒宰割。次年三月，希特勒派軍攻入布拉格，戰後秩序就這樣以戲劇化又悽慘的方式徹底瓦解。

局勢不穩定的主要根源，在於幾個新興國家並非民族國家，反而是等同於縮小版的哈布斯堡帝國，因為波蘭、捷克斯洛伐克、羅馬尼亞和南斯拉夫都納入了數百萬不屬於統治民族的公民。結果導致少數民族的黨派激增，難以組織穩定的聯合政府，也阻礙該地區在國際上的凝聚力。新建國家沒有與鄰國合作，卻覬覦著他國領土。羅馬尼亞、捷克斯洛伐克和南斯拉夫會組成「小協約國」（Little Entente），都是為了聯手抵禦匈牙利，匈牙利政府則是想方設法收復《特里亞農條約》畫給了這三國的失土。新建東歐國家的走向並不符合法國政策的期待，沒有出現任何結盟；所以在一九三〇年代，德國巧妙地利用了巴黎和平秩序的虛偽（特別是和會否定奧地利、捷克斯洛伐克及波蘭境內德意志人自決這點），就是為了摧毀這三個國家，作為東歐殖民大計當中種族滅絕行動的前奏。

儘管如此，羅馬尼亞、捷克和波蘭如今仍會慶祝一九一八年的民族獨立，雖然民主統治漸漸瓦解，但在戰後十年間（在經濟大蕭條使歐洲陷入重大經濟危機前），人們在經濟、法律和文化極為多元的地區成功建立了（近乎）合法的穩定秩序，仍是一項成就。

東歐新興國家的經驗都不同。我們可以在起伏情勢中辨別出兩種模式：一邊是波蘭、捷克斯洛伐克和南斯拉夫等微型帝國，它們都制定了新憲法並嘗試採取國會統治，其中融入了國家複雜的新人群，還有各種先前從未合作過的政黨。波蘭和南斯拉夫分別於一九二六年和一九二九年放棄了實驗，屈服於專制政體；捷克斯洛伐克的實驗則仍在繼續。問題在於，這三個案例為何會有不同的走向？另一個模式則是羅馬尼亞、匈牙利及保加利亞，它們繼承了一九一八年以前含有憲法的基本政府體系，少數族群也更加無法威脅到名義上的強勢「民族」——羅馬尼亞人、馬扎爾人和保加利亞人。政治光譜越趨簡潔，政治史的發展亦然。

東歐地區會結合在一起，也是因為這裡的經濟發展水準比西歐低上許多，人均收入低、嬰兒死亡率高、城市化程度低、教育水準低落。教育水準低落對於建國者來說尤其成問題，因為我們很難動員不會讀寫的人。原籍羅馬尼亞的政治學家大衛・米特蘭尼（David Mitrany）便點出要將西方制度轉移到欠缺準備的社會的基本問題。一八六六年的羅馬尼亞憲法雖是受到比利時自由主義模式的啟發，但未能考慮到國內的實際情況。大部分羅馬尼亞人「都是文盲，無法實踐憲政設計賦予的權利和義務，所以只能仰賴上層階級的啟蒙，而上層雖然有讓農民知曉自己的義務，卻疏於解釋他們的權利」。因此就算是採用不記名投票，上層階級仍很容易操作選舉，以達到他們想要的結果。米特蘭尼繼續說道，「政府的影響力非常大，或者說人們對政府是如此恐懼，使得幾乎沒有任何反對黨黨員能夠當選，除非政府在某些選區沒有推出候選人，讓反對黨不會被剝奪形式上的異議權利」。[8]

然而，這些寫於一九一五年的反思沒有澆熄米特蘭尼對戰後秩序的熱情，他也希望羅馬尼亞能儘量奪取匈牙利領土。米特蘭尼於兩年後製作了一本小冊子，宣稱所有包含羅馬尼亞人的哈布斯堡及沙皇舊有領土都屬於羅馬尼亞，對於將有缺陷的政治制度擴展到新領地毫不擔心。事關一個弱小歐洲民族的存亡，米特蘭尼建議讀者思考「強勢民族濫用權力，妨礙弱勢民族的自然發展」會積累出什麼危害。言下之意，便是指非羅馬尼亞人並不屬於外西凡尼亞。不同尋常的並非這樣的觀點，而是提出觀點的人，米特蘭尼是奠定國際主義的思想家，也創立了民族國家的統治權應以人權的名義而受限制的理念。[9]

假民主

第一次世界大戰後，東歐國家朝男性普選權邁出了一大步。各處的成年男子都享有投票權（匈牙利則有所限制，先前已提及），波蘭及捷克斯洛伐克的婦女也是，匈牙利的女性則曾經有一度可以投票。[10]然而，人民意志對政治體制的影響力幾乎沒有改變，日益惡化的社會問題也幾乎無人處理。大多數民眾仍是務農，但土地太少，也缺乏肥料、專門技術或可負擔的貸款管道，人民入不敷出。各國政府並沒有費心關注這類阻礙經濟和社會發展的基本問題，只在意城市有何需求及控管鄉村地區。他們偶爾會宣稱，必須等國家利益的基本問題解決後，才能處理緊迫的社會問題。對匈牙利而言，因《特里亞農條約》而喪失的領土令人如此悲痛，導致國家無法關注任何其他問題——至少這是政府為了一己之利的政治宣傳。

儘管在貝拉·庫恩及其同黨逃往維也納後，米克洛什·霍爾蒂海軍上將主導了「白色恐怖」、社會主義者也發起杯葛，匈牙利仍於一九一九年十一月舉行選舉，以成立國民議會。「小農」黨（Small Holder）和幾個右翼政黨組成執政聯盟，廢除了自由主義卡羅伊和共產主義庫恩政權先前的立法成果。雖然盟國迫使匈牙利推翻了哈布斯堡王朝，但一九二〇年的第一條法律即讓匈牙利恢復了舊有的王國狀態。[11]國民議會在施行恐怖主義的軍官所使用的建築物內舉行，強人霍爾蒂獲推選為「攝政」，他曾任雙元帝國的海軍指揮官，也是奧皇法蘭茲·約瑟夫的參謀副官，政治傾向更是極為保守。[12]

匈牙利的小農黨是於戰前不久由瑙亞塔德的伊斯特萬·沙寶（István Szabó of Nagytad）成立，他是一位真正的農民領袖且支持土地改革，可是該黨在一九二〇年代的領導階層幾乎沒有真正的農業無產階級成員，所以新政府也不足以代表城市或鄉村的勞動階級。[13]但匈牙利的中產階級也生活在絕望邊緣，許多人都將積蓄花在奧匈帝國的戰爭債券上，這時已一無所有。除此之外，來自成為獨立國家的前匈牙利王國領土、約三十至四十萬的難民（大多數為官員及其家眷）也讓問題更嚴重。許多人都艱苦度日，一度只能住在廢棄的火車車廂裡。他們將馬克思主義視為大敵，日後也將大力支持一九二〇年代晚期興起的右翼運動。

一九二〇年代擔任匈牙利首相的是伊斯特萬．貝特倫伯爵是支持喀爾文主義的外西凡尼亞貴族。貝特倫是堅定的保守派，也是老練的外交官，他曾於布達佩斯、維也納及英國數所大學接受教育。貝特倫在公開場合甚少展現個人魅力，卻精通閉門談判的技巧；而事實證明，他也是自身所屬地主階級的出色代表。貝特倫的目標是要讓匈牙利回歸到戰前有限制的投票體制，聲稱大眾尚未準備好為自己的事務負責。他指出，治理體系不能淪於民眾的盲目統治，倘若國家不是由知識分子領導，就會屈就於蠱惑民心、隨著國家和社會的仇恨而增長的卑鄙口號。[14] 貝特倫首先加入了小農黨，此舉對其出身的階級來說非比尋常，然後他利用交際手腕和法律算計來將小農黨與其他右翼團體合併，組成了統一黨，也就是實際上的執政黨。[15]

一九二二年，貝特倫恢復了戰前規定城鎮外選民須記名投票的制度，這表示農人在投票時，地主可以找出異議分子並使用各種管理手段來懲處他們。結果選民人數只占總人口約百分之二十八，連教育程度與居住時長都有進一步規定。[16] 以上因素再加上其他伎倆，都讓政治體系緊握在匈牙利的傳統菁英（如仕紳、地主、教會及小型資產階級）手上。一九二〇年八月，政府推行了一次微不足道的土地改革，從大型私有土地中抽取約國土總面積百分之七點五的土地，以分發給其他國民，但地主事先收到了警告，所以能捨棄最沒價值的土地。[17] 同一時間，貝特倫政權繼續讓農民無法組織動員，當鄉村裡一出現政治勢力就會馬上被鄉間警察（gendarme）驅逐。結果便是使得這種舊時的偽封建系統繼續存在，幾

乎沒有改變，也因此為極右勢力創造了空間，讓他們可以自稱為族群真正的守護者。[18]＊

貝特倫的計畫是要藉由吸引外國投資並保持工資低廉，以刺激經濟成長，穩定貨幣便是他的重大成果之一：一九二七年，貝特倫推出採取金本位制的帕戈幣（Pengő），帕戈幣經證實為歐洲最穩健的貨幣之一。貨幣穩定再加上大量外資與債券，使得經濟得以緩步成長，政府也實施了一些社會改革，包括健康及老年、喪偶和傷殘保險。關稅保障了國內產業，使得工廠數量從一九二〇年至一九二九年成長了三分之二。雖然匈牙利的出口仍以農產品為主，但那時恰好有外國市場和良好價格，使得對外貿易價值也翻了一倍。然而成功吸引外資也招來極右翼人士的不滿；前軍官久拉・貢博什（Gyula Gömbös）即宣稱匈牙利越來越仰賴猶太資本，他吸收了統一黨的六名代表，並於一九二三年成立擁護種族主義的匈牙利獨立黨（Party of Hungarian Independence）。[19]

貝特倫的統一黨在每次選舉中都得以保住多數選票，但也容忍在野黨的存在，因為他們深知小黨永遠不可能掌權。[20]他認為工人必須是任何現代社會的利益團體，也允許工會運作。[21]一九二八年，（受馬克思主義啟發的）社會民主黨人在同意不發動罷工、不動員鄉村選民後，得以重返國會。政府也如東歐其他地區（捷克斯洛伐克除外）一樣，雖然會取締共產黨人，但大多尊重媒體、集會及言論自由。政

＊編註：以哈布斯堡王朝的脈絡來說，gendarme多為占領區駐軍，屬於軍隊編制的一環，可理解為現代國家興起後，從城市向鄉間或小鎮伸張控制的工具。

黨從左派到右派皆運作如常，人民也能於報刊上討論哲學與政治理念，只要不質疑基本政府體系即可。一九四四年霍爾蒂遭德國罷免之前，一直都是形同國王的「攝政」，統治著這種有限制的多元主義，負責遴選首相並努力維持匈牙利的獨立（而我們也即將看到，他的努力越來越不成功）。[22]

雖然羅馬尼亞是從戰後和平協議中得利最多的國家，但該國情況在本質上與匈牙利相似。一九一九年的第一次選舉即允許男性普選（女性要到一九三〇年代才享有地方選舉投票權），農民黨和民族黨獲得多數席位。選民們以選票懲罰自由黨，因為在一九一六年至一九一八年間，該黨對戰爭毫無準備，也無法因應混亂的治理工作。新上任的聯合政府著手規畫社經改革、投資村莊及徵地等事宜，而最了不起的便是將行政權力下放，此舉原本有機會可照顧到相異地區的不同特質，使羅馬尼亞成為其他多族群國家的典範。[23]

然而一切努力都化為泡影。一九二〇年三月，斐迪南國王（Ferdinand）耍了道簡單把戲，推翻了自家政府。出身外西凡尼亞的首相亞歷山德魯・維達–沃沃德（Alexandru Vaida-Voevod）當時已前往巴黎，準備協商外西凡尼亞和比薩拉比亞的最終邊界畫定，但在首相外出期間，代理首相斯特凡・波普（Stefan C. Pop）連同內閣一起辭職。這個轉折致命地影響了羅馬尼亞民主。民選的國會多數派原本藉由推動親農民政黨的土地改革，同時與「少數派」和解，來紮穩民治基礎。但君王和自由派認為這些措施是「背信棄義」，在戰間期，他們多數時間都在合謀挫敗全體選民的意願。在此之後，掌權政府通常會舉辦選舉並從中獲選。[24]

懂得順應局勢的將軍亞歷山德魯・阿維雷斯庫（Alexandru Averescu）是一位傾向保守的戰爭英雄，

他被任命為首相，並於五月「組織」選舉，使他多元的人民黨（People's Party）能贏得壓倒性（卻實為欺詐的）多數席位。阿維雷斯庫拒絕社會改革，且支持反共、反猶主義、反馬扎爾主義和瓦拉幾亞至上主義（Wallachian supremacy），他在國內實行嚴格的中央集權，並正式推動政治化的土地改革，將外族（通常是馬扎爾人和德意志人）的土地重新分配給羅馬尼亞人。這次改革並沒有催生強大、獨立的自耕農階級，反而藉由將財產遭剝奪的地主安插在國家官僚機構並於猶太人與外國人經營的工商企業中擔任董事職位，來挽回統治地位。[25] 阿維雷斯庫在達成目的後旋即被請下台，自由派於一九二二年三月組織選舉，獲得了壓倒性勝利。

他們利用多數決改寫了一八六六年的憲法，限制結社權（以削弱工農階級的動員能力）與公民自有土地的權利，在放鬆戒嚴令的同時鞏固王權的普及。自由派有信心可以控制斐迪南國王，但不確定是否也能控制他的兒子卡羅爾（Carol），因此於一九二六年一月四日通過一項法案，以卡羅爾的婚姻生活不正常為由排除了他的繼承順位。當自由派的親工反農政策變得不受歡迎時，他們便重新任命阿韋雷斯庫將軍為總理，讓他可以吸收砲火。但阿韋雷斯庫後來變得不夠可靠，自由派便策畫選舉以重新掌權。一九二六年，有一百三六萬六千一百六十名選民投票支持阿維雷斯庫，只有十九萬兩千三百九十九人投給自由派；但第二年卻有一百七十萬四千四百三十五名選民投給自由派，遠超過五萬三千三百七十一名據稱投票給阿維雷斯庫的選民。

理論上，羅馬尼亞的自由派面臨著兩個挑戰：讓數十萬名匈牙利人融入國家，還有改善農民的生活（他們占人口極大多數，生活條件也大多未現代化）。但自由派在兩項議題上都停滯不前，理由是必須先以國家安全為上，也就是要抵禦所謂的羅馬尼亞境外威脅。羅馬尼亞與捷克斯洛伐克和南斯拉夫同屬小協約國，主要目的是防範匈牙利的領土收復主義。在這種當務之急下，統治者更不可能對龐大的匈牙利人口推行任何緩和的政策。他們稱此為「國際陰謀」的一環。

自由派同樣將布爾什維克主義形容成一種從東部邊境外的蘇聯緩慢滲透到比薩拉比亞的威脅，必須時時保持警惕。這樣的警惕也殃及可能從城鎮進入村莊鼓吹「動亂」（也就是動員選民）的農民運動人士。對境外滲透的恐懼使得羅馬尼亞難以有效因應日益惡化的國家和社會問題。[26]也因如此，出身農民背景的人民以及少數族群中的左、右派勢力，都變得越發激進，壯大了共產黨和法西斯運動的聲勢。

一九二七年，斐迪南國王和自由黨黨魁揚·布勒蒂亞努（他曾至巴黎參與談判，精巧地爭取羅馬尼亞的利益）相繼去世。次年，來自外西凡尼亞的農民從政者尤柳·馬紐（Iuliu Maniu）帶領第二大黨民族農民黨（National Peasant Party）爭取相對公平的選舉，並獲得百分之七十八的選票。該黨經協商取得了一筆外國貸款，並設法平衡預算、穩定貨幣，同時降低關稅，使羅馬尼亞得以進口農具和農民用品。馬紐還鬆綁了對外資的限制（前任政府曾對外國投資者依其國籍設有限制）。[27]

不過時機不佳，因為隨著經濟大蕭條的開始，農產品價格下跌，信貸也漸漸枯竭。一九三〇年六月六日，行為放蕩的卡羅爾回到布加勒斯特，國會於兩天後舉行表決，以四百八十五票對一票確立其為國王卡羅爾二世，反映出人們普遍認可國家王朝秩序的延續。卡羅爾隨後任命了大臣，並激起手下政客之間的鬥爭；等到這種手段不起作用時，他便假意組建聯盟，意圖阻撓激進分子。卡羅爾的第二任妻子為來自希臘的海倫（一九二八年便與放浪形骸的王子離婚），但他同時與情婦瑪格達·盧佩斯庫（Magda

圖 13.1　鮑里斯國王（Boris）（左）與首相斯塔姆博利伊斯基（右）（一九二〇年八月）。來源：Library of Congress, Prints & Photographs Division, American National Red Cross Collection. 取自 http://www.loc.gov/pictures/item/2017677690/.

Lupescu）交往，瑪格達是受德文教育的天主教徒，據說是猶太人出身。[28] 馬紐之所以於十月辭職下台，便是認為國王已經背叛了他，因為國王未能與海倫重修舊好，還過著「違背基督教道德」的生活。[29] 此後，馬紐的政黨因缺乏像他這樣有聲望的領袖而逐漸衰落。民族農民黨雖然成功達成結合中央和地方行政的成就，卻無法撼動充滿腐敗、賄賂，還偶有警察暴行的文化。

保加利亞的土地問題就沒那麼緊迫了，因為該國的財產結構比東歐其他國家都還健康。整個農村無產階級及許多城市居民，幾乎都擁有一些可耕地，雖然數量不多但分布相對平均。除此之外，保加利亞還擁有巴爾幹地區最先進的社會安全和保險制度。[30] 在戰後初期，保加利亞是最能夠嘗試以農民權力作為統治形式的東歐國家，這是因為一系列的殘酷戰爭（巴爾幹戰爭和第一次世界大戰）製造了重組社會多數的機會，來抗衡這些應對戰爭負責的資產階級政黨。

亞歷山大・斯塔姆博利伊斯基（Aleksandar Stamboliiski）是戰前東歐最浩大農民運動的發起人，他因反戰入獄三年，一九一八年出獄後便開始嶄露頭角。他認為執政者在一戰前與一戰期間的災難性決策導致數十萬人枉死，這不僅是執政者失敗造成的後果，城市居民也應負起責任，因為他們對鄉村的厭惡為整個國家帶來慘痛的下場。然而，斯塔姆博利伊斯基確實也開始讓非農民加入他的保加利亞農民民族聯盟（Bulgarian Agrarian National Union，BANU），條件是他們須承諾支持農民計畫。[31]

雖然共產黨也得利於保加利亞人普遍的不滿情緒，但保加利亞農民民族聯盟仍成了勢力最大的政黨，於一九二〇年三月的選舉拿下了近四成選票。斯塔姆博利伊斯基作廢了左翼政黨（共產黨和社會民主黨）十三名代表的選票，讓自己的政黨占有多數席次。他的目標在於建立農民秩序，過程中卻使用不乾淨的民主手段，一步步擺脫城市資產階級對各機構的影響，從國會開始，並以城市本身作結。斯塔姆博利伊斯基認為，除非人們擁有土地並可種植莊稼，否則就不能算是享有自由。在一場不被稱為革命的革命中，他會將權力從如寄生蟲般的城鎮居民——也稱「食人者」——的手中奪走，轉交給老實耕種的農人。[32]

一九二三年春末，斯塔姆博利伊斯基被暗殺身亡，但在這之前，他推動法案來造福這群他心目中的善良大眾。一九二一年的一條法律規定農民僅可擁有最多三十五公頃的土地，超過限制的地主則要為沒有足夠土地的人提供資金，讓他們也能度日。雖然法律推行的效果有限（因為保加利亞的資產已經很小），但仍有將近六萬五千個家戶受益，該法條廣受歡迎，受到各政黨的支持，唯有共產黨除外——共產黨譏諷其為小資產階級。斯塔姆博利伊斯基在農村設立下級法庭，讓農民能在民選法官面前為自己辯護，他還施行累進所得稅制。斯塔姆博利伊斯基的政府建造了一千一百多所學校，並使中等教育成為義務教育。

然而，獨厚自耕農就表示要削弱城市。斯塔姆博利伊斯基也推出法條，限制所有家戶（除大家族外）最多僅能擁有兩間臥室和一間廚房，也限制辦公空間的大小。一九二〇年，另一項法律通過，規定凡二十至四十歲的男性均須從事八個月的勞役，此後每年都有約一萬四千五百至兩萬九千名年輕男子受徵召修路、鋪設鐵軌、種植數百萬株幼苗、清理沼澤、修建水壩及牽接電話線。但法律也是一種傳播服務意識和社會團結的手段，證明沒有人可以因為家世或身分免除勞役。[33] 斯塔姆博利伊斯基認為，只有工匠和耕種土地的人才具有美德，所以免除了他們的大部分稅務，另一方面則對所有資本徵收嚴厲稅款；與此同時，他也實施價格管制，讓製造業產品的價格保持低廉、抬高食品價格。[34] 他嚇阻記者、阻止律師擔任公職，指責這兩者用異己的價值觀來敗壞政治制度。[35]

斯塔姆博利伊斯基與大多數農民領袖的不同之處在於，他還會從廣泛的區域角度來思考。在他看來，農業東歐應從資本主義和共產主義之間另闢途徑，希望組成跳脫傳統領土爭端的國家聯盟。塞爾維亞的首相，也就是心機政客尼古拉・帕希奇（Nikola Pašić）無法理解他的提議，仍將保加利亞視為宿敵。然而，斯塔姆博利伊斯基為表明自己對區域合作的真誠願望，放棄了領土收復主義，拒絕收復現屬羅馬尼亞的失土，結果保加利亞成了第一個加入國際聯盟的戰敗國。可是，斯塔姆博利伊斯基卻對斯拉夫馬其頓人主張的領土毫不妥協，這些馬其頓人渴望獨立建國，他們所主張的大部分領土已落入南斯拉夫，但在保加利亞西南部也有一小塊設有武裝部隊的馬其頓據點。斯塔姆博利伊斯基還公開嘲笑他們（不過後來後悔了），他於一九二二年底訪問南斯拉夫時，對記者說道，「既然你們都占領了馬其頓，怎麼不順便帶走還在保加利亞的馬其頓人呢？……全部帶走，讓他們像個人樣！」[36]

斯塔姆博利伊斯基於訪問南斯拉夫期間商定了一紙協議（一九二三年三月簽署），表示保加利亞和南斯拉夫同意合作打擊馬其頓極端分子。保加利亞政府很快就禁止了所有疑似從事恐怖活動的組織、打壓其報刊，並將組織領袖關入拘留營，結果更激怒了強大的敵人。[37] 當斯塔姆博利伊斯基派遣農民「橘軍」（Orange Army）追捕馬其頓內部革命組織（Internal Macedonian Revolutionary Organization，IMRO）的部隊時，大約有一萬五千名士兵平白消失在山裡；雖然他也逮捕了馬其頓政治人物，卻無法肅清革命組織在保加利亞西南部的巢穴，因為有些高層軍官支持他們。[38]

我們在這裡可以看到導致斯塔姆博利伊斯基垮台的惡兆：他對城市的極力打壓，讓他與有權勢的人疏遠了，卻無法結交有用的盟友。醫生懼怕被送往偏鄉、教師痛恨政府在他們之中肅清左翼分子、教授不喜歡斯塔姆博利伊斯基干涉學術自治、教會反對取消學校的宗教課程。更讓斯塔姆博利伊斯基自食其果的是，他在國家各局處安插大量訓練不足的農民民族聯盟支持者，離間官僚體系；他粉碎馬其頓人的自治願望，與他們結下嫌隙；他還暗示自己有意建立共和國，讓國王起了防心。貪腐本就是保加利亞人生活中惱人的常態，在斯塔姆博利伊斯基的治理下更是糟糕透頂，尤其是農民民族聯盟任命的鄉村行政官員，這些人只將自己的官職視為搖錢樹。[39]

斯塔姆博利伊斯基目光最短淺之處，就是他對武裝部隊的輕蔑態度，他甚至將武裝部隊規模壓低在一九一九年《塞納河畔納伊條約》規定的兩萬人以下。遭裁撤的預備軍官只能靠微薄的養老金過活。一九二二年，心懷屈辱的軍官滿腔不滿無數宣洩，共同組成了密謀造反的軍事聯盟（Military League），並很快就聯手馬其頓內部革命組織的恐怖分子和國會中的反對派系。[40]連國王也在暗中唆使密謀者，而壓垮國王的最後一根稻草，則是一九二三年五月選舉後，斯塔姆博利伊斯基談及成立共和國的全民公投，而農民民族聯盟於該次選取中贏得了保加利亞國會兩百四十五席中的兩百一十二席。

軍官於六月九日發動政變，在沒有傷亡的情況下占領了索菲亞（Sofia）並直搗皇宮，他們在裡面輕鬆就說服國王承認他們是合法政府。斯塔姆博利伊斯基原本在度假，仍作了一回困獸之鬥卻無力回天。一支馬其頓部隊俘虜了斯塔姆博利伊斯基，慢慢將他折磨至死，隨後將其頭顱送往索菲亞。

新政權是由舉止浮誇的前左翼經濟理論學者亞歷山大・贊科夫（Aleksandur Tsankov）把持，他喜歡周身有保鏢和德國狼犬環繞。贊科夫於一九二六年卸任後最終靠向了法西斯主義。他建立「民主同盟」（Democratic Alliance），囊括所有政治勢力（除共產黨和農民之外），令保加利亞回歸一九一四年以前的體制，許多政客都想方設法透過政府撈取油水。共產黨在一九一九年的選舉中獲得了四分之一的選票，並打算等待鬥爭結束，他們認為資產階級勢力的分裂，能為自己鋪平掌權的道路。然而，一九二三年九月的共產黨起義卻遭到贊科夫的殘酷鎮壓，估計有多達三萬人被殺。十一月，他通過了一項國防法案，讓政府有權力「禁止恐怖主義」並影響同月之後的選舉。[41]

一九二五年四月，保加利亞共產黨為激起革命而孤注一擲，他們在鮑里斯國王的參謀格奧基耶夫

（Georgiev）將軍的葬禮上砲轟索菲亞的一座大教堂。死亡人數多達一百二十人，而鮑里斯國王之所以逃過一劫，只是因為他豪華轎車的火星塞壞掉，讓他來得遲了。贊科夫的處理手段極為殘暴，震驚了歐洲輿論，最後導致他倒台，並由中間派馬其頓人安德烈・利亞帕喬夫（Andrei Lyapachev）接手政權，但此人缺乏獨到的立法計畫，使得政府搖擺不定。利亞帕喬夫嘗試穩定政治，打算複製羅馬尼亞和義大利制度的一個技巧：凡是獲得相對多數選票的政黨就能贏得多數席位。

強人上台

即便有所傷亡，保加利亞仍挺過了一九二〇年代初期的顛簸，憲法完好無損，而眾多政黨（含共產黨及新的農民民族聯盟在內）都仍於國會占有一席之地。共產黨甚至贏了一九三一年與一九三二年索菲亞的地方選舉。但經濟大蕭條使得原就很普遍的貧窮問題更惡化到極致；一九三四年，保加利亞的鮑里斯國王掌權，執政不受立法機構監督。四年後，他在羅馬尼亞的同儕卡羅爾二世也做了一樣的事，凍結憲法並開始個人統治。

波蘭與南斯拉夫的強人甚至在經濟大蕭條開始惡化當地經濟以前就介入凍結了憲政，這些國家原就面臨保加利亞和羅馬尼亞前所未見的派系分化。然而，複雜的族群並不必然會導致政治混亂。比如說，捷克斯洛伐克是東歐族群最多元的國家，存在令人眼花撩亂的各式政黨，但國會民主統治一直持續到一九三八年，直到強權於慕尼黑迫使該國放棄用於抵禦納粹德國的邊防領土為止。但在那之前，捷克斯洛伐克共和國曾是捷克人、斯洛伐克人、德意志人、猶太人、馬扎爾人、魯塞尼亞人等的寬容綠洲，比舊時的哈布斯堡君主制更接近多族群共存的理想，更不用跟新的波蘭或南斯拉夫相提了。只要將捷克斯洛伐克與南斯拉夫比較，便可以想見原因。在當時看來，兩國似乎都是斯拉夫民族自決的大膽實驗，最後的成果卻南轅北轍。

南斯拉夫就如捷克斯洛伐克，都是於一九一八年興起，也繼承了十九世紀民族主義者認定語言造就民族的信念。捷克文與斯洛伐克文、塞爾維亞文與克羅埃西亞文理當夠接近，足以讓相關的斯拉夫「部落」組成團結的民族國家。然而就各族群的狀況而言，負責統一大業的族群人口卻最少：捷克人的數量僅略多於捷克斯洛伐克總人口的一半，塞爾維亞人也只占南斯拉夫人口的百分之四十三。[42]要在這兩地組成團結的國家非常困難；兩者的國家機器也都結合了從未共存過的地區。克羅埃西亞自十一世紀以來一直屬於匈牙利，克羅埃西亞人對於生活在前哈布斯堡領土外的塞爾維亞人幾乎一無所知，更不用說蒙特內哥羅人（Montenegrin）了。塞爾維亞人和克羅埃西亞人的菁英階級都隱約意識到必須團結南斯拉夫領土，才能實現自衛和互利共存，但塞爾維亞人將統一視為建立更大的塞爾維亞計畫的一環（即使這個國家仍被稱為南斯拉夫），而克羅埃西亞人即使支持共和制，卻仍想像著克羅埃西亞王國得以續存，冀望享有自治權。

即便「斯拉夫」兄弟民族的神話結合了捷克人和斯洛伐克人，兩群人的歷史仍有明顯差異。馬扎爾化使得斯洛伐克文化近乎滅絕。遲至一九一八年，仍未有斯洛伐克高中，具斯洛伐克背景的公務員也寥寥無幾。在社會層面，斯洛伐克人以務農為業，信奉傳統的羅馬天主教（只有百分之十六為新教

圖 13.2
建於一六五〇年的布拉格瑪利亞石柱（約一九〇〇年）。來源：Jind ich Eckert（攝影師）。Via Wikimedia Commons

徒）。[43]相較之下，捷克人則成為了歐洲最有活力的「年輕」民族之一，其中有大量又自信的中產階級。雖然許多捷克人在名義上信奉天主教，但他們的民族神話卻崇尚於反宗教改革期間（Counter-Refomation）遭到鎮壓的新教胡斯運動（Hussite）。一九一八年，波希米亞各處的捷克愛國者摧毀了代表奧地利「暴政」的聖母瑪利亞像——而信奉民間天主教的斯洛伐克人崇尚聖母，無法理解這種舉動。斯洛伐克民族主義開始出現的徵兆，是民眾在斯洛伐克西北部日利納（Žilina）舉行反對推倒布拉格聖母像的抗議活動。斯洛伐克領袖安德烈．赫林卡神父起初支持統一，這時卻將捷克人視為自身人民存續的威脅。[44]

雖然斯洛伐克語和捷克語截然不同，雙方卻溝通無礙。在南斯拉夫，克羅埃西亞

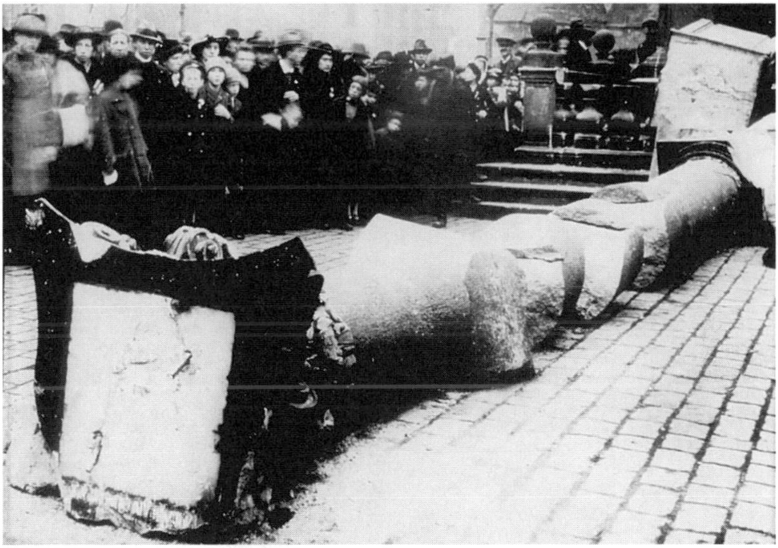

圖 13.3　遭群眾推倒的瑪利亞石柱（一九一九年十一月）。
來源：Cynthia Paces, *Radical History Review* (2001), 142.
Via Wikimedia Commons.

人和塞爾維亞人講的是歷來被稱為塞克語的相同語言，但他們的書寫文字卻不同。語言的區域差異與族群分界並不一致。波士尼亞或克羅埃西亞的塞爾維亞人使用的方言，與附近地區的克羅埃西亞人或穆斯林相同，卻與居住在塞爾維亞中部的塞爾維亞人不同。在捷克斯洛伐克以及南斯拉夫，中央集權的國家結構幾乎毫無彈性，基本上就是在「歡迎」斯洛伐克人或克羅埃西亞人將問題歸咎於其他族群掌控下的遙遠政府。

在捷克斯洛伐克，就連龐大人口的德意志人（三百二十萬人）、斯洛伐克人（兩百三十萬人）和馬扎爾人（六十九萬兩千人）都開始覺得這個國家是以捷克人為中心；南斯拉夫的克羅埃西亞人則認為新國家只是放大版的塞爾維亞，他們就如捷克斯洛伐克的德意志人，這些克羅埃西亞人也沒有參與起草國家憲法。然而，捷克斯洛伐克得以穩定政局，南斯拉夫在一九二九年開始國王獨裁前卻一直遭受各種危機。部分原因在於捷克斯洛伐克的經濟更強大，讓該國得以在一九三〇年代的經濟危機期間維繫遠大的社會政策（即便當時失業率高達三分之一）；可是南斯拉夫在經濟蕭條前就已經是失敗的民主國家。不知何故，布拉格的菁英階級成功達成了國家建設的壯舉，讓南斯拉夫的貝爾格勒菁英階級望塵莫及。其中一個解釋就是心懷不滿的民族擾亂新建國家的能力並不同。

在一九一九年的克羅埃西亞選舉中，克羅埃西亞農民黨贏得了驚人的多數席位，黨魁為機智迷人、受歡迎、不按牌理出牌，但很有原則的斯傑潘．拉迪奇，他決定杯葛為新國家起草憲法的會議。一九一八年，他在其他克羅埃西亞從政者匆匆加入塞爾維亞王國之前，便曾說這些人的行為就像「迷霧中的傻鵝」，完全沒有從幾週前德皇威廉的垮台學到教訓。這些人就像下台的皇帝一樣，急於向人民施加權力，而非讓人民參與、促進自治。沒有人問過克羅埃西亞人是否願意歸屬這個新國家，貿然行動既不理性又輕率；而時間也會證明，這是一種自取滅亡的行為。[45]

拉迪奇隨後帶領克羅埃西亞人杯葛南斯拉夫的政治機構，還經常被逮捕，有一次是因為他在莫斯科說服人民支持克羅埃西亞獨立（被視為煽動行為）。[46] 南斯拉夫的其他主要政治勢力——其中有舊王國的塞爾維亞人（激進派）、前哈布斯堡王朝的塞爾維亞人（獨立民主黨〔Independent Democrat Party〕）、波士尼亞的穆斯林及斯洛維尼亞天主教徒——便在沒有克羅埃西亞人的參與下統治了這個新國家。一九二五年，情況似乎有所好轉，當時拉迪奇突然同意出任教育大臣一職，亞歷山大（Alexander）國王也首次出訪札格雷布。但由於各領袖意見不和，這種相對的和諧狀態只維持了一年多一點。

塞爾維亞和克羅埃西亞無法彌合雙方在政治願景上的差異。克羅埃西亞領袖堅持認為，幾世紀來即使在匈牙利統治下也受尊重的邦國權利應受到認可，必須讓克羅埃西亞保有地方自治。然而塞爾維亞人沒有聯邦統治的傳統，他們付出了從奧地利解放南斯拉夫領土的代價——而克羅埃西亞人卻是為奧地利而戰——所以塞爾維亞人聲稱自己有從中央統治新國家的道義權利。他們箝制了國家制度，展現出統治的決心，一直持續到一九四一年為止。然而，塞爾維亞人也深具說服力地辯駁道，南斯拉夫一開始便不是他們出的主意，政治菁英當時會選擇統一，都是為了回應克羅埃西亞政治人物的迫切渴望——首先是一九一七年在科孚島，再來是次年十二月出現在貝爾格勒的代表團。如果沒有塞爾維亞人的支持，克羅埃西亞早就有大半地區被匈牙利和義大利瓜分了。

受尊敬的塞爾維亞激進黨（Serb Radical Party）黨魁尼古拉・帕希奇於一九二七年去世，貝爾格勒的國會代表開始了羞辱其他族群的例行口水戰。一九二八年六月，拉迪奇稱蒙特內哥羅的代表為「猿猴」；次日，塞爾維亞激進分子普尼沙・拉契奇（Puniša Račić）開槍射中國會席上的拉迪奇和另外兩名克羅埃西亞代表。兩名代表當場死亡，但拉迪奇多撐了好幾週，最後才在八月初死於手術併發症。據稱，國王曾提議將克羅埃西亞從南斯拉夫中分離出來，但拉迪奇拒絕了，也許是因為他認為在克羅埃西亞的舊軍事邊疆（krajina）中，要區別克羅埃西亞人和塞爾維亞人會很困難，同時也擔心義大利會主宰這個殘存的國度。[47]

拉迪奇最後也承認，國家的基本需求是要保障南斯拉夫領土上的人民能夠和平共存。然而比之貝爾格勒的塞爾維亞菁英階級，他以及他的副手兼繼任者佛拉德科・馬切克（Vladko Maček）卻是希望南斯拉夫採取聯邦制，甚至也許能比照一八六七年奧地利與匈牙利簽訂的妥協，讓塞爾維亞人與克羅埃西亞人共同治理。一九二六年曾出現過一線希望，拉迪奇的克羅埃西亞農民黨從這年起便與獨立民主黨合作——該黨是一個來自前哈布斯堡領土、成員多為塞爾維亞人的政黨，其黨魁斯韋托扎爾・普里比切維奇（Svetozar Pribićević）也是一九二八年六月暗殺行動的目標。[48]

但隨著拉迪奇之死，國王認為有必要採取行動。一九二九年一月，他宣布施行獨裁統治，希望國家不至於分崩離析。事實證明國會只會「讓國家難以有效執政」，若放任其運作，將使南斯拉夫遭到鄰國的巧取豪奪。[49] 國王亞歷山大一世急於迫使南斯拉夫轉型為現代化國家，於是不顧歷史邊界，將該國畫分為九個地區（banovine）並以河流命名，與過往的地區畫分幾乎毫無關聯。波士尼亞和克羅埃西亞就這樣消失在地圖上。他還從軍中廢除了所有歷史悠久的塞爾維亞徽章和旗幟，因此疏離了許多塞爾維亞人。這個國家現在已正式成為南斯拉夫，不再是塞爾維亞人、克羅埃西亞人與斯洛維尼亞人的王國了。

也許國王的計策也沒有那麼出人意料。畢竟，在南斯拉夫建立統一國度的想法本就違背了以往的歷史，而且在某種程度上，東歐政局在戰間期的發展，全都是在建立新國家而無視舊國度。加上亞歷山大一世也不是民族主義者：他絕非塞爾維亞官僚機構的工具，反而主動削弱塞爾維亞人的優勢地位（我們接下來也會看到，就如該地區另一位無節制的中央集權統治者約瑟夫二世，亞歷山大的所有心血同樣幾乎都是徒勞）。

相對而言，捷克斯洛伐克的建國也少了一個族群的參與，且該族群的規模與南斯拉夫的克羅埃西亞人一樣龐大——也就是蘇台德德意志人，他們廣泛分布於新國家的領土上，卻多聚居於邊境地區。雖然此少數群體變得比克羅埃西亞人更加不服管束，也沒有那麼忠誠，但捷克斯洛伐克仍穩住了政權，並保有其民主統治。我們只要細看政局的發展，就能發現兩者一開始便有明顯差異。統一南斯拉夫的想法也許是由克羅埃西亞人所提出，但大多數克羅埃西亞人都視這個新國度為異己，且一開始便有組織完善的運動引導著他們爭取自治權。諷刺的是，南斯拉夫的治理階層早就擺明了，一九一五年於巴黎成立的南斯拉夫委員會根本沒有為克羅埃西亞人發聲。

統一捷克和斯洛伐克的理念，起初也許是揚·科拉爾這類斯洛伐克新教徒的夢想，但至一九一八年，卻成了捷克人的夢想；捷克政治菁英的意志跳脫所有不同的意識形態，決意維繫族群多元的捷克斯洛伐克。[50]捷克的政黨領袖在部分斯洛伐克重要人物（大多是新教徒少數）的支持下，得以主宰捷克斯洛伐克；相較之下，塞爾維亞菁英在治理更複雜的南斯拉夫時，卻要面對龐大又組職嚴謹的克羅埃西亞反對派。捷克菁英的團結源於單一的政治背景，也就是哈布斯堡王朝統治過的波希米亞；然而塞爾維亞人卻因分別來自前鄂圖曼帝國和哈布斯堡領土而有所差異。

在戰間期，五個捷克及斯洛伐克政黨——農民黨、民族民主黨、民族社會主義黨、社會民主黨和天主教人民黨（Catholic People's Party）——在各持不同理念的情況下達成了共識，各黨魁組成「五人委員會」（Pětka）召開閉門會議以商定政治協議；儘管不時會有黨派退出，此委員會仍穩住了國家統治，直到一九三八年慕尼黑災難發生為止。五人委員會的協議不受公眾監督（其實根本沒有留下任何書面紀錄），因為如果在國會中公開討論，就可能必須作出有害政局的妥協。不受憲法管控的五人委員會穩住（也可以說是挽救）了捷克斯洛伐克的民主憲政，保護國家免受激烈的公共爭端所害，波蘭和南斯拉夫的國會正是因為這類紛爭而無法運作。與此同時，各黨領袖也成了各自政黨的準獨裁者，期望得到不受質疑的支持。

捷克斯洛伐克的民主制度要在一九二〇年至一九二一年的動盪中生存，就必須付出這樣的代價，當時捷克民族運動變得越發暴力，超出了新上任政府的許可範圍。「愛國者」於布拉格搶奪德意志人的財產，像是報刊、德意志劇院及德意志菁英的社交俱樂部（*Kasino*）等；而當捷克士兵拆除約瑟夫二世（雙方都將其視為推行德意志化的人）的一座雕像時，以德意志人為大宗的特普利采（Teplice）更爆發了騷亂。馬薩里克對其捷克同胞的行徑非常反感，所以不再造訪布拉格的城邦劇院（Estates Theater，該劇院曾於一九二〇年十一月十六日遭捷克演員霸占），結果也成了惡意辱罵的目標。[51]

捷克斯洛伐克早期曾於一九一九年推出捷克斯洛伐克貨幣克朗，成功穩定了新貨幣，所以在德國、奧地利及波蘭忍受通貨膨脹失控的同時，捷克斯洛伐克的經濟還得以穩定成長十年，進而豐富了中歐最成熟的產業基地。政府於一九二〇年四月推行改革，徵用超過一百五十公頃的土地（其中許多原屬於匈牙利或德意志人），大大滿足了捷克和斯洛伐克農民對土地的需求。政府還於一九二四年通過《社會保險法》（*Social Insurance Law*），將殘疾和老年納入醫療保險，是當時世上最先進的法律之一。這段時間，精緻的現代風公寓和別墅在布拉格丘陵區或布爾諾郊區拔地而起，展現出新國度不容置喙的驕傲。不受傳統束縛的天主教神父創立新的捷克斯洛伐克教會，據說與古老的胡斯派傳統有關，同樣留下了當今遊客仍看得到的痕跡：現代風的禮拜堂結構乾淨又優雅，裡頭的雕像紀念著捷克往日的英雄。不過這個新教教會並不正統，所以也從未成為主流，大多數捷克人不上教堂但仍是名義上的羅馬天主教徒。[52]

馬薩里克雖然遵紀守法，但仍堅定利用自己的權威來引導捷克的政治運作，保護國家不像他國一樣飽受動蕩之苦。[53]他不必安撫頑固的社會菁英，因為與波蘭或匈牙利相比，當地貴族在農村並不強勢，而最近小鎮村莊中開始冒出頭的捷克政治領袖也有助於支持人民自治、反對保守主義。國家還可以利用從哈布斯堡王朝統治下孕育出來、抵禦專制「德意志」政治手段的高調捷克民主傳統。在經濟大蕭條開始之前，捷克當局曾短暫讓德意志政治人物參與新體制，這些從政者也覺得從中獲益匪淺。

鑑於捷克斯洛伐克和波蘭兩個「斯拉夫」國家都存在少數德意志族群，也占有德國渴望的土地，兩國完全有合作的動機。但他們反倒因為捷欣（Těšín）這個位於前奧國西利西亞的小鎮出現了爭端：捷克於一九一九年一月占領該鎮，聲稱他們需要一條穿過捷欣的鐵道線，以連接布拉格與斯洛伐克東部，若沒有這條通道，他們就無法建國。儘管該鎮（波蘭語為切申〔Cieszyn〕，德語為泰申〔Teschen〕）和周圍地區是波蘭人占多數，但協約國卻支持捷克，拒絕讓波蘭人舉行公民投票，這是因為波蘭早先奪取了東邊的烏克蘭人聚居地，使得他們較難主張西部波蘭人聚居處的主權。當捷克人占領捷欣時，波蘭正在為國家存亡於東部作戰，導致他們永遠不會原諒捷克人。在戰間期，波蘭領袖甚至拒絕在貿易等互惠議題上合作；一九三八年十月，正當捷克人承受納粹德國的猛烈攻勢時，波蘭便奪走了捷欣以示「報答」。[54]

有別於捷克，波蘭的菁英階級如塞爾維亞菁英階級一樣存在著分歧，因為他們原就分屬不同的國度。[55]以波蘭農民運動為例，政黨若能夠團結，本應有機會推動有效的土地改革，為多數農村居民爭取利益。但波蘭卻出現了兩個相互競爭的農民政黨，分別來自前奧地利的加利西亞（名為皮亞斯特），與前俄羅斯的波蘭中部（維茲渥雷尼〔*Wyzwolenie*〕）。皮亞斯特反映地方權力結構，傾向較為保守，願意與左翼和右翼合作（視機會而定），有點像義大利或羅馬尼亞的政黨。相比之下，維茲渥雷尼則屬革命派，反映出在俄國沙皇治理下的政治絕境。皮亞斯特在前奧地利帝國議會（Reichsrat）代表文岑蒂・維托斯（Wincenty Witos）的領導下，成了立場中間偏右的政黨機器，在波蘭國會統治的六年中促成了大多數聯盟。由於其發源地加利西亞有許多烏克蘭人，該黨不支持任何可能削弱「波蘭元素」的土地改革。相較之下，維茲渥雷尼則贊成激進的土地改革，並體諒少數族群的利益。要等到一九三〇年代波蘭經濟形勢惡化時，兩個農民黨才願意合作。

複雜的族群問題更加劇了波蘭人之間的分歧，導致政局混亂。儘管波蘭人幾乎占總人口七成（與捷克人不同，捷克人只占捷克斯洛伐克人口的一半），卻無法跳脫政治分歧與彼此合作；從一九二一年到一九二六年，波蘭就經歷了十四組不同的內閣。波蘭記者將國會的失敗歸咎於政治階層的自我毀滅特質，但彼此之間深層的鴻溝，也確實反映出兩大政治陣營的意識形態特徵。捷克的民族民主黨和社會民主黨代表也許互相鄙視（後者於一九二六年被驅逐出執政聯盟），但他們不會非要爭個你死我活。相比之下，波蘭的民族民主黨人羅曼・德莫夫斯基和前社會主義者約瑟夫・畢蘇斯基則各自支持其發展了數十年的明確思想體系，導致雖然兩人在社經方面的實際政策並無太大差異，卻不會與彼此交流。捷克菁英階級雖在許多議題上意見分歧，但終究能合作處理共同的實際利益問題——也許是因為領土三邊都環繞著德意志人，邊界內也有大量的少數族群，讓捷克人更能實際意識到國家安全有多麼脆弱。另一方面，由於波蘭在一九二〇年戰勝了紅軍，使得許多菁英階層誤以為自己的國家是個強國。

在捷克領土中，總統馬薩里克幾乎是受到全民景仰，但波蘭的最高領導人畢蘇斯基元帥卻是政界的眾矢之的，箇中原因難以描述。畢竟畢蘇斯基對復興波蘭的貢獻無人能及，而他不同尋常的背景（曾信天主教、土生土長的立陶宛人，曾是革命社會主義者），並沒有令他不被公認為波蘭傑出的第一任領導人。但畢蘇斯基的成就沒有讓波蘭人團結，反而加重了政治中間偏右人士對他的怨氣。政敵爭論著畢蘇斯基或其他軍事領袖是否真的為波蘭帶來了勝利、他是否不負責任地於一九二〇年初襲擊基輔，希望與獨立的烏克蘭統一。有人則稱他為叛徒。[56]

雖然波蘭右翼支持強人統治，但他們猜想畢蘇斯基會當上總統，所以由右翼主導的制憲會議起草了削弱國家元首權力的憲法。而畢蘇斯基的回應方式，便是在「軍團」親信的簇擁下宣布淡出政壇。他表示，若要推舉只有象徵意義的總統，就應該選不在政壇的人。這段時間政府成功穩定了波蘭貨幣（茲羅提〔złoty〕）：該貨幣對美元的匯率從原本的九點八（一九一八年十二月）跌至兩百三十萬（一九二三年十一月），直到一九二四年穩定下來，這都要（或許是很典型地）歸功於波蘭的非國會政府。[57]這次成果也讓眾人學到一課：不經民意，直接以敕令治國（Rule by decree），方能達效。

即使各波蘭政黨無法形成穩定的執政聯盟，他們仍有共識要將非波蘭人排除在地方和國家政府之外。一九二三年，民族民主黨、農民黨（皮亞斯特）和基督民族黨（Christian National Party）擬定了《蘭科羅納公約》（*Lanckorona Pact*），規定必須保留「波蘭民族元素」，且任何國會聯盟都必須以波蘭政黨為基礎。國家的首要任務是將東部領土波蘭化。在戰間期那幾年，國家行政一直是由波蘭人把持，德語和烏克蘭語學校的數量下降，猶太學生逐漸被迫離開大學（自一九二三年到一九三七年，波蘭大學

圖 13.4　華沙政變期間的畢蘇斯基元帥（一九二六年五月）。
來源：Marian Fuks（攝影師）. wiatowid, June 1926.

內的猶太人比例從大約四分之一降至十分之一）。[58]

一九二五年十二月，德國發動貿易戰，迫使波蘭割讓上西里西亞。因此，雖然鄰國的財政狀況正趨於穩定，但波蘭的形勢卻變得嚴峻起來。貨幣茲羅提撐不下去，失業率攀升至三分之一，從左翼到右翼都有呼聲要畢蘇斯基實踐他先前對「清除」腐敗國家政治的承諾。[59]多族群國會指出民主是行不通的騙局，波蘭有許多人都懼怕災難即將降臨。與南斯拉夫的情形類似，人們當初在破碎的政治局勢中嘗試植入民主，現在卻引發了對強人的呼聲。一九二五年，一家主流報紙寫道：「全國各地的人民都渴望有一隻鐵腕帶領我們脫離險境。」[60]一九二六年五月第一週，民族民主黨在中間派皮亞斯特農民黨黨魁文岑蒂・維托斯的支持下，似乎即將建立不利於工人階級的新政府，計畫大幅刪減預算及採取通貨緊縮措施。然而畢蘇斯基介入，並在為期兩天的政變（五月十二日至十四日）中以武力掌權。

畢蘇斯基以為政府會輕易移交權力，但身為前社會主義者和波蘭合作運動發起人的史坦尼斯瓦夫·沃伊切霍日夫斯基（Stanisław Wojciechowski）總統拒絕這麼做，忠誠的軍隊也支持他。然而，站在畢蘇斯基這邊的工人發起罷工，阻撓將軍隊和物資運往華沙，最終讓畢蘇斯基取得了勝利。兩軍相交使兩百一十五名士兵和一百六十四名平民喪生。[61] 為避免造成更多死傷，總統沃伊切霍夫斯基和總理維托斯辭職下台。

畢蘇斯基宣示要尊重憲法，他說自己的目標並非獨裁，據說曾有群眾運動迫使他「進軍華沙」，抵抗新任維托斯政府腐敗、賄賂及濫用國庫資金的行為。儘管談及「進軍華沙」會讓人想起墨索里尼的法西斯主義，但非常反維托斯的勞工運動卻支持政變，還有人稱其為「波蘭革命」。[62] 畢蘇斯基私底下警覺到波蘭的地位正日益受威脅：一九二二年，德國和俄羅斯在拉巴羅（Rapallo）達成協議，很快就開始了祕密軍事合作；三年後，德國在羅加諾（Locarno）與西方列強解決分歧，現在正專注重畫與波蘭接壤的邊界。

畢蘇斯基將自己的政權稱為「治癒運動」（*sanacja*），承諾要「清理」國會留下的爛攤子。他召集專家團隊，暫時統治得很成功，這是因為英國的長期罷工為波蘭煤炭提供了市場。然而在一九三〇年後，波蘭經濟迅速衰退，他的統治手段越發高壓，如同從一九六〇年代法國的戴高樂政權退回到一世紀前的拿破崙三世（Napoleon III Bonaparte）政權。[63] 越來越多人將畢蘇斯基與墨索里尼比較，因為畢蘇斯基最初為左翼分子，後來卻粉碎了國會民主制，並變得越來越獨裁。

在高層的動蕩之下，國家行政正悄悄執行一項歷史壯舉，也就是將波蘭土地統合為單一國度，但條件很嚴苛。雖然通往俄羅斯邊境的奧地利和德國鐵路線有超過五十條，但只有十條仍在運作，還是使用不同的軌距。在占領波蘭時期三個分區彼此互通的貿易活動只占百分之八點二，各分區與相應瓜分強權的貿易則超過四分之三（百分之八十三點三），比方說，加利西亞往往會與奧地利進行貿易。由於但澤市／格但斯克（德語：Danzig／波蘭語：Gdańsk）不屬波蘭控管，所以西利西亞的工業區必須經由鄰近的格迪尼亞（Gdynia）才能通往海上（現為一處小村莊的格迪尼亞在一九三〇年代卻是令人印象深刻的現代港口城市）。[64] 如同南斯拉夫因為分屬前哈布斯堡王朝和鄂圖曼的塞爾維亞人有相互競爭的政治傳統而分化了應屬同一國的人民，普魯士波蘭人也認為自己具備節儉等「德意志」價值觀，而由於加利西亞允許自治，官僚機構往往是由奧地利波蘭人主宰。

波蘭就如匈牙利和捷克斯洛伐克，都延續了先前存在的社會保險法（部分法條可追溯到十九世紀的奧地利和德意志），目的是保護工人免受疾病事故、老年和失業的影響。[65] 比方說，從一九二〇年起，波蘭規定工人購買健康保險，勞資雙方都必須為此付費。波蘭和捷克斯洛伐克一樣，均於一九一八年開始實行八小時工作制。有位波蘭經濟史學家便指出，當時波蘭的社會立法是歐洲首屈一指，就連當今更富強的美國都尚未達到這個成就。[66]

戰間期的東歐處於險惡的國際環境之中，多族群困境再加上低社經發展水準，挫敗了自由民主的承諾。或者也可以換句話說：民主制度意味著人民統治，民主制度原承諾要賦予農民權力（農民通常為異族），讓他們可以從富人與穩固的菁英階級手中奪取土地和特權。這導致菁英階層利用自身在政府和軍隊（都是由菁英階級擔任）中的勢力來挫敗民主統治。

羅馬尼亞和保加利亞首先示範了這樣的情形。一九二〇年三月，羅馬尼亞的國王與自由派勾結，推翻了由羅馬尼亞農民黨領導的民選政府，此後，政府總是設法拖延各種可能有益於農民的措施。一九二八年似乎曾出現一線曙光，民族農民黨贏得了自由選舉。以勤勞和廉潔著稱的民族農民黨黨魁尤柳．馬紐意識到，如果沒有深遠的土地改革，就不可能有成功的民主制度，因為如果缺乏良好的經濟基礎，農民就沒有力量和影響力。[67]但馬紐特別注重端莊的舉止，這是因為他曾於維也納接受過法律培訓，並在一戰前的布達佩斯（他來自外西凡尼亞）從政過，那時他堅決反抗馬扎爾人的壓迫。從馬紐的表現看來，他似乎很重視後人對他的評價。

馬紐於一九三〇年十月辭職，不願與他認為道德敗壞的新國王共事。他的政黨分裂，經濟大蕭條使國家陷入經濟困境，毫無解方。絕望之下，連馬紐有時都會考慮與法西斯組織「鐵衛團」（Iron Guard）合作（當權者也是）。[68]但馬紐並沒有失去捍衛基本正義和法治的公民勇氣。舉例來說，一九三五年六月，他在家鄉外西凡尼亞的五萬名農民集會中現身，嚇阻國王擴張權力。他說，羅馬尼亞的農民在過去一百二十年以來發動過三場革命，也已經準備好再發動另一場；[69]但他並沒有說這些革命其實收效甚微，還遭到血腥鎮壓。第二次世界大戰後，馬紐因其對民主原則的堅持，成了為數不多受西方稱讚的東歐從政者之一。但馬紐在一位親信出逃失敗後，遭到共產黨當局逮捕，後於一九五三年死於獄中。

像馬紐這樣守法溫和的例子，可讓我們進一步了解保加利亞的亞歷山大·斯塔姆博利伊斯基採取的強勢手段，他的作風違背法治原則，但斯塔姆博利伊斯基堅決推翻唯利是圖的資產階級政治勢力，實現人民自治。最終他的農民革命被證實為一場空。斯塔姆博利伊斯基於一九二三年因政變喪生後，統治階級辯稱，任何一點社會改革都會導致他的農民政權腐敗、令其任意壓制公民自由，或者造成布爾什維克主義的混亂局勢。匈牙利和波蘭的威權統治者也同樣拒絕社會改革，並將其視為「布爾什維克化」，大家對此心照不宣的解讀，便是這類改革措施反倒會助長民族敵人（俄羅斯）的勢力，令國民難以專注於保衛新建民族國家的首要任務。

在波蘭，土地改革的話題開啟了一道疑問：波蘭是否能將寶貴的大片土地交到烏克蘭和白羅斯農民手中？而在羅馬尼亞和南斯拉夫，只有向異族（匈牙利人與德意志人）奪取土地才有地可用。但南斯拉夫的農民政治問題比波蘭（有皮亞斯特和維茲渥雷尼南北兩派相互競爭）還要嚴重，因為農民運動也因族群而分化，讓克羅埃西亞和斯洛維尼亞內公開宣稱代表人民的政黨得以接替了代表民族的政黨，得到許多非農民的支持。

部分農民政黨也除去了自身原有的農民特質，開始牽扯商業和銀行利益，捷克農民黨即是一例。匈牙利的小農黨也代表中等規模的地主，而在斯洛維尼亞和斯洛伐克，崇尚民族主義的天主教人民黨則傾向完全壓制階級訴求。儘管如此，中東歐的農民政黨仍示範了鄉下民眾如何在國家政治中表達意願，令人驚嘆。有位史學家便曾說過，這類政黨最重要的成就就是將中東歐定義為一個地區。這類政黨的影響力從未延伸至巴爾幹山脈以南的希臘，且儘管類似的政治團體嘗試無數次，仍從未於法國、巴伐利亞或荷蘭成功過。[70]

斯塔姆博利伊斯基遭暗殺後，他的副手少有人認為農民會有機會嚴重威脅到富人階級，人們還捏造理論（例如，匈牙利的伊斯特萬・貝特倫伯爵），稱下層階級不適合自治。但畢蘇斯基元帥和南斯拉夫的亞歷山大國王又更進一步，認為連專業從政者都不一定能夠維持秩序。當他們開始打造個人統治時，使用的說詞類似於著名的奧地利強人恩格爾伯特・多爾夫斯（Engelbert Dollfuss）在一九三三年提出的理論：國會不負責任地爭吵，最後「自取滅亡」。

戰後人民對共和主義的熱情至一九三〇年代幾乎已遍布各地，尤其受到知識分子的歡迎。喬治・奧威爾（George Orwell）寫道，「為民主而戰」這句古老口號甚至發出了不祥的聲音。[71]無論是民主還是專制，政府都沒有成功解決社會發展的問題，繼馬紐和斯塔姆博利伊斯基之後的強人也未有突破。要麼是農場規模仍小且資金不足（如保加利亞和塞爾維亞），要麼就是農產業仍掌握在大地主手中。在一九二一年的波蘭，有百分之四十七點三的私有土地面積超過五十公頃，被招募來耕作土地的勞動力幾乎不可能擁有土地；雖然匈牙利曾在一九二〇年推行過土地改革，規定重新分配五十四萬四千七百〇七公頃的土地，但在一九三五年，仍有百分之七十八的私有土地面積大於五十七點五公頃。[72]

在民主手段無法實現民主、強人無法建立強國的時代，其實可以理解東歐人為什麼會嚮往義大利、德國和俄羅斯的極權主義政權，以及其民族團結和國家推動的成長計畫。東歐從政者手中的工具有限。

即使是著軍服的人，也不能隨便比照蘇聯五年計畫的做法號召大量資源和勞力。他們害怕人民全面反抗，不敢效法史達林，也不敢為了造福城市工業而硬是犧牲農民。東歐政府採取關稅來保護本土產品，卻不支持買不起進口農業機械的村民。即使在大多數國家從民主轉變為專制之後，從右翼到左翼的反對勢力仍然是日常生活的一環，而匈牙利、波蘭、保加利亞、南斯拉夫和羅馬尼亞的專制統治者，雖然羞辱和煩擾著異議者，但也沒有打垮他們。[73]

儘管如此，經濟大蕭條使得控制異議變得更困難。人民收入惡性下滑，讓波蘭和南斯拉夫部分地區的食物消耗量甚至降至饑荒等級。法西斯主義承諾會維持秩序、帶來富強，其吸引力不容忽視，卻帶來顛覆性和威脅性。匈牙利的霍爾蒂上將和羅馬尼亞的卡羅爾國王以德義兩國的保守派菁英為榜樣，越來越高調支持法西斯政客，希望能利用他們。一九三二年，霍爾蒂甚至任命我們先前提過、自詡是國家社會主義者久拉・貢博什為總理，卡羅爾則祕密金援鐵衛團。南斯拉夫和波蘭的各領袖也模仿法西斯主義的儀式、場面和群眾動員活動。只有捷克斯洛伐克的菁英抵制種族主義和非自由主義，使得他們成了希特勒侵略的第一個目標。然而，儘管從波羅的海到亞得里亞海都盛行極端民族主義，但該地區還沒有法西斯運動掌握權力，直到一九三八年被阿道夫・希特勒煽動起來為止。

chapter 14

法西斯生根：鐵衛團與箭十字

一九三〇年代是法西斯主義的時代。歐洲各地都有極端右翼運動興起，宣稱國家腐朽，需要清洗和復興種族。法西斯主義者表示，只有暴力才能打破布爾喬亞資產階級的自滿情緒，才能壓制民族敵人（尤其是猶太人和社會主義者）。不過儘管當時爆發了長期的大規模經濟危機，這類救國運動只有成功於義大利和德國奪下政權。再往西邊處，法西斯運動也已於法國和西班牙、荷蘭、英國及比利時興起，但他們從未獲得超過幾個百分點的選票，法西斯被視為一群危險的怪人。

法西斯在德國及義大利為何會成功？標準解釋可追溯到這些國家於一八七〇年至一八七一年統一後快速現代化，人民在短時間內承受了社會動盪帶來的苦難：到第一次世界大戰開打前，以農業為主的國家在短短幾十年裡經歷都市化與工業化，數百萬人從農村遷移到城市，突然脫離了住在鄉間時原有的安定生活。這些人尋求更高的工資和更多的機會，但經常會遇上過度擁擠、工時長、工作不穩定及便利設施不足等問題。酗酒和虐待配偶及童工的現象很普遍。以上種種原因，使得工會和社會主義政黨致力於推廣工人權利，但他們卻難以與勢力仍大的小農和工業貿易中產階級代表共存。人民見識過俄羅斯革命之後，較傳統部門的勞工更感處境艱難，害怕社會主義的暢行無阻會導致自己無法生存。[1] 儘管大多數歐洲社會主義者都是走溫和路線，卻往往被醜化為赤色分子（當然也被當作布爾什維克）。接著，在一戰後的動盪中，法西斯準軍事部隊出現，承諾保護人民財產和秩序，別的黨派都卻做不了什麼（或說他們自認如此）。法西斯主義者非常專制，但自由民主也沒有牢牢紮根於義大利或德國，加上一九二〇年代初期至一九三〇年代初期社經動盪，保守勢力將墨索里尼和希特勒推上權力寶座，希望能得到拯救，脫離國家地位下降與被淘汰的威脅。[2]

在英國，工業經濟已隨時間慢慢增長，將轉型的痛苦分散給好幾代人承擔，階級焦慮並沒有像中歐那麼嚴重。儘管法國也有重要的工業化過程，但國內大部分地區仍屬農村，極端民族主義未能找到擁護者，因為保守農民在農村的勢力最大，極右派幾乎沒有發揮的空間。[3] 二十世紀一九三〇年代中期是危機最嚴重的時候，當時法國的中間派和左派聯手阻止微小的法西斯運動繼續成長，秩序的力量使得不滿情緒無法蔓延到街頭，法國的經濟處境也從未如德國一樣絕望，且重點是民族主義並未變得激進。畢竟，法國在國外沒有要收回的領土，也沒有被其他國家壓迫的少數同胞要拯救，更沒有受損的「榮光」可以恢復。[4]

英國同樣是個心滿意足的大國，國內沒有出現一戰後在義大利和德國如此流行的領土收復主義，且屬於民族主義的保守主義深具社會影響力，讓法西斯主義者看來與英國格格不入。[5] 此外，在法國和英國等地，強大的國家政黨本就世代承擔著擴大的治理職權。相較之下，德國的政黨這時還沒有習慣行使權力，也不確定如何在不引發內戰的情況下整合社會主義左翼勢力。[6] 義大利政黨也幾乎沒有代表明確的選民意志，這些政黨傾向合併為大型的政府機器，從中照顧政黨領導高層的利益。

在此情況下，東歐的情況並不是馬上就能理解。即便有納粹德國的幫助，法西斯運動也只有在一九三九年三月的斯洛伐克、一九四一年四月的克羅埃西亞，以及一九四四年十月的匈牙利獲得政權。羅馬尼亞鐵衛團在一九四〇年底曾成功登上政壇，但於一九四一年初遭到較不極端但更可靠的親德軍隊無情肅清。在德國和蘇聯之間的地區，法西斯主義仍處邊緣地位，支持率從未超過個位數百分點，僅羅馬尼亞和匈牙利除外——大型的法西斯運動不只出現在領土大縮水的一戰最大輸家匈牙利，還有領土擴大的羅馬尼亞，分別稱為「箭十字」（Arrow Cross）和「鐵衛團」，至一九三〇年代後期兩者各有大約二十五萬名追隨者。

法西斯主義在羅馬尼亞和匈牙利會變得如此壯大，主要原因與困擾著德國或義大利的快速發展危機幾乎無關。兩國仍是以農業為主，受轉型所苦的人相對較少，生活在傳統環境中的農民往往不識字，很難受到法西斯分子或其他派系鼓動。羅馬尼亞和匈牙利類似義大利南部的農業區，法西斯主義在那裡進展緩慢。正如我們所見，中東歐自稱為農民政治人物的人往往是為官僚服務，忘了自己的出身，只有在一年那幾天避免不了但毫無意義的競選活動中，這些人才會穿著家鄉傳統服飾、裝扮成民俗風格來表示「歸鄉」。若說東歐哪裡有持續的現代化進程，那就是在捷克和波蘭西部，而兩地仍抵制法西斯主義。

至於一般的政治生活，羅馬尼亞和匈牙利的情形就像是德國和義大利之間的變體：雖有政黨存在，但他們多認為自己的職能是主導國家官僚，而非代表特定的選民。就如德國和義大利，自由派幾乎沒有整合左派的經驗（無論是社會主義黨派還是大型農民運動）。正如我們先前所見，菁英階級對左翼政黨成果的反應，就是關閉國會、勾結國王或攝政，成立由他們偏好的政客所籌組的政府。

就這些層面而言，羅馬尼亞和匈牙利符合該區的普遍樣態。卡羅爾國王和霍爾蒂上將會指派大臣，此外也縝密安排著政治進程。兩國也都符合該區發展停滯的狀態：大多數公民在農村從事生產力低下的工作，通常是佃農。經濟大蕭條同樣或多或少地蹂躪著當地社會，但說是因為羅馬尼亞或匈牙利比其他地方受更多的苦，並不能解釋這兩國的法西斯動員為何會成功。領土收復主義也不具決定性的影響力。儘管大多數匈牙利人迫切希望收復因《特里亞農條約》失去的領土，但羅馬尼亞卻是大贏家，不只所有領土要求都獲滿足，還拿到了更多好處。

差異便在於，兩地自由派菁英一直以來對普通民眾的蔑視，這種傾向可以追溯到一八七〇年代，為未來右派政治留下了巨大空間，使得聲稱在族群民族和社會層面代表「人民」不滿的政客得以借題發揮。兩地的城市菁英都對農村群眾表現出特別高高在上的態度，虛偽地表示必須等到國家收復廣大失土（匈牙利）或成功整合廣大新領土（羅馬尼亞）之後，才能推行社會改革。兩地待解決的領土主要都在外西凡尼亞。兩地的政客也都將最基本的需求（土地改革）譏諷為原始的布爾什維克主義：集體化的第一階段。

這些「自由派」的論調如此自私自利，因此激起了右派的反應，羅馬尼亞和匈牙利法西斯的特色在於，人民倒不會將這些領袖視為強勢果決（如義大利或德國），反而讚賞他們誠實又有愛心，覺得他們明顯有別於實際的統治者。就如義大利北部或德國中部，他們並非自然而然便吸引到普羅大眾，必須有人積極努力地推動，且必須與動用警察鎮壓自己的專制統治者抗爭。在匈牙利，攝政霍爾蒂原打算利用法西斯能量來達到自己的目的，後來卻了解到法西斯主義無法馴服。羅馬尼亞的卡羅爾國王暗中教唆法西斯主義，但也同樣發現法西斯主義者不能為他所用。儘管後來兩國領袖採取了嚴厲的鎮壓手段，都沒能成功阻止法西斯主義的推進，卡羅爾和妻子在一九四〇年更險遭暗殺。法西斯主義在匈牙利和羅馬尼亞仍然是一股強大的力量，直到一九四四年至一九四五年紅軍越過邊界，帶來了一場被稱為反法西斯的民主革命為止。

運動興起

在匈牙利和羅馬尼亞，幾乎從一九一八年簽署停戰協議的那一刻起，激進的民族主義者就指稱戰爭為自我犧牲設下了新標準，各國現在必須比以往更竭力捍衛民族純度。經驗很快就證明自由派政治人物遠遠未達標準，例如匈牙利的霍爾蒂上台時，確實血腥肅清了社會主義政敵，也限制可就讀大學的猶太人數來阻撓他們進入商業和專業領域，但在一九二〇年代任總理的貝特倫伯爵領導下，政治菁英仍努力恢復與猶太人群體的「舊有慣例」，避免暴力行動，保護公民的人身財產。[7]在羅馬尼亞，自由派政權犯下了一項「罪過」，也就是於一九二二年給予羅馬尼亞猶太人完整的公民權，而這個國家的第一批法西斯主義者，就是一群將應對此負責的政治人物趕盡殺絕的學生。

兩國激進的右翼分子將舊的刻板印象轉化為新種族意識形態中的形象，說猶太人生來就是異己、生活靠的是資本而非工作，也說他們支持共產主義等有煽動性的理念，並逃避對國家的責任。這些激進分子選擇性地引用資料，像是聲稱匈牙利蘇維埃共和國有百分之四十五的政治領袖為猶太人。[8] 他們卻忽略了一項事實：在所有軍隊中，猶太人（通常為預備軍官）在獲頒勳章的軍人中占比極高。而要說猶太人為什麼會加入共產黨，那也是因為他們多居住在共產黨尋求支持的城市地區；或者是因為共產黨人堅決反對族群歧視。[9] 事實上，支持共產黨的猶太人還占少數，他們多支持猶太復國主義（Zionism）、溫和的社會主義和傳統政黨。

希望往城市發展、向上流動的羅馬尼亞人認為，猶太人會用不公平的手段奪取中產階級的工作：紡織業技師有八成、陸軍醫療部的醫生有百分之五十一、記者則有七成都是猶太人。在匈牙利，具備專業、任職銀行業或從商的猶太人數同樣很多。此外，猶太人還被描繪成媚外、喜愛異文化（像是外西凡尼亞的匈牙利文化、比薩拉比亞和布科維納的俄羅斯及德意志文化）。羅馬尼亞的法西斯主義者科諾留・科德雷亞努（Corneliu Codreanu）自學生時期就於摩達維亞首府雅西（Iaşi）開啟了激進主義生涯，他稱猶太人是一支「為了征服我們而進入我們土地的軍隊」，並表示如果共產主義盛行，那麼羅馬尼亞人民將「被無情地趕盡殺絕」，土地也將「遭到猶太人殖民」。[10]

科德雷亞努就如許多法西斯主義者一樣缺乏軍事資歷，因為他太年輕，無法參加第一次世界大戰，但他趁著戰後初期的動盪彌補了這點：加入破壞罷工的團體，走上雅西街頭，一同痛毆工人和共產黨人。他的導師亞歷山德魯・庫扎（Alexandru C. Cuza）是一名政治經濟學教授，也是極端反猶分子，他於一九二二年成立了激進基督教聯盟（Radical Christian Union）。庫扎雖以納粹黨徽卐字符作為運動標誌，但在科德雷亞努和他朋友們的眼中卻太過溫和，因為他放棄了軍事鬥爭。[11]

一九二三年，當局逮捕了科德雷亞努，罪名是密謀殺害授予猶太人羅馬尼亞公民身分的執政者。他在獄中聲稱見到了大天使米迦勒（Archangel Michael），促使他將生命奉獻給上帝；科德雷亞努於四年後組建了又稱鐵衛團的「聖米迦勒軍團」（Legion of St. Michael），宣揚民族清洗和解放農民，強調「教育」而非經濟改革。科德雷亞努被追隨者稱為「長官」（Captain），成了尤其受年輕人崇拜的偶像，但他從未擔任過公職。科德雷亞努還領導了一場道德復興運動，抵制所有要脅背叛基督徒羅馬尼亞農民的人。[12]他對政治的態度模糊，認為羅馬尼亞需要的是「人」而非計畫，並以反西方的傳統作為依歸——根據這種傳統，羅馬尼亞背負著特殊使命，必須塑造根植於鄉村和基督教價值的經濟制度。

匈牙利的法西斯思想於一九一九年首次成形，是由南部塞格德市（Szeged）的右派激進人士（因此又稱「塞格德思想」）發起。自由派民主並沒有帶來自由，反而帶來「敵人」的統治，尤其是猶太人統治——人們將猶太人視為把持著族群民族國家商業、金融及文化的異勢力。經過一九二〇年代初期的白色恐怖後，匈牙利的公共生活恢復，但致力於塞格德思想的祕密社團激增，如覺醒匈牙利人協會（Association of Awakening Hungarians）、匈牙利科學種族保護協會（Hungarian Scientific Race-Protecting Association）和「X」協會，這些協會的目的在於重振往日征服了喀爾巴阡盆地的馬扎爾部落「精神」。[13]

就如其他地方，匈牙利和羅馬尼亞的法西斯運動變體起源於城市地區，中下階層的人民感受到現代化進程的威脅，也願意相信「異族人」（即猶太人）是導致工資減少、工作難尋或是威脅小型企業生存的罪魁禍首。但兩地也自有其鮮明特點：匈牙利的法西斯分子多來自軍隊，羅馬尼亞的法西斯分子則來自大學。

一九一九年後，匈牙利湧入了大約三十萬名來自過去屬於匈牙利王國區域的難民，其中大多是官僚和軍官，在這個遭剪裁的國家裡沒有足夠的工作機會可以分給他們。《特里亞農條約》規定軍隊人數最多只能有三萬五千人，許多失業的前軍官和公務員轉而投身極端民族主義的地下勢力。右翼領袖久拉・貢博什和費倫茨・薩拉西（Ferenc Szálasi）都是職業軍官，他們也受軍隊高層的支持。雖然薩拉西推崇極端的種族主義，但他的箭十字黨深入掌控著武裝部隊，在黨的整個存續期間網羅軍官擔任領袖。[14]

羅馬尼亞各大學對激進主義的支持符合全球各地的典型。在中國和俄羅斯、安納托利亞及歐洲，學生對社會與民族事業的呼聲比其他群體都還要高漲，而在華沙、札格雷布、布加勒斯特、波羅的海國家及西班牙等邊緣地帶，大學成了法西斯主義的工廠，「製造」出的大學生發現在畢業後就能享有中產階級舒適生活的承諾其實是一場空。[15]其中最突出的還有退伍軍人，富有政客明顯事不關己的態度令他們破滅，這些政客將數千名年輕人派往可怕的機械化戰場送死，現在卻不須承擔任何後果。

但在這個各地學生一窩蜂湧入激進運動的時代，法西斯主義在羅馬尼亞各大學的成長仍非比尋常，原因可以追溯到城鄉之間的巨大落差。二戰前，羅馬尼亞所有的工業企業都集中於九個市中心，然而有八成的人口都在鄉村。少數遷入都市的年輕人則適應不良，地位低下的屈辱結合了「體面」社會的虛偽，使民族和社會的不滿情緒交織在一起，造就極大創傷。[16]教授和主要知識分子鼓勵年輕人持有異議，他們意圖聯手將大學轉變為羅馬尼亞人的學術文化堡壘。到一九三〇年代，一個全國性的陰謀在羅馬尼亞高等教育體系中成形：右派學生在高中網羅年輕的暴徒，只要這些初出茅廬的法西斯分子願意加入攻擊猶太人，就能取得大學入學的資格證書。[17]

由於羅馬尼亞有義務遵守一九一九年於凡爾賽宮制定的少數族群條約，加上也是國際聯盟的一員，所以國家當局並沒有像匈牙利一樣直接限制猶太人接受高等教育的機會；然而反猶暴力仍然是戰間期大學生活主要的一環，猶太人遭到邊緣化。[18] 與整體人口相比，羅馬尼亞的猶太人大多為識字的城市居民，起初也有很高比例接受過高等教育。在羅馬尼亞境內，猶太人的數量約占百分之四點二，在一九二〇年代後期，猶太學生總數就接近百分之十四，部分系所的比例較高。例如，在一九二三年至一九三六年間，猶太人約占雅西醫學院學生的四成，在布加勒斯特醫學院則略低於四分之一。不過由於反猶暴行和官僚詭計，猶太學生的人數在一九三五年至一九三六學年度之後開始下降。舉例來說，布加勒斯特從百分之十四點八降至七點九，雅西從百分之二十三點一降至十六點一，而切爾努西（Cernăuși）則從百分之二十九點六下降到十五點六。[19]

與全東歐早期的民族主義者一樣，鐵衛團的領袖多是農民的孫子、店主或學校教師的孩子，要說法西斯領袖大多很年輕的話（希特勒在一九三三年時四十四歲），那麼鐵衛團的年齡層甚至更低。[20] 一九三一年，教師之子科德雷亞努為三十二歲，他的副手莫察（Motsa）、馬林（Marin）和斯特列斯庫（Stelescu）都介於二十五至二十九歲之間。在一九四二年至一九四四年間被迫逃往德國避難的鐵衛團員中，有接近一半都是年輕知識分子。

正因如此，鐵衛團對極端民族主義的支持在表面看來有其理性基礎，讓羅馬尼亞人更容易在看似由猶太人主導的城市環境中向上流動，也能擺脫土耳其人、匈牙利人、德意志人和希臘人的影響。但鐵衛團的意識形態終究是不理性的。黨員誓死效忠，也會追捕黨中有嫌疑的叛徒、拒絕都市化，且渴望回歸

「人民」——是指由所有羅馬尼亞人組成的虛構實體，無論過去或未來。諷刺的是，大學中日益增長的法西斯氛圍也漸使得右翼學生拒絕為未來的「美好生活」作任何打算。資產階級世界對他們而言很陌生，也應該敬而遠之。而使黨團領袖更感疏離的是，許多人出身複雜，他們本身與自己開始憎恨的世界一樣複雜陌生，舉例來說：科德雷亞努是波蘭和德意志後代，貢博什是德意志人，薩拉西則是亞美尼亞和馬扎爾／斯洛伐克人後裔。[21]

在匈牙利，學生的出身往往並不卑微，所以沒有這種深刻的疏離感，一九二〇年代當局對猶太人入學的限制，也撫慰了這些學生潛藏的反猶主義。整體而言，匈牙利學生較願意支持當權更保守的民族主義，而非法西斯主義。[22]

鐵衛團和箭十字要等到一九二九年經濟大蕭條來襲後才開始廣為流行，觸及到大學和軍隊中的早期支持者以外的群眾。一九三〇年秋季，在納粹成為第二大黨之後，羅馬尼亞和匈牙利政治集團面臨著與柏林相同的問題：有沒有可能利用法西斯主義者來穩住正受大規模動盪威脅的體系？如果不能，又該怎麼控制這些人？最終，這幾國的政治集團沒有找出令人滿意的答案，卻都陷入了不同的絕境。

掌控法西斯？

戰間期的羅馬尼亞政治結合了民主程序和法治，以及該國各地常見的貪腐和欺騙伎倆。有頻繁的選舉和獨立政黨，也有許多認真嚴肅的從政者努力推動著文化和經濟進步。然而政治階層也忌憚普通民眾，並願意違反民主程序來控制他們。舉例來說，勇敢的反法西斯自由主義者伊揚．杜卡（Ion C. Duca）便曾串通製造出多數選票讓自己上任，他於一九三三年成了鐵衛團暗殺小隊的犧牲品。而由誠實有魅力的尤柳．馬紐領導的民族農民黨，雖然於一九二八年贏得未經操作的選舉，隨後卻拖延將更多土地交到支持者手中的承諾——事實證明，他們無法改變羅馬尼亞農業的根本缺陷。該國的經濟狀況落後，無法因應一九三〇年代初期的危機，羅馬尼亞的糧食出口崩潰，更加限制了政治選擇。[23]

國王卡羅爾二世的腐敗政權給了右翼廣大的發揮空間，使科德雷亞努這類「老實」人能夠表達他們對同胞的關愛，尤其是深受布加勒斯特菁英階級鄙視的農村。儘管如此，科德雷亞努並未公然表示欲顛覆政權，反倒自稱支持君主制並享受著國王的祕密金援。卡羅爾二世希望能夠腐化及利用鐵衛團，但同時也成立了自己的準軍事青年組織「國家衛隊」（*Straja Țării*）。[24]

一九三二年，法西斯主義突然躍升至匈牙利政壇巔峰，當時攝政霍爾蒂指派久拉．貢博什擔任總理，希望遏止爆炸性的社會動盪。貢博什曾是奧匈帝國軍隊上尉，而且和科德雷亞努一樣，也是狂熱的族群至上主義者，並組織了反革命小分隊。貢博什曾於一九二〇年代後期任國防部長，他以墨索里尼模式作為榜樣，承諾要讓匈牙利擺脫猶太人和共濟會，將土地和工作分配給農民與工人。[25]

然而，貢博什一上任，就適應了自己原本口口聲聲表示厭惡的制度，看來也沒有興趣徹底掌權；他既沒有廢除獨立政黨，也沒有自封為獨裁者。他沒有發起相當於德國《紐倫堡法案》的提案，而是向猶太人「伸出了友善的手」。[26]連社會民主黨和工會（理論上兩者均是法西斯主義的大敵）都能繼續運作，工人的罷工權也不受影響。貢博什處處妨礙著費倫茨．薩拉西立場更激進的箭十字黨，使其支持者無法投票；其實他更操縱了一九三五年四月的選舉，好保障自己以百分之四十三點六的選票主導國會。[27]他幾乎沒有推動土地改革，許多農民的生活一如既往，與牲畜一同住在鋪著泥土地板的泥屋裡。[28]

儘管如此，貢博什還是讓匈牙利準備好迎接法西斯主義。他為自己的民族統一黨發起有六萬名衝鋒戰士參與的群眾運動，國家行政部門和軍隊都有更年輕、更激進的民族主義者加入。一九三五年，貢博什在柏林向聽眾保證，他將帶領匈牙利走向一黨專政，但還來不及兌現諾言，就於次年死於腎衰竭。在那之前，貢博什的古怪舉動就已嚇壞了統治菁英，使他們與溫和派聯手阻止法西斯分子掌權。然而向右傾的趨勢難以擋下。繼任貢博什的民族主義者卡爾曼・達蘭伊（Kálmán Darányi）繼續禁止箭十字黨的集會，但他也曾於國會發起反猶法律來嘗試安撫憤怒的右翼，且儘管有許多政治派別反對，該法條還是通過了。達蘭伊欲極力阻止極右翼發展，絕望之下還自行建立了類似法西斯的組織「襤褸衛隊」（Rongyos Gárda），該組織席捲了斯洛伐克和魯塞尼亞，侵擾著東北部各郡的猶太人。[29]

在貢博什和達蘭伊的治理下，匈牙利也慢慢被拉入德國的勢力範圍，最終於一九四一年成為反蘇聯的盟友。這種誘惑看來會如此難以抗拒，原因有二。其一，德國政府與私人集團利用西方國家在該地區的無所作為，簽訂了購買匈牙利農產品的貿易協定，但並非以可兌換的「強勢貨幣」支付，而是以德國銀行的封閉帳戶支付，藉此迫使匈牙利購買通常品質很好的德國工業產品。德國購買匈牙利出口產品的百分比，從一九三〇年的百分之十一上升到一九三九年的近五成；至一九三九年，匈牙利的所有外來投資中有一半是由德國控制。[30]

這種德國悄悄掌控經濟的模式也遍及整個南歐。一九三八年，南斯拉夫與艾森（Essen）的克虜伯

（Krupp）公司簽約，欲於波士尼亞建造工廠用於製造槍枝與砲彈；同年，柏林也同意向保加利亞提供價值三千萬馬克的軍備。從一九二九年至一九三九年，保加利亞對第三帝國的出口比例從百分之二十九點九上升至六十七點八。西方列強從未鼓起干涉德國進犯的政治意願。[31]南斯拉夫與法國於一九三一年商定的貸款未能幫助該國保住新市場、軍需品供應或外交支持，早已使得官員大失所望；幾年後，倫敦拒絕提供貸款給保加利亞，但德國快速介入，還多提供了兩千兩百萬馬克的信貸。[32]對於東南歐的菁英階層而言，與德國和義大利合作看起來不像賭局，反倒是個明智的決定，能夠保護國內經濟不受大蕭條摧殘。

但匈牙利會開始親德，還有第二個甚至更有力的原因：人民收復失地的決心在政府宣傳下變得更加狂熱。一九三八年十月，匈牙利得到了與德國合作的第一個回報：在慕尼黑會議上，德義仲裁委員會決議將斯洛伐克南部以匈牙利裔為主的地區歸還匈牙利。然而，隨著匈牙利開了胃口，現在必須給德國政府更多證據來證明自己確實是納粹秩序的一環：匈牙利必須變得更加專制、更推崇種族主義才行。因此，在達蘭伊立下反猶法律之後，一九三九年、一九四一年和一九四二年又多了三條法律，根據「種族」更狹隘地定義猶太人、禁止猶太人與非猶太人通婚、剝奪猶太人的財產，不讓他們參與公共生活。[33]一九四〇年，匈牙利得到了應得的好處——獲得外西凡尼亞的領土，但這樣還滿足不了納粹與匈牙利合作推動種族滅絕政策的渴望，而我們也會於第十七章讀到，兩國合作最終是如何害死了六十萬名匈牙利猶太男女和兒童。

考量到人民普遍有的故土情結，政府或許免不了得努力收復領土，但菁英階層對普通民眾的持續蔑視（即使在貢博什引發恐慌之後）卻並非無法避免。政府大可以重新分配土地，讓農村的市場經濟更加多樣化，但在一九三六年，霍爾蒂卻宣稱，因為沒有足夠的土地供所有人使用，國家的救贖必須仰賴經濟發展。[34]他沒有具體說明該怎麼辦，但土地和產業把持在少數家戶手中的情況卻毫無緩解。[35]發展完好的經濟部門仍高度集中，匈牙利有六成工業全由兩家布達佩斯銀行掌控。一九三八年，普通民眾的平均日收入暴跌，比經濟大蕭條前的水準少了三到四分之一。在羅馬尼亞雖然也有發展工業的呼聲，但各項計畫都因徇私舞弊而無法有效推動。[36]

由於霍爾蒂政權對民眾福利漠不關心，箭十字黨會持續受到擁戴也就不足為奇了，在一九三九年五月的匈牙利國會選舉中，該黨贏得七十五萬張選票（總數為兩百萬張）。箭十字黨與其他四個民族社會主義派系結盟，拿下全國總票數的四分之一。受其吸引的民眾之多，有心懷不滿的人、也有上進的成功人士；有公務員、有從業和失業的大學畢業生、也有軍人；他們也觸及中下階層和工農勞動者，最後更深入到老年中產階級。在工業化的布達佩斯，法西斯分子的支持度遠高於社會民主黨，這表示城鎮和鄉村中的工人都接受了國家社會主義的承諾，相信他們會將自己從恐懼和絕望中解救出來。[37]

儘管羅馬尼亞同樣也是以假民主治國（選舉由國王任命的內政部長安排），但羅馬尼亞鐵衛團在一九三七年十二月的選舉中成功吸引了近百分之十六的選票（和六十六席），就此成為第三大黨。一九三七年對一般黨員的抽樣調查結果顯示（約二十七萬兩千人），團內有百分之二十點五是無特殊技能的工人，百分之十七點五為農民，百分之十四為技術工人。但領導階層仍然是由學生和前學生組成，其中律師的占比很高。[38]

還有其他勢力（主要是非法共產黨人），也提醒著工農階級必須提防危險的法西斯，鐵衛團成員對共產黨的厭惡漸漸成了揮之不去的念頭，他們將共產主義視作猶太人與撒旦。階級鬥爭在鐵衛團眼中似乎十惡不赦，因為這種概念必然包含著人民分化，但法西斯分子也痛恨自由民主，認為這種制度與本地「格格不入」。據鐵衛團團員瓦西里・馬林（Vasile Marin）的說法，民主制度會製造出「普遍、抽象、理想的人類，一成不變，然而我們需要的人必須穩穩紮根於我們的土壤、我們的歷史，和我們的民族意識」。[39]種族主義社會學家特拉安・赫森尼（Traian Herseni）補充道，除了聖米迦勒軍團之外，沒人能代表「有效又令人民振奮的政治立場，軍團之外只有黑暗和混亂」。鐵衛團和箭十字黨反對假民主，承諾會採取行動；他們也反對「老哥們互助會」（old-boy network），＊似乎是為窮苦人家犧牲自我的化身。[40]但他們並非藉由思想深度來博取人心。比方說，費倫茨・薩拉西於一九三六年的著作《道路和目標》（*Road and Goal*）中，向追隨者寫下對馬克思主義的反駁：

> 社會民族主義是生命唯一真實的物理與生物學。真實的個體會在靈魂中形成物質；他的手只是一部器械。正因如此，形成的物質為價值而非商品。社會民族主義是民族的生物物理學，而非其唯物史觀。[41]

＊譯註：就讀同所學校的上層社會男校友在職場或商場上彼此關照。

所以說，他吸引信徒的並不是深思熟慮的政治思想，而是外在的老實和真誠態度，這些特質在匈牙利的公共生活中似乎很罕見。就如德國的希特勒，薩拉西也走遍了國家的每個角落，記住追隨者的名字來拉攏民心；然而，不同於那位納粹元首（Führer）的是，薩拉西往往讓人民感受到自己的愛，而不是對他人的仇恨。根據英國史學家麥卡尼（C.A. Macartney，那幾年經常造訪匈牙利）的說法，薩拉西吸引到的人民忠誠度「是同時代的其他匈牙利人無法企及，至他死後，【匈牙利人民】仍繼續崇拜著他」。和科德雷亞努一樣，薩拉西也是虔誠的基督徒，也像科德雷亞努一樣認為基督是當地的民族愛國者，他甚至還主張基督是匈牙利民族（圖蘭人〔Turanian〕）。[42]

羅馬尼亞的情形就如匈牙利，法西斯主義的魅力也遍及各階層，但羅馬尼亞更擴展到最受尊敬的知識分子，其中又屬年輕人的態度最為激進。即使在他們沒有加入鐵衛團時，布加勒斯特或雅西就已有許多年輕城市知識分子提出反猶主義和種族主義，要求發動以種族利益為中心的暴力革命。擁護這種觀點的著名思想家包括戲劇導演黑格・阿克特里安（Haig Acterian）、演員瑪麗埃塔・薩多娃（Marietta Sadova）、詩人丹・博塔（Dan Botta），以及後來舉世聞名的宗教學者米爾恰・伊利亞德（Mircea Eliade）。[43]

戰後，有些人會指責這類既有的權威人士引誘了他們。一九四五年，劇作家尤金・約內斯庫（Eugéne Ionescu）指責右翼哲學家奈伊・約內斯庫（Nae Ionescu）（兩人無親屬關係）將一整代知識分子引入歧途，造就出「愚蠢、反動的羅馬尼亞」。[44]但在一九三〇年代中期，極端主義的吸引力如此之大，根本不需要多作誘導。就如西班牙、奧地利和波蘭，這時中庸政治已然消失，年輕人湧向兩個極端。在羅馬尼亞，反法西斯的知識分子會選擇左翼激進主義或不同形式的極端民族主義。舉例來說，著名史學家尼古拉・約爾加（Nicolae Iorga）就曾穿上國王卡羅爾二世成立的仿法西斯「民族復興陣線」（National Renaissance Front）制服，但有些人認為這樣還不夠激進。一年後，約爾加就成了鐵衛團暗殺隊的犧牲品。

將羅馬尼亞知識分子推向極端的一道實際問題，在於非常難讓羅馬尼亞成為現代化國家。距離建國已過去六十年，然而民族文化的堡壘——高中、大學、專業、商業（這正是主要的城市環境）——似乎仍掌握在「異族」手中，而大多羅馬尼亞人還是教育程度低落的村民，陷入自由主義無法解決的貧困境地。至於哪些人算是羅馬尼亞人？對這個問題的理解早在很久以前就已從族群（ethnic）演變成種族化的族群（ethnic-racial）為基礎，各派系的煽動者也提出將城市文化「去猶太化」的不同方法，其中又以鐵衛團最受歡迎，因為他們看起來很有原則，也似乎決心要有所收穫。

局外人會認為，像鐵衛團這樣的法西斯組織限制了自由，但局內的知識分子卻會說鐵衛團讓他們擺脫恐懼。米爾恰・伊利亞德在一九三七年寫道：「一個人會加入軍團，是因為他是自由的，因為他已經決定克服生物決定論和經濟決定論的限制……加入軍團的人披上了死亡戰衣，展現出軍團裡的戰士感到多麼自由，連死亡也不再讓他們害怕。」人只要擺脫對死亡的恐懼就能超越世俗的憂慮，夢想著重現本地族群生活和諧又充實的過往。[45]

然而就當時而言，席捲全歐洲知識分子的文化悲觀主義也影響到了羅馬尼亞知識分子。我們可以看看哲學家艾米爾・蕭沆（Emile Cioran，一九一一年至一九九五年），他是《人生在世之煩惱》（*The*

Trouble with Being Born）和《身處絕望之巔》（*On the Heights of Despair*）的作者。蕭沆思考的是一種不具更高法則的冷漠宇宙，使得他深受焦慮所苦，而當友人堅持要他下定決心採取行動時，焦慮感就更加令其難以招架，因為參與政治似乎無法避免，卻毫無意義。[46] 鐵衛團承諾，他們會結合民族政治和當地基督教來協助人民擺脫這種內心動盪，並吸引到渴望探索自我犧牲之路的男男女女，因為這些道路看起來很高尚。米爾恰・伊利亞德在一九三八年說道：「我們很幸運，可以生活在現代羅馬尼亞經歷最重大變革的時代：新貴族的誕生。為羅馬尼亞菁英、新人類的菁英奠定基礎的，不僅有年輕的軍團士兵，還有藉由犧牲、奉獻和創造性意志帶來的其他奇蹟。」一九二九年，科德雷亞努於一處教堂墓地告訴村民：「讓我們團結起來，羅馬尼亞復興及救贖的時刻即將來臨。對此有信念的人、願意戰鬥和承受苦難的人，將得到這個國家的獎賞與祝福。」[47]

這類對基督教信仰的訴求，讓軍團能夠得到仍篤信宗教的農村支持。相比之下，納粹領袖則視基督教為敵，並制定出自己的入會儀式及婚葬禮節，同時提倡德意志宗教崇拜；在最終勝利後，他們計畫廢除既有的懺悔儀式，並將教堂改造成希特勒崇拜的場所。[48] 在羅馬尼亞，鐵衛團反倒是將基督教儀式結合自身儀式，加上憤怒青年（其中有許多人出身農村）常有的反物質主義情懷助長，使得有人將其比作宗教復興。軍團報刊詳細描述了某位瑪麗亞・魯甦（Maria Rusu）聲稱見到的聖母顯靈，以及牧羊人佩特拉切・盧普（Petrache Lupu）指稱上帝曾現身某處田野，化身為自稱「摩薩」（Mosa）的老人與他交談，導致眾多人們前來朝聖。[49]

有別於西邊法西斯主義的是，鐵衛團和箭十字屏棄反教權主義，並承諾要保護教堂祭壇，如果墨索里尼、希特勒或約瑟夫·戈培爾嘲諷神職人員為「*Pfaffen*」，*科德雷亞努將與神職人員站在同一陣線。難以想像軍團裡的人物會與未知論者墨索里尼唱和，一同要上帝「打死他」來證明上帝確實存在，或者開玩笑說耶穌和抹大拉的瑪利亞（Mary Magdalene）之間有一腿。納粹主義和義大利的法西斯主義並沒有強化基督教信仰，但在羅馬尼亞，即使對不再信奉基督教的知識分子來說，法西斯主義也能喚起人們對「隨處可見」、依然存在的信仰記憶。[50]

有些人認為，鐵衛團「基督教革命」的先人崇拜、仇外心理以及對鮮血和土壤的崇拜腐化了基督教信仰。[51] 學生會喝下他們混合的血液來象徵團結。但羅馬尼亞東正教並沒有設法找到正確的闡釋，反而接納鐵衛團，由神父帶領著手持聖像和宗教旗幟的軍團示威人士，身穿綠衫的年輕人則跟在後方。一九三七年，在「全是為了國家」黨提名的一百零三名候選人中，神職人員就占了將近三分之一。軍團士兵在與共產黨的小衝突中，宣稱他們是在捍衛上帝之子，一名鐵衛團記者甚至宣稱：「上帝是法西斯主義者。」[52]

鐵衛團不僅利用遺留在農村環境中的信仰世界，甚至會向學校或工作請假，遠行至鐵路網尚未觸及的鄉村地區，避開可能會限制他們活動的鄉間警察，接觸自由派政治人物不敢造訪的農民。農民看到鐵衛團成員走近時，常會點著蠟燭迎接他們。科德雷亞努後來寫道：「我們在村裡唱歌或交談時，我感覺

*譯註：對神職人員的輕蔑稱呼。

自己進入了他們靈魂的未知深處，那裡是其他政客無法以借來的計策觸及之地。」[53]但鐵衛團不只是會宣傳而已。當科德雷亞努或其追隨者遇到在田裡幹活的農民時，更會停下來參與耕作，然後整晚都在村子裡唱歌與交談，用團員為自身信仰奮鬥的渴望打動對方。他們在繼續前進之前，也會分發領袖的肖像，還有繪有運動烈士的祈禱卡。

鐵衛團勘察過地形後，選定了適合打造勞動營、農業合作社和農場的地點。數百名軍團成員辛勤工作了兩個夏天，在黑海附近建造出有石砌建築、廚房、道路、排水渠、花園、野餐桌和雞舍的勞動兼度假營地。[54]營地裡發展出新的群居世界，有自己的儀式（如婚禮）、計畫好的休閒活動、歌曲和民間傳說，目標是要建立「新人類的新生活」：

他們不會從無助的工人身上榨取財富和黃金，但他們必須習慣仰賴刻苦、清醒工作的生活。這就是為什麼軍團長官會在國家各處設立勞動營，並用來建教堂、為窮人造屋，或是建設有利公眾的建築。因為只要在這裡辛勤工作，知識分子與城市居民——軍團國度將來的領袖——將會習慣此種艱難而刻苦的生活，再不會渴望以偷竊度日。[55]

年輕的軍團團員揮灑汗水，就為擺脫他們在城市中浸透的最後一絲腐敗；他們在城市與鄉村設立各種企業，並努力從中抹去知識分子和工人之間的區別，不只有營地，還有商店、小型企業、體育協會、售貨亭、慈善事業、酒窖、酒吧和餐廳，以上都結合了各個社會團體，並鼓勵自願、自我犧牲的勞動。[56]軍團團員在戰後接受共產黨當局的審訊時，會回憶起餐廳顧客的驚喜之情，這些顧客發現鐵衛團所贊助的餐廳雇用大學畢業生為服務生，且都拒絕接受小費。[57]

軍團士兵欲打造的「新生活」並非全新。他們自認是延續一八三〇年以降，羅馬尼亞人打造屬於自己的世界的追求；他們把仰賴前人努力的鄉村生活理想化，想像羅馬尼亞可以怎麼擺脫現代城市生活的苦難、疏離及破碎。然而，他們的新世界遠不止是一處村落互助體，而是必須使用暴力，在一位領袖的領導下以嚴明的階級制度取代傳統的社會關係。科德雷亞努說：「我們務必將整個羅馬尼亞打造成軍團，以新的軍團精神為尊，按軍團的意志治理國家。」由歷史形成的社會關係將重鑄為「統一的軍事化生活方式，再也無法容許『低成效』或無所事事的消遣」。[58]鐵衛團還組織了敢死隊來加強紀律，其中一個目標就是國會中最年輕的鐵衛團代表米海・斯特列斯庫（Mihai Stelescu），他於一九三五年與科德雷亞努決裂。次年，斯特列斯庫剛動完闌尾手術之後，十名軍團成員（其中五名是神學學生）找到了正在醫院休養的他，朝其開了數十槍，然後將他大卸八塊。[59]同年，學生代表大會決定組織敢死隊來處決數目漸增的敵人還有其他叛徒。

另一方面，匈牙利的霍爾蒂政權卻是嚴密掌控著箭十字黨，使得箭十字黨要等到一九四四年由德國扶植上台後，才能採取武裝暴力。儘管如此，匈牙利的國家社會主義者與鐵衛團一樣，也廣受社會各階層的歡迎，因為在沒人關心的時候，鐵衛團幹部似乎是唯一在乎人民的人，讓部分城市工人終於覺得自己也是民族中的「有機環節」了。[60]

鐵衛團於一九三七年十二月的選舉大獲成功——贏得了近百分之十六的選票，結果引發了一場政治危機，因為這是執政黨第一次未能取勝，且儘管選舉經過操作卻仍無法保住多數。[61]兩個月後，國王實施獨裁統治，取締包含鐵衛團在內的所有政黨，勒令關閉其設立的營地、餐廳和企業。科德雷亞努下令追隨者服從政令，顯然是相信命運自有決定——這位「長官」與追隨者一樣，似乎不在意死亡，他領導的組織實際上就是個死亡教派。軍團游擊隊在犯罪後的標準行為，就是向當局自首。

卡羅爾國王原本還暗中為鐵衛團提供資金，他們當時在國王眼中是右翼的反共盟友。他曾希望這麼做會對自己有利，因為科德雷亞努尊重君主制，認為這是羅馬尼亞民族的基本制度。然而卡羅爾現在意識到，法西斯是無法馴服的，還會顛覆現有的秩序。秋天，國王為了應付爆發的騷亂，逮捕了科德雷亞努和幾名追隨者，然後處決了他們（據說是因為他們試圖逃跑）。一九三八年夏天，匈牙利的霍爾蒂政權將魅力無窮的法西斯主義者薩拉西關進監獄（他在裡面待了兩年）。[62]這兩個運動起初都未能執政，要等到戰時德國扶植才成功上台。在羅馬尼亞，鐵衛團僅掌權了短短幾個月（一九四〇年至一九四一年），因為其極端主義危及了羅馬尼亞在戰爭中對德國的貢獻。比起年輕的法西斯狂熱分子，希特勒更喜歡激進的民族主義將軍伊揚·安東尼斯庫（Ion Antonescu），在這位將軍粉碎鐵衛團時，希特勒還送上了祝福，甚至在達浩（Dachau）集中營騰出了空間，關押在血腥鎮壓中倖存下來的鐵衛團成員。

※

當自由民族主義的領導階層開放空間給自稱民族主義和社會主義的右翼勢力，讓他們能夠辯稱受苦的普通民眾是權貴集團疏忽下的受害者時，會發生什麼事？羅馬尼亞和匈牙利的法西斯分子解答了這個問題。他們認為，居上位者只會動用武力，這些族群領袖自稱是民族主義者，但對於改善國家福利幾乎毫無作為，他們要麼態度冷漠輕蔑，要麼就是個性軟弱。法西斯分子指責自由民族主義者兩者皆有，藉此巧妙激起了工農階級潛在的不滿情緒；法西斯分子告訴這些人民，他們是因為身分而遭到鄙視，加劇了屈居下位的痛苦。雖然這種情緒自古便有，但最近大眾識字率的提升更讓這種痛苦產生出新的效果：那些登高一呼的年輕法西斯分子外表誠懇，顯然是受到堅定信念的驅使，他們能流利使用農民的語言，充滿對他們的關懷、願意傾聽並伸出援手。

德國、奧地利和匈牙利等國家的許多法西斯分子都自稱國家社會主義者，而對許多當代人來說，他們的確也是。法西斯分子說社會問題源自異族造成的民族問題；他們也說，國家部會的菁英號稱是為霍爾蒂上將或國王服務，實際上卻是為外國資本服務。但與此同時，羅馬尼亞或匈牙利都無法忽視國家境外正上演的政治大戲。至一九三十年代後期，德國不只是要購買糧食、撐起失敗的農業經濟，還意圖重繪歐洲版圖。羅馬尼亞和匈牙利必須作好準備，迎接等待著所有人的未來，而問題在於，其他東歐國家會如何回應？他們該如何擺脫法西斯主義的吸引力？還是最終會屈服於其不可信的誘惑？匈牙利和羅馬尼亞的法西斯歷程讓我們了解到，專制政權可以一邊成為納粹陣營的一員，一邊掌控著本土法西斯分子（甚至是血腥鎮壓他們）。其實這正是德國政府本身的期望，因為這表示東歐盟友穩定可靠，不會起而造反——方便德國人自由發起自己的歐洲和世界秩序革命。

chapter 15

東歐的反法西斯主義

近年來，美國各報一直告訴讀者，東歐正處於退回到一九三〇年代的邊緣，當時的經濟危機催生了普遍的仇外心理和法西斯主義，將歐洲大陸推入一九四〇年代的種族滅絕戰爭。在這些專欄作家中，有位諾貝爾獎得主認為，法西斯主義不僅曾是東歐「真正的歷史道路」，現在仍是如此——當今的波蘭和匈牙利大概就是證據，兩地都有民粹主義興起，右翼領袖未能尊重權力分立，還經常援引民族主義言論，渴望永遠保住手中的權力。

大多數波蘭人、捷克人和塞爾維亞人的民族記憶各有不同：他們認為自己沒有製造法西斯主義，反倒覺得自己的國家都有挺身與之對抗。波蘭駐美國大使曾寫道，他無法接受有人說波蘭是法西斯主義者，就算只是個「爛笑話」也一樣。[1] 波蘭確實是第一個站出來反對希特勒的國家，還因此失去了五分之一的公民。

儘管這些評論文章聳人聽聞，卻也有幾分事實。經濟大蕭條嚴峻地考驗了東歐國家維持秩序的能力。某些地區（尤其是波蘭）爆發了對其他族群的暴力事件：城市中的對象為猶太人，農村中的對象為烏克蘭人。但我們也已見到真正助長法西斯的東歐國家（匈牙利和羅馬尼亞），並知道法西斯主義的命運走向：這股勢力只要威脅到統治威權，就會受到打壓。霍爾蒂將法西斯分子關入監獄；國王卡羅爾則是處決他們。與當今媒體報導相牴觸的是，對法西斯種子而言中東歐大多是難以生長的貧瘠之地。在接下來我們要談的國家裡，這些種子還來不及生根，就先被當地人對法西斯的敵意給吹走了。

當然，波蘭、保加利亞、捷克斯洛伐克與南斯拉夫也有民族主義者、排外主義者和反猶人士，但他們還擔不起「法西斯」這個名號，因為這些國家沒有能號召如羅馬尼亞鐵衛團或匈牙利箭十字般的革命能量；沒有人提出要超越既有秩序、建立消除一切區別的純淨國度；沒有人成立像鐵衛團那樣深入鄉村、須著制服的準軍事組織，並形成如義大利法西斯主義或德國納粹主義的權力核心；[2]這些東歐國家也沒有出現那種受這類組織崇敬的領袖。

話雖如此，東歐的反法西斯歷程並不算什麼英雄故事。在東歐大部分地區，阻止法西斯主義的政權既沒有致力於公平競爭或推廣人權，也不是強大的自由主義或民主制度。而就如匈牙利和羅馬尼亞，每個地方都曾出現強人出手控制左右派的極端主義並維持秩序。要說法西斯種族主義在波蘭為什麼沒受到擁護，一部分是因為主流民族主義者早已鼓吹種族主義式的排他政策，沒有留下讓更右翼大作文章的空間。

但在波蘭內外，當地的民族主義人士也反對法西斯分子的理念。雖說在匈牙利和羅馬尼亞兩國，自由派菁英與普通民眾雙方的鴻溝日益擴大，但波蘭、捷克斯洛伐克、保加利亞或南斯拉夫並沒有複製這種局勢。這不是說，以上幾個國家沒有特權階級或受剝削的農民或工人。這就要回到今天波蘭大使不斷重中的故事了：善良的波蘭人不可能是法西斯分子，捷克斯洛伐克人或南斯拉夫人也不可能是。這些國家的法西斯分子不僅與當地民族敘事格格不入，似乎還是民族的敵人，且這樣的說詞對菁英和大眾階層都講得通，所以能夠將散布於左右光譜內的菁英與大眾團結起來。德國和義大利等法西斯國家都質疑波蘭、捷克斯洛伐克和南斯拉夫的存在，但這些國家的本土法西斯分子卻會模仿墨索里尼的法西斯式敬禮或身穿納粹制服，結果被當作敵人的盟友和走狗，將法西斯分子視為反民族主義而非超民族主義。

此外，許多東歐人似乎都覺得，墨索里尼和希特勒代表的「全面統治」令人反感。根據可追溯到十九世紀的當地民族主義者核心概念，擁有波蘭人、捷克人或塞爾維亞人的身分就等同於支持自由，因此第一次世界大戰之後擬定的憲法，並非僅是由西方強加的價值，也反映了當地的自治傳統。即使在波蘭（一九二六年）和南斯拉夫（一九二九年）發生政變之後，仍有數十萬波蘭和南斯拉夫公民認為國家的憲法代表了對自由和法治的正當民族願望。

儘管如此，東歐地區仍生活在極權主義國家的陰影之下，走向左翼或右翼極端的誘惑充斥在民眾的想像之中，因為當西方國家深陷危機時，德國和蘇聯的強勢政權帶領著他們幾個東歐國家走上了充滿幹勁的成長道路。人們普遍著迷於國家主導的群眾動員，非法西斯的波蘭或南斯拉夫領袖也嘗試效仿。唯一成功抵制這種誘惑的國家，也正是唯一堅持民主制度的國家（直到一九三八年納粹軍隊越過邊界為止）——捷克斯洛伐克。但即使在這裡，我們也能看到制度是由強人把持（雖然不像法西斯政權一樣穿著制服），因此要說該國知曉民主制度，那也是由上而下掌控的民主。

捷克斯洛伐克：受掌控的民主

捷克和斯洛伐克的強人正是馬薩里克，他從教授轉為從政，在戰爭年代鼓動捷克斯洛伐克獨立，並於一九一八年後成為幾乎絕對的權威人物。馬薩里克的政治「現實主義」促成建國，捷克政黨也迅速掌握了行政機構，並用來打造以民族運動為依歸的國度。這個國家遵守憲法，也會舉行定期選舉，允許言論和結社自由，但由於捷克人與他們的斯洛伐克盟友形成人口多數，所以新的民主制度也與族裔掛勾，形成由所謂的捷克斯洛伐克人，為了捷克斯洛伐克人，統治捷克斯洛伐克人的國家。這是一場精心安排好的民主戲碼，用於維繫制度的則是一套使人民統治成為絕對價值的說詞，並由馬薩里克總統親自擔任製作人和導演——他以高高在黨派政治之上的布拉格城堡為基礎，協助維持民主制度正常運轉。每個星期五，馬薩里克都會邀請自己信任的政治人物來參與討論，他鼓勵他們達成交易和作出妥協，而這些行徑都安全躲開了捷克斯洛伐克公民（民主的「民」）的監督目光。

政府的日常經營是由憲法中沒有的五人委員會負責，正如我們於第十三章所見，該委員會是於戰後不久成立，由分屬不同政治派別的捷克政黨組成，從最左派的社會民主黨，往右到民族社會主義黨、農民黨、天主教人民黨和民族民主黨，還有部分可靠的斯洛伐克政治階層支持。五人委員會比波蘭、塞爾維亞或羅馬尼亞的族群政黨還要團結，因為其中的政黨先前已有幾十年在維也納奧地利國會中合作的經歷，關係逐漸緊密。[3] 就如任何派系一樣，這些政黨當然也有分歧，但考量到國家那時與周圍鄰國的關係，每條邊界都存有爭議，加上領土內外的假想敵都很強大，使得合作的壓力勝過了離心力。有別於波蘭領袖的是，他們無法欺騙自己國家地位是捷克靠自己爭取而來。民主（或者說民族自決）是捷克和斯洛伐克統治的核心理由，而民主也在胡斯派的人道主義和進步傳統中找到了可能的依歸。波希米亞國家權利的舊意識形態既需要也滿足了多數決統治的要求。

不過一九二五年確實也曾出現過支持激進右翼思想的小團體，自稱為「國家法西斯共同體」（National Fascist Community）。該團體在選舉中表現不佳，但也曾嘗試從捷克農民黨內部行動，倡導與納粹德國合作。[4] 一九三五年，捷克斯洛伐克建國者之一、民族民主黨的卡雷爾·克拉馬日認為，法西斯分子也許有助於穩定捷克「民族國家」，因此吸收了這個團體。[5] 然而，馬薩里克早已採取行動粉碎這個正在冒出頭的威脅，他將法西斯領袖魯道夫·蓋伊達（Rudolf Gajda）從將軍降為二等兵，同時讓這位蠻勇的軍事英雄留在軍中，接著提出更多令他無法反駁的叛國罪指控。一九三三年，大約七十名蓋伊達的支持者試圖在布爾諾附近的軍營奪取武器，打算奪權，但軍營裡的人開了幾槍後就讓這些人撤退了。[6] 後來，要等到一九三八年九月下旬的慕尼黑會議，英法兩國允許德國破壞捷克斯洛伐克的民主制度，捷克的法西斯分子才有機會站上捷克政壇。[7]

然而民主制度還面臨一項更強勁的挑戰：捷克斯洛伐克共產黨，其黨員處心積慮要推翻捷克斯洛伐克第一共和國。他們是稍晚（一九二一年）從捷克社會民主黨分裂出來的一小群人，至一九二九年之前態度都相對溫和。然而到了一九二九年，史達林主義分子開始大肆整肅敵人，揚言要粉碎資產階級統治。他們於一九三四年的總統大選發起活動，喊著口號：「要列寧不要馬薩里克！」並指控捷克斯洛伐克的總統濫用權力建立法西斯獨裁統治。[8]他們的主要敵人是溫和的社會民主黨，共產黨人因社民黨人延宕工人革命而將其稱為「社會法西斯分子」。[9]在一九三五年的大選中，全體選民有百分之十點三（八十四萬九千四百九十五人）投給了共產黨。選民對共產黨的支持度在受到經濟危機重挫的區域尤其高，像是外喀爾巴阡魯塞尼亞，以及德意志人口占多數的波希米亞邊境地帶。然而在所有的社會團體之中，就屬共產黨最受到主要知識分子的歡迎，雖然該黨領袖通常是工人。[10]法西斯主義相較之下就對受過教育的捷克人不太有吸引力。[11]

儘管捷克斯洛伐克的政治激進主義令人不安，卻仍沒有像鄰國德國一樣產生足以破壞穩定局勢的壓力。一九三二年，德國的自由選舉產生了反民主多數，人民不是支持法西斯候選人（百分之三十七點三），就是支持共產黨（百分之十四點三）。德國的國會已遭到粉碎，捷克斯洛伐克則利用強大的國家機器（如動用警力）將國會穩住。[12]在捷克斯洛伐克境內，支持激進主義的選區較小，再加上該國的經濟實力較強大：奧地利、德國和匈牙利都於戰後經歷了惡性通貨膨脹，耗盡中產階級的儲蓄還有他們對民主的信任，但捷克斯洛伐克並沒有，[13]其國內生產總值反而很高，繁榮的景況顯而易見：布拉格、布爾諾和皮爾森（捷克語：Plzeň／德語：Pilsen）等大城市不斷發展，建起了現代又時尚的工業建築及住宅，從別墅到社會住宅都有，反映出國民的自豪與自信之感。[14]

但這個國家也積極以社會政策來干涉經濟，為的就是保證一九三〇年代的困頓不會危及到民族主義和社會主義的共和秩序。經濟大蕭條剛開始時，農民黨領袖揚・馬利佩德（Jan Malypetr）領導的干預主義政府制定了捷克「新政」，為公共工程募集巨額資金、頒布超過兩百四十條法令來為停滯的經濟狀況注入活水。[15]一九三三年六月，一份法案授權政府管制經濟；一九三四年，馬利佩德讓貨幣貶值好刺激出口。正因如此，捷克的經濟狀況才能比鄰國更快扭轉頹勢。雖然馬利佩德屬於右傾的農民黨，但其經濟政策卻是源自於捷克社會主義人士的規畫，突顯出捷克政治人物是如何跳脫明顯有別的政治立場與彼此合作。即便民族民主黨不願推動他們認為不利於商業的政策時，五人委員會仍會設法推行。[16]相較之下，中間派的【德國】威瑪聯盟卻因為無法在撥款給失業救濟的政策上達成共識，於一九三〇年瓦解，為納粹主義的選舉大勝打開了通道。

然而就算馬利佩德的政策算是民主好了，卻並不全然遵守自由主義，因為在納粹德國越發壯大的陰影下（還有本著馬薩里克掌控下的民主精神），他也採取各種手段來「保護」這個共和國，像是通過法條削減新聞自由、讓政府能夠取締政治黨派。一九三三年，兩個右傾的德意志政黨料到在德國納粹掌權之後，捷克斯洛伐克政府肯定會禁止他們活動，所以就先自行解散了。

然而，即使有中央的強大引導，這個新國度仍無法讓國度中的人民——捷克斯洛伐克人——成為現實。即使偶爾會受到阻撓，斯洛伐克分離主義運動仍持續成長，利用了人民感覺捷克斯洛伐克只是由捷克主導的迷你帝國這種情緒。這個問題始於統治階層：一九三〇年，布拉格教育部中有四百一十七位公務員，但只有四位是斯洛伐克人；布拉提斯拉瓦的政府部門員工總共有一百六十二名，其中有六十八名為斯洛伐克人；布拉格的國防部有一千三百位公務員，僅有六位是斯洛伐克人；在一百三十九名現役軍官裡，只有一位斯洛伐克人，其中四百三十六名上校中，連一名斯洛伐克人都沒有。在國家鐵路的斯洛伐克部門，捷克人任管理職的數量仍多過斯洛伐克人，要往下來到不具專業技能的工人層級才會發現當地人。對這個現象的解釋眾說紛紜：斯洛伐克民族主義者說這明顯是殖民主義，但捷克人辯駁說斯洛伐克還沒有受過教育可任行政幹部的人才。[17] 更深層的原因則類似於塞爾維亞人將政府人員送往克羅埃西亞時使用的解釋：執政的民族無法信任其他族群可以負起責任。

但捷克斯洛伐克並沒有民族壓迫感。捷克人得以在布拉提斯拉瓦設立了第一所斯洛伐克高等教育機構，開始培養斯洛伐克專業菁英，基本上讓斯洛伐克人脫離了馬札爾化。捷克斯洛伐克是個尊重公民自由的國度，也保護著德意志戲院，讓逃離希特勒帝國的移民（如劇作家奧登．霍爾瓦特〔Ödön von Horvath〕）得以在布拉格、布爾諾及奧斯特拉瓦（Ostrava）展演他們的戲劇。德國作家湯瑪斯．曼（Thomas Mann）和亨利希．曼（Heimrich Mann）都受到庇護，也取得了可用於跨國旅行的護照；維也納和柏林的奧地利及德國社會民主黨人在面臨坐牢的威脅時，也雙雙將辦事處移至布爾諾及布拉格。一九三三年之後，捷克斯洛伐克為德意志文化與政治提供的成長環境，比歐洲任何國家（除瑞士之外）都還要安穩；在一九三九年德軍進入布拉格前，國內估計就出現了六十份政治傾向各有不同的德文期刊。[18] 然而，大多波希米亞德意志人及許多斯洛伐克人仍認為自己在捷克斯洛伐克是「弱勢群體」、是自己土地上的異邦人，也因此漸漸受到右翼極端主義的吸引。

一九三三年，波希米亞德意志教師康瑞德．韓萊因（Konrad Henlein）成立右傾但並沒有公開宣稱為法西斯的蘇台德德意志黨（Sudeten German Party），很快就引起了德國納粹黨的興趣並為其提供金援（後更供應武器）。韓萊因接著便透過大型又嚇人的政治動員號召心懷不滿的德意志人，設法讓「蘇台德區」脫離捷克斯洛伐克；他也發起整齊畫一的準軍事組織攻擊捷克斯洛伐克各個機構，如警察局及學校，還有猶太人及捷克人的企業。一九三五年，韓萊因一黨贏下百分之十五的選票，這都要歸功於超過三分之二表示支持的德意志選民，這個支持度還勝過納粹在德國或奧地利自由選舉所獲得的支持度，使得蘇台德德意志黨比捷克斯洛伐克的任何政黨都要強大。[19]

斯洛伐克人對捷克斯洛伐克國家的挑戰，則來自成立於一九一三年的斯洛伐克人民黨（Slovak People's Party），黨魁為天主教牧師安德烈・赫林卡與約瑟夫・蒂索（Jozef Tiso），他們於一九三八年一月開始要求脫離捷克領土。一九三五年，該黨加入自治主義集團，於選舉中贏下斯洛伐克的三成選票；不過，要等到一九三八年秋天，慕尼黑協議之後蘇台德區併入德國起，斯洛伐克人民黨的極端勢力才出現「赫林卡衛隊」（Hlinka Guard）——此衛隊由著制服的「純種」戰士組成，類似德國納粹的準軍事組織衝鋒隊（SA）和黨衛軍（SS）。[20] 一九三九年三月，在徹底脫離捷克領土後，赫林卡衛隊便與更主流的勢力共享權力，使得斯洛伐克成為納粹德國的盟友。就這樣，許多斯洛伐克人與波希米亞德意志人透過有明顯法西斯特質的民族主義分離主義運動，共同撕裂了捷克斯洛伐克。

反猶主義雖存在於捷克領土，但不像其他地方如此惡毒，也許是因為國家的經濟較為強健，感覺較無必要找怪罪的對象，猶太人的族群規模也較小。但反猶主義仍有發展潛力，我們也曾在戰後早年看到這樣的危機——捷克農民黨等派系宣傳著「猶太布爾什維克主義」（Jewish Bolshevism）的危害，還有紛傳戰爭期間猶太人叛國故事。要說這些宣傳為何沒有像波蘭或羅馬尼亞那樣深入民心，部分是因為捷克人認為自己就是贏家，布爾什維克主義也沒有構成直接威脅。雖然猶太復國主義在捷克斯洛伐克很活躍，但猶太人也能融入捷克社會，似乎不再是「異族」了。換句話說，猶太人大多可以自由決定自己的身分。布蘭卡・蘇庫波娃（Blanka Soukupová）如此寫下：「民族主義的狂熱情緒，因人民對獨立國度誕生的喜悅而緩和了下來。」[21] 一如其他地方，最大肆批評反猶主義的勢力來自左翼，也就是社會民主黨人與共產人士。

我們或許也可以說，是國內共產黨人幫忙壓下了法西斯主義的聲勢，他們利用激進分子（通常是年輕人）的潛在能量，來打擊街頭上的法西斯分子，並公開駁斥法西斯的立場（如種族主義）。然而，共產主義與法西斯之間的關係也很矛盾。大多時候各地的共產黨人都是組織最完善、最盡心盡力的反法西斯勢力，但有時候——莫斯科認為有必要應急時——他們也會阻撓跨政治陣營的反法西斯合作（如一九三六年的波蘭）。而在莫斯科的主導下，共產黨人有時會與法西斯分子聯手，最糟糕的就是一九三九年八月至一九四一年六月的《德蘇互不侵犯條約》（*Molotov-Ribbentrop Pact*），正是這項協議，為納粹德國和蘇聯鋪下了摧毀獨立波蘭的道路。

波蘭：受掌控的專制主義

波蘭在本質上與捷克斯洛伐克有幾處不同：波蘭的經濟實力較弱，在政治上也有嚴重分歧（無論是波蘭人與其他族群，還是波蘭人本身）。像五人委員會這樣的機構本應能讓波蘭人控制住波蘭局勢，但約瑟夫・畢蘇斯基的中間偏左派和羅曼・德莫夫斯基的中間偏右派之間，卻有著無法跨越的鴻溝。兩人最後一次個人談話是在一九二〇年。由於國會運作仍是一場糊塗，畢蘇斯基於一九二六年奪權，就此結束了波蘭的民主實驗。該國與捷克斯洛伐克相似之處，在於兩國對法西斯主義的支持度都非常低，一直都只有幾個百分點。

其中原因在於，法西斯主義與波蘭人講述的波蘭故事有所衝突，也與這些故事如何在波蘭民族菁英的統治下形成有關。畢蘇斯基不僅是軍事強人，也是土生土長的立陶宛人，他自認為繼承了幾世紀前的多民族波蘭聯邦共和國——在那個時代，新教徒和猶太人在共和國裡共生共榮。畢蘇斯基幾十年來都展現出波蘭必須與地區中各民族積極合作的理念。如果沒有他本人的大力倡導，族群民族主義很可能就會徹底掩去舊聯邦遺產的價值了。

畢蘇斯基也象徵著跨政治派系對憲法秩序優點的普遍共識。畢蘇斯基自稱為「民主派」，但他的政敵民族民主黨人也是如此自稱，他們共同與受人景仰的仕紳傳統聯繫在一起——「沒有我們的參與，就不要替我們做決定」（"nic o nas bez nas"）。沒有政黨支持廢除國會，因為波蘭人將國會視為自身政治文化的古老機構。[22] 波蘭的民主遺產深受支持，畢蘇斯基甚至聲稱自己掌權是為了保護民主免受敵人的侵害。[23] 儘管他珍視波蘭的民主傳統，但他也知道，近代早期的波蘭因自由否決權（liberum veto）而造就不折不扣的無政府狀態，早已讓波蘭門戶洞開，面臨解體和被征服的危險。

所以說，國會制並不是舶來品，而且與德國、俄羅斯或羅馬尼亞相比，反西方意識形態也沒有在知識分子的心中紮根；相反地，波蘭主張自己在歐洲擁有其重要地位，向整個歐陸展現國家更好的一面。但儘管如此，波蘭還是出現了一小群法西斯分子，他們將德國或義大利的影響移植到波蘭土地上，顯然是在挑戰這一傳統。[24]

還有個尷尬原因更加限縮了波蘭法西斯分子的活動空間：他們推崇有魅力的軍國主義領袖，但現有唯一有魅力的軍事領袖正是約瑟夫・畢蘇斯基。深諳法西斯主義的義大利特使弗朗切斯科・托馬西尼（Francesco Tommasini）在一九二三年便曾表示，畢蘇斯基是唯一一位有機會像墨索里尼一樣發起運動的波蘭人。[25]在托馬西尼寫作當時，法西斯主義的思想仍在歐洲政壇醞釀著，還有許多人將畢蘇斯基與墨索里尼相提並論：首先，兩人都使用民族主義來激起大眾情緒；兩者的立場都偏左；且在一九二六年，畢蘇斯基向國家首都進軍奪權，似乎進一步證實了這個類比。然而畢蘇斯基與法西斯主義者的不同之處，在於其「治癒運動」政權起初給予了相當多的個人和政治自由。除共產黨之外的其他政黨都能繼續運作，新聞界也相對享有自由。[26]

而畢蘇斯基未能如墨索里尼一樣召集群眾，反而於一九二七年十一月成立了未能引人興趣的「與政府合作之黨外集團」（Non-Party Bloc for Cooperation with the Government，BBWR），其中有保守派、社會主義者、天主教徒、農民，甚至是少數民族。有些人加入是受到信念的驅使，但大多數卻是出於投機主義、恐懼或是受人擺布。有別於法西斯組織，黨外集團尋求的是人民的被動接納，而非絕對的個人承諾。[27]然而，正是因為畢蘇斯基對社經情勢採取不干涉、自由放任的態度，才使得他的統治並不如墨索里尼穩定。墨索里尼出身卑微，因此深知左派的力量（全民罷工尤其是強大的武器），他也積極干涉，好維持政權的經濟和社會基礎；[28]畢蘇斯基會上台也是因為有罷工工人相助，但他從未覺得自己虧欠了這些工人。

一九二六年，英國發生礦工大罷工，為西利西亞的無煙煤打開歐洲市場，也使得他冷漠的統治風格一度頗有成效，但一九三〇年出現了經濟大蕭條，命運也隨之轉動，此後社會成本（如失業問題，至一九三五年有高達四成的勞動人口找不到工作）使得當局必須作出艱難的選擇。一九三〇年，畢蘇斯基開始不經民意以政令治國，利用被動過手腳的選舉來贏得國會多數。經濟停滯不前，但他的部長們都沒有採取危機當前必須的大膽舉措。[29]

結果波蘭出現了一個中左翼集團，其成員於克拉科夫等城市舉行了大規模集會，要求社會立法和恢復民主。而畢蘇斯基的回應，便是在一九三〇年選舉前夕將該集團大約六十位領袖監禁在布雷斯特的東部大要塞，有些人遭到毆打，並被迫處理讓人難堪的工作，比如清理茅坑（而且不准在進食前洗手）。有十一人以策畫政變、意圖武力推翻政府而被判有罪，另有五人選擇了移民（包括著名的農民政治家文岑蒂・維托斯）。一九三四年，畢蘇斯基於波蘭東部的別廖扎卡圖斯卡（Bereza Kartuska）設立拘留營，並將反對者送往該處，目的是要讓他們心理崩潰。[30]其中大多數是共產主義者，但也有來自小規模「方陣」（Falanga）運動的年輕法西斯分子，以及烏克蘭和白羅斯民族主義者。針對斯拉夫少數族群的運動也淪為恣意破壞，波蘭軍隊洗劫烏克蘭村莊，更摧毀文化建築與教堂。為了報復，烏克蘭的地下組織也鎖定暗殺波蘭官員。[31]在不過是十年多一點的時間裡，畢蘇斯基便從原本夢想著在波羅的海和黑海之間結成民族大聯盟，最後變成在本想成立的波蘭民族國家領土上粉碎了各民族自治的願望，這段路相當地長。[32]

畢蘇斯基對政黨政治並無深刻的理解，也對訴諸暴力表示不悅（但他本人也訴諸暴力），他曾說「武力無法教育，只會帶來破壞」。[33]畢蘇斯基原以為社會光靠模糊的民族共識就能團結起來，然而，

圖 15.1 中間偏左派人士於華沙的政治集會（一九三〇年）。
來源：Jan Szeląg, *13 lat i 113 dni* (Warsaw, 1968), 221.
Via Wikimedia Commons.

他的假憲法言辭卻招來了說一套做一套且冷漠的危險政風。畢蘇斯基當初要能直接向公民坦承自己的作風與目標，說危機和混亂時期有必要暫時訴諸專制統治，他也許能表現得更好。[34] 儘管如此，當畢蘇斯基最終於一九三五年死於癌症時，各階級和政治黨派的波蘭人都在哀悼這位曾經的社會主義者和民族革命者，他在華沙舉行的葬禮更有二十五萬人參加。

波蘭陷入了更深的社會和經濟危機，但治癒運動的右翼反對勢力並未利用日益加劇的動盪來奪取政權。畢蘇斯基的陣營（主要是軍官）的控制力太強了。然而，他的民族民主黨宿敵與治癒運動共同以一種詭異又著實險惡的方式，將右翼極端主義保持在波蘭政壇的邊緣。

至一九三〇年代，涉及種族主義的法西

斯已在歐洲舞台上完整成形。納粹秩序的基石是一九三五年的《紐倫堡法案》，義大利則於一九三八年如法炮製，以假定的共同血緣來定義猶太人。不過在波蘭，受種族主義吸引的人不必成為法西斯分子，反猶種族主義已在民族民主黨中找到安身之所。自一八九〇年代以來，德莫夫斯基及其追隨者便一直執著於「猶太人問題」。在他們看來，猶太人構成的「古老」民族占據了經濟和專業領域中的重要地位，因此有礙「年輕」波蘭民族的繁榮發展。一九二六年，民族民主黨建立了民族主義群眾組織「大波蘭陣營」，組織內還設有受法西斯模式啟發的民兵單位。[35]就這樣，波蘭國內思想激進、但沒有任何社會革命傾向的中右翼，自行阻撓了法西斯主義的發展。他們是不帶社會主義的民族社會主義者。

但他們是頭等的族群至上主義者。自一九三〇年代中期起，種族主義赤裸裸地進入了民族民主黨的思想，尤其感染到其中的青年黨員，他們拒談任何涉及同化猶太人的話題，就算是受洗進入天主教堂也不行。民族民主黨人要求訂定法律取消猶太人的權利，但就如所有受生物決定論掌控的人一樣，他們失去了希望，因為在這些人眼中，猶太人堅不可摧，就算是嚴厲打壓也無法削弱他們的勢力。[36]於是，年輕黨員發起了一個名為「民族激進陣營方陣」（National-Radical Camp-Falanga，ONR-Falanga）的小型法西斯組織，該組織主張將猶太人逐出波蘭，並沒收猶太人的財產。[37]就如匈牙利和羅馬尼亞的法西斯分子，方陣也受到警察鎮壓，因此無法合法集會；儘管如此，史學家估計該組織至一九三〇年代後期已有五千名成員，其中約五分之四居住在華沙。作為一場學生運動，方陣的成員從未穩定下來，並分裂成了許多派系。[38]

然而，由於民族民主黨對法西斯主義僅有一時的興趣，因此仍屬具民族意識的中產階級建制派系，雖然該黨最初反對宗教干預政治，但有別於許多法西斯分子的是，民族民主運動（Endecja）並未駁斥既有的文化、宗教或經濟。羅曼・德莫夫斯基稱天主教為波蘭的宗教，他的政黨也受到神職人員、文化菁英和地主階級的支持，以上這些人全都憎惡法西斯主義，尤其是德國的法西斯。德莫夫斯基是個著西裝打領帶的嚴肅學者，他從不提倡個人崇拜，反而為自己建立了作家和內閣談判高手的名聲。[39]

此外，民族民主黨傾向支持民主理念。一九二六年五月，有位民族民主黨作家讚揚了古老而強大的舊文化，在這些文化中，對法律的尊重也使得少數人尊重異議者的權利和信念。這位作家指出，波蘭左翼還沒有成熟到在面對代表多數的政權時便發動罷工和示威來攻擊的程度。[40]波蘭中左翼和中右翼因此對於誰是波蘭民主遺產的真正繼承人爭論不休，而此時國家正陷入經濟危機和畢蘇斯基越發牢固的專制統治。

不過在畢蘇斯基元帥死後，隨著戰爭的陰霾籠罩地平線，左派的治癒運動和右派的民族民主黨的理念，從反布爾什維克主義、談論社會團結和統合主義，到他們對天主教傳統的依賴和任意行使政權的意願實際上也漸趨一致。[41]畢蘇斯基的繼任者都同意必須由波蘭人掌控政治、文化和經濟，治癒運動政權也採用了民族民主派的語言要素。一九三七年，他們建立了新的群眾組織「民族統一陣營」（Camp of National Unification，OZON）來取代死氣沉沉的與政府合作之黨外集團，並強調族群「自衛」。[42]一九三八年五月，民族統一陣營通過決議，將「猶太人問題」作為公共政策的主要議題，稱國內的三百五十萬名猶太人是削弱波蘭國力的異邦族群，必須讓他們離開。[43]另外也還有更多與治癒運動有關的極端團體，如「青年民族主義者聯盟」（Union of Young Nationalists），他們要求「讓波蘭人有工

TORUNIANKI KUPUJĄ U ŻYDÓW!

Odkrywamy smutne fakty -- Zawsze inteligencja -- Kiedy minie zaślepienie?

Trudno nawet człowiekowi obytemu w świecie, znającemu wszystkie metropolie na kontynencie, nazwać Toruń zapadłą i głuchą prowincją. Miasto to, siedziba władz wojewódzkich, stolica Pomorza, ważne centrum handlowe, przypomina pod pewnymi względami, a mianowicie pod względem wyrobienia społecznego i uświadomienia w kwestii narodowo - gospodarczej — jakąś odległą mieścinę kresową, do której nie docierają wieści o najaktualniejszych przejawach życia społecznego. Nawet i to porównanie staje się w obecnej dobie niewłaściwym, albowiem dochodzą nas wieści z odległych kresów, świadczące o tym, że Polacy z wszystkich, nawet najdalszych zakątków Polski, poczuwają się do łączności narodowej i zdecydowani są bronić polskiego i chrześcijańskiego życia gospodarczego przed zachłannością żydowską.

FRANKOWSKA — TONN — GORNA — EKSP. F-Y SZYMAŃSKI — MAŁŻ. GOLIŃSCY

PROF. KRUSZELNICKA — HEYROWNA — HEYROWNA — ART. ŁUKOWSKA — ART. ILCEWICZ — SZCZEPAŃSKA, żona w-wojew. — BRZESKA

BŁASZKIEWICZOWA z córką — WOŹNIAKOWSKA z koleżanką — NOWAKOWSKA z koleżanką

Trudno jednak znaleźć wyraźne objawy tej łączności społeczno - narodowej w dużym, zachodnim i kulturalnym mieście Toruniu. Społeczeństwo tutejsze, poza nielicznymi wyjątkami, uporczywie trwa w zacofaniu, ślepe na wszystko, co staje się po prostu nakazem chwili. Wystarczy krótki przegląd miejscowych składów żydowskich, żeby przekonać się, że wszelkie apele idą na marne, bo większa część obywatelstwa toruńskiego popiera handel żydowski, omijając chrześcijańskie placówki handlowe.

Podajemy dziś Czytelnikom szereg postaci, przeważnie dobrze im znanych osób z pośród obywatelstwa toruńskiego, należących do sfer inteligencji, które uwieczniliśmy na taśmie filmowej w chwilę po opuszczeniu składu żydowskiego. Oto ci, którzy przed chwilą odwiedzili kupca żydowskiego i jeżeli nawet nie dokonali żadnego kupna, to mieli w każdym razie zamiar zaopatrzyć się w towar żydowski. Osoby te nie pochodzą z „nizin" społecznych, nie należą do rzędu biedaków, którzy z nędzy zadowalają się tandetą żydowską. To klientela „wytwornych" składów żydowskich, w rodzaju Leisera, Niedera i innych.

Jakaż jest różnica między kupnem w żydowskim straganie z tandetą, a wielkomiejskim składem, będącym własnością żyda? Jedynie różnica ceny i towaru. Sam fakt jednak niczym się nie różni. Raczej ci, którzy z nędzy stali się nabywcami tandety żydowskiej mieliby prawo powoływać się na okoliczności, łagodzące czyn nielicujący z godnością Polaka i chrześcijanina. Klientela bowiem wielkich składów żydowskich czyni to li tylko z braku uświadomienia i wyrobienia społecznego, lekceważąc sobie tak ważne zagadnienie gospodarcze, jakim jest akcja odżydzeniowa.

Wśród sfotografowanych przez naszego reportera osób, znajdują się żony urzędników państwowych z Torunia, żony oficerów, słowem ludzie, którzy powinni się orientować w powodach, wysuwających konieczność walki gospodarczej na pierwsze miejsce wśród wszystkich zagadnień. Wydaje się bowiem rzeczą niemożliwą, by n. p. żona jednego z najwyższych przedstawicieli władz nie czytała nigdy w prasie polskiej, że żydzi uprawiają oszustwa skarbowe, podatkowe, że trudnią się przemytem i paserstwem. Nie uwierzymy nigdy, by jedna z uwiecznionych na zdjęciu pań, która jest profesorką w gimnazjum, nie słyszała albo nie czytała o akcji wywrotowej i demoralizacji uprawianej przez żydów. Znalazł się wśród sfotografowanych i znany artysta miejscowego teatru wraz z koleżanką, pozując mimowoli reporterowi naszemu po opuszczeniu składu żydowskiego. Uchodzi on od lat w Toruniu za „ulubieńca publiczności", lecz żydofilstwem swym i pomijaniem sklepów chrześcijańskich z pewnością nie zjedna sobie sympatyków, a zwłaszcza w sferach miejscowego kupiectwa chrześcijańskiego.

Zamieszczając w niniejszym numerze cały komplet podobizn osób, które — jak dotąd — nie myślą o stworzeniu nieodzownego dla naszego kraju czysto polskiego przemysłu, handlu i rzemiosła, nie mamy bynajmniej zamiaru szydzić z nich i kpić. Sprawa bowiem jest zbyt poważna. Pragniemy jedynie, by każdy, kto ujrzy swą podobiznę na łamach naszego pisma, zobaczył w niej jak w zwierciadle, swe własne oblicze, odwracające się od tak ważnego zagadnienia gospodarczo-społecznego, jakim jest kwestia żydowska. Może ta mała fotografia w naszym piśmie dokona tego, czego nie mogą dokonać hasła ludzi, dbających o rozwój państwa i narodu polskiego.

POSŁUCHAJCIE TORUNIANIE!

Istnieje w Toruniu oddział żydowskiej kolektury **„Uśmiech fortuny"**, której centrala znajduje się w Lublinie. Właścicielem jej jest żyd o „dźwięcznym" nazwisku **Mojsze Morajne.** Otóż ten Mojsze Morajne uwziął się na Toruń i jego obywateli, chcąc ich wszystkich w czambuł zapędzić do swojej kolektury, a raczej do swego worka. Chwyta się w tym celu różnych „niezawodnych", lecz niezawsze uczciwych metod reklamowych, szerząc wieści, nie mające nic wspólnego z prawdą.

Oto ostatnio obwieszczał on Toruniu

圖 15.2　托倫（Toruń）的女性

因至猶太商店消費而遭到「公審」（一九三七年）。

來源：Daily “Pod Pręgierz.” Via Wikimedia Commons.

作和麵包」，並驅逐所有猶太人。就連治癒運動左翼也沒有擺脫反猶主義，基本上也認為異族「猶太人」在經濟和文化層面獲取的利益都對波蘭造成了威脅。[44]

一九三〇年代中後期，波蘭各地爆發反猶騷亂，造成約二十名猶太人死亡，兩千多人受傷。此外，激進右翼號召杯葛猶太企業也受政府和天主教會支持；波蘭首席大主教奧古斯特・隆德（August Hlond）甚至談及波蘭人「自愛」和提防猶太人的必要性。雖然大學歧視從未真正列入法律，但大學招生委員會的教授彼此勾結，導致猶太學生人數從一九二〇年代中期的二成以上減少到一九三九年的一成。[45]在波蘭各地的校園裡，民族主義學生騷擾猶太裔同學，逼迫他們坐在講堂的指定區域（「猶太凳」），且猶太裔畢業生大多遭國家行政部門拒之門外，但他們還是會被徵召入伍。

波蘭社會黨（Polish Socialist Party，PPS）的領導階層反對歧視，也接受許多猶太裔入黨，但到一九二〇年代後期，黨內氛圍也發生了變化。史學家耶濟・霍爾澤（Jerzy Holzer）對此寫道：「反猶主義在第二共和末期似乎成了一種精神病，有損於健康的政治意識，使得人們無法覺察波蘭國家存亡的真正威脅。」[46]各政治派系都認為，這次曠日持久的危機是因為經濟結構中的買賣貿易與職業都是由猶太人（「異族」）所主導。儘管財政部長尤金紐什・克維亞特科夫斯基（Eugeniusz Kwiatkowski，一九三五年至一九三九年在任）擴大了波蘭的採礦、冶金、化工和貨運產業，在波蘭中部建立工業區，並將北海岸的格迪尼亞小村打造成國際海港，但反猶態度卻使得上述各種復甦措施難有成效。

縱使克維亞特科夫斯基制定了四年投資計畫，失業人數仍居高不下，雇主不斷減少工資、違反集體談判達成的協議。結果就是一九三六年發生了兩千零五十六次罷工，其中有約六十七萬五千名工人參與，是一九二三年以來數量最多的一次。[47] 罷工者偶爾可以實現訴求，但大多時候都是由當局出動警力鎮壓、工人失業。一九三六年春天，一波占領工廠的罷工抗議席捲克拉科夫，報導指出警察毆打女性罷工人士，引發了三月二十三日的大規模示威，現場群眾隨後遭警察開槍驅散。當日有八名工人喪命，為這幾位往生者舉行的葬禮結合了天主教和社會主義象徵（黑色棺材上畫著巨大銀色十字架，工人手持燃燒的火炬和波蘭社會黨旗幟），吸引了數萬人參加。儘管可能會有警察施暴，抗議活動仍繼續進行，五月時克拉科夫有五十九家工廠再次罷工。[48]

反政府的行動也蔓延到農村，當地人口分散、不識字、難以形成組織，卻仍然被動員了起來。其中有兩個著名的例子：農民趁著國家紀念活動為民主和社會主義發聲，主張自己早在幾世紀前就已為波蘭付出特別的貢獻。

一九三六年六月，陸軍督察長愛德華．希米格維－雷茲（Edward Śmigły-Rydz）決定要利用諾沃西萊茨（Nowosielec）戰役（一六三四年）的慶祝活動，來展現人民與軍隊領袖的團結（在當年的這場戰役中，農民使用棍棒和鐮刀擊退了韃靼人）。農民黨各領袖為了回應，決定也要趁督察長視察時來表達他們對恢復民主制的渴望。穿著在地服飾的農民用麵包和鹽＊親切地歡迎督察長，但後來卻出現一些不愉快的插曲。眾人用早餐時，有位當地領袖表示：「農民已為波蘭拋灑熱血，未來也會如此，但我們必須拿回過去十年來被剝奪的權利」。群眾（大約十五萬人）對此熱烈鼓掌。那天晚些時候，農民衝破安全警戒線，遞給希米格維－雷茲一張紙條，要求政府採取更多措施來贏得人民（*lud*）的信任。極右翼的方陣青年也趁著慶典試圖宣傳自己的政治理念，但當地官員將他們鎖在穀倉裡。[49]

次年，農民運動召集追隨者一同慶祝拉茨瓦維采（Racławice）戰役一百四十三週年——在這場戰役中，塔德烏什・柯斯丘什科（Tadeusz Kościuszko）率領一支手持鐮刀和棍棒的軍隊戰勝了來自俄羅斯的敵人。然而，當地軍警部隊卻攻進紀念活動地點，使得這次慶祝演變成流血事件：群眾雖然成功驅逐警方，且有些警察也改站在他們這邊，但軍隊後來卻於人群準備返家時朝他們開槍，造成兩人死亡。警方逮捕了約兩百名參與者，其中有六十人被判處六個月至兩年半不等的徒刑。[50]

然而，政府鎮壓並沒有平息村民的激進主義。一九三七年八月，波蘭各地的農民發起為期十天的罷工，抵制自由市場並停止向城市運送食品，這次行動也許是該地區在戰間期最有成效的社會抗議。發起人的目的是要「肅清」治癒運動制度並推動波蘭恢復民主。抗議過程中有四十二人死亡，約一千人被捕。克拉科夫的大主教亞當・薩皮哈（Adam Sapieha）對此問道，導致血腥事件的「可怕災難」是否也是人們不計代價牟利的結果。[51]

就這樣，治癒運動的壓迫給了從政的農民前所未有的凝聚力，也將民主中心的各派系——波蘭社會主義者、農民政黨及猶太人社會主義者（猶太工人總聯盟〔Bund〕）——結合起來。波蘭社會黨於許多城鎮組織一日同情罷工，有時還會與猶太工人總聯盟提出相同的政見。然而，民族主義者仍勢力不減，且如果德莫夫斯基沒有在一九三七年中風，民族民主黨可能就會掌權了。權力高層的變化不大。治癒運

＊譯註：麵包和鹽為一種源自東歐的待客習俗。

動仍然是個相當混雜的團體，幾乎沒有特徵與政策可言，且運動中要是有某個派系過於激烈，另一個派系便會將其拉回中間。化學家兼總統伊格納齊・莫希奇茨基（Ignacy Mościcki，一九二六年至一九三九年在任）和財政部長尤金紐什・克維亞特科夫斯基的立場溫和，但亞當・科克（Adam Koc）上校和費利詹・斯克拉德科夫斯基（Felicjan Sławoj Składkowski）元帥卻屬激進。治癒運動陣營中有人提議推動選舉改革，但納粹德國的威脅很快就扼殺了任何念想。一九三九年一月，農民黨宣布「為保衛國家支持社會統一」；春季，波蘭拒絕了德國的聯盟和領土要求，之後統一就成了政治口號。[52]

南斯拉夫與保加利亞：國王獨裁與法西斯主義對峙

南斯拉夫也是一樣，公民發動罷工、群眾抗議，透過不合規的新聞輿論要求恢復民主制，他們還組建新種類的聯盟，其中有許多屬於地方團體，目的是要掌控專制政權無法掌控的局勢。一九三五年有個反對集團出現，結合了塞爾維亞民主黨、克羅埃西亞農民黨、反政府激進分子和塞爾維亞農民黨。他們想要制定國家所謂的各人民都多數同意的新憲法，包含塞爾維亞人、斯洛維尼亞人和克羅埃西亞人。儘管受到警察騷擾，此團體仍於一九三八年十二月的選舉中贏得了百分之四十四點九的選票，其中絕大多數在克羅埃西亞（超過百分之八十）。[53]

南斯拉夫自一九二九年來就一直處於獨裁統治之下，當時國王亞歷山大一世掌權，希望以武力統一國家。而為了將南斯拉夫人融入一個國度，他重繪地圖、畫出九個以河流命名且過去並不存在的新省分。儘管塞爾維亞人約占該國人口的百分之四十三，但在所有新省分中，塞爾維亞人占多數的省就有六個，克羅埃西亞占兩個，斯洛維尼亞占一個，穆斯林則完全沒有。[54]

經濟大蕭條開始後，亞歷山大一世的統治宣告失敗，此時收入下降、失業率攀升。國王無法滿足所有族群的期望，其統一措施只是引起民怨，無人滿意。舉例來說，一九二九年十二月，他解散了有數十年歷史的索柯爾（Sokol）＊運動會，而這是克羅埃西亞人一直引以為傲的活動；十個月後，國王為了表示自己並無偏袒，於是撤下了同樣有數十年歷史、受人喜愛的塞爾維亞軍旗。新的中央集權國家未能讓任何有名望的克羅埃西亞人或前哈布斯堡塞爾維亞人接任政府官職，克羅埃西亞人仍認為南斯拉夫的統治只是變相的塞爾維亞統治。從建國起至一九三九年，在曾任職的六百五十六名部長中，有四百五十二名是塞爾維亞人，一百三十七名為克羅埃西亞人；而在這一百三十七名克羅埃西亞人中，就有一百一十一人被拉迪奇的農民黨視作「叛徒」，無法代表克羅埃西亞人的利益。至二戰前夕，在南斯拉夫的一百六十五名將軍中，塞爾維亞人就占了一百六十一個名額。[55]

儘管亞歷山大佯稱要給國家帶來秩序，但在其獨裁統治下，重要的克羅埃西亞政治人物卻都無法保障自己的人身安全。有些人在獄中受苦，也有些人成了暗殺的受害者。一九三一年，大名鼎鼎的克羅埃西亞歷史學家米蘭・許弗萊（Milan Šufflay）在札格雷布的街道上遭到槍殺，此事件是如此駭人聽聞，

＊編註：為面向全年齡的運動組織，創立於布拉格。

連在美國也引起關注（科學家愛因斯坦和小說家亨利希・曼還草擬了一封抗議信）。幾名兇手都是知名的警察特務，卻從未受到審判。[56]

一九三一年九月，國王頒布了一部納入了男子普選的新憲法，但這種普選不採不記名投票，而是口頭投票，讓當局可以精準找出異議者。這部憲法只不過是一人統治的幌子，不及一九二一年頒布的憲法前身那樣受歡迎，連塞爾維亞人也不喜歡。同年，警方採取強力手段，使得政府推派候選人贏得了國會全部的三百零六席。許多政治領袖回應這種假民主的方式，就是選擇移民。[57]其中一位是危險的克羅埃西亞激進民族主義者安特・帕維里奇（Ante Pavelić），他前往義大利並發起法西斯主義烏斯塔沙（Ustasha，意指「起義」）運動，目標是實現克羅埃西亞獨立，並可於必要時訴諸暴力。[58]在義大利墨索里尼的保護下，帕維里奇與其他反南斯拉夫勢力合作，包括恐怖組織「馬其頓內部革命組織」。一九三四年十月，亞歷山大國王前往法國進行國事訪問，期間一名內部革命組織恐怖分子找上他並近距離開了一槍，法國外交部長也遭到擊斃。匈牙利亦參與了這場陰謀。

由於亞歷山大的兒子彼得這時只有十一歲，所以由先王受過西方教育的堂弟保羅親王領頭擔任攝政。保羅親王是個更務實的人，性情不獨斷，也有意調整制度。他迅速釋放政治犯（包括反對派政治人物）、鬆綁警方的監視和審查。選舉仍然受到操縱，但政黨有了行動自由。他們又一次可以代表自己的族群利益了，這在亞歷山大時代可是個禁忌。一九三五年六月，保羅任命激進黨的老練政客米蘭・斯托亞迪諾維奇（Milan Stojadinović）擔任總理，他在任的三年間相對平靜，審查制度持續鬆綁，當局也有望與克羅埃西亞領袖佛拉德科・馬切克和解。很快，穆斯林、斯洛維尼亞，甚至是克羅埃西亞的政治人物都加入了政府的行列。[59]

與此同時，在出身名門的律師迪米特里耶・約蒂奇（Dimitrije Ljotić）的領導下，出現了一個小型的塞爾維亞法西斯運動。約蒂奇在一戰後成了知名的罷工破壞者，也因於一九三一年二月至八月擔任司法部長而聞名。約蒂奇在巴黎求學期間，深受法國整合型民族主義者夏爾・莫拉斯（Charles Maurras）的吸引，他開始相信塞爾維亞人、克羅埃西亞人和斯洛維尼亞人之間的血緣關係，這是以種族主義實現多族群合作的不尋常案例。約蒂奇的野心是要在「統合主義」的基礎上重組南斯拉夫，動員非民主結構中的民眾力量，使亞歷山大國王解雇了他的司法部長職位。但在一九三五年，在攝政保羅更寬容的治理下，約蒂奇成功將幾個小型塞爾維亞法西斯政黨結合成了「南斯拉夫民族運動」（Zbor）。[60]

南斯拉夫民族運動就如東歐其他的法西斯運動，未能獲得群眾支持，也從未獲得超過百分之一的選票。[61]南斯拉夫民族運動不僅看似勾結了塞爾維亞的敵國德國和義大利，其所擁護的理念——反社會主義和民族主義——在傳統的南斯拉夫政治光譜內也早就有很強的代表，就某種意義上來說，他們採取的立場已經有人「先占走」了。不只如此，在以農業為主的塞爾維亞，法西斯主義的支持者也很少，當地的政治文化大多都是親西方和支持民主。

南斯拉夫的統治者就如該地區其他地方的統治階層，都毫不猶豫動用警力來排擠法西斯分子，不過南斯拉夫統治者的理由非比尋常。大多數世俗塞爾維亞菁英都將約蒂奇視為宗教狂熱分子，原因很簡單：他會固定上教堂。在一九三八年選舉之前，斯托亞迪諾維奇以此為由將他送進精神病院。這位總理也製造南斯拉夫民族運動接受德國金援的消息。之後在二戰納粹占領期間，約蒂奇成了德國可靠的合作對象，他的軍隊也參與種族屠殺，其中一例便是在納粹策畫的種族滅絕政策早期階段，於一九四一年協助圍捕猶太人。[62]

然而，法西斯思想也沒有讓南斯拉夫毫髮無損。米蘭．斯托亞迪諾維奇並非民主人士。他就像波蘭與羅馬尼亞的統治者，對日漸成長的法西斯政權感到欽佩，也仿效他們發起類法西斯運動「南斯拉夫激進聯盟」（Yugoslav Radical Union）。但斯托亞迪諾維奇又更進一步創立法西斯風格組織，成員著綠色制服、有正式的行禮方式，還設有青年軍隊和準軍事衛兵。在斯托亞迪諾維奇公開露面時，聚集的群眾會大喊：「Vodja, Vodja」（「領袖、領袖」），但他會請群眾停止，因為第二和第一個音節的連音聽起來就像「djavo」這個詞，意思是「魔鬼」。這種奉承講好聽是毫無生氣，講難聽是荒唐可笑，真正的法西斯主義分子和人數更多的民主人士都嫌棄這個團體。[63]

然而，斯托亞迪諾維奇是否屬於法西斯主義者？這個問題也讓我們了解「法西斯」一詞的含義在過去幾十年於左派觀念（只要是威權獨裁者都算是法西斯的代表，如霍爾蒂或畢蘇斯基）與一般用語中發生了何種變化。一九三八年，義大利外交部長加萊亞佐．喬諾（Galeazzo Ciano）伯爵在見過斯托亞迪諾維奇之後，表示這位南斯拉夫總理是法西斯主義者，「如果不是因為他公開宣誓對黨忠誠的話」，那就「一定是因為他對威權、國家及生活抱持的觀念」。[64]不過，斯托亞迪諾維奇其實是個冷淡又老練的政客，無法激起熱情，且缺乏法西斯分子的魅力以及較為大膽的手段。[65]斯托亞迪諾維奇與畢蘇斯基或霍爾蒂一樣專制，也是堅決的反共主義者，但他沒有壓制所有政治派系，並努力遵守著國家憲法。

真正挑戰南斯拉夫政權的並非法西斯主義，而是占該國四分之一人口的克羅埃西亞人，因為他們仍感覺自己生活在異鄉。一九三八年九月的慕尼黑危機導致捷克斯洛伐克解體，給攝政保羅敲響了警鐘，因為這顯示出像南斯拉夫這種多民族國家有多麼不堪一擊。儘管斯托亞迪諾維奇擺出強人姿態，他的表現仍令人失望。[66] 他其中一個著名的行動就是與梵蒂岡展開對話，設法使教會學校和「公教進行會」（Catholic Action）這類組織合法化，讓南斯拉夫天主教徒也能正當存在，希望使克羅埃西亞人在南斯拉夫的地位更穩固。但這份協議在交由南斯拉夫國會投票表決之前，便遭到塞爾維亞東正教會領袖強烈反對，因為他們擔心兩個合法宗教會彼此競爭教區，儘管議案最後通過（以一票之差）了，卻遭到擱置。斯托亞迪諾維奇的行為令人想起國王亞歷山大，成功激怒了雙方陣營。

一九三九年二月，攝政保羅指派前塞爾維亞激進黨員德拉吉沙·茨維特科維奇（Dragiša Cvetković）為總理，取代斯托亞迪諾維奇，希望最後能夠安撫克羅埃西亞人。茨維特科維奇多少知曉民族主義的力量，他自己也曾在南斯拉夫民族聯盟（Yugoslav National Union）組織過法西斯式工會。至八月，茨維特科維奇敲定了一項協議（*Sporazum*），準備賦予克羅埃西亞人在南斯拉夫的實質自治權，讓他們掌管農工商業、社會福利、公共衛生、教育和司法事宜。貝爾格勒的中央政府則繼續負責管理外交、外貿、通訊和軍隊事務。克羅埃西亞、斯洛維尼亞、達爾馬提亞和部分的波士尼亞與赫塞哥維納（Herzegovina）都將納入克羅埃西亞自治區（banovina），克羅埃西亞人也會有其專屬國會，以及由國王任命的最高行政長官。於是，克羅埃西亞農民黨黨魁佛拉德科·馬切克成了南斯拉夫的副總理，與貝爾格勒關係良好的溫和黨員伊萬·舒巴希奇（Ivan Šubašić）則被任命為克羅埃西亞的最高行政長官。[57]

就如一八六七年奧匈妥協（Austro-Hungarian Compromise）中的哈布斯堡王朝，塞爾維亞菁英階級也同樣為了維持國家的一致性，而與心懷不滿的主要民族「達成協議」。不過就好比奧地利不只有匈牙利人心懷不滿，南斯拉夫也是同樣的道理，有怨言的不只有克羅埃西亞人，因為這項協議對波士尼亞穆斯林、阿爾巴尼亞人、馬其頓人或斯洛維尼亞人都毫無作為。而當局將塞爾維亞占多數的舊軍事邊疆納入克羅埃西亞自治區，也讓許多塞爾維亞民族主義者有所怨言。不僅如此，協議對佛拉德科・馬切克與塞爾維亞獨立民主黨一起打造的民主運動也是一大打擊，雙方自一九三五年起便開始合作，最後於一九三八年夏天成功使馬切克造訪貝爾格勒，那時有數以萬計的塞爾維亞人到場祝賀，也展現出他們對克羅埃西亞人生活在國家壓迫（「國家鄉間警察的恐怖統治」）下的同情。[68] 南斯拉夫的人民原本似乎正團結起來，但如今馬切克就這樣拋棄了他的塞爾維亞盟友，甚至沒有好好安撫克羅埃西亞人。[69]

即便如此，激進民族主義仍只是少數克羅埃西亞人的選擇，大半是因為馬切克手下支持民主的克羅埃西亞農民黨（建黨人為兄弟安通〔Antun〕和斯傑潘・拉迪奇）已經很能代表克羅埃西亞的民族主義了。克羅埃西亞農民黨並未像斯洛伐克人民黨或蘇台德德意志黨一樣分裂出法西斯派系，也謝絕了與極右翼合作的呼聲。克羅埃西亞最主要的法西斯分子是律師出身的烏斯塔沙運動領袖安特・帕維里奇，他曾任克羅埃西亞國家權利黨（Croatian Party of State Rights）祕書，並受到仇視塞爾維亞人的舊族群民族主義者安特・斯塔爾切維奇（Ante Starčević）思想所啟發，但他的黨派在農民黨的陰影之下，已漸漸鮮為人知。[70]

烏斯塔沙運動的成員不過幾百人，黨中幹部發現南斯拉夫情勢不利，所以於一九三〇年代初期連同帕維里奇橫越亞得里亞海，來到薩丁尼亞島、西西里島和利巴里島（Lipari）的村莊和營地避難，這裡的義大利人將他們當作談判籌碼，使南斯拉夫有機會依墨索里尼的心意作出妥協。[71]德國在一九四一年四月征服南斯拉夫後便讓烏斯塔沙於克羅埃西亞掌權，其中有許多人的義大利語說得比克羅埃西亞語還要流利。換言之，這些法西斯主義者無法代表民族的自我主張，反而更像是國家的叛徒，不僅勾結義大利，更與當地傳統格格不入。

但在一九三〇年代的南斯拉夫政壇中，純粹的種族主義是帕維里奇和手下唯一可發揮的空間。烏斯塔沙黨員想要跳脫塞爾維亞民族主義（還有主流的克羅埃西亞天主教）自成一格，所以他們呼籲部落團結，並將部落團結稱為克羅埃西亞人共有的更深層特質，使他們一方面優於受到鄙視的「斯拉夫塞爾維亞人」，另一方面也優於天主教徒。羅馬教會連同其對所有民族應負的使命，一起「背叛」了克羅埃西亞人。然而，在篤信宗教的克羅埃西亞公然反對教權難有成效，再加上存在感強大得多的克羅埃西亞農民黨以及國家的嚴厲打壓，都使得烏斯塔沙運動於一九三〇年代越發微不足道。

另一方面，保加利亞法西斯分子面臨到的阻礙，剛好濃縮了南斯拉夫或波蘭法西斯分子遇到的所有問題：本地強人、重視民主的本土民族運動，還有農業為主的社會結構。迷途、憤怒的中產及工人階級選民使法西斯主義得以在更遠的西部蓬勃發展，但保加利亞的法西斯主義卻缺乏這種條件。不過，本土版本的法西斯主義也確實曾如其他地方一樣出現在保加利亞，甚至是從高層的政治菁英中冒出頭。在斯塔姆博利伊斯基於一九二三年遇害後，由經濟學教授亞歷山大・贊科夫出任總理，他大力鎮壓保加利亞左派。贊科夫於一九二六年下台，因為他殘暴的統治手段震驚了歐洲輿論，使得倫敦銀行家揚言要暫停貸款。[72]此後，改由中間派安德烈・利亞帕喬夫（一八六六年至一九三三年）領導的溫和派政府執政，保加利亞成功再次保住了國際融資。

然而贊科夫並未完全消失於政壇，反而越發受到法西斯政治的吸引。一九三四年五月，他呼籲在納粹領袖赫爾曼・戈林（Hermann Goering）訪問索菲亞前先舉行一次集會，預計約會有五萬名支持者。然而，在戈林來訪前三天，保加利亞軍方（「軍事聯盟」）介入，從弱小的主流政黨群手中奪下了權力。軍官們受到民眾組織「環節」（*Zveno*，也譯作茲韋諾）的支持，環節認為，保加利亞必須由少數開明的人由上而下實踐現代化，因為國會早已過時。在環節的統治下，保加利亞的發展也符合了該區的發展模式：越發依賴德國經濟、族群至上主義（其中一例便是將土耳其語地名改為保加利亞名）及中央統治。環節認為必須精簡及合理化改革國家官僚機構，將公務員數量減少三分之一。[73]

環節是那個時期與法西斯主義一詞在語意上混淆的另一例。雖然環節並非準軍事組織、不屬激進的民族主義者，也不是群眾動員政權，但美國的《時代》週刊仍稱其為「法西斯分子」。[74]事實上，環節的外交政策相當溫和，也意圖與貝爾格勒維持更好的關係，而不是用暴力奪取有爭議的領土。[75]就如畢蘇斯基元帥的治癒運動，環節的主要領袖也都是軍人出身，如達米安・維爾切夫（Damyan Velchev）、潘喬・茲拉特夫（Pencho Zlatev）、基蒙・格奧基耶夫（Kimon Georgiev）；還有一點與治癒運動雷同的是，他們也誓言要消除公共生活的腐敗。但有別於波蘭的治癒運動之處卻在於，環節並沒有建立政府黨派（如「與政府合作之黨外集團」〔BBWR〕）或發起群眾運動（如「民族統一陣營」〔OZON〕），不過他們確實廢除了政治黨派，[76]雖然國民議會和地方政府依然存在，但候選人必須以個人身分參選。儘管如此，大多數成功的公職候選人都屬於舊政黨，也被認定為舊政黨人物。儘管有騷擾和操縱選舉情事

（一如波蘭、羅馬尼亞、匈牙利和南斯拉夫），反對派仍於一九三八年初的保加利亞國會選舉贏得了三分之一的選票。

一九三五年初，國王鮑里斯三世忌憚政府中的共和情緒，因此解散了軍事同盟，並任命一位忠於自己的非軍事出身首相（他維持了政黨禁令）。[77]從那時起直到一九四三年去世為止，國王都一直掌控著保加利亞的政治局勢，任命他認為適任的總理，但行事作風卻又像是個仁慈的獨裁者。鮑里斯三世一方面與極權德國和俄羅斯維持著和平狀態，一方面又試圖讓保加利亞與民主法國打好關係。他也儘量壓制恐怖團體「馬其頓內部革命組織」。鮑里斯自稱為「民主君王」，他會乘著自己專屬的火車遊歷保加利亞，偶爾停下來拜訪村民，向他們分發小飾品及其他小禮物，藉此與保加利亞人保持接觸。一九三〇年代後期出現了幾個崇尚納粹主義的右翼組織，但鮑里斯一直監視著他們。[78]

然而鮑里斯也採用當時流行的特定法西斯裝扮。鑑於國王於第一次世界大戰中擔任戰地指揮官的出色紀錄，他會穿制服其實多少有道理，鮑里斯政權還成立了統合主義組織，例如由國家管轄的「愛國」聯盟，有位共產黨人便斷定「法西斯分子就是透過這類組織埋葬了階級鬥爭」。從這個例子可以再次看到時人對「法西斯主義」定義的靈活理解。對於共產主義者而言，專制反社會主義政權在定義上就等於法西斯主義。一九三六年，環節成立了試圖攫取工人理念的「保加利亞工人聯盟」（Bulgarian Workers' Union），希望能壯大國家（一樣令人聯想到義大利）。人們仍會舉行勞動節遊行，但紅旗卻被經過神父祝福的保加利亞三色旗所取代。[79]而我們將於第十七章讀到，當保加利亞的猶太人受到德國威脅時，鮑里斯也支持營救他們。

就如匈牙利和羅馬尼亞的專制者，鮑里斯也打壓法西斯主義，但他花費的力氣少很多。他的國家甚至更加農村化、識字率極低，幾乎沒有大城鎮可以動員人民支持法西斯事業。[80] 此外，保加利亞政壇還有其他選項可以吸收激進能量。比方說，一九二〇年代就有斯塔姆博利伊斯基的大規模土地運動、強大的軍事極右翼，還有馬其頓分離主義運動的馬其頓內部革命組織，該組織內更有勢力壯大的保加利亞領土收復主義派系。以上這些因素，都讓贊科夫的追隨者在法西斯主義盛行的城市空間裡幾無發揮機會。而鮑里斯三世比霍爾蒂或卡羅爾更成功之處在於，他是一位廣受歡迎又身穿制服的戰爭英雄，似乎很能代表民族理念。他的警察輕易就能找出並逮捕相對較小眾的法西斯分子，尤其是在作為激進意識形態溫床的各大學裡。

※

一九三〇年代是法西斯時代的高峰，但法西斯主義作為一場政治運動，在東歐的地位仍處邊緣。波蘭與南斯拉夫會分別於一九三九年與一九四一年成為納粹進攻的受害者，並不是因為納粹有心為之，而是因為華沙和貝爾格勒的主流民族從政者，決心反對德國要將這些國家貶為傀儡政權的行動。納粹並沒有一致支持東歐本土的法西斯主義，像是一九四一年一月，在羅馬尼亞軍隊壓下政變後，有數百名鐵衛團領袖被關押在達浩集中營。德國也一樣沒有費心想取悅波蘭薄弱的法西斯運動，參與該運動的人後來大多也加入了反納粹抵抗組織。雖然希特勒認為薩拉西領導下的匈牙利納粹是支可靠的力量，但也一直要等到戰爭後期霍爾蒂海軍上將嘗試與西方單獨和解時，希特勒才於一九四四年十月扶植薩拉西上台。

不過，法西斯主義也沒有讓該地區安然無恙。即便東歐政權不打算建立極權國家，但右翼民族主義的蔓延仍使得時人將其中幾個政權視作較不純的法西斯，說他們是類法西斯、半法西斯，或教權法西斯，但都是法西斯主義者。隨著那十年的推進，各國領袖都有意無意地模仿法西斯主義（例如民族統一陣營和卡羅爾的青年組織，搭配須著制服的軍團和法西斯式的問候法）。法西斯時代常有跨邊境的獨裁和半獨裁統治形式、對族群純化的執著、非自由主義、反猶主義，也羨慕德國和義大利「實幹」統治者明顯的權勢。[81] 這個黑暗十年的另一個特點，則是民主制度及其支持者幾乎完全消失，無人哀嘆，與一九一九年的局勢相比，發生了非同尋常的激烈轉變。

但法西斯主義也並不鐵板一塊。隨著一九三〇年代的推進，歐洲也逐漸學到寶貴的一課，而老師就在柏林。納粹透過種族主義暴力樹立了自己的法西斯模式。雖然這種模式無法完全效仿，但非德國的法西斯分子也不會加以批評——從這個意義上來說，法西斯主義有其團結的一面。有些在一九三〇年代初期自認為是法西斯分子的人，到末期才發現自己不完全算是。這些人於一九三八年公開支持種族主義來加以調整（墨索里尼也是），有些人則仍含糊其辭，也有少數人成了反納粹勢力，像是一九三八年奧地利的庫爾特・馮舒施尼格（Kurt von Schuschnigg）、一九三四年的波蘭治癒運動，以及一九四一年三月推翻保羅親王攝政政權的塞爾維亞軍官。

還有一個沒有任何理論能解釋的因素是「個性」，個性讓法西斯主義走上不可預知的道路。若無有魅力的領袖，就沒有法西斯運動；而沒有致力於掌權的領袖，就沒有法西斯政權。我們在羅馬尼亞的科諾留・科德雷亞努身上看到了這點，他寧可殉道也不願擔任公職。反之我們則能以德國為例：德國的法西斯運動完全是由一人掌握，並依他自己獨有的願景來塑造法西斯運動，而此人的權勢之大，連追隨者都難以揣測他可能想要什麼。其中一位追隨者曾表示，他們持續但又有些盲目地「為元首工作」。[82]正是因為這位元首，法西斯主義才對東歐歷史造成了深遠的影響。

阿道夫・希特勒也曾是哈布斯堡王朝的子民，所以對該地區並不陌生。他正是在波希米亞邊境和首都維也納對斯拉夫人和猶太人醞釀出了恨意。可是，希特勒的終極願景卻誰也料想不到，超出任何人對這樣一位奧裔德人或納粹德人能有的預測：希特勒不僅打算拿下所有德意志人居住的土地，還想在「東方」建立一個遠遠超出東歐、深入蘇聯的殖民帝國。為實現這項願景，波希米亞、波蘭和波蘭東部的領土都得準備讓路，使德國能夠開疆拓土；無論這個新興的第三帝國有何需求，歐洲每個地區也都將給予支持。因為此計畫而第一個遭殃的，便是該地區唯一倖存的民主國家：捷克斯洛伐克。

PART 4

納粹與蘇維埃帝國下的東歐

chapter

16

希特勒的戰爭與其東歐敵人

阿道夫．希特勒出生的世界與他身後的世界截然不同：他出生在奧匈帝國君主制國家，當時許多族群之間的互動頻繁、往往毫無章法，但大多能和平共處；而他身後留下的世界，是冷戰時期的中歐，加固的邊界隔絕了不同族群，但在這之前已有數百萬人慘遭殺害。而希特勒自小生長於複雜多元的哈布斯堡王朝邊境，養成了他的偏見與執拗，該地區離波希米亞不遠，在這裡有一群德意志人發起了民族主義運動，他們被俾斯麥第二帝國排除在外，擔心斯拉夫的統治會將德意志人的身分地位消磨殆盡。這些德意志族群極端分子和希特勒一樣，不僅痛恨斯拉夫人，也痛恨猶太人和天主教會。

然而希特勒的想法卻也是前所未見。雖說如果不參考這種成長經歷，就無法理解他的想法，但此人的終極願景，卻連深諳一八九〇年代奧地利－德意志亞文化的人都無法理解。當希特勒成為波希米亞孕育出的納粹運動領袖時，他打算開疆拓土、為德國擴張廣大的殖民地，遠遠超出德意志人居住的土地，持續深入烏克蘭和俄羅斯。到時候低等人口將成為奴隸，危險的人口（尤其是猶太人）則必須消失。希特勒胡亂拼湊各個種族主義者（亞瑟．戈比諾〔Arthur de Gobineau〕、約格．利本費斯〔Jörg Lanz von

Liebenfels〕和休斯頓．張伯倫〔Houston Stewart Chamberlain〕）的想法和夢想。在他看來，國家若不強大起來，就只有衰落一途，強大的國家必須擴展到廣闊的空間，在此他借用了地理學家弗里德里希．拉采爾（Friedrich Ratzel）的用詞，將其稱為「生存空間」（Lebensraum）。[1]

在這場將德國變成歐洲帝國的暴力事業中，希特勒打算讓中東歐國家扮演配角；他起初堅定認為只要摧毀一個國家就好：捷克斯洛伐克。但更準確來說，他想讓斯洛伐克成為一個獨立小國，並透過驅逐和同化手段將捷克的土地德意志化。畢竟波希米亞過去也曾有好幾世紀是德意志的一部分。可除此之外，波蘭和南斯拉夫連同匈牙利、羅馬尼亞和保加利亞這些國家都會成為盟友，以提供資源和勞動力，必要時還能提供士兵來大規模進攻蘇聯。希特勒相信海上強國英國不會干涉。在他心目中，巴爾幹半島（包括南斯拉夫在內）屬於義大利的勢力範圍，他無意派遣德國軍隊前往該地。

只要對歐洲歷史有基本了解，就會知道事情的發展並不如希特勒的意圖。第二次世界大戰始於一九三九年九月，當時波蘭沒有成為德國的盟友，反倒成了德國從陸海空突襲的目標——而德國結盟的對象卻是蘇聯。在不到兩年後的一九四一年春天，德國摧毀並占領南斯拉夫，幾週內就進攻蘇聯。這些攻擊開啟了戰爭的新階段，從恣意的暴力行動演變為種族滅絕。雖說若沒有希特勒的想法和意志，這場戰爭就不會發生，可是戰爭局勢會不如他的預期，很大程度是因為波蘭和南斯拉夫拒絕按照他的劇本走。

一九三〇年代中期，人們還不知曉希特勒懷抱著征服和吞併烏克蘭及俄羅斯廣大領土的野心，錯愕地看著希特勒操弄這盤賭局，看他每次都將歐洲棋盤扭轉為對納粹有利的局勢。一九三五年，希特勒重新實施徵兵制，每位新兵都宣誓效忠希特勒。次年他就占領了萊茵河左岸，不顧德國曾於一九一九年在凡爾賽宮承諾保持萊茵河為非軍事區。在此之前，法軍原可橫越萊茵河此一天然屏障，於短時間內抵達柏林，讓萊茵蘭（Rheinland）成為非武裝區，使法國對於保護東歐的承諾變得更加可信。然而德軍現在部署在萊茵河兩岸，法國也開始自顧不暇，希望能透過與德國接壤的邊境防禦工程來自保（此道防線被稱作馬奇諾防線〔Maginot Line〕）。一九三八年三月，當希特勒占領奧地利時，法國（和英國）政治家也只是袖手旁觀（奧地利在此之前一直處於威權天主教的獨裁統治之下），讓人看清法國根本不願對希特勒施加壓力。

現在，希特勒將注意力轉向他視為死敵的孤獨民主國家捷克斯洛伐克。前幾年，德國利用該國的民主制度來扶植康瑞德．韓萊因，蘇台德德意志人也越發支持與德國「統一」，到一九三八年春天，大約有九成的德意志人都投票支持韓萊因一黨。[2] 這是法西斯運動在自由選舉中前所未有的勝利；不同尋常的是，這些德意志人竟是透過自由投票，來選擇退出一個尊重其公民和文化權利的國家，改加入另一個暴力獨裁政權，不顧其假借司法殺人、集中營和公然的種族歧視。這種結果也印證了近期的史學主張：民族主義採取的形式（特別是其極端形態）有賴民族主義者的煽動。若無納粹強大的國家宣傳機器積極干涉（尤其是充滿仇恨的無線電廣播），那麼不太在乎語言使用問題的捷克斯洛伐克德意志人，也不會如此徹底地屏棄捷克斯洛伐克。[3]

與此同時，希特勒也在捷克邊境集結軍隊，以恫嚇捷克領袖。他對西方國家毫無忌憚。一九三七年十一月，英國的哈利法克斯勳爵（Lord Halifax）告訴希特勒，他的政府「沒必要在乎」奧地利、但澤或捷克斯洛伐克「是否維持當今的現狀」。[4] 這位德國強人自稱是在擁護捷克斯洛伐克德意志人回歸德國的願望，但實際上，他打算摧毀捷克斯洛伐克這個有生存實力的國家，捷克斯洛伐克德意志人聚居的所謂「蘇台德地區」是一個丘陵地帶，可以提供天然屏障；沒有蘇台德地區的保護，捷克斯洛伐克就能作為德國的傀儡。

在捷克人和部分斯洛伐克人的普遍支持下，總統愛德華．貝納許政府的立場堅定，但英法兩國沒有心情冒著開戰的風險，部分是因為他們意識到巴黎的和平條約有多麼虛偽，該條約將民族自決的地位抬升為普遍原則，卻沒有顧及波希米亞的德意志人；但絕大部分還是因為他們想不惜一切代價避免戰爭。九月下旬，英國外交官通知捷克，表示義大利、德國、英國及法國已在慕尼黑達成協議，將蘇台德地區按計畫交由德國處置。貝納許眼見無法單獨對抗希特勒，只能選擇順從並離開故鄉，先後前往巴黎和倫敦，最後在倫敦成立流亡政府。十月一日，德軍開始占領蘇台德區，還被大批波希米亞德意志人視為救世主般歡迎，人們更打著這樣一幅旗幟：「你的民族是一切：你個人什麼都不是。」[5]

現在，剩餘的捷克斯洛伐克領土（約是原來的三分之二）出現了「第二個」捷克斯洛伐克共和國，試圖用審查制度和種族法律來安撫納粹德國。希特勒也警告說，如果該國延續貝納許的政策，他就會於八小時內決定它的命運。農民黨領袖魯道夫．貝蘭（Rudolf Beran）組建了反動的保守政府，其中包含小規模的捷克法西斯共同體（Czech Fascist Community）；國會也通過反猶法條；族群至上主義浪潮席捲

圖 16.1　蘇台德區（小鎮海布〔Cheb〕）的女子向德軍致意（一九三八年十月）。
來源：Scherl／Weltbild Bundesarchiv, Bild 183-H13160

全國。街道和電影院都被重新取了更像是「捷克語」的名稱。主流刊物將猶太人當作代罪羔羊，公開斥之為國恥，也在捷克公共生活中「點名」猶太人，聲稱是他們控制了經濟。有位捷克右翼民族主義者不僅翻出猶太人的老舊刻板印象，說他們「不老實」、具有「乞丐」性格（或根本沒有性格）、「精於算計又虛偽」；他還聲稱猶太人的存在也危及捷克人：猶太人已經「感染」了捷克人。[6]

這個「共和國」已不再是幾個月前馬薩里克的捷克斯洛伐克了，原本種族歧視言論聽來令人反感，人們也不會在公共生活中提及。現在的政治光譜急劇右移，要說捷克民族主義為何會如此激烈又一心一意地反猶太人，那是因為他們不可能反德。此時的捷克政府（其中有許多原為第一共和中受人景仰的人物）甚至宣稱猶太人是個需要「解決」的問題。

然而，這種胡亂模仿納粹語言的嘗試只是徒勞。一九三九年三月，德軍便占領了剩下的捷克土地，建立名為「波希米亞和摩拉維亞保護國」（Protectorate of Bohemia and Moravia）的半殖民政體，並設立捷克政府及指派部長；由德國的前外交部長康士坦丁・紐賴特（Konstantin von Neurath）擔任「帝國保護官」（*Reichsprotektor*），以管理此保護國（保護國的邊境與波希米亞王國並不一致，該領地反而是去除德意志人占多數的行政區之後的剩餘區域）。一九三九年四月，阿流斯・艾里亞施（Alois Eliáš）接任總理，他是捷克軍隊的將軍，也是愛德華・貝納許的副手。艾里亞施一邊對德國人假意忠誠，一邊祕密與倫敦的貝納許流亡政府保持聯繫，並支援捷克的抵抗運動，像是幫助欲逃往西方（經由布達佩斯）的捷克士兵與飛行員；他也於一九四一年九月布拉格城堡的午餐聚上，為親納粹的捷克記者端上下了毒的開放式三明治（*chlebíčky*），導致幾人病倒，一人死亡。艾里亞施願意不擇手段恢復捷克主權，但他的舉動被蓋世太保知曉，並於一九四一年十月被捕，次年遭處決。他也本著馬薩里克的精神，加入了「真理至上」共濟會。[7]

儘管艾里亞施嚴格說來是政府的頭頭，卻無法在未經德國占領者批准的情況下召集部長。等到他們真能會面時，康瑞德・韓萊因的代表也必須在場。統治者嚴密把守著可能會成為民族領袖的知識分子，例如在一九三九年十一月，有八分之一的捷克學生遭到逮捕，原因是他們參加了反納粹抗議活動。不過，他們對工人的待遇相對較好，因為捷克生產的軍火等於是德軍的命脈。除了相對較少的反對者（主要是知識分子）和大約十一萬八千名捷克猶太人外，該保護國是個幾乎不受戰爭影響的孤島，不只德國領袖會將軍隊派至該處休息，捷克人口還有所成長。[8] 雖然納粹允許針對猶太人的小規模本土激進民族主義運動（*vlajka*），但大多數捷克人都懷著無聲的恨意鄙視著這個政權，而直到德國於戰敗之後（一九四五年五月），其真實的殘暴程度才為人所知。

在東部，納粹同意在斯洛伐克人民黨的控管下讓斯洛伐克「獨立建國」，該黨黨魁為天主教神父約瑟夫．蒂索。雖然蒂索本人不是法西斯分子，卻在掌權時教唆法西斯主義、支持通過反猶種族法；一九四二年，在蒂索的監督下，更有五萬兩千名猶太人被送往奧斯威辛（Auschwitz）集中營，但前提是斯洛伐克政府須同意向德意志帝國銀行（German Reichsbank）支付每一猶太人五百馬克的費用。[9]

⁂

一九三八年秋天，希特勒在摧毀捷克斯洛伐克的國家地位後，開始將目光投向波蘭，他的計畫就是在此時開始出差錯。希特勒和其他納粹高層很欣賞約瑟夫．畢蘇斯基於一九二〇年擊敗蘇聯紅軍之舉；對希特勒個人而言，這種欽佩之深，甚至足以掩去德國右翼普遍認為波蘭民族較己低等的想法。一九三四年，希特勒開始向波蘭的軍事領袖示好，兩國還締結了令西歐國家不齒的互不侵犯條約；但波蘭領袖認為波蘭有權利和義務走自己的路，在德國和俄羅斯之間求得平衡，他們不相信法國（或可說是不相信國際聯盟）能夠保證波蘭安全。德國也結束了自一九二五年對波蘭發動的貿易戰。一九三五年六月，波蘭政府不顧猶太復國主義青年團（Zionist Youth）、工人和天主教會的抗議，執意以完整國家禮節接待約瑟夫．戈培爾，自此之後直到戰爭爆發為止，納粹高官赫爾曼．戈林（Hermann Goering）每年都會前來波蘭，並在將軍卡齊米日・索恩科夫斯基（Kazimierz Sosnkowski）等高官的陪同下獵狼與熊。一九三八年，波蘭與納粹德國聯手向立陶宛和捷克斯洛伐克施壓，甚至進攻捷克軍隊於一九一九年十月占領的捷欣小鎮，奪走了附近以波蘭人為主的土地。[10]

希特勒認為，既然波蘭社會普遍存在反共情緒，該國理當會是自己抵抗蘇聯的盟友。希特勒希望波蘭加入《反共產國際條約》（日本與義大利也是這個反布爾什維克聯盟的成員），還提出了兩項他自認為很寬大的要求：波蘭應同意德國控管但澤，因為這座港口城市以德意志人占大宗（但自一九二〇年以來但澤一直是個受國際聯盟保護的自由邦，即使波蘭願意，也不能「授予」希特勒）；且波蘭應同意讓德國修建一條通過波蘭「走廊」的「境外公路」，好將東普魯士與德國的主要領土連接起來。

儘管這是唯一的領土要求，波蘭仍拒絕接受，而波蘭於一九三九年春天獲得英國對國家主權的保證，更因此激怒了希特勒。法國也必須遵守條約，應於波蘭受到襲擊時出手援助。這位德國領袖誤判了波蘭，波蘭人重視國家主權高於一切，而與德國結盟會使波蘭淪為附庸國，這是一種無法容忍的屈辱，尤其是波蘭從一七九〇年代到一九一八年都在為了獨立而抗爭，留下的遺產更是不容妥協。在希特勒得知英國承諾會「盡一切可能」保護波蘭之後，他開始計畫毀滅這個國家，誓言要釀造「惡魔之酒」。[11]

就這樣，德國於一九三九年秋天對波蘭發動猛烈攻勢，隨後更實施種族滅絕政策，這並不是因為有什麼長期計畫，而是因為波蘭政府在其公民支持下決定拒絕希特勒提出的結盟邀請。德國的暴行在歐洲史上前所未見，其坦克大軍與大砲毫無預警地猛攻波蘭村莊與城鎮，空軍則用機槍掃射逃竄的平民，並往城市中的住宅區投擲炸彈，導致數萬波蘭平民喪生——據估計，光是九月就有兩萬四千人死於大規模

圖 16.2　瓦礫堆中為家人翻找食物的男孩，華沙（一九三九年九月）
來源：Julien Bryan. Via Wikimedia Commons.

處決。德軍於頭幾天就占領西部城鎮並射殺了數十名波蘭人，其中有許多天主教神父，就只是因為這些人屬於愛國協會。[12]雖然波蘭軍隊英勇作戰，但面對來自三方的攻勢（其中還有斯洛伐克的攻擊），他們機械化不足的編制根本毫無勝算。

對波蘭人更加不利的是，希特勒在下令進攻之前，就已經與蘇聯締結了《德蘇互不侵犯條約》，其中有項祕密條款更規定了波蘭領土的畫分方式，並同意由蘇聯控制波羅的海國家和羅馬尼亞部分地區。九月十七日，在波蘭軍隊拼死抵抗德軍西、北、南三面攻勢的同時，紅軍也突然從東邊進攻。但波蘭的西方盟友——法國和英國——卻只是坐視不理，沒有採取任何行動從西方阻止德國，以緩解波蘭的困境。

德軍於進攻兩週後包圍華沙，並在政

府和公民設法建造防禦工事的同時，用重炮摧毀了這座城市。市長斯特凡・斯塔津斯基（Stefan Starzyński）最終在九月二十五日投降，但德國霸主並沒有建立波蘭傀儡政權，反而是建立了兩個直接控制區：他們將西部的一片領土直接併入德國，並於波蘭中部建立了「波蘭占領區總督府」（Generalgouvernement，GG），使用的是一個會讓人聯想到殖民統治的法語詞。[13]

在此兩地，德國當局對波蘭的種族滅絕統治也按兩種時間表進行：西部的進度很迅速，因為該地區已成為了德國的新領土；在總督府區則較為漸進，德國安排於二、三十年內將其徹底德意志化。就這樣，西部的德國官員立即終止所有波蘭教育，將公開講波蘭語視為犯罪，並規定男性從十四歲起、女性從十六歲起即須強制勞動。占領者認為受過教育的階級是特殊敵人，所以便大規模處決了數萬人，更在剝奪數十萬人的財產後，將他們驅逐到總督府區。德軍不是槍殺、就是逮捕或驅逐了波蘭裔的天主教神職人員，舉例來說，在波茲南教區的六百八十一名神父中，就有四百六十一人被送往集中營，其餘的則被遣送至總督府。[14]

有別於同樣由德國占領的西歐部分地區及捷克保護國，德國領袖並沒有授予總督府村莊等級以上的行政自治權。此地區被當作納粹黨衛隊首腦亨利希・希姆萊（Heinrich Himmler）口中所謂的「種族垃圾場」，用來處理不適合在德意志帝國生存的族群「成分」，尤其是猶太人、波蘭人和吉普賽人。總督府也能作為短期經濟剝削的來源，而後再讓德國人完全搬入定居。在長達五年的占領期間，有一百三十萬波蘭人被送往德國，每年約有十萬人消失在集中營及監獄裡，理由通常是盜竊等輕微犯罪。總督府也沒有設立高中或大學，用希姆萊的話來說，波蘭人應該能夠「數到五百、寫自己的名字，並知道服從德國人是上帝的指示」，因此他們不必懂得如何閱讀。[15]

人們會開玩笑說，縮寫GG其實指的是「黑幫聚居地」（*Gangstergau*），而正如大多笑話，這個笑話多少陳述了事實：這裡的非德裔人口交由與流氓無異的地方官員隨興處置，毫無章法可言。當時還出現了專用來描述這些男男女女的名詞：「Ostnieten」，意指東方的「失敗者」。這些卑鄙又野心勃勃的納粹走狗在帝國本土毫無用處，「行政官員」一詞不適合形容他們，因為這些人只不過是適合從事勒索和謀殺等黑社會行為的人。部分波蘭經濟組織仍然運作著，例如合作社（Spolem）和郵政銀行，波蘭人仍在鐵路和郵政服務、在下級法院（處理民事事務）和稅務局工作。德國還保留了一支由約一萬一千至一萬兩千名警官組成的波蘭「藍色」（其制服顏色）警察部隊，以協助自身編制。[16]

波蘭東部則是交由蘇聯統治，而有近兩年的時間，蘇聯當局都是納粹實質上的盟友，因為蘇聯的政策也同樣旨在讓波蘭成為一個沒有本土領導階層的國家。蘇聯政治局於一九四〇年三月決定處決前一年被俘的約兩萬兩千名波蘭軍官，讓波蘭情勢盪到了谷底。蘇聯祕密警察局（內務人民委員部〔National Commissariat for Internal Affairs，NKVD〕）首腦拉夫連季・貝利亞（Lavrenty Beria）稱這些軍官是「蘇維埃國家的死敵」。俘虜大多是預備役軍官，平常的工作則為法官、作家、教授、醫生、教師及商人。委員部在戰俘營附近的森林中朝著這些人的後頸開槍處決，該處是俄羅斯西部卡廷（Katyn）最惡名昭彰的地點。[17]

被併入蘇聯的地區大約有三分之一的波蘭公民生活在此（這裡有一千三百二十萬波蘭人，由德國控制的領土則有兩千一百八十萬波蘭公民），但其中只有大約四成是波蘭人。一九三九年十月，蘇聯當局

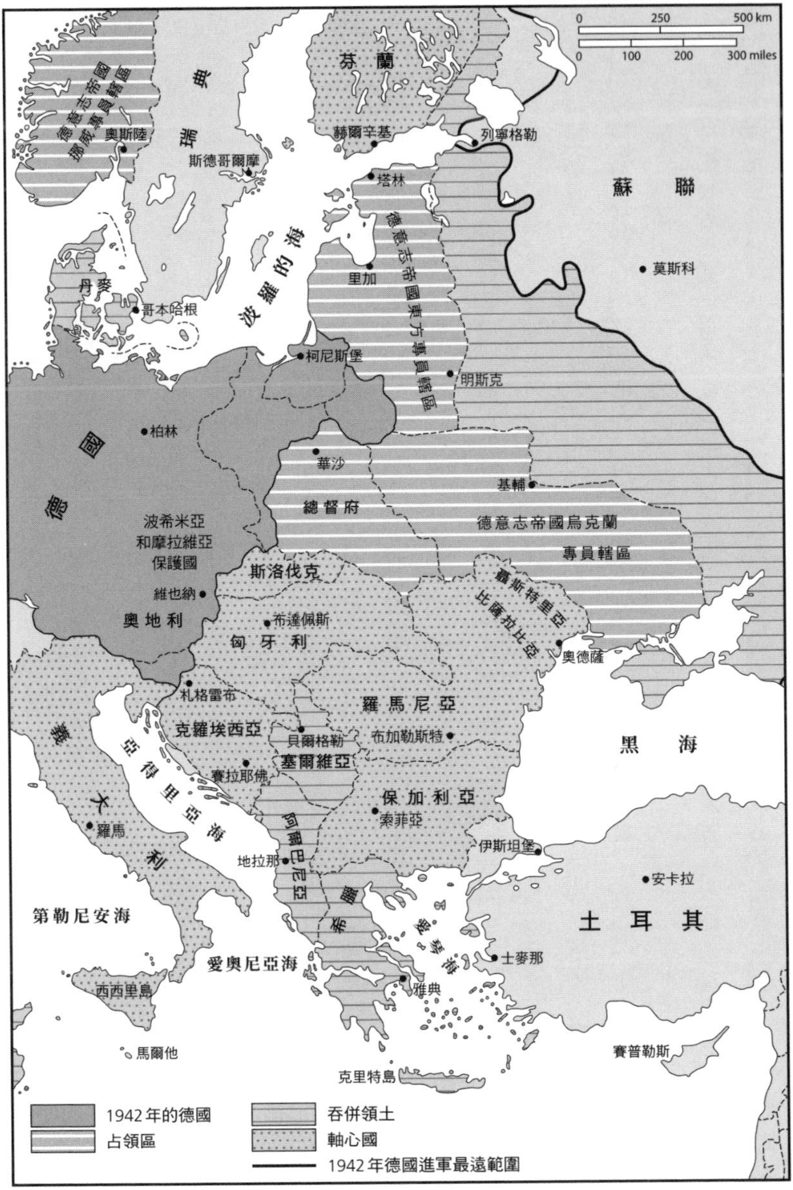

地圖 16.1 納粹統治下的中東歐

舉行經操縱的公民投票，其中有超過九成選民「要求」加入烏克蘭蘇維埃社會主義共和國和白羅斯蘇維埃社會主義共和國（波羅的海人民也於次年夏天效仿）。就這樣，史達林為他的國家奪回了大部分俄羅斯帝國在一九一七年之後損失的領土。

這些領土僅在數月內，就經歷了蘇聯其他地區耗費二十多年才完成的社會及政治變革。公民社會就此消失，官員關閉政黨、報紙、集會（如酒吧或商會）及運動社團等俱樂部；他們侵占工商資產、沒收銀行存款，還設立了國營企業和集體化農場。詩人亞歷山大·瓦特（Aleksander Wat）就住在這時已屬蘇聯烏克蘭的利維夫市，他指出新政權最明顯的特徵就是把一切都抹上泥塊。學校教育從波蘭語轉變為烏克蘭語、白羅斯語和俄語。教堂關閉，牧師及其他疑似與當局作對的人都遭到逮捕。

儘管如此，這種令人窒息的控管對當局而言仍嫌不夠。蘇聯分成四次，用牛車將數十萬波蘭公民分批遣送至西伯利亞和中亞，安置於集體化農場、勞動營及村莊，通常還得從事如伐木等繁重工作，只因為當局視這些曾為國家官員、教師和銀行家的波蘭人為政治和社會上的「危險」分子。隆冬期間的第一次遣送行動至少死了五千人。[18] 第三次則遣送了大約八萬人（一九四〇年五月至六月），其中主要是猶太人（占總數八成），更有許多人是先前從德國占領區裡逃出來的。[19] 雖然這樣的遣送行動在當時看來令人無法理解又慘絕人寰，實際上卻挽救了人們的生命，因為德軍於一九四一年六月二十二日進攻蘇聯時，也大肆屠戮了未被遣送至他處的猶太人。

當天清晨，德軍衝過瓜分邊界進入波蘭東部，而稍早最後一批蘇聯糧食和其他德國經濟所需物資才剛以反方向運送入境。一週之內，柏林便將加利西亞東部地區（包括利維夫）併入了波蘭總督府；當局對波蘭知識分子的壓制更達到致命的新高度。一九三九年十一月，德國當局便曾將克拉科夫的教授送往薩克森豪森集中營，但在國際抗議下釋放了多數人；如今已沒有媒體在場，黨衛軍的行刑隊綁架及槍決了利維夫大學的二十七名教授。在這場「利維夫教授大屠殺」（*Lemberger Professorenmord*）中，總共有四十五人遭到處決。納粹殺害了前任校長朗尚・貝里爾（Longchamps de Berier）與他的三個兒子，也殺害曾任波蘭總理的卡齊米日・巴爾泰爾（Kazimierz Bartel）教授。這些黨衛軍的突擊隊（*Einsatzgruppen*）緊隨德軍之後，也奉命射殺布爾什維克政委。至夏末，突擊隊也開始處決猶太男女及兒童，就此展開納粹對歐洲猶太人的種族滅絕行動。

黨衛軍為波蘭和蘇聯西部製定了名為東方總計畫（*Generalplan Ost*）的長期計畫，必須將領土中大約百分之八十至八十五的波蘭人、百分之七十五的白羅斯人和百分之六十五的烏克蘭人驅逐，並送往西伯利亞，其餘的則須清算或接受德意志化。德國當局會落腳於具有健康德意志人的地區，退伍軍人擁有所謂戰鬥先驅的堅毅血統，因而享有移居優先權。然而在戰爭期間，德國只有在三個地方真正嘗試過殖民計畫：波羅的海地區、烏克蘭的齊托密爾（Zhitomir）地區，以及波蘭東部的文藝復興古鎮札莫希奇（Zamość）周圍，德國人於這幾處清除了大約三百座村莊，引起大規模抵抗，使得他們不得不推遲計畫進度。黨衛軍制定計畫的人似乎事先並沒有思考過，來自較富裕西方的德國人是否會想搬到東部。[20]

到頭來，納粹於波蘭東部對「次等人類」的暴行只會招致失敗：德軍於一九四一年秋季遇到了俄羅斯的冬天，與他們消滅蘇聯抗爭勢力的目標相距甚遠。十二月初，在氣溫降至低於零下三十五度後，德國軍隊的攻勢（稱為巴巴羅薩〔Barbarossa〕行動）在距莫斯科約二十五公里處停滯下來（德軍的前進

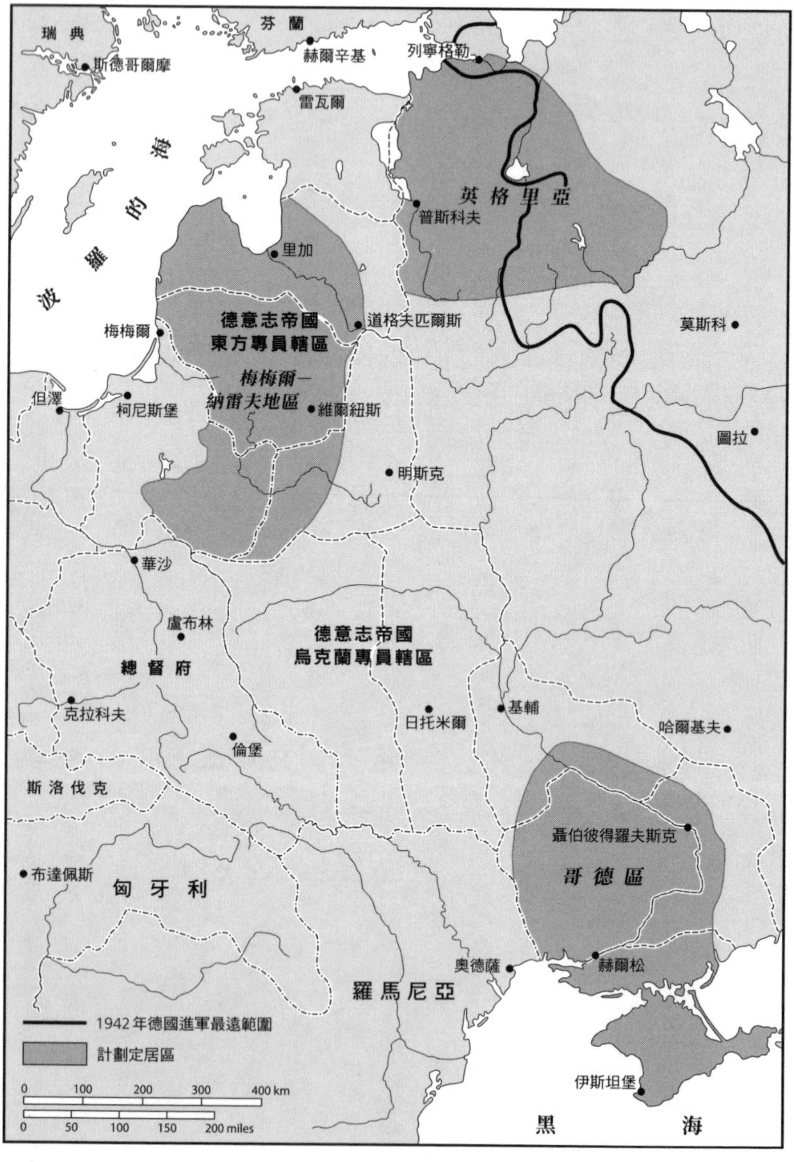
瑞典
芬蘭
斯德哥爾摩
赫爾辛基
列寧格勒
雷瓦爾
波羅的海
英格里亞
普斯科夫
里加
德意志帝國
東方專員轄區
梅梅爾
道格夫匹爾斯
莫斯科
梅梅爾—
納雷夫地區
但澤
柯尼斯堡
維爾紐斯
圖拉
明斯克
華沙
盧布林
德意志帝國
烏克蘭專員轄區
總督府
克拉科夫
基輔
日托米爾
哈爾基夫
倫堡
斯洛伐克
聶伯彼得羅夫斯克
布達佩斯
匈牙利
哥德區
奧德薩
赫爾松
羅馬尼亞
1942年德國進軍最遠範圍
計劃定居區
伊斯坦堡
0 100 200 300 400 km
0 50 100 150 200 miles
黑海

地圖 16.2　東方總計畫

觀測官能透過雙筒望遠鏡辨認出克里姆林宮）。[21]現在史達林投入了新的西伯利亞軍隊，這些士兵與德意志國防軍（*Wehrmacht*）不同，早已準備好於冬季作戰。有些德國兵只能凍僵在自己的崗位上。此後，希特勒在三年多的殊死戰中重創紅軍，卻仍遠未能動搖蘇維埃國家的根基。

德軍沒有為冬天做好準備，因為希特勒本預計於五月一日進攻，而非六月下旬，這樣軍隊才能在秋天雨季和冬季霜凍之前的夏季拿下莫斯科。[22]然而因巴爾幹地區出了意外，使得德軍不得不推遲計畫。

⁂

一九四〇年十月，墨索里尼入侵希臘，企圖確立義大利在東地中海的霸權地位。然而義大利軍表現不佳，希臘軍隊很快就將其逼入阿爾巴尼亞（Albania）。就希特勒的角度看來，這次慘敗遠不只是對德國主要盟友的羞辱，更讓自己的前景黯淡無光。加上因為英國有義務捍衛希臘主權，希特勒擔心英國會在希臘建立空軍基地，可能會妨礙使用羅馬尼亞油田——他確實也害怕東地中海會出現英國勢力，並從那裡干擾自己進攻蘇聯。有鑑於此，德國必須粉碎希臘才行，但在可以動手之前，巴爾幹島上的希臘各鄰國得先保證忠誠。於是，希特勒邀請這些國家加入兩個月前於柏林擬定的《德國、義大利、日本三國盟約》（*Tripartite Pact*）。匈牙利和羅馬尼亞於一九四〇年十一月簽約，保加利亞於一九四一年三月一日加入。[23]現在就只剩下南斯拉夫了。

這樣的協議，使得南斯拉夫必須與被許多塞爾維亞人視為死敵的國家聯手，因此首相德拉吉沙・茨維特科維奇（Dragiša Cvetković）和攝政保羅都拒絕簽署，不顧德國政府的緊迫呼籲。然而在三月二十五日，他們終於讓步簽署了條約，但其中的條款在外人看來可能較為溫和：南斯拉夫不必參與襲擊希臘或蘇聯，但能獲得進入希臘撒羅尼迦（Salonica）港口的權利。德軍也不會在征服希臘的途中經過南斯拉夫領土，但代價是終止與英國貿易。[24]德國希望能得到南斯拉夫善意中立的承諾。[25]

攝政保羅會簽署，是因為他擔心德國會聯手其盟國肢解自己的國家，而這些盟國都對南斯拉夫領土有所圖謀。他沒有得到任何西方列強會前來相助的暗示，而英法兩國當初未能對波蘭伸出援手就是前車之鑑。三月二十日，攝政與美國大使亞瑟・布利斯・蘭（Arthur Bliss Lane）共進晚餐，席間對他說道：「你們這些大國都很強硬。你們滿口榮譽，但還差得遠了。」[26]儘管塞爾維亞人因保羅冷漠的貴族舉止而對其有所懷疑，但保羅似乎為南斯拉夫這樣一個小國在強敵環伺的環境中找出了合理的生存之道。

但貝爾格勒的人可不這麼想，在他們看來，保羅就是在討好希特勒。南斯拉夫加入該條約的消息一傳出，貝爾格勒市中心就聚集了人潮，而在三月二十六日傍晚，博拉・米爾科維奇（Bora Mirković）將軍率領了一群陸軍和空軍高級軍官發動政變。這些人代表著塞爾維亞菁英的共識，從知識分子、左翼學生到陸軍與空軍及東正教神職人員，都認為簽署該條約是背叛了舊有的聯盟，將使南斯拉夫蒙羞——但沒有人想到德國人可能會報復。[27]這場政變幾乎沒有流血，至上午十點，最高的建築物上已有南斯拉夫、英國和法國的國旗飄揚著。大群民眾唱著歌、喊著口號：「寧可戰爭也不願簽約；沒有塞爾維亞人的同意，就不得開戰；寧可踏入墳墓也不願作奴隸」（*Bolje rat nego pakt, nema rata bez Srba, bolje grob nego rob*）。史學家阿萊克薩・吉拉斯（Aleksa Djilas）寫道，這場政變是「一種情緒反應，聯盟違背了

圖 16.3　群眾示威抗議與德國簽訂條約，貝爾格勒（一九四一年三月）。
來源：Celje weekly, (March 24, 1961). Via Wikimedia Commons.

塞爾維亞的感情、歷史記憶及傳統，引爆了民怨」，政變也代表「塞爾維亞歷史和心理的精髓」。即便是陰暗的戰爭初期，塞爾維亞菁英也堅信希特勒會成為輸家，不願因選錯邊站而受到惡果。[28]

米爾科維奇將軍也許是受到英國情報部門的鼓勵才策畫發動政變，但政變也獲得越來越多塞爾維亞人的支持。[29] 對許多人來說，保羅似乎是個與民眾情緒脫節的獨裁者；而隨著他的下台，政治環境也開始復甦。所有黨派（包括克羅埃西亞農民黨，但不含非法的共產黨人）在新建政府中都有代表。這場動員不只關乎國家榮譽，更是要恢復體現人民呼聲的自治精神。

與此同時，這場運動也造就了無法維繫的政局，策畫政變的人對這點也心知肚明。幾乎就在保羅剛遭罷免後（以邱吉爾的評價來說，罷免使得「南斯拉夫尋回了靈魂」），新任領袖即開始向德國示意，表示南斯拉夫打算尊重保羅先前簽署的條約，不會威脅到德國。三月二十七日下午稍早，南斯拉夫外交部長向德國大使黑倫（Heeren）保證「將繼續與軸心國合作」，尤其是與德國合作。前政府的民意基礎有限，但新政府將擁有「全國的支持」。現在的問題是，德國會如何反應？若說塞爾維亞軍官的政變暴露了塞爾維亞政治文化的基本結構是，國家主權不可妥協、仇恨法西斯主義以及對西方盟國本質上的忠誠（和波蘭一樣），那麼這場政變也再次顯示出，希特勒在面臨公然抵抗時並無法做出理性的決策。[30]

這位德國元首無視新政府表明忠誠。由於南斯拉夫的「民族問題」，他不確定該國是否能保持穩定，還說政變可能會隨時重演。希特勒甚至對保加利亞公使德拉加諾夫（Draganov）說，政變帶來了解脫，現在「那裡持續不穩的局勢已經結束」。[31]此外，德國在進攻希臘以拯救墨索里尼時——或者更重要的是，在那之後對蘇聯宣戰時，可不能冒險讓英國在南斯拉夫存有勢力。三月二十七日，希特勒下令從陸與空進攻南斯拉夫，預測克羅埃西亞人將「站在我們這邊」；相比之下，塞爾維亞人和斯洛維尼亞人則「從未採取親德立場」。希特勒也認識到軍事政變對世界歷史帶來的意義，並告訴手下的將軍們，俄羅斯的戰爭必須先延遲四個星期。[32]

四月六日，納粹德國空軍的轟炸機比照一年半前轟炸華沙的架勢轟炸了貝爾格勒，導致數千平民喪生。就如波蘭一役，與南斯拉夫的戰役也很快就結束了。而且與一九三八年秋天捷克斯洛伐克的情況相同，鄰國也迅速湧入爭搶戰利品：匈牙利、義大利、保加利亞及德國都各自占下了領土。然而，在這場為期十一天的戰役中，傷亡人數遠少於長達一個月的波蘭一役：大約是三千名南斯拉夫人與兩百名德國人。[33]

與波蘭的不同之處則在於波蘭人相對更為團結，這點也有助於解釋為何這個有著獨厚天然屏障（南斯拉夫多山，波蘭地形則多半平坦）的國家會這麼快就戰敗。儘管有一些部隊叛逃，克羅埃西亞軍隊大多仍忠誠作戰，但克羅埃西亞人倒是很樂見南斯拉夫垮台。當德軍於四月十日進入札格雷布時，街道兩旁湧入了歡呼雀躍的人潮，有些人還舉起雙臂行法西斯禮。同一天，信奉法西斯主義的前哈布斯堡參謀本部軍官斯拉夫科・克瓦捷尼克（Slavko Kvaternik）在柏林和羅馬的施壓下，於札格雷布宣布建立克羅埃西亞獨立國。德國曾向受人尊敬的克羅埃西亞農民黨領袖佛拉德科・馬切克示好，但沒有成功；然而馬切克現在也鼓勵克羅埃西亞人與烏斯塔沙掌控下的新建國家合作。這個國家因為多納入了波士尼亞和赫塞哥維納，而比原有的克羅埃西亞還多出一塊，但卻又因為義大利占領了達爾馬提亞海岸線，而比不上原有的克羅埃西亞。雖然此國被稱作獨立國家，但德國和義大利在國內都有軍事占領區。塞爾維亞失去了馬其頓和具有匈牙利人口的巴納特地區（Banat），疆域已大大縮水，交由前南斯拉夫陸軍參謀長米蘭・內迪奇（Milan Nedić）將軍與納粹合作的政權掌管，且一直受到德國的軍事占領。[34] 斯洛維尼亞則被德國和義大利瓜分。

即使一九三九年的茨維特科維奇－馬切克協議賦予了克羅埃西亞很大的自治權，克羅埃西亞人對國家的未來仍不樂觀（有別於其他南斯拉夫人）。若說塞爾維亞人將一九四一年三月的政變視為開放政治光譜的希望象徵，那克羅埃西亞人則是害怕中央重新鞏固統治地位。他們沒有自由選擇新「獨立」國家的權利，但在許多人看來，這個國家似乎會是實現克羅埃西亞民族運動基本訴求的平台。許多克羅埃西亞人都欽羨著德國，將之視為維持「秩序」的力量，但塞爾維亞人則大多認為德國是決心破壞其主權的國家。[35]

抵抗勢力

南斯拉夫和波蘭因反抗希特勒招致德國大規模的陸空攻擊，德國進攻又引發了武裝起義，兩國都重拾了可追溯到幾代以前的傳統。於德國最初入侵之後，暴力事件在這兩處都急速增加，人們無法理性盤算如何生存，使得數以萬計的男男女女及兒童開始從事各式各樣的地下活動。[36] 在德國人眼中看來，是這些人民對獨立的「瘋狂」渴望，導致波蘭和塞爾維亞從政者拒絕德國的提議。在戰敗後不久，兩個被征服國家的人民不僅開始挖掘武器（有些已幾十年沒開過火了），更同時自己製造武器。由於德國如此迅速就解決了南斯拉夫，所以還來不及解除其皇家軍隊各單位的武裝；就這樣，未上繳的部分輕型武器就成了地下反抗民眾的軍火。

德國占領者也報復南斯拉夫和波蘭兩地的人民，限制了地下行動，但通常方法是只要有一名己方士兵死亡，就射殺一百名當地人來償命。德國國防軍在一九四一年秋天殘忍處決了許多人，重創塞爾維亞的抵抗勢力，也使本地人重新審視該如何繼續抗爭。有次襲擊造成九名德國人死亡和二十七人受傷，德國當局對此事件的回應，就是於一九四一年十月二十一日至二十二日，槍殺了工業城鎮克拉古耶瓦茨（Kragujevac）裡的約兩千八百名男性居民。要是占領者在工廠或辦公室中找不到人，他們就改從學校帶走男孩子。就在幾天前，德國人才在塞爾維亞南部城市克拉列沃（Kraljevo）處決了大約一千七百名人質。塞爾維亞人開始害怕會遭滅族，在巴爾幹戰爭和一戰之後，這種恐懼尤其鮮明，因為已有百分之二十五的塞爾維亞人死於戰爭、疾病、貧困和大規模處決。[37]為應對威脅，塞爾維亞地下軍隊——由前皇家軍官領導的「切特尼克」（Chetnik）決議要伺機而動（收集武器並行破壞之舉，同時等待時機，準備於同盟國從西方送來援軍前發動起義，但他們的盼望同樣只是徒勞）。然而，德國人並不是塞爾維亞人面臨的唯一威脅。

在克羅埃西亞獨立國的領土中，烏斯塔沙掌權幾天後，便於一九四一年四月發起一場針對塞爾維亞人的族群清洗運動。其中的暴行一件比一件還要殘忍：有時候塞爾維亞人會被活活燒死在教堂和穀倉裡，有時候則是遭到屠殺並扔進河流和峽谷。克羅埃西亞政府的目標，是要在克羅埃西亞獨立國中建立族群純化的土地（他們相信波士尼亞人「實際上」是信奉穆斯林的克羅埃西亞人），方法包括將塞爾維亞人驅逐至塞爾維亞、強迫他們改信羅馬公教，還有直接殺掉。被驅逐的塞爾維亞人數據估計約為三十萬人；被強迫改信宗教的人數在十萬到三十萬之間；遭殺害的則有三十二萬至三十四萬人。[38]

在克羅埃西亞土地上突然出現的暴行令人震驚，因為居住於該處的塞爾維亞人和克羅埃西亞人之間並沒有根深蒂固的敵意（塞爾維亞對克羅埃西亞人的統治僅可追溯到二十年前）。但真正讓殺人兇手感到困擾的，是那些深刻又和平地融入了克羅埃西亞社會的塞爾維亞人。他們針對的是那些完美融入的人，尤其是地方領袖，律師米蘭·胡哲（Milan Vujičić）即為一例，他是塞爾維亞裔，但與卡爾洛瓦茨（Karlovac）省的一個顯赫克羅埃西亞家族聯姻，胡哲不僅躋身該市菁英階層，更勇敢反對南斯拉夫國

圖 16.4 克拉古耶瓦茨：被帶往受處決的男子
（一九四一年十月二十一日）。
來源：United States Holocaust Memorial Museum, Photo #46726.
Courtesy of Muzej Revolucije Narodnosti Jugoslavije.

王亞歷山大的「塞爾維亞」獨裁統治。

胡哲因為廣受尊重，在一九三九年的協議之後，克羅埃亞治理官員長伊萬．舒巴希奇也曾想任命他為副手。兩年後，這些事件就等同死刑。五月五日，胡哲連同另外兩名卡爾洛瓦茨的著名塞爾維亞人遭綁架，並於次日在淺坑中被發現。其中傳遞的訊息很明確：烏斯塔沙政權不容任何妥協，對塞爾維亞人尤其如此，他們的族群身分就是嫌疑，所以是一種威脅。胡哲與他的父輩、祖輩同在克羅埃西亞土生土長，不僅說著和克羅埃西亞人相同的語言（塞克語），更說著一樣的當地方言。胡哲唯一有別於克羅埃西亞人的只有東正教的信仰傳統，但在他和朋友們一同生活和成長的世俗城市環境中，這種差別幾無引起注意。胡哲和另外兩名塞爾維亞人會被謀殺，只因為他們光是活著就違背了克羅埃西亞純淨身分的虛構敘事。[39]

殺人兇手並非卡爾洛瓦茨本地人。他們乘卡車從外地來，而這些人代表的想法與觀念，對這個地區還有多數克羅埃西亞地區來說都是陌生的；其意圖不僅是無情地離間克羅埃西亞人和塞爾維亞人，更讓其他人一同參與這場族群清洗活動，他們招募到的人通常是地方黑社會的民族激進分子和罪犯。一名德國情報官知曉這種模式，並於七月回報道：「烏斯塔沙運動已吸引到眾多新的追隨者，且因道德人格不是問題，其成員中常有窮凶極惡之人。」[40]

烏斯塔沙的許多成員的義大利語說得比克羅埃西亞語還要流利，他們不過是一小群極端分子，卻強勢主導著克羅埃西亞人、塞爾維亞人和塞爾維亞穆斯林未來的關係；但正如德國評論家所言，這種暴行很可能有損他們在克羅埃西亞社會的初期聲望。[41] 與德國的納粹黨不同，烏斯塔沙在民主時期一直是邊緣小黨，在自由選舉中表現糟糕（一九二五年只贏百分之零點五的選票）；另一點與納粹不同的是，他們的政黨組織規模太小，無法進入國家政府擔任公職。一九四一年四月，就在德國和義大利政府將其扶植上台之前，只有大約七百名烏斯塔沙激進分子躲在義大利的拘留營中，另有九百名烏斯塔沙的宣誓支持者在南斯拉夫進行地下活動。[42]

因此，要明白殺戮的起因，就必須從激發這些克羅埃西亞法西斯小眾團體的思想中找起；與二戰時任何其他大規模屠殺相比，在克羅埃西亞獨立國爆發的種族滅絕事件可能更是源於一種根本上的意識形態衝動。正因為烏斯塔沙明白自身的弱小，這種衝動才會如此強烈。一九四一年四月，這些人身穿義大利製的制服於札格雷布登陸，卻完全沒有任何傳統上的論證可用來說明他們有何資格統治這片在墨索里尼和希特勒幫助下取得的領土。歷史上的克羅埃西亞領土從來就不是克羅埃西亞獨立國這個樣子，連族群論述也無法解釋烏斯塔沙怎麼夠格統治整個波士尼亞與赫塞哥維納，這既不關乎語言（他們與塞爾維亞使用相同語言）、也無關乎宗教（天主教雖是克羅埃西亞的傳統，但天主教徒全球皆有）。[43]因此，烏斯塔沙政權轉而使用安特·斯塔切維奇於十九世紀編造出的激進塞爾維亞仇恨，並於其中加入法西斯的虛無主義和生物種族主義粗製濫造的必然概念。

然而，烏斯塔沙在城市與鄉村如此濫殺手無寸鐵的塞爾維亞人，使得暴力事件越演越烈，超出了他們的控制範圍，這也加強了克羅埃西亞獨立國領土中的武裝抗爭：首先是塞爾維亞切特尼克的波士尼亞和克羅埃西亞部隊，其次則是被稱為「游擊隊」的共產主義抗爭戰士，兩者都成功征服並占據了大多樹木繁茂的丘陵鄉村。到一九四二年，烏斯塔沙的統治只有在較大的城鎮才穩固，因為那裡有強大的克羅埃西亞和德國駐軍。[44]

切特尼克當初會起身抵抗，是為了保護塞爾維亞村民免受烏斯塔沙一幫強盜侵害，但他們也與身穿克羅埃西亞國家制服的穆斯林為敵（法西斯主義者認為穆斯林具有種族價值，納粹還組建了一支由穆斯林組成的黨衛隊）。[45]切特尼克反擊的故事，讀起來倒是很像烏斯塔沙一開始對塞爾維亞人的襲擊模式。從一九四一年末至一九四二年初的冬天，還有一九四二年的夏天，切特尼克戰士在波士尼亞東部和東南部屠殺數千名穆斯林平民，連婦女和兒童也不放過；一九四二年八月，光是在福查鎮（Foča）就有大約兩千名穆斯林被殺。[46]

就如烏斯塔沙和納粹一樣，切特尼克也奉純化國內族群的意識形態為圭臬。他們渴望在塞爾維亞霸權下重建南斯拉夫，族群清洗就是為了達到此目的。[47] 切特尼克中央民族委員會（Central National Committee）的成員、來自波士尼亞的塞爾維亞律師史蒂文・莫列維奇（Stevan Moljević），提議在南斯拉夫建立族群同質的實體，其中之一為「同質的塞爾維亞」，裡頭將納入波士尼亞與赫塞哥維納、達爾馬提亞大部分地區以及克羅埃西亞的其他地區。切特尼克的意識形態比烏斯塔沙更能喚起歷史記憶，他們針對穆斯林，視之為古代「土耳其」壓迫的「代表」。相較之下，烏斯塔沙的意識形態則是要反對塞爾維亞人，他們視塞爾維亞人為毫無秩序、嚴重腐敗的奴隸，但這樣的形象並沒有根植於克羅埃西亞人普遍的思想中，而是聯結了與斯塔切維奇及其追隨者約瑟普・法蘭克（Josip Frank）相關的激進民族主義傾向。[48]

但切特尼克和烏斯塔沙的敵人不僅關乎族群。在一九四一年以前，雙方都與共產黨游擊隊為敵。在一九四一年六月二十二日德國進攻蘇聯後，共產黨游擊隊也崛起為一支反法西斯抗爭勢力。游擊隊起初只有幾千人，沒有什麼經驗豐富的軍人可指導他們，但游擊隊持續壯大，至一九四四年已強大到足以統治一個有一千八百萬人口的國家。共產黨人最初之所以弱小，部分原因是王室政府曾取締他們，但也是因為南斯拉夫只有三個城市的居民超過十萬人，所以缺乏通常能受馬克思主義政黨吸引的工人階級。[49]

然而，共產黨也會利用南斯拉夫社會中的其他潛在支持來源。共產黨於一九二一年被取締之前，就曾於新國度的領土上贏得百分之十二點四的選票，使他們成為第四大黨，也是唯一能吸引到不只單一一個族群的政黨。因此他們能夠成功鼓動札格雷布與社會脫節的工廠工人、波士尼亞無土地所有權的農民，或是貝爾格勒的塞爾維亞激進知識分子。共產黨在受到民族怨恨和經濟困難雙重打擊的地區尤為強大，例如弗伊弗迪納的匈牙利人、蒙特內哥羅的阿爾巴尼亞人或馬其頓的馬其頓人（保加利亞和南斯拉夫都不承認他們是一個族群）都特別支持共產黨。[50]且只要南斯拉夫越將反對勢力視為是受到共產主義的啟發，對國王獨裁不滿的人（尤其是年輕知識分子）就會越發同情在地下活動的共產組織。黨領導階層也反映出基本的多族群特質：黨魁是富有魅力的約瑟普・布羅茲・狄托（Josip Broz Tito），為克羅埃西亞與斯洛維尼亞混血；主要的思想家有斯洛維尼亞人愛德華・卡達爾（Edvard Kardelj）與蒙特內哥羅人米洛萬・吉拉斯（Milovan Djilas）；保衛隊長亞歷山大・蘭科維奇（Aleksandar Ranković）則是塞爾維亞人。

游擊隊起初曾打算與塞爾維亞抵抗勢力合作，狄托也實際於一九四一年夏、秋兩季會見過擔任南斯拉夫王家陸軍上校的切特尼克領袖德拉扎・米哈伊洛維奇（Draža Mihailović），但分歧很快就出現了。若說德國人的報復行動讓切特尼克開始擔憂國內塞爾維亞民族的存亡，那麼游擊隊則多半喜迎納粹，他們沒有想到死者，反倒是將腦筋動在為逃離德國恐怖統治而進入鄉間的倖存者身上，這些人一無所有又渴望報復，自然會是增加游擊隊兵力的理想人選。此外，信奉共產黨的游擊隊員也是國際主義者，他們不在乎任何民族的消失，只關心正在為自身生存而戰的社會主義母國是否能夠撐下去。只要在南斯拉夫絆住德軍，他們就無法被派往蘇聯增援了。

一九四一年後，切特尼克和游擊隊的故事走向發生了驚人的轉折。切特尼克備有武器並能接受訓練，他們為自保而戰，後來卻漸漸衰落了。相較之下，游擊隊是為理想（社會主義）而鬥爭，最能成為境外勢力的代理人，對戰爭知之甚少的他們卻是穩步成長。

最初狄托與手下因德軍及其同夥的追捕而逃往波士尼亞東部，在那裡受到當地人的歡迎——這些城鎮先前曾遭烏斯塔沙和切特尼克的族群清洗。游擊隊的行動也許規模很小，但他們信奉的是列寧主義，因此紀律嚴明且階級森嚴。領導階層從一開始就已肅清過成員，所以當游擊隊成長時，也是在控管之下成長。然而游擊隊也享有靈活的優勢，他們對所有民族與階級都持開放態度，無論是工人、農民或知識分子都能加入，行動中還包括成千上萬的婦女。[51] 游擊隊還堅持保持機動性，在他們穩固掌控領土之前，於任何地點都不會停留超過一、兩個晚上，所以他們行動迅速，習慣穿梭於常見的蠻荒地形之中，以躲避裝備精良但不深諳南斯拉夫鄉村的德國人。

相比之下，切特尼克從未擁有協調的指揮結構，外表像教授的德拉扎・米哈伊洛維奇無法控制波士尼亞或蒙特內哥羅的部隊。有個特別的問題在於合作關係。在義大利軍隊控制的波士尼亞地區，切特尼克部隊很快就與法西斯指揮官達成停戰協議，有時甚至會合作對抗游擊隊，他們已漸漸將其視為權力的最大長期威脅。相比之下，奉國際主義意識形態為圭臬的游擊隊員大多避免向敵人妥協，這一特質不僅逐漸贏得蘇聯人的支持，也得到了英國人的支持。[52]

戰爭及其高昂的代價，越發讓歐洲各地的人們認為戰後必須要有新的局面，但切特尼克卻沒有想法。游擊隊承諾要帶來跳脫保皇派南斯拉夫許多限制的社會主義秩序；相較之下，切特尼克則代表塞爾維亞人主導秩序的延續。他們沒有像游擊隊那樣能吸引婦女及工農的進步社會計畫。即使在戰爭期間，游擊隊員也已表現出要變革的長期意圖。狄托的追隨者從法西斯手中下奪取領土後便組織起來，設立委員會負責協調教育和土地改革（通常是在兩者都缺乏的地區，波士尼亞大部分地區的文盲率超過五成），還有自衛。游擊隊更興建醫院來照顧傷員，地點有時是在山洞和隱蔽的防空洞裡。

設立醫院的舉措展現出游擊隊在戰時的自我犧牲。雖然傷員會要求同黨將自己留在原地就好，但領導階層拒絕將此作為慣例（狄托曾下令要「不惜一切代價拯救傷員」），有些部隊也堅持護送數百名傷員穿過敵軍防線來到安全地帶。一九四三年，當德軍及其同盟對游擊隊發動第五度進攻時，有大約三十名醫生和兩百名護士留在無法運送的傷員身邊，最後都慘遭切特尼克和德軍屠殺，無一倖免。[53]這種法西斯行為已徹底背離了巴爾幹游擊戰準則（一種尊敬對手戰士的兄弟情誼）。但游擊隊員也適應了新做法，他們自己有時也屠戮敵人，不接受投降俘虜。[54]

就算已列舉過游擊隊取勝的種種原因，其成功仍有些令人稱奇，無法給出完整的解釋：一九四一年，數千名一無所有但想法堅定的男女竟能夠發起一場將於三年後掌權的群眾運動，他們擊退德國、義大利、克羅埃西亞法西斯及塞爾維亞民族主義勢力，並為三年後反抗史達林打下了基礎。相較於二戰期間的其他政治或軍事組織，游擊隊員更將自己的理念視為道德事業。游擊隊前所未見地成為能控制、而後跳脫族群民族主義最惡毒一面的多族群群體。游擊隊將塞爾維亞人、克羅埃西亞人、斯洛維尼亞人等在一個國度中團結起來，達成了哈布斯堡王朝的未竟之業。

然而游擊隊並不反民族，反倒是利用「民族」一詞的含糊之處。他們於一九四三年建立的第一個政府為「南斯拉夫反法西斯民族解放委員會」（Antifascist Council for the *National* Liberation of Yugoslavia），喚起伊利里亞的舊南斯拉夫理想。但他們並沒有打壓塞爾維亞、克羅埃西亞或斯洛維尼亞人的族群認同，而是努力推動更廣泛的團結，使自己退居至南斯拉夫身分認同之後。畢竟，這場戰爭似乎讓人了解到，如果沒有全部人的團結，任何族群都無法生存。這正是游擊隊的理念：保護塞爾維亞人或穆斯林免遭滅族。他們是歐洲第一支反種族滅絕的軍隊，抗衡著力爭族群純化的武裝力量。游擊隊員同時也是共產主義者，「民族」一詞總是指稱社會意義上的人民。對他們來說，建立民族是要改善南斯拉夫人民的教育、健康和社會福利。[55]

由於游擊隊吸引的群眾廣泛，所以只要當地的「民族」傳統看起來有顛覆作用，游擊隊都能將之收為己用，例如塞爾維亞與蒙特內哥羅人的起義傳統。信奉國際主義的共產黨游擊隊毫不遲疑地借用了科索沃對抗外國占領者的英勇犧牲故事，將反法西斯主義與過去對抗外國壓迫的所有戰役連結起來。[56] 幾十年後，米洛萬・吉拉斯如下描述自己於一九四二年春天會見蒙特內哥羅大約四百名農民的遭遇：

> 我讚賞他們的英雄氣概和自我犧牲的精神，更甚於其先人。我們的裝備不比以前反抗土耳其人的義士，卻仍得面對使用飛機和坦克作戰的敵人。我告訴他們，我們是他們的孩子，讓他們想起他們被殺害的親屬、兄弟、孩子和鄰居；我們的血液和生命無法分離。[57]

米洛萬・吉拉斯寫道，在他實踐共產主義的道路上，「政黨意識形態只是蒙特內哥羅傳統觀點的象徵與表達」。[58] 但吉拉斯和他的同志們都不是那種會隨便使用「民族」一詞來滿足當下需求的投機分子，要說他們為何不精確說明「人民」（*narod*）的確切含義，那是因為吉拉斯黨人是馬克思主義者，對馬克思主義者來說，族群或民族只在推動革命時才有意義。但當務之急是要團結起來抵抗法西斯及支持社會主義：最後創造出一個語言和族群問題不復存在的世界，讓全人類都能和平、安全又平等地享受共同勞動的成果。

在吉拉斯的回憶錄中，他並沒有著重於以軍事角度來描述戰時鬥爭，因為這是一場恰好具有軍事面向的民眾起義。正因如此，他們的信念才如此容易傳播，從軍事和政治領導階層向下擴張，再擴及到所有疆域。吉拉斯寫道：「革命必須有自己的軍隊」，革命者沒有公平的競爭環境可以發揮，而是在被政治對手拋棄的焦土上展開行動。農民政客先前未能成功組織起來，但游擊隊如今幾乎接納了所有人，連叛逃的烏斯塔沙或切特尼克成員都收編入隊。吉拉斯解釋說：「當內戰已滲入國家的每個毛細孔，那麼除了吸收敵方成員之外，也沒有其他能增加兵力的管道了。」前來投靠的人在游擊隊上遇到的男男女女「對所有人的關切還尚未表現出掌控慾望」。游擊隊長官只會聆聽問題，不會灌輸觀念。[59] 在狄托務實的領導下，這場運動也夠聰明，不會談及革命的最終目標，也不談這些目標在蘇聯是如何實現。

因此，革命的故事也是救贖的故事。從切特尼克或烏斯塔沙投奔游擊隊的人突然之間有了新的過去。在弟兄互相殘殺、不分男女老幼都可能會倒在機關槍掃射下的戰鬥中，這裡不僅僅是個道德制高點，更是戰後可以讓過去曾目睹或犯下罪刑的人們站穩腳步的地方。至一九四三年底，這樣的趨勢顯而易見，游擊隊不斷壯大，尤其是波士尼亞。然而即便在塞爾維亞，德國占領者也發現，他們以為理所當然會與己方合作的保守勢力，竟然也「寧可支持布爾什維克主義，也不願被占領」。[60]

打從一開始，要不是有充滿魅力的領袖狄托，就不可能有游擊隊領導的群眾革命。狄托似乎是透過自己的人生經歷，讓南斯拉夫人團結一心。某位與狄托打過交道的英國軍事代表團員原以為會見到一位「嚴酷非法運動生活塑造出的死板教條主義者、視野狹隘的狂熱分子」，但狄托本人「因流放和監獄經歷而開闊了視野，且善於討論、機智敏銳又幽默，好奇心也相當旺盛」，與想像恰恰相反。在某種程度上，狄托有點像起當初的畢蘇斯基，畢蘇斯基在社會上的支持不如其民族主義對手羅曼・德莫夫斯基，但他願意採取行動（尤其是軍事行動）來取得「戰術優勢」並開創新局。[61]然而，狄托也有些許列寧特質：他終究不受意識形態的限制，意識形態卻賦予他力量；他願意採取必要行動，同時又不放棄原則。

⁜

波蘭的抗爭勢力彼此也互有競爭：救國軍（HomeArmy，AK）（與在倫敦的流亡政府結盟）與共產黨人民軍（Communist People's Army）和信奉激進民族主義的民族武裝部隊（National Armed Forces）都與德國人抗衡著。人民軍受當地人歡迎的程度，永遠比不上南斯拉夫的游擊隊，因為波蘭人傾向將共產黨視為威脅國家存亡的敵人，而非某種承諾兌現。因此在波蘭加入共產黨的人往往是受迫害的少數族群，就如南斯拉夫一樣。我們再次見證民族主義至關重要卻又無法預測的能量：共產黨的國際主義已證明了自己在南斯拉夫是張王牌，因為它能保護各民族免遭滅絕，但在波蘭卻是累贅。被共產黨地下組織接管的波蘭共產黨有個口號：「蘇維埃波蘭共和國萬歲！」但對大多數波蘭人來說，這種話表示要回到外國統治的「奴役狀態」。相比之下，迄今為止最強大的地下勢力反倒是主流的救國軍，他們喚起了波蘭民族及社會解放的事業，將左右翼激進分子排擠至邊緣。各勢力的相對實力如下：一九四四年七月，華沙的救國軍擁有大約四萬名戰士，民族武裝部隊有一千人，共產黨人民軍則大約有八百人。[62]

救國軍傾向把資源留在手中，且像切特尼克一樣，他們只會暗中破壞以及報復納粹鎮壓機構中的領導人物，雖不常出手但往往一鳴驚人。目的是要讓對方明白向平民施暴可能承擔的後果，救國軍鎖定的目標包括黨衛軍少將（Gruppenführer）弗里德里希・威爾海姆・克魯格（Friedrich Wilhelm Krüger）、警察將軍弗朗茨・庫切拉（Franz Kutschera）和黨衛軍中將（Obergruppenführer）威廉・科佩（Wilhelm Koppe）。[63] 救國軍還會設法劫囚。一九四三年三月，有支部隊解救了二十五名正從蓋世太保監獄被運往另一監獄的政治犯。但救國軍偶爾也會發起擴大的游擊戰來保護波蘭人，例如一九四三年的盧布林（Lublin）地區一役，那次德國人族群清洗超過十萬名波蘭人，好為德國殖民者騰出空間。戰鬥持續數月，救國軍也突襲德國定居者及德國和烏克蘭軍事單位。就連惡毒的鎮壓措施也未能打破對這場種族滅絕的抗爭，尤其是在有消息稱數千名兒童已被帶走接受「德意志化」時更讓其堅不可摧。最後德軍司令部取消了這次行動，打算在得到預期的勝利後再繼續執行。[64]

就如游擊隊，這個波蘭地下組織不只是作戰部隊，也是政治組織；然而相較之下卻不屬極端左派，而是中間派，這是個受倫敦的波蘭流亡政府指導的「祕密國度」，於一九四〇年開始在波蘭領土活動，同時小心翼翼地躲避蓋世太保。救國軍設有十二個部門，包括內政部，此部門逐漸打造出新的波蘭行政機構，還有一支警察部隊雛形，準備於解放後承擔波蘭的建國任務。[65]

儘管這個祕密國度受到波蘭共產黨的譴責，實際上卻相當進步，如果成功上台，就能引入類似於戰後共產黨政權的改革，包括工業國有化、土地重畫（國家準備徵用超過五十公頃的耕地），還有擴大國家經濟計畫，以促進成長並減少失業。不同於極左派的是，此政府承諾要透過民主治理來實現這些目標，並採用當年喚起了年輕馬克思願望的社會政策來解放勞動力，增強人民的「工作意志、愛好和渴望」，工人則將透過工會和自我管理來監督生產。新國度將採用教育和文化自治，與共產黨相較之下，此主流地下組織拒絕「所有將東方政府模式強加給我們的企圖。我們與俄羅斯東部和德國的野蠻截然不同，我們堅守著具有千年歷史的自由傳統和基督教文化」。[66]

雖然右派批評此波蘭主流反抗勢力不夠關注民族利益，但救國軍也拒絕接受《德蘇互不侵犯條約》畫定的邊界。然而當戰爭前線於一九四三年至一九四四年向西移動到戰前的波蘭土地時，救國軍卻無力保衛希特勒在一九三九年授予史達林的領土。一九四四年七月，救國軍開始於維爾紐斯活動，希望能與紅軍合作從納粹統治下解放這座城市，卻在戰後就被解除武裝。部分救國軍士兵被編入實質上由蘇聯掌控、西格蒙德·貝爾林（Zygmunt Berling）將軍麾下的波蘭軍隊；部分士兵則被逮捕，下場大多是流落到西伯利亞的蘇聯政治營。[67]

但蘇聯對救國軍的敵意並不僅限於波蘭東部邊界的爭議。蘇聯當局也拒絕在波蘭中部與救國軍部隊並肩作戰，最惡名昭彰的例子，就發生於一九四四年八月至九月的華沙起義期間。救國軍領袖預計紅軍即將解放首都，因此命令地下部隊於七月下旬起而抵抗德國占領者，重申波蘭主權。目的就是要在蘇聯進駐之前奪取這座城市。

然而也許是因為紅軍從烏克蘭深處快速推進，這時已筋疲力盡，所以在華沙中部附近便停了下來，並於該市東部地區維斯杜拉河（Vistula river）對岸待命，同一時間，德國國防軍則重新集結並鎮壓了叛亂。主要由罪犯組成的德軍部隊（迪勒萬格旅〔Dirlewanger Brigade〕）在前紅軍士兵（即便在德國人之間他們也聲名狼藉）的支援下，於八月初的幾天內就屠殺了大約三萬至四萬名華沙人。一千多位平民前往聖拉撒路（St. Lazarus）醫院尋求庇護，卻只落得與醫護人員和患者同遭殺害的下場。一名德國軍官更曾抱怨道，自己手上有的子彈，還不夠用來殺掉被俘虜的男人、女人及兒童。[68]

德國指揮部因擔心失去勞動人口，才下令停止全面屠殺，並開始經由拘留中心將俘虜集中送往勞動營。救國軍戰士接連失利，充其量只能用重型機槍來對付敵軍的坦克和俯衝式轟炸機，但他們一直撐到十月一日才投降。總計有超過二十萬名波蘭人死亡，大部分是平民。在那之後，德國工兵用炸藥有系統地摧毀倖免於難的多數建築，最後使得該市百分之八十五以上的地區都成了廢墟。此時，德國當局已將剩餘人口遣送到各集中營。

有些人批評救國軍領袖在市區起義，結果害死了數以萬計的人民，令人無路可逃。但救國軍的英勇之舉（其中也有許多婦女和青少年的參與），以及紅軍是如何袖手旁觀任由德軍屠戮未參戰的平民和許多波蘭的軍事菁英與知識分子，對於大多數波蘭人而言卻是難以抹滅的記憶。英美派出的飛機為華沙反對勢力空投物資後，蘇聯甚至不允許他們降落在蘇聯掌控的領土上。對於史達林來說，救國軍的根本問題不在於其為進步或反動派，而在於他們堅持獨立。

波蘭地下組織對戰後秩序的理念經由龐大的出版網路傳播開來，其中包括一千五百多種不同政治派別的報紙和期刊。儘管華沙和其他猶太隔離區都有種族屠殺情事，猶太人的地下組織仍同樣設法出版了數十種期刊。救國軍最受歡迎的出版物是其《資訊公告》（*Information Bulletin*），每週發行四萬份。[69] 而除了少數以德國政治宣傳和色情為主的平民日報外，波蘭的出版業者都已遭占領者關閉，為了抵抗這樣的文化倒退，該地下組織還製作了數百本知識品質很高的書籍和小冊子。

為了因應六年級以上學校關閉，波蘭的教育工作者、教授及學生轉為在私人空間（通常是在用於密謀的公寓和住宅）授課。這類活動是於一九三九年由人民自行發起，但最後也由地下政府的教育和文化部籌備與資助，該部門為各年級學習課程頒發了數千份文憑。至一九四四年，華沙非法高中學生的人數已達到一九三九年的水準。[70] 一九四二年，地下國有大約四十萬英鎊的民用預算，其中有百分之十八用於祕密籌畫的教育工作，百分之三十用於社會福利，百分之十五分配給平民反抗機構，百分之五用於防範蓋世太保滲透。從一九四二年到一九四四年，在從國外進入該國的兩千七百萬美元中，約有三分之一流入了地下民用機構。[71]

最後總計約有五十萬名波蘭人多少曾涉及各式陰謀，偶爾或一次性參與的人數更多。人們對地下活動影響力的觀點各不相同。有些人注意到大多數波蘭人是被動的，就算是在組織最密集的抗爭運動舞台華沙，也有大約三分之二的人口沒有參與密謀。然而也有些人強調，在納粹占領歐洲時，至少有四分之一的華沙人積極參與，這代表「異常高度的動員和抗爭準備」。[72] 波蘭地下組織無處不在——連集中營也一樣，救國軍士兵會在裡面成立情蒐與互助小組。在被遣送至德國勞役的數十萬波蘭人中，還有在波蘭領土內的波蘭警察和行政辦公室中，這類抗爭小組都成倍增加。歷史學家安傑伊．帕茨科夫斯基（Andrzej Paczkowski）即寫道：「雖然城市的動員環境最好，但所有的社會團體和階層都參與了有系統的密謀活動。」[73]

※

至一九四一年，納粹主宰的中東歐出現了三種勢力分區。第一種分區，是國家被德國摧毀、沒有留下本土行政部門，而由德國自行基本掌控的地區。第二種則是國家被摧毀並由該區自身政治實體取而代之的地區，德國仍假稱其為「獨立國家」。而在第三種區塊中，國家仍由本土政治菁英控制，但他們承受著不得不成為德國盟友的壓力。只有波蘭屬於第一種。

波希米亞和摩拉維亞保護國介於第一種和第二種分區之間：保護國被德國占領，也注定要併入德國，但因生產高品質的工業製品而受到重視。該地人口被認為具有種族價值（德國認定有五成的捷克人是可同化的，但只認定一成的波蘭人是可同化的），也獲許擁有自己的政府，包括捷克內閣和各部門，甚至還有一支小型武裝部隊，但受到嚴格的監督。塞爾維亞的情形類似，這個殘餘組織沒有留下任何讓塞爾維亞民族主義者自豪之處，元首由前任南斯拉夫王家將軍擔任，卻是由納粹直接監督。正如我們先前所見，塞爾維亞和波希米亞不同的是，地下正激烈上演著一場從塞爾維亞延伸到南斯拉夫領土的末路抗爭，其中德國、義大利及克羅埃西亞軍隊，正與塞爾維亞民族主義者和共產國際主義者交戰。

第二種區域包含斯洛伐克和克羅埃西亞這兩個「獨立」國，柏林扶植這兩個國家，期許它們能成為忠誠的共同法西斯政權，而它們至少可說都符合預期。兩國的極端民族主義領袖都渴望展現自己為「民族」達到的個人成就（首先是向他們自己展現），方法是採取更極端的種族主義，更甚於起初創造兩國的德國。一九四一年，斯洛伐克某報紙曾吹噓說斯洛伐克有著歐洲最嚴格的種族法；而與此同時，烏斯塔沙對塞爾維亞人的暴行連黨衛軍都感到震驚。[74]

最後一種分區則包含嚴格說來仍屬國際社會主權成員的國家，但這些國家的領袖都能從南斯拉夫和波蘭的命運中看到反抗德國的下場。然而，與傀儡國克羅埃西亞或斯洛伐克有所不同的是，匈牙利、保加利亞和羅馬尼亞的存在並不歸功於納粹德國；德國若想從它們那裡得到什麼，仍須經由談判才行。[75] 德國使對方順從的籌碼就是領土：儘管東歐的菁英階級不比納粹領袖貪婪，但仍同樣渴望所謂的生存空間。保加利亞希望收復《塞納河畔納伊條約》中的失土，並從希臘和南斯拉夫奪回有爭議的土地；匈牙利想要拿回被《特里亞農條約》剝奪的一切；羅馬尼亞則希望收回一九四〇年失去的土地，依據當年的第二次維也納仲裁裁決，外西凡尼亞北部的部分地區（在希特勒和墨索里尼的堅持下）歸屬匈牙利，比薩拉比亞和布科維納則落入蘇聯手中。這三個國家知道，作為地區霸主的德國可以為他們實現願望。

然而從一九四一年開始，德國外交官越來越堅持中東歐各國政府必須實現德國的基本願望：各國應該找出猶太人口並落實隔離、讓他們受到種族法的控管，並將猶太人遣送到德國控制的波蘭領土，而前方等待著他們的命運，只被簡略地稱為「在東方工作」。

chapter 17

但丁未見之境：東歐大屠殺

希特勒政權是歷史上最狂熱的種族主義政權。此政權所做的一切，無論是文化或社會政策、教育、科學還是戰爭層面，全都是為了種族上被認定為德國人的人種利益。但其政策同時也前後矛盾，納粹主義理當是反斯拉夫的，希特勒卻與斯洛伐克和克羅埃西亞這兩個斯拉夫國家結盟，同時對烏克蘭人和俄羅斯人等斯拉夫人行種族滅絕之舉。要理解希特勒腦海中對波蘭人由來已久的意識形態敵意是從何而來，是不可能的。[1]

在一九三九年以前，希特勒原本一直很欽佩約瑟夫・畢蘇斯基政權，還曾拉攏波蘭一同發動反蘇聯運動。要說他鄙視哪個斯拉夫群體，那就屬捷克人了。然而待戰爭結束時，捷克人口其實還有增加，捷克城鎮一如既往地風景如畫；另一方面卻有五分之一的波蘭公民死亡，許多波蘭城鎮都成了廢墟。[2] 這種差別待遇不是因為種族意識形態，而是因為波蘭政府違抗希特勒，而捷克政府沒有。塞爾維亞人的反抗也解釋了一九四一年四月德國為何會猛攻貝爾格勒：若非幾天前塞爾維亞軍官發動了政變，希特勒其實無意攻擊或轟炸南斯拉夫，更不用說要挑起造成一百多萬人死傷的游擊戰了。

希特勒視德國的反蘇聯事業為神聖之舉，甚至不許被俘的蘇聯士兵參與其中，儘管有許多人（尤其烏克蘭人）很樂意這麼做。因為這樣，希特勒於一九四一年底任由數百萬紅軍俘虜死於飢寒，認為他們連作德國的奴隸都不配。至一九四三年，戰爭局勢發生變化，被俘的蘇聯士兵有了作用。數十萬俘虜獲派制服與武器並為第三帝國而戰，然而有些人在最後轉而反抗德軍，幫忙拯救了捷克愛國人士於一九四五年五月五日發動的布拉格起義。

從這幾個例子可以看出，只有在合適的政治時機，德國的政策才會奉種族意識形態為圭臬。當斯拉夫人看起來有用處時，德國就會討好他們尋求合作；要是他們挑釁，就會被消滅。但事情並沒有這麼簡單，看看納粹種族主義的中心目標猶太人，就能發現故事截然不同。一九四一年，納粹領導階層決定必須消滅歐洲所有猶太人，在這之後他們沒有回頭、幾乎沒有偏離目標、幾乎沒有例外。納粹認為猶太人除了死亡之外別無他用。[3]

不過希特勒可無法隨便強制推行自己的想法，但德國社會內外都有願意與他合作的人。他基本上毫不妥協。在希特勒心目中，猶太人是一個人類群體，但他們身上卻有種如惡魔般不聖潔的東西，使他們有別於其他人類群體。希特勒說，其政權殺害猶太人是在「替天行道」。種族滅絕在他眼中是偉大的美德，絕對不容許例外，因為希特勒認為，就算只有幾個猶太人也會帶來無窮盡的麻煩。希特勒於一九四五年四月自殺身亡，此前已在德國占領或結盟的土地上殺死了極為多數的猶太人，他仍然堅信國際猶太人的陰謀決定了德國敵國的命運。他告訴祕書馬丁・包曼（Martin Bormann），猶太人是一支「精神種族」。[4]

所以說，猶太人大屠殺的故事並非伴隨著第二次世界大戰發生，它是德國鬥爭的核心，是一個於一九三三年開啟的中央戰區——希特勒的國家於同一年制定出毀滅猶太人的機制：首先是以法律定義，然後再剝奪他們的財產、隔離，最後於一九四一年襲擊蘇聯後行物理毀滅。[5] 這種機制被擴展到德國控制的新領土，對於希特勒和其政權來說，東歐任何事務（羅馬尼亞石油、匈牙利的糧食或前線的斯洛伐克軍隊）全都沒有對猶太人趕盡殺絕來得重要。猶太種族計畫凌駕於所有問題之上，從德國軍隊占領波蘭或波希米亞的那一刻起，一直持續到德軍不敵蘇聯火箭彈襲擊而撤回維也納及柏林的那一刻為止。

納粹議程只與三個盟國中執政菁英的心態完全吻合：羅馬尼亞、克羅埃西亞及斯洛伐克，不意外的是，這幾國的民族主義菁英也對自家的民族主義最沒有安全感。羅馬尼亞和斯洛伐克菁英階層面臨的難題，與我們在克羅埃西亞見到的難題相似：在民族時代之前幾乎沒有建國歷史，在德國畫定的邊界內也沒有。除此之外，有不少訴求主張擁有這些國家的領土主權，使得他們的領袖訴諸於民族領土的最強烈論據，也就是種族主義。十九世紀強調共有語言和文化的民族概念已過時罕見；如今，想要為自身族群爭取土地的人採用的是部分科學、部分與神祕主義有關的論點。羅馬尼亞人或克羅埃西亞人的珍貴「血統」不僅合理化奪取領土的行為，也合理化「淨化」這些土地及其上居民的行動。

這場戰爭似乎提供了一個控制領土的大好機會，沒把握住就再也不會有了。一九四一年七月，羅馬尼亞的米海．安東尼斯庫副相（Mihai Antonescu）說道，戰爭帶來「我們歷史上最有利的機會……為人民清除其靈魂中所有外來的異質。所以就由我承擔全部法律責任，沒有任何成規、完全自由，不過我也會告訴你們，根本沒有法律」。[6] 幾個月前，希特勒曾告訴克羅埃西亞的安特．帕維里奇：「你的機會來了。」但帕維里奇本就不須勸誘。據米洛萬・吉拉斯說，當塞爾維亞人對烏斯塔沙的殺人狂說紅軍很快就會來解放南斯拉夫時，他們只是靜靜聽著，並回答道：紅軍也許會來，但他們抵達的時候，就是你們的死期。[7]

然而這幾國與德國還是有差別的。東歐政權無論有多信奉種族主義，仍會視需求修改反猶主義，使其更能服務強健民族的總體目標。他們懂得投機，如果這麼做可以加強國家的領土統治（尤其是敵國掌控下的領土時），他們也會通過反猶法條或將猶太人驅逐到德國。然而在戰爭後期，當德國看起來沒有勝算、而戰勝國即將懲處犯下「危害人類罪」（Crimes against humanity）的國家時，東歐政權也將猶太人從德國掌中拉了回來。對這些國家而言，猶太人並沒有像在希特勒心目中那樣代表一種近乎形而上的邪惡。

簡言之，這就是羅馬尼亞的故事，該國未經德國要求即殺害猶太人，後來卻在德國迫切要求遣送猶太人時，停止遣送他們去死。對克羅埃西亞法西斯分子而言，反塞爾維亞主義使反猶主義黯然失色。相比之下，納粹領袖則不把猶太人問題當作取得其他東西的途徑。這個問題必須用暴力來「解決」，不為達成任何目的，無論在戰爭期間有任何機會考量，還是對事後懲處有何恐懼，都無法令其動搖。保加利亞或匈牙利的民族主義者也讓德國官員受挫，因為這些人雖自稱為盟友，但似乎根本不知道猶太人對自己及對其他地方會造成何種「危險」。

對於在二戰期間居住於中東歐的非猶太人來說，無論是居住在擁有自己國家的土地（匈牙利或保加利亞），還是居住在德國直接統治（波蘭占領區）或半直接統治的地方（波希米亞和摩拉維亞保護國、塞爾維亞），情況都大不相同。波蘭占領區是個恐怖統治持續不斷的地方，任何非德國本地人都可能在莫須有的情況下被逮捕謀殺，莫名遭到懷疑也是常有之事。波蘭詩人切斯瓦夫．米沃什（Czesław Miłosz）曾見一對夫婦帶著孩子出門散步。一輛德國汽車來了，車裡有個人用槍指著父親，父親上了車，車子就這樣開走了。然而他什麼也沒做，就只是讓德國官員不悅而已，也許是因為他看起來很享受生活吧。

但在其他地方，除了地下抗爭熱絡的南斯拉夫部分地區外，非猶太人幾乎仍正常生活。在典型的匈牙利、保加利亞、捷克或斯洛伐克城鎮或村莊，人們還是會舉行婚喪喜慶、照常上學、處理農事、感受到日常的快樂和痛苦。有些年輕人入伍為德國而戰，但會在損傷過於慘重時被召回。一九四四年八月，羅馬尼亞士兵突然將武器轉而指向德國人。對於大多數東歐人來說，戰爭侵入生活的主要管道，就是每日的新聞報紙而已。

這可不是東歐猶太人體驗到的希特勒戰爭。無論他們住在哪裡，地區的至尊霸主納粹德國都想要了結他們的性命，一旦領土被這個國家統治，他們的生活隨即改變，無論是在清醒或睡夢中都受到恐怖所擾。斯洛伐克與羅馬尼亞農民或捷克工廠裡的工人仍照常生活，但猶太人無論如何就是該死，他們的生命在一九四一年底之後的每一刻都可能隨時停止。而我們也從惡夢中知道，「敲門聲」象徵著典型的現代恐怖統治，指的就是可能導致死亡的未知命運。

圖 17.1 建於一八九七年的猶太大教堂，於一九三九年遭摧毀。
來源：Jewish community of Olomouc，經許可使用

如今，對於被納粹或被其扶植的任何政權認定為猶太人的人而言，這就是現實。在波希米亞和摩拉維亞保護國內的城市奧洛摩茲，李赫登斯泰（Lichtenstein）一家成員有父親沃伊捷赫（Vojtěch）、母親瑪格麗塔（Margareta）、十一歲的菲利普（Filip）和九歲的阿爾弗雷德（Alfred），一家四口原本過著平淡無奇的生活，而中歐小鎮常見的重要猶太會堂只坐落在一個街區之外，卻於一九三九年九月被納粹夷為平地。接著人們出現了歧視行為，與東部屠殺和集中營有關的謠言紛傳，最後，一家人收到打包行李的傳票。一九四二年七月，敲門聲響起，門外之人命令一家人從平靜的奧洛摩茲撤離，首先要前往特雷簡斯塔特（Theresienstadt），然後再到「東方」——箇中原因在幾個月前根本無人能想像，更不用說要如何解釋了。

有些猶太人躲開了遣送行動轉為地下活動，

但這樣就成了「法外之徒」（*vogelfrei*），也就是沒有任何權利的人，比奴隸還不如，被發現即格殺勿論。[8] 如果猶太人離開藏身處呼吸新鮮空氣，他們遇到的任何當地非猶太人都可能會自行代理德國當局，要求他們證明自己的雅利安人身分。波蘭猶太裔作家珍妮娜·包曼（Janina Bauman）曾描寫在一九四三年，惡棍是如何在華沙的電車上將她的朋友脫光衣服，她身上沒有配戴大衛之星，但對方「感覺到」她是猶太人。那是個美麗的春日，在壁櫥裡生活了幾個月之後，友人只想重新看看到和體驗這個世界。[9] 她最後是在電車的終點站遭到槍殺，還是被送進了死亡集中營，我們無從得知。

激進民族主義想要猶太人消失並不是新鮮事，但這種恐怖經歷卻是頭一遭。過往完全沒有先例，而且針對目標明確，不僅避開李赫登斯泰一家在奧洛摩茲公寓樓上樓下的非猶太人，也略過了坐在阿爾弗雷德和菲利普旁邊的同學。他們若無其事地繼續上課，有機會過上完整的生活。

所以說，大屠殺不僅客觀來說有其獨特之處（國家傾盡整個大陸之力、利用其行政權力和科技實力來殺死一群人），從主觀的角度來說亦然，納粹當局和協力者都有能力帶來赤裸裸的恐懼，伴隨著極度絕望、孤獨和極度失敗之感，最糟的是甚至無法拯救自己的孩子。

猶太人逐漸體認到的這種恐怖統治很具體明確，不過還有其他東歐人也會擔驚受怕，像是非法的共產黨人或社會民主主義者這類密謀造反者。如果蓋世太保發現有密謀活動，「敲門聲」就會找上門來。有時候，這幾群人的命運也會交織在一起，許多共產黨的密謀者同時也是猶太人。舉例來說，柏林就有一整群既是朋友又是黨同志的年輕猶太人於一九四二年被捕處決。要說為什麼猶太人會加入南斯拉夫的共產游擊隊，部分原因是他們希望能夠自保。正如我們所見，自一九三九年九月以來波蘭國家地位遭到剝奪後，恐懼也是波蘭人的命運，雖然這種恐懼並非存在於每個清醒時刻，恐懼之深也不比猶太人。

德國統治下的東歐

由於波蘭是歐洲猶太人口最多的國家，因此納粹迅速行動，要解決那裡的「猶太人問題」，在德國占領波蘭領土的數週內，當局就開始實施於德國本土耗費了數年才成形的政策。一九三九年十一月，德國規定猶太人須佩戴藍色大衛之星識別臂章，這是區隔猶太人與非猶太人的第一步。接下來，當局開始在城市中為猶太人畫分封鎖區域，有時用磚頭，有時則用鐵絲網，猶太人只有在接受死刑時才能離開這裡。這些畫分出來的「猶太隔離區」後來也成了猶太人的死絕之處：衛生條件不佳、缺乏醫療、糧食分配極少、被迫加入勞動大隊、生活條件擁擠得令人痛苦。猶太隔離區內不只有來自特定城鎮（如克拉科夫）的猶太人，也有來自鄰近較小社區的猶太人。如果是兩家人共住一間公寓就算了，但往往都是兩家人共擠一個房間。華沙三分之一的居民（約三十三萬八千名猶太人）就這樣擠在城市裡百分之二點四的土地上。占領者強加給猶太隔離區的貧困處境，造就了一個痛苦又墮落的世界，這樣的世界又透過新聞片段播送給第三帝國的觀眾，以證實猶太人在納粹心目中的形象，更助長非猶太人本就對猶太人懷有的仇恨與輕視。[10]

一九四一年夏天，猶太人的種族滅絕進入了新階段，因為德國對蘇聯的進攻是一場殲滅戰，目標在於摧毀「猶太布爾什維克主義」。正規軍後方跟隨著黨衛軍的四支突擊隊，總共約三千人，他們奉命從被俘的蘇軍中挑出布爾什維克政委，並對他們採取「特殊措施」，也就是槍決。很快，德國就將猶太士兵與猶太成年男子先後列入屠殺目標；至夏末，他們不僅圍捕猶太男子，也圍捕婦女和兒童，並大規模將其槍殺。[11]

德國當局還努力讓當地的非猶太人參與其中，並讓他們看起來是自發地對猶太人施暴；在波蘭東北部的耶德瓦布內鎮（Jedwabne），波蘭人在無德國人監督時屠殺猶太人，並於長達一天的大屠殺後將猶太居民鎖在穀倉裡，放火焚燒，死亡人數逾一千人。[12]在利維夫，身穿德國制服的烏克蘭人迫使市內猶太人清理內務人民委員部留下的受害者監獄（在德國人進入該市前不久，內務人民委員部槍殺了大約四千名政治犯），然後發動了一場導致數百名猶太人死亡的大屠殺。[13]至一九四二年初，黨衛軍和當地幫兇的屠殺行動已奪去至少五十萬猶太人的生命，範圍從波羅的海延伸至羅馬尼亞。[14]

黨衛軍認為步槍的殺人力量還不夠有力，所以從夏末起，便於西利西亞東部的集中營（波蘭文稱奧斯威辛〔Oświęcim〕，德文稱奧許維茲－比克瑙〔Auschwitz-Birkenau〕集中營，該地為附屬於德意志帝國的波蘭領土）用毒氣作實驗，實驗對象為蘇聯囚犯。他們選用一種名為齊克隆B（Zyklon B）的商業殺蟲劑，這種殺蟲劑可製成顆粒狀，並於攝氏二十七度以上蒸發為毒氣。同年，黨衛軍分別在奧斯威辛集中營和波蘭東部的馬伊達內克（Majdanek）集中營建造毒氣室和火葬場，次年又於波蘭城鎮特雷布林卡（Treblinka）、貝烏熱茨（Bełżec）和索比堡（Sobibór）附近建造了更多的滅絕營。[15]

一九四二年一月，黨衛軍和德國政府各部會於柏林附近召開萬湖會議（Wannsee Conference），制定基本計畫將這些營區作為屠殺中心，屠殺從歐洲各地以火車送進來的猶太人。至此之後，從法國附近的

圖 17.2　清算猶太隔離區期間，
一隊猶太人於克拉科夫的主街道上遭押送離開。
來源：United States Holocaust Memorial Museum Photo Archives #06694.
Courtesy of Instytut Pami ci Narodowej.
版權所有：United States Holocaust Memorial Museum.

海峽群島（Channel Islands）至德國占據了數週的高加索（Caucasus）地帶、從希臘島嶼到北極圈內的挪威村莊，只要是德國掌控下的土地，當局就會設法找出、隔離、驅逐及消滅每一個猶太人。他們行動非常迅速，若說在一九四二年三月有百分之七十五至八十之後會死於大屠殺的猶太人還活著，那麼至一九四三年二月中旬，這百分之七十五到八十的死者已成亡魂，其中大部分死在波蘭境內的滅絕營。[16]

一九四二年夏天，波蘭猶太人遭屠殺的速度加快了，此時德國警察在烏克蘭和波羅的海的幫兇協助下，迫使較大型猶太隔離區的居民登上貨運列車，據稱是要到「東方」勞動，但實際上卻是要前往附近的死亡集中營。在波蘭東部的小鎮村莊裡，猶太人通常不會被遣送出境，而是被押送出鎮大規模槍決。躲過屠殺及被發現留在家中的人也是當場槍殺——就在當地波蘭人眾目睽睽之下，而這些波蘭人往往也參與其中。

在執行此「行動」之前與執行期間，這些地區的猶太人都活得極為膽戰心驚。例如，在一九四二年的春夏兩季，波蘭東部小鎮甚切布熱申（Szczebrzeszyn）的數百名猶太人每天都會收到可怕的消息：火車車廂滿載著來自波希米亞和其他地區的猶太人前往附近營地，返回時車廂裡卻空無一人；鄰近城鎮的猶太人於光天化日之下在街道上遭圍捕及殺害。而暴力也悄悄逼近這座小鎮：五月八日，鄉間警察的卡車抵達，他們蠻橫地將人們趕出家園，逼著他們走到鎮外的露天坑洞旁接受處決。許多人想躲起來，但武裝入侵者開始追捕他們，然後把他們「當作鴨子一樣」射殺，無一例外，連小孩都不放過。有位波蘭醫生就曾於日記中描述，人們在殺人兇手到達幾天前和幾小時內加劇的恐慌情緒，他寫道：「真正的地獄開始了，婦女們哭叫斯扯著自己的衣服。」[17]

估計波蘭有一成猶太人（約二十五萬人）成功逃過遭遣送和處決的命運，他們混在「雅利安」波蘭人中努力求生存，直到紅軍於一九四四年一月至一九四五年一月某個時間點以解放者的姿態到來為止。絕大多數人都沒能活下來，因為當地的波蘭人幫忙找出了試圖躲起來的猶太人。[18]方法有以下幾種。

首先最直接的，就是德國警察與波蘭村莊領導階層協調，招募波蘭農民在森林裡搜捕，猶太人逃至猶太隔離區外尋求庇護數週和數月後，大多數都被揪了出來。被捕者當場處決，通常是由德國人下手，但有時也會由波蘭「藍色」警察來行刑。接著於往後幾個月裡，波蘭和德國當局會定期合作搜索森林，尤其是得到消息稱猶太人躲在自製的地堡和洞穴中時。在波蘭南部的某地區，若猶太人成功逃出猶太隔離區或避開遣送，他們的存活率約為百分之十五：原因不在於德國人的嚴密監督，而是因為波蘭左鄰右舍的注視，他們會記下一切，注意是否有哪戶人家可能為了躲起來的猶太人而多拿了麵包。其中有個案例便是某波蘭家庭遭到鄰居通報，前來的警察發現了顯然是為猶太人準備的食物，一家人就此喪生。

德國人將整戶人家全數處決，這就是對庇護猶太人的懲罰：提供庇護者連同其家眷都得受死。[19] 這種獨有的嚴厲刑罰並未於西歐或保護國實施，長期以來一直是大屠殺期間波蘭猶太人高死亡率（超過九成）的解釋。然而近年來，歷史學家也點出，協助波蘭地下組織的人亦會受到德國的死亡威脅，但波蘭人仍經常庇護救國軍的成員，並不懼怕遭到鄰居譴責。有位以「雅利安人」身分生活在華沙的波蘭猶太人後來曾思考過這種差異（譴責其他波蘭人是忌諱，譴責猶太人則否）：

> 我生活在波蘭占領區的雅利安區，本可以毫不猶豫地向陌生人透露我父親為地下組織工作，或者透露他也會參與破壞德國軍工廠的活動，這些陌生人不太可能把我出賣給德國人。然而，如果告訴陌生人或甚至是熟人（也就是可能走漏消息的人）我其實是猶太人，但偽造了身分文件以住在雅利安區，這種行為就形同於自殺。[20]

即便如此，仍有波蘭人願意向猶太人伸出援手，這樣的英雄舉止與其說是在違抗占領者，不如說是他們克服了被波蘭左鄰右舍背叛的恐懼。

如此劇烈分裂的社會相當罕見，不僅是猶太人與波蘭人分裂，波蘭人之間也有所分裂。作家雅妮娜・包曼偕母親和姊妹逃離了華沙猶太隔離區，並與波蘭的非猶太人周圍生活了兩年。她回憶道：

過了一段時間，我們待過幾個庇護處之後，我才意識到，對於庇護我們的人來說，我們的存在遠不僅代表極大危險、麻煩或賺外快的管道。不知何故，這種局勢也影響了他們，喚醒他們心中的至善或卑鄙。有時分裂家庭，有時則使一家人團結起來，共同援手他人、設法生存。[21]

但是這並非事情的全貌。在納粹占領下道德敗壞的世界裡，人們對遭受報復的恐懼日益增長，到了駭人的地步，在許多波蘭人眼中，為營救猶太人而自我犧牲是一種自私的行為：他們指控營救者是在危及波蘭人的生存。其中一例，就是村民們在得知一名婦女淹死了自己照顧的兩個猶太兒童時感到鬆一口氣（但其實她沒有），因為她私藏猶太人的行為很可能會危害整個村莊，引來德國報復。[22]但同時間，那些從事犯罪（走私、偷竊、敲詐勒索）的人卻被奉為成功典範。救國軍會試圖懲罰有損波蘭人尊嚴的行為，但這些「敲詐勒贖者」（指向其他庇護猶太人的波蘭人索要贖金的波蘭人）在地下深處又形成了地下組織，不可能斬草除根。

恐懼和貧困，也是數百萬波蘭人，以及更遠東處數百萬烏克蘭人及俄羅斯人普遍共有的生命經歷；糧食配給短缺、未設地方政府、無有效法治可言。他們的經歷與猶太人之間隔了一層地獄：猶太人來到了但丁未曾造訪之境，忍受著納粹的占領，深知自己一被發現就會馬上迎來死亡。波蘭人也知道，自己在占領期間隨時都有可能被逮捕和遣送，或被扣為人質，但死亡從來都不是必然。[23]在華沙街頭被德國警察「圍捕」的人可能會被當作人質處決，但他們也可能被送到德國勞動，那裡的環境也許很糟糕，但重點卻在於生存與否。

就算是倖存下來的猶太人，也陷入了非猶太人難以體會的絕望邊緣。猶太人只能躲在穀倉和閣樓裡，忍受晚上有老鼠爬過臉上；他們知道，就算自己能夠活命，家人仍是在劫難逃。孤獨和棄民也很適合用來描述猶太人前所未見的困頓處境，只能依賴他人。地獄降臨到猶太人身處的世界，他們也意識到左鄰右舍通常不會視己為同胞，而是視己為外人，從懷抱敵意到漠不關心者皆有。曾有名猶太男子蜷縮在藏身處，竟然無意中聽到自己的波蘭「朋友」表示很後悔沒有庇護三十名有錢的猶太人，不然就可以一次殺死一個，再從他們身上奪走自己想要的東西。[24] 這樣令人痛心的故事展現出族群民族主義和反猶主義的致命組合是如何戕害一九四三年前後的東歐社會生活：人們竟能將公民排除在基本人類團結之外，卻視之為理所當然。

相比之下，無論波蘭人遭受到何種苦難都仍有希望：他們在被捕或被槍殺之前，都還可以密謀造反。我們能讀到十一歲的孩子加入地下組織，在其中越發積極，儘管危險卻仍感到自由。猶太人則普遍被波蘭地下組織拒之門外。這就是為什麼在一九四二年底至一九四三年年初的冬天，華沙猶太隔離區的年輕猶太人會自發組織戰鬥部隊，並在全副武裝的德軍於一九四三年四月前來清理隔離區時，僅使用幾把步槍、幾十支手槍和自製炸彈就成功將他們絆住一個月。猶太人也改變了：不再是注定要等死的人，而是選擇自己命運的人。黨衛軍沒有直接與他們戰鬥，而是放火燒了隔離區，用煙將他們給燻出來。少數倖存者後來參加了一九四四年夏天的華沙起義。

圖 17.3　後來帶頭發起華沙猶太隔離區起義的領袖（攝於一九三八年）。
社會主義猶太復國青年運動「青年衛士」（Hashomer Hatzair）的團體照，
「青年衛士」成員有：特茲維・布勞恩（Tzvi Braun）、
希芙拉・索柯爾卡（Shifra Sokolka）和
莫迪凱・阿涅萊維奇（Mordechai Anielewicz，站立者）；
摩西・東布（Moshe Domb）和
芮秋・棋爾柏格（Rachel ("Sarenka") Zilberberg，坐下者）。
來源：United States Holocaust Memorial Museum Photo Archives #16499.
Courtesy of Leah Hammerstein Silverstein.

捷克斯洛伐克總統愛德華・貝納許移居倫敦組建流亡政府後，捷克土地上的舊政黨就剩下兩個了：右派的民族統一黨以及工人黨。新上任的官員負責掌管各部會，然而在慕尼黑會議前就很活躍的從政者大多仍很活躍。新政府開始通過反猶法並非因為德國政府要求，而是因為他們想要討好德國，而且就如他處，無論猶太人對當地民族有多大貢獻，都仍不被當作完全的同胞，所以可以將他們犧牲給德國當局，作為「善意」的表現，好保護所謂當地族群團體的利益。

就這樣，原被壓制著但一直存在的邊緣勢力現在等到了出頭的時機，自一八九九年的希爾斯納事件（Hilsner affair）之後，反猶主義再次大量出現在公共論述中，人們急著為慕尼黑會議的失敗尋找代罪羔羊。譴責猶太醫生和律師的言論湧入報社，而就在慕尼黑會議僅兩週後的十月十四日，專業協會要求禁止猶太人執業。水晶之夜（Kristallnacht，十一月初於德國全境發生的反猶暴動）後，捷克斯洛伐克第二共和國也未庇護猶太人，即使是幾週前剛成為公民的蘇台德區猶太人也不例外。一九三九年一月，總理魯道夫・貝蘭的政府解除了所有猶太人的公職。在報刊上，二流知識分子又搬出舊有的刻板印象，將這些概念重新整理成放諸歐洲皆準的形象，頭頭是道地「解釋」著猶太人在經濟和政治領域中是如何握有權力，並聲稱猶太人不願意說正確的捷克語。[25]就連堅定的自由派也將慕尼黑會議的失土歸咎於波希米亞猶太人。布拉格德意志大學、兩種語言的文化機構及捷克體育社團都把猶太人趕走。[26]最後也只是因為人們擔心國家無法保住西方銀行的融資，這場運動才沒有繼續發展下去。

一九三九年三月，德軍占領「殘餘」的捷克土地，建立了波希米亞和摩拉維亞保護國，艾里亞施將軍領導下的保護國政府設法儘快將猶太人的財產轉移到捷克人手中。然而，在會談數月仍無果後，德國任命的帝國保護官紐賴特插手干涉並發布聲明，確認紐倫堡種族法於保護國亦有效力，也確保現在以「合法」手段竊取的猶太人財產（總計約兩百億克朗）將進入德國人的手中，而非交給捷克人。[27]

捷克民眾的態度各不相同。捷克的法西斯分子燒毀了耶拉瓦（Jihlava）的猶太會堂，並於普日布拉姆（Příbram）和布爾諾屠殺及襲擊猶太人，但許多捷克的普通民眾都厭惡這些反猶措施。然而東歐地區整體而言就是如此，人們的態度普遍冷漠，也隱約有預感下次可能就輪到非猶太人口了，就是這種態度使得人民選擇順從，與猶太人團結的意願下降。[28] 許多捷克人對「雅利安化」（強行沒收猶太人財產）最感困擾的，就是這些財產是如何落入德國人手中，並促進了波希米亞的德意志化。[29]

在德意志帝國內，鼓勵猶太人移民一直是德國的政策；如今在黨衛軍中校阿道夫．艾希曼（Adolf Eichmann）的努力下，這項政策也拓展到了保護國，艾希曼於布拉格設立了維也納辦事處的分部。[30] 納粹當局在保護國對猶太人的排擠與迫害，與在德國和奧地利採用的是同一套時程表，在一九四一年秋天，當德國和奧地利猶太人的移民管道被切斷時，保護國的管道也畫下句點。估計有三萬名捷克猶太人成功逃脫，留下了大約八萬名大多年事已高的猶太人。

德國當局比照在帝國內採取的措施，為猶太人登記身分並縮減他們的權利。自一九三九年秋天起，捷克猶太人不得出入公園和其他公共場所，晚上八點後也不能待在戶外。一九四〇年十一月之後，限制範圍更擴大到劇院、咖啡廳、圖書館、游泳池、體育館，以及火車上的臥鋪和餐廳車廂（猶太人只能乘坐最低等的車廂）。猶太人每天只能外出購物兩小時，且不得持有收音機或飼養寵物。從一九三九年九月起，雇主不須通知即可解雇猶太人，也能未經他們的同意徵用其勞動力；一九三九年起，猶太兒童不得就讀德國學校；一九四〇年八月起，不得就讀捷克學校；一九四一年起，也不得就讀猶太社區開辦用於教授買賣的學校。從一九四一年九月開始，保護國的猶太人也須比照奧地利和德國的規定，佩戴一枚中間寫上「猶大」（Jude）的黃色星星。

當局此時正逐漸截斷捷克猶太人的生路。一九四一年夏天，黨衛軍及其他德國當局在波蘭東部和蘇聯部分地區開始全面屠殺猶太人後，也開始讓德意志帝國（含保護國）「擺脫猶太人」。從十月開始，他們制定計畫，欲將捷克的猶太人轉移到某一個波希米亞的地點，並想到可以使用位於布拉格北部特雷簡斯塔特（德語：Theresienstadt，又稱為特雷辛〔捷克語：Terezin〕）的哈布斯堡王朝舊堡壘。一九四一年十月，數百名猶太工人被派往那裡，為預計的定居點作準備。

特雷簡斯塔特最後成了通往波蘭占領區滅絕營的中繼站。自一九四二年春夏季起，捷克各城鎮的猶太人開始被遣送到特雷簡斯塔特。在奧洛摩茲，當局於七月八日將猶太人傳喚到鎮上的體育館，包括李赫登斯泰一家的父母和兩個男孩在內。他們帶上四十磅的行李，然後登上火車，最後停在特雷簡斯塔特舊堡壘外的幾英里處，他們必須背著行囊徒步走往堡壘。在這批被遣送的六百六十名猶太人中，有許多人已逾退休年齡，而這趟旅程已將他們逼到身體極限，甚至超出其可承受的地步。奧洛摩茲的猶太人在經歷了數週的營養不良、擁擠車廂和虛無的希望之後，於十月八日登上載有一千人的第二列火車，前往波蘭小鎮特雷布林卡，而德國當局已在那裡準備好集中營。瑪格麗塔與丈夫和兒子失散，所有人都立即被一氧化碳氣體毒死。

至於在斯洛伐克，該國於一九三八年十月六日獲得相對的「自治權」後，幾乎立刻採取反猶措施。政府掌握在約瑟夫．蒂索神父領導下的赫林卡人民黨民族主義人士手中，蒂索是斯洛伐克民族主義政治的老手，也是赫林卡神父的手下。[31]政府的反猶主義根源於天主教的反猶太教主義（古老的基督教信仰尤其認為猶太人因殺害上帝而注定要受苦），但政府也採用了民族主義和社經方面的論點。基本訊息相當直截了當：猶太人是斯洛伐克人民永遠的敵人。一九三八年十一月，德國將具有大量匈牙利人口的斯洛伐克南部大半都割讓予匈牙利；而對於一個聲稱已為斯洛伐克人實現「自由」的政權來說，此舉是難以想像的災難。斯洛伐克政府的回應，就是讓猶太人承擔責任，並將大約七千五百人驅逐到割讓給匈牙利的地區。斯洛伐克的猶太人口包含男女老少原有十三萬六千七百三十七名（占總人口的百分之四點一一），但在一九三八年十一月之後，境內只剩下八萬九千名猶太人。

當斯洛伐克於一九三九年三月取得名義上的獨立並成為德國傀儡時，即在黨衛軍軍官迪特．威斯勒尼（Dieter Wisleceny）的協助下，迅速著手通過反猶法案（威斯勒尼被派往布拉提斯拉瓦擔任猶太事務顧問）。四月起，當局通過猶太人的第一個定義，作為將其排除在醫學、新聞、法律領域及大學之外的依據。財產雅利安化（奪取猶太人財產並將其交由非猶太人）的依據為第一一三／一九四〇號法律（第一部《雅利安化法》）。[32]一九四一年通過的猶太法規一九八號是歐洲最嚴厲的法典之一，這部法規以種族定義猶太人，將其排除在中學及社會、文化和體育活動之外；實施早晚宵禁；禁止猶太人集會或旅行；並規定須佩戴六芒星徽章。

一九四二年初，德國要求將斯洛伐克的兩萬名猶太工人調至「東部」。蒂索政府同意了，但也提議要驅逐大部分剩餘的猶太人口。政府先是派出八列火車滿載身體健全的年輕男女，之後於四月開始拘留猶太家庭並將他們送上火車。到了六月，當局已遣送五萬兩千名猶太人，但速度隨後卻緩了下來。赫林卡衛隊的殘暴行徑引起了部分民眾的不滿，連自家政權都看不下去，政府內強硬的種族主義者和更溫和的派系之間存在分歧（蒂索神父的立場則位於中間）。在當時未被德國直接占領的國家當中，斯洛伐克是唯一一個公開識別及驅逐猶太人的國家。[33]

約有三萬名猶太人因屬於有價值的勞工（如工程師和獸醫）而受到保護，但也有許多人逃到匈牙利或躲藏起來。當德軍於一九四四年秋天占領斯洛伐克時（為了鎮壓斯洛伐克軍隊支持的反納粹起義），他們再一次遣送了一萬三千名猶太人，黨衛軍則又處決一千人。儘管非猶太裔斯洛伐克人長期受物資短缺所苦，但他們在整個占領期間仍享有相對較好的生活水準。[34]

克羅埃西亞的過程也很相似（雖然仍有地方上的差異）。安特．帕維里奇政權於一九四一年四月上台後不久，就強制規定猶太人須佩戴識別徽章（一枚六芒星及「Židov」〔猶太人〕的字母Ž）、登記猶太人財產、命令猶太人繳納稅款，也強迫猶太人勞役。隨後在一九四一年六月和十一月通過的法令，也為大規模逮捕提供了「法律」基礎。克羅埃西亞當局將猶太人關在拘留營中（包括惡名昭彰的加塞諾瓦奇〔Jasenovac〕集中營），而烏斯塔沙殺害了超過二十萬人，其中大部分是塞爾維亞人，但克羅埃西亞、波士尼亞－赫塞哥維納的三萬名猶太人也死了大半。一九四二年夏天，克羅埃西亞政府將四千九百二十七名猶太人遣送至奧斯威辛集中營，這些人幾乎無一例外全數被殺害。在由義大利占領的克羅埃西亞地區，有不明人數受到了保護，但當義大利於一九四三年退出戰爭時，德軍進駐並逮捕了大多數人。[35]

對於烏斯塔沙政權來說，反猶政策只是衍生的計畫，並不如反塞爾維亞主義來得重要。猶太人出身的約瑟普．法蘭克（一八四四年至一九一一年）是他們主要的意識形態靈感來源之一，也是兩名烏斯塔沙主要殺手的岳父及祖父。但當烏斯塔沙如義大利法西斯一樣轉向反猶主義時，他們也毫不妥協地殺人：一九四三年，他們最有魅力的青年領袖佛拉德科．辛格（Vladko Singer）遭到謀殺，辛格極度仇視塞爾維亞人，但他遭謀殺的部分原因就在於其猶太人出身。

德國可更直接地接觸到同樣相對較少的塞爾維亞猶太人（約一萬兩千人）。德軍於一九四一年四月占領貝爾格勒後一週內，當局就開始登記猶太人的身分，並於五月強迫他們佩戴徽章。傀儡統治者內迪奇將軍於五月三十一日頒布反猶法令，強制猶太人登記財產，並大舉將他們排擠在經濟生活之外。納粹進攻蘇聯之後，鎮壓手段也越發嚴酷。德國當局規定猶太社區每天須提供四十名人質，更幾乎每天都朝人質開槍，作為對共產游擊隊襲擊德國士兵的報復。當局自七月開始「雅利安化」猶太人財產，次月則拘留猶太成年男性，並於後續數月裡射殺了大約五千人，據稱是為了報復對德國士兵的持續攻擊。十二月，德國當局也開始拘留猶太婦孺，並於春季使用所謂的「毒氣車」處決他們。報復手段也施加於塞爾維亞人和吉普賽人身上（在塞爾維亞近十萬名吉普賽人之中，約有一千人喪生）。[36]

巴爾幹盟國的猶太人命運

保加利亞是該區保護猶太人最知名的國家，有人曾將其與丹麥相提並論，這樣卻是引喻失義了。在丹麥，抵抗勢力在大眾的普遍支持下，將大約八千名猶太人於一九四三年十月悄悄帶到了安全的瑞典。同年，保加利亞社會有部分成員也奮起保衛保加利亞猶太人。然而在此之前，保加利亞多年來其實一直貶低國內猶太人的地位，並將成千上萬的色雷斯（Thracian）猶太人及馬其頓猶太人送往德國的滅絕營。交出猶太人是祕密交易的一環：保加利亞從希臘手中拿走了色雷斯，從南斯拉夫獲得馬其頓，理當要支持德國的種族政策。保加利亞與德國的不同之處在於，保加利亞還尚未達到最後階段就中斷了滅猶的計畫（先以種族法定義猶太人，接著是沒收財產、將人集中至猶太隔離區，最後是送進滅絕營）。[37]即使國王與政府正在規畫實施消滅猶太人的初步階段，他們的行事方式卻似乎沒有系統可言，讓納粹感到惱火。

保加利亞在一九三〇年代中期就被納粹拉攏，當時德國正開始吸收越來越多的保加利亞出口品：一九三二年，德國進口了百分之三十二的產品，至一九三九年，這個數字已上升至百分之六十七點八。[38]德國也曾介入向景氣低迷的羅馬尼亞、南斯拉夫和匈牙利購買糧食，但與德國貿易往來最密切的東歐國家仍屬保加利亞。儘管鮑里斯國王是領土收復主義者，但他爭取領土的欲望並未使自己完全效忠於德國，就連在德國於一九三八年將斯洛伐克領土授予匈牙利一事清楚地展現出與納粹合作的好處時，也沒讓鮑里斯國王改變心意。鮑里斯害怕被逼得必須與一個顯然渴望戰爭的政權結盟，堅信保障保加利亞利益的最好方式就是保持中立。即使在一九三九年九月戰爭爆發時，他也不受誘惑，拒絕與蘇聯或巴爾幹同盟國結盟。[39]

由於鮑里斯打算在一定程度上置身事外，於是德國也在一九四〇年九月採取動作取悅他，監督促成了羅馬尼亞和保加利亞間的一項協議，以處理保加利亞主要的領土收復議題，希望該國不要轉而支持蘇聯。羅馬尼亞因此被迫割讓南多布魯加（South Dobrudja）。這樣的安排取悅了大多數保加利亞民眾。次年春天，德國犧牲掉最近被制服的希臘和南斯拉夫，讓保加利亞又獲得了更多領土：色雷斯和馬其頓。由於此時期德蘇同盟，使得保加利亞能一邊繼續與德國密切往來，一邊深化與蘇聯的關係。一九四〇年初該國頒布了一項商業條約，許可進口蘇聯的書報和電影；一九四〇年八月則有一支蘇聯足球隊來訪保加利亞，廣受民眾的歡迎。[40]同時間，保加利亞也開始向法西斯秩序靠攏，國內出現穿著制服的青年組織與強制勞動，熱門的共濟會會所紛紛關閉，對猶太人的限制也增加了。一九四〇年二月上旬起，政府中為數不多的公開反猶分子之一彼得・加布羅夫斯基（Petur Gabrovski）成為了保加利亞的內政部長。

一九四〇年十一月，保加利亞政府在國會的一片反對聲中通過了第一部反猶法，但這部法律與德國的不同：受洗的猶太人以及與非猶太人通婚的猶太人都不算是猶太人。該法律還宣布有一或兩個猶太祖父母的人也不是猶太人。[41]保加利亞為猶太退伍軍人及其家屬制定特殊規定，也含括了長期臥病的人與孤兒，以上總共約占十分之一的猶太人口——這點與德國不同，但與斯洛伐克和克羅埃西亞一樣。但除此之外，反猶法旨在將猶太人從保加利亞人的生活中排除，限制猶太人就業、財產所有權和受教權，也禁止猶太人與保加利亞人通婚及使用保加利亞名字。法律規定，猶太人必須編入勞動營隊服勞役並繳納特殊「稅款」，目的是要將他們的財產充公。[42] 這些規定都旨在將猶太人排除於保加利亞人的生活之外，但也符合更普及的民族清洗政策架構，因為基督徒和穆斯林也被禁止通婚。[43]

就如南斯拉夫，保加利亞也於一九四一年初與德國、義大利和日本簽署了《三國盟約》；但不同於塞爾維亞人的是，保加利亞人普遍不認為簽署該條約是叛國之舉，因為保加利亞在一戰中本為德國的盟友。在簽署之前，就已有三十幾位德國參謀登陸索菲亞進行祕密討論，接著在兩個月內，保加利亞便同意建造一座橫跨多瑙河的浮橋，供德軍進入希臘。然而保加利亞一直要等到一九四一年十二月的珍珠港事件後，才向西方列強宣戰。鮑里斯國王作此決定時極為掙扎，在最終同意宣戰後，他也消失在人們的視線中，並於數小時後被發現在索菲亞的亞歷山大・涅夫斯基大教堂（Aleksandar Nevski Cathedral）裡，於一個偏遠角落祈禱著。[44]

保加利亞一獲得色雷斯和馬其頓作為消滅希臘和南斯拉夫國家地位的戰利品後，德國代表就敦促保加利亞進一步限制猶太人，該國政府也照辦了。一九四二年，保加利亞成立猶太問題委員會（Commissariat for the Jewish Question），將猶太人逐出索菲亞和其他大城市，並規定所有猶太人都須佩戴大衛之星。兩口猶太家庭只能住在公寓的一間房間裡，四口家庭則只能分享兩間房間。[45] 猶太人更須繳交百分之二十的財產稅，大多數猶太組織遭解散，猶太人也被迫出售企業。

這些舉措極不受歡迎，所以當局也禁止媒體報導。在德國駐索菲亞公使（前突擊隊員阿道夫・貝克爾〔Adolf Beckerle〕）的持續施壓下，國會於一九四二年八月通過一項法案，剝奪色雷斯和馬其頓「新領土」內猶太人的保加利亞公民身分。[46]此時保加利亞似乎是最願意配合德國處理猶太事務的國家。義大利、羅馬尼亞、匈牙利，甚至連維希法國（Vichy France）提出的異議都比保加利亞還多，德國代表在與克羅埃西亞及斯洛伐克對談時，更將保加利亞列為榜樣。[47]一九四二年末至一九四三年初的冬天，黨衛軍的德意志帝國安全總辦公室（*Reichssicherheitshauptamt*）與保加利亞的猶太問題委員會洽談，敦促將該國的猶太人遣送至德國。結果，保加利亞當局於一九四三年三月將大約一萬一千名猶太人從色雷斯和馬其頓送往納粹的滅絕營。然而，當該委員會擬訂計畫於當年夏天從大保加利亞（Old Great Bulgaria）驅逐猶太人時，卻遭到了阻撓。

至那時為止，保加利亞的最高統治者本願意在自己選擇的範圍內配合德國，但現在他們也漸漸利用國家機器（尤其是憲法保障）來矇騙德國人，並拖延履行德國的要求。[48]這個招數大致上被用來應對戰爭問題，尤其也被用於處理納粹口中的「猶太問題最終解決方案」。當保加利亞被要求派軍至蘇聯時，鮑里斯國王表示自己的國家沒有武器可用於發動閃電戰類型的攻擊，也指出保加利亞人對俄羅斯固有的同情使得他們難以配合與俄羅斯戰鬥。國王甚至也不允許保加利亞志願兵與蘇聯作戰。[49]

鮑里斯也監督了對反猶的政策各種搪塞形式。至一九四二年底，德國外交官抱怨著各式各樣的缺失：只有百分之二十的猶太人收到了六芒星徽章，他們甚至拒絕佩戴；政府未能保障徽章的製造工廠有電可用；勞動集中營裡的猶太人收到沒有星號的普通制服。[50]黨衛軍的安全總辦公室認為，這種猶豫不決的態度是肇因於外國政府（西班牙、義大利、匈牙利、羅馬尼亞，甚至是維希法國）施加的壓力。但更直接相關的原因是保加利亞社會對種族歧視的不安，這種不安觸及到菁英階層，尤其是東正教會議

（Orthodox Synod）的成員。教會領袖也援引基督教教義，表示在上帝面前人人平等。

色雷斯和馬其頓的遣送行動之所以能順利進行，是因為這兩地的猶太人並非保加利亞公民。然而，他們在前往波蘭的途中曾於保加利亞領土逗留，公眾在得知其環境條件後震驚不已。猶太人沒有食物、水和衛生設施可用，更遭到恣意的暴力對待。現在，再也沒有人懷疑進一步遣送猶太人的意義了：這是徹底毀滅的第一步。國會副議長迪米塔爾・佩舍夫（Dimitar Peshev）在四十名代表的支持下譴責政府，隨後收到了「來自最高層的暗示」（大概是來自鮑里斯），下令停止所有預計從大保加利亞出發的遣送行動。

然而德國卻持續施壓。一九四三年四月，在鮑里斯國王訪問柏林期間，德國外交部長里賓特洛甫（Ribbentrop）曾親自向國王抱怨，表示保加利亞政府未能遵守從一月起遣送六千名猶太人的協議。鮑里斯則解釋說他需要這些猶太人來修路。駐保加利亞的德國觀察人員也回報了其他欺騙招數：當局並未依承諾準備好將索菲亞的猶太人遣送波蘭，反而是計畫將他們安置在農村。[51]就連狂熱的貝克爾也覺得要讓保加利亞人採取進一步行動是毫無希望。他寫信給外交部說，保加利亞人長期與其他人群共同生活，比如亞美尼亞人、希臘人和吉普賽人，所以他們並沒有把猶太人當作什麼特殊的敵人。確實，在保加利亞社會內部，將猶太人從索菲亞驅逐出境的計畫被人們視為一種威脅與暴行；在執行計畫前，猶太人跟著基督教舊識走上街頭示威和干涉，其中包括東正教會議的成員，以及杜諾夫基督教派（Dunovist Christian）。杜諾夫教派將太陽崇拜納入基督教信仰，在宮廷中的勢力很大，教徒包括尤多克西亞公主（Eudoxia）、鮑里斯的顧問，也許還有鮑里斯本人。一位名叫丹尼爾・錫安（Daniel Tsion）的拉比（他同時是神祕主義者及比較神學學生），曾設法向國王遞交一張紙條，聲稱上帝警告不得迫害猶太人。[52]

儘管保加利亞政治人物和教會領袖以不常見的手法參與拯救自己的猶太同胞，但抵抗也有限。鮑里斯國王仍認為猶太人是個必須處理的嚴重問題。一九四三年四月，他向東正教會議的成員表示，當時的「全球劇變」很大部分應歸咎於猶太人和他們「投機取巧的精神」。[53]且就如整個地區的政客，國王最在乎的是讓自己的民族國家強大起來，這就是為什麼他先前會貶低猶太人和其他非保加利亞人的地位，並剝奪他們的公民權。要是德國戰勝蘇聯，鮑里斯國王很可能會批准將猶太人送往滅絕營；再者，要不是幾乎所有其他歐洲國家都有猶太人喪生，那麼保加利亞就會是人們記憶中的猶太人地獄了。

然而，鮑里斯和其他有影響力的保加利亞人都無法忽視德國正在輸掉戰爭的事實，他們也擔心會受到同盟國報復。[54]當美國轟炸機襲擊羅馬尼亞普洛耶什蒂（Ploești）的油田時，德國要求保加利亞協助擊退，但鮑里斯回絕了。他也拒絕疏遠蘇聯，從不允許保加利亞媒體宣傳反蘇，但這種宣傳卻是其他地方的例行公事。德國外交官寫道，唯一可能改變保加利亞立場的方法，只有「重振德國戰力」，也就是要證明德國可以打贏。然而隨著蘇聯軍隊越發逼近柏林，保加利亞的反德勢力也士氣大振，有勇氣出手攻擊右翼領袖，一九四三年二月受襲擊的克里斯托．盧科夫（Hristo Lukov）將軍就是一例。暗殺行動一直持續到春天，代表索菲亞的大街小巷也正感受到戰爭的來臨。八月，國王在東普魯士與希特勒會面後不久就死於心臟衰竭，這是兩人當年的第三次會面。也許他是被人下毒了，但更有可能是為了解決各種過多的需求才過勞死。[55]

上個月，同盟國軍隊於西西里島登陸，危及德國在東南歐的掌控勢力，人們也揣測盟軍將繼續前進巴爾幹地區。義大利政府於一九四三年九月投降，保加利亞、羅馬尼亞和匈牙利則拚命要改變立場，並擺脫與德國的關係。幾個國家當初投機地往第三帝國靠攏，彼時的機運如今卻成了負擔。

※

就如保加利亞，一九三〇年代的羅馬尼亞也因貿易往來而與德國關係密切。然而在一九四〇年，由於德國的「調解」，使其將大片領土拱手讓給蘇聯、匈牙利和保加利亞。[56]損失是如此慘重，使得卡羅爾國王在一九四〇年九月讓位給兒子米哈伊後逃往墨西哥。陸軍總司令伊揚・安東尼斯庫領導下的獨裁政權隨即上台，但鐵衛團的勢力也很強大。[57]安東尼斯庫選擇向納粹德國靠攏，於一九四〇年十一月二十三日加入《三國盟約》。但由於被激進民族主義者與極端激進民族主義者之間的緊張局勢所擾，他的政府於一九四一年一月下旬分裂——鐵衛團趁機發動政變，抗議安東尼斯庫日益嚴厲的統治手段：他採取半法西斯的作風，希望能被認可為長官（*Conducător*）。

這場為期兩天的政變（一九四一年一月二十一日至二十三日）帶來了一場大屠殺，鐵衛團殺了大約一百二十五名猶太人，並大肆破壞猶太人的財產，其中有兩座猶太會堂被燒毀。這些罪惡行徑（部分發生在屠宰場）非常可怕，連德國記者都難以將之記錄下來。[58]安東尼斯庫很快就占了上風，德國則於布亨瓦特（Buchenwald）集中營畫出一塊特殊區域，收留活下來的鐵衛團領袖，希特勒有需要時也可將他們當作棋子。此時德國更看好半法西斯強人安東尼斯庫，反而較不在意意識形態較接近的鐵衛團。安東尼斯庫也為了收復一九四〇年失去的領土，而努力討好德國。

比之保加利亞或匈牙利的保守專制統治者，安東尼斯庫更具種族主義色彩。一九四一年六月，在德國連同其盟軍進攻蘇聯的幾天內，他就下令「清除【摩達維亞首都】雅西的猶太人口」。[59]這座城市與前一年交割給史達林的比薩拉比亞接壤，羅馬尼亞軍隊趁攻擊蘇聯的同時將之「收回」。安東尼斯庫先是將猶太人描繪成共產主義的幫兇，而後誓言要剷除任何有可能危及羅馬尼亞士兵與紅軍作戰的人。六月二十五日，羅馬尼亞特殊情報局散布謠言，稱蘇聯傘兵已降落在羅馬尼亞雅西，結果引發了一場大屠殺，當地暴徒、罪犯和下層人民都參與其中。羅馬尼亞再無法治可言，想對猶太人施暴同時發筆橫財的人都能隨心所欲。一些在殺戮中倖存下來的猶太人被安置在火車上，於烈日下漫無目的地在鄉間移動，沒有水或食物可用。刻有「共產猶太人」和「德國和羅馬尼亞士兵的殺手」等字樣的牛車偶爾會停下來卸屍體。[60]雅西本約有四萬五千名猶太人，最後總共死了一萬四千多名。

一個政權如此下令於領土中公開屠殺本國籍的猶太人，全歐洲只有羅馬尼亞這麼做（連德國也沒有）。安全問題實際上掩護發動種族戰爭的意圖，畢竟安東尼斯庫也明令要逮捕婦孺。[61]納粹和羅馬尼亞軍隊迅速進攻蘇聯領土，似乎開闢了新的視野，打造族群純化領土的極端民族主義目標就近在咫尺。安東尼斯庫也下令，要在他稱之為「我們的重要空間」中「淨化這片土地」。

一九四〇年十月，他允許德軍進入羅馬尼亞，其中有些人也參與了雅西大屠殺——據他們所說，這場屠殺是一項「將無組織大規模暴行塑造成可控模式」的任務。德國軍官與奮力屠殺猶太人的羅馬尼亞部隊合作，使用的說詞似乎都是來自同一套腳本。這也並非巧合，因為早在六月，希特勒便親自將「東方猶太人待遇指南」（Guidelines for the Treatment of Eastern Jews）交給了安東尼斯庫將軍。[62] 至此時，亨利希．希姆萊手下的代表也已進駐布加勒斯特，擔任「猶太人問題」顧問。羅馬尼亞從政者不管來自何種背景，似乎都是納粹忠誠的替角，至少在德國有望取勝的時候是如此。

以副相米海．安東尼斯庫（與將軍無親屬關係）為例，他在一九三〇年代屬於國家自由黨（National Liberal Party）內相對溫和的派系，對極右翼及其反猶主義本是持譴責態度。[63] 然而到一九四一年七月，他的說詞已變成「我們歷史上最有利的機會……為人民清除所有外來的異質，這些異質如雜草般生長，使人民的未來黯淡無光」。[64] 他這番言論根本是翻寫自柏林針對猶太人或札格雷布針對塞爾維亞人的聲明。安東尼斯庫副相承諾要將暴力帶到最近「被解放」的布科維納和比薩拉比亞。他在七月八日這樣告訴內閣：

> 我完全支持強制遷移比薩拉比亞和布科維納的所有猶太人……你必須毫不留情……我不知道要經過多少世紀，羅馬尼亞人民才能再次擁有如此完全的行動自由、這樣的族群清洗和民族修正的機會……讓我們把握時機。有必要就射你的機槍吧。我不在乎歷史是否會將我們視為野蠻人……就由我來承擔正式責任，我也告訴你們，根本沒有法律。[65]

隨之而來的屠殺行動實際上經過精心策畫。羅馬尼亞軍隊在收復的比薩拉比亞和布科維納領土上已組建好先遣部隊，準備「於村莊裡營造對猶太分子不利的氣氛，藉此鼓勵人們……自行消滅他們」。這道指令繼續說明，待羅馬尼亞軍隊抵達時，「這種氣氛必須已營造到位，甚至已付諸行動」。[66]這些命令類似於德國指揮部於更北方發出的命令，在相同幾週內，黨衛軍的突擊隊便緊隨國防軍之後，飛速掃蕩波蘭、立陶宛和烏克蘭。

七月初，羅馬尼亞軍隊在當地居民的協助下，射殺了布科維納南部村莊的猶太居民，接著將屠殺行動繼續往東部推進。直到此時，區域大都會切爾諾夫策（德語：Czernowitz／羅馬尼亞語：Cernăuți／烏克蘭語：Chernivtsi）都還是哈布斯堡王朝猶太人的文化重鎮，然而德國的正規部隊及黨衛軍連同羅馬尼亞軍隊，一起圍捕、殺死了這座城鎮的大多數猶太人。德國各單位聲稱對盟軍的殘忍行徑感到震驚，而黨衛軍突擊隊D也接獲命令，要勸誘羅馬尼亞人「朝此方向採取更有規畫的步驟」。[67]他們反對羅馬尼亞人未能埋葬受害者、收受賄賂，或行強姦和掠奪之舉（例如從屍體中拿走黃金）。

倖存下來的猶太人被趕往聶斯特河（Dniester river），許多人被開槍擊中後落入水中，有些人則被監禁在比薩拉比亞領土上新畫的「猶太隔離區」，生活條件惡劣。羅馬尼亞人在占領、吞併聶斯特河另一側的烏克蘭蘇維埃社會主義共和國領土（稱為「聶斯特里亞」〔Transnistria〕）之後，接著便在那裡建立集中營，殺害了數目不詳的猶太人。[68]上頭沒有定期為猶太人分配食物，有些囚犯還試著吃草充飢。在惡名昭彰的博格丹諾夫卡（Bodganovka）集中營裡，麵包店會出售麵包換取黃金，但等黃金一用罄，指揮官就下令開始大規模射擊。羅馬尼亞軍隊於懸崖邊射殺了大約四萬名猶太人、讓他們的身軀掉入布格河後，便去過聖誕節假期。[69]他們於十月克服頑強抵抗並占領了地區首府奧德薩（Odessa）後，一場炸彈攻擊炸死了羅馬尼亞軍官，使得安東尼斯庫下令報復，這是整場猶太人大屠殺中最殘酷的屠殺事件之一，其中有一萬八千名猶太人喪生。至一九四二年春天，這個人造地獄已經奪走了至少十萬名猶太人的生命。[70]

若說羅馬尼亞殘酷的猶太人政策讓德國人感到震驚，那麼羅馬尼亞統治下的烏克蘭清楚可見的和平與繁榮也讓他們印象深刻。一九四一年秋天，對猶太人的暴行告一段落後，奧德薩市迅速恢復元氣。貪贓的羅馬尼亞政府從中分一杯羹，但隨後便撒手不管，私營企業蓬勃發展，新的理髮店、咖啡廳、商店、小酒館及電影院紛紛出現。羅馬尼亞當局沒有恐嚇當地居民，而是允許聶斯特里亞的各村莊自行投票決定要教孩子哪種語言，並成立了一支烏克蘭輔助警察隊。[71]

安東尼斯庫政權急於殺掉比薩拉比亞和聶斯特里亞的猶太人，讓德國人相信他們會落實計畫，徹底消滅羅馬尼亞腹地裡的猶太人。確實，安東尼斯庫曾想將那裡的猶太人遣送至比薩拉比亞，但德國人於一九四一年八月阻止了他，擔心黨衛軍突擊隊D的負擔過重。羅馬尼亞當局限制了雷加特和外西凡尼亞猶太人的權利，沒收其財產、強制他們加入勞動營隊、剝奪其專業身分。[72]這個過程被稱作「羅馬尼亞化」。要是羅馬尼亞照著德國的作風行事，那麼下一步就會是大屠殺；而事實上，羅馬尼亞也漸漸擬出了將猶太人遣送到波蘭占領區滅絕營的計畫。德國鐵路甚至已預留車廂並制定好路線。[73]然而在一九四二年夏天，羅馬尼亞不再配合。

解釋眾說紛紜。羅馬尼亞猶太人事務委員拉杜．萊卡（Radu Lecca）是個早已因賄賂致富的人，據說萊卡在一九四二年八月訪問柏林期間，因受到冷落而心懷不滿。他和同事已經受夠了被視為二等權力的代表，也厭倦了老是被指點該如何對待「他們的」猶太人。[74]但現在似乎也是轉變的時機。羅馬尼亞政府往東線派出的兵力比誰都多，並能清楚感受到第三帝國即將迎來的浩劫。一九四二年秋天，安東尼斯庫向希特勒索取新武器，這時兩支物資極度不足的羅馬尼亞軍隊才剛於史達林格勒（Stalingrad）附近就位。這個要求和其他請求全都被拒絕了。

另一方面，領導階層對西方國家針對反猶暴行發出的警告更加敏感。羅斯福總統於紐約的世界猶太人大會（World Jewish Congress）上表示：「懲罰迫害猶太人的國家，是戰爭的目標之一。」他也承諾，要讓那些在軸心國占領的國家內對平民犯下「野蠻罪行」的人遭受「可怕報復」。[75]有《凡爾賽條約》和《特里亞農條約》的前車之鑑，羅馬尼亞的菁英階層都心知肚明，戰後懲罰意味著失去領土。

同樣於當月，羅馬尼亞的大學教授、作家及學校教師簽署了一份呈給王室的備忘錄，指出遣送猶太人的行動攸關戰後的領土安排：「我們必須遵守國際法，保障我們所獲得領土上每位猶太人的生活權和法律保護權。」[76]就此宣言呈現的族群觀點看來，人類生活，尤其是異族人的生活，都不及國家領土重要。但是現在，對失去領土的恐懼讓人們開始關心異族人的命運，也讓人感到些許悔恨。遣送猶太人實際上是一項「井然有序又持久的滅絕行動」。備忘錄的作者承認：「我們一直在這個迫害猶太人的國度裡助紂為虐。」羅馬尼亞農民黨領袖尤柳．馬紐於九月補充道：「我已經說過一次了，但我仍會繼續說下去。我們將為虐待猶太人付出高昂的代價。」[77]

那年夏天，有關遣送計畫的謠言紛傳，引起了外西凡尼亞猶太人的恐慌，羅馬尼亞農民黨的馬紐等人插手干涉，阻止了遣送行動。十二月，羅斯福（現在也加上了邱吉爾）重申威脅，他們宣稱：「負責這些罪行的人必遭報應。」警告的聲音也來自紅十字會、土耳其政府、外西凡尼亞東正教都會、教宗特

圖 17.4　從外西凡尼亞救出的孤兒，與安妮．安德曼合照。
來源：United States Holocaust Memorial Museum Photo Archives #29844.
Courtesy of Dr. Frederick Andermann.

使及羅馬尼亞猶太人社區（由世上最年輕的大拉比亞歷山德魯．賽佛蘭〔Alexandru Safran〕領導，他一直與王室成員及獨裁者的妻子緊密合作）。多虧有幾名長期活躍於社會福利界的女性的堅持，羅馬尼亞猶太人社區才能動員起來，救下約兩千名在聶斯特里亞環境惡劣的集中營倖存下來的孤兒。[78]

種族主義者米海．安東尼斯庫的語氣轉變尤其值得注意。十月，他承認「有鑒於國際局勢，且有鑑於其他國家猶太人受到的待遇與羅馬尼亞不同」，導致情勢有所逆轉。[79]他能強烈察覺到全世界對自己國家投來的目光，並於十一月表示：「我寧可批判富人的經濟活動，也不願發動大屠殺與惡意對待窮人。」他接著說道：「匈牙利人正在看著，他們拍攝我國對猶太人所謂的暴虐行徑，用來在國外行政治宣傳。政府的工作不是虐待人民，我也已干涉過三次，保障猶太人能受到合理對待。但仍有些外圍不重要的機構犯了錯。」[80]

他會這麼在乎匈牙利，主要是與爭奪外西凡尼亞有關。一九四〇年八月，德義兩國將外西凡尼亞北半部割讓給匈牙利後，兩國便爭相討好德國：匈牙利獲得了南部，羅馬尼亞則奪回北部。

⁂

和羅馬尼亞一樣，匈牙利也逐漸受德國的勢力所吸引：首先是經濟，然後是政治和軍事影響力。要不是該國直接落入了德國的勢力範圍，其菁英階層會更願意與西方列強（尤其是英國）結盟（羅馬尼亞菁英階層青睞法國；保加利亞領袖則很支持英法兩國）。不過，先撇除地處中歐的地理困境，由於就局勢看來匈牙利似乎有望收復自《特里亞農條約》後所失的疆土，使得該國無法抗拒希特勒德國的誘惑。[81] 一九三八年十一月，德義兩國將匈牙利人占大宗的斯洛伐克南部地區交給匈牙利，使匈牙利極右翼宣稱加入軸心國是「復興匈牙利的途徑」。一九三九年一月，在右翼激進首相貝拉．依姆雷迪（Béla Imrédy）的領導下，匈牙利加入了《反共產國際條約》。[82] 更溫和的基督教右翼反對黨顯然很喪氣，並於一九三九年二月推翻依姆雷迪，改任命帕爾．泰萊基（Pál Teleki）伯爵為首相。泰萊基是位受人敬重的地理學家，出身自受人尊敬的古老家庭，他的傾向極為保守，並相信「榮譽」等舊時美德。他也吸收了該時期東歐政治盛行的部分反猶種族主義。[83]

這等策略給了我們一些重要資訊，以了解戰時匈牙利與保加利亞和羅馬尼亞兩國的不同之處：匈牙利國會中存在真正的反對派，包括充滿活力的左翼。政府不穩定地結合了民族激進派和保守派，而保守派很善於保護自己的利益，尤其是手上握有的財產，因此得以保障匈牙利政治中相對自由的氣氛。舉例來說，一九四二年十二月，反納粹政治人物恩德雷・巴伊奇－日西林斯基（Endre Bajcsy-Zsilinszky）得以在國會中詳述匈牙利軍隊在塞爾維亞犯下的暴行，最後讓高級軍官在軍事法庭受到起訴。安德魯・亞諾什（Andrew Janos）寫道：「舊體制最了不起的成就，也許是在激進右翼一再企圖採取一黨專政的情況下，仍保留了一定程度的政治自由與多元化。」[84]

一九三九年九月，德國進攻波蘭，這時匈牙利仍保持中立，不願授權德軍通過其領土，也不開放邊境收留超過十五萬名波蘭軍人和難民。然而待一九四〇年六月法國戰敗後，箭十字黨便向泰萊基施壓，要求讓匈牙利靠攏德國。就如巴爾幹各國，法國的垮台也讓該地區的政客更堅定認為德國也許能撫平失去土地的委屈。但各國仍有一些矛盾心理：從長遠來看，德國會贏嗎？匈牙利人就這樣加入了賭局，希望能以最小風險獲得最大的領土收益。[85]

處世以久的舊時菁英（上層貴族和大資產階級，還有許多作家和學者）都持懷疑態度；有別於此，年輕的知識分子、軍官、公務員及產業工人卻懷抱著過度希望，他們認為德國可能會獲勝，而其社會達爾文主義的「生存空間」意識形態也能指點未來的道路。年輕一代是現代化的推動者，希望破除國家僵化的農業社會結構，同時削弱政治左派和猶太資產階級，使馬扎爾匈牙利成為堅不可摧的多瑙河強國。年輕氣盛的法西斯分子屏棄了倫理和宗教對暴力的不齒，也拒絕接受舊馬扎爾菁英的傳統文化民族主義。結果在接下來四年裡，政府都於法西斯主義和傳統主義之間搖擺不定，最終兩邊都不選，為極左派留下廣闊的發揮空間，這是個尚未嘗試過的選擇。[86]

如今，以捷克斯洛伐克為代價獲得的領土，養大了左右翼各從政者的胃口，自南斯洛伐克之後，匈牙利又於一九三九年三月獲得了魯塞尼亞。下個明顯的目標就是外西凡尼亞。將其分為南北部兩區的提議似乎是泰萊基的發想。一九四〇年夏天，他提議與羅馬尼亞政府談判，威脅對方若不讓步就動用武力。談判無果之後，德國和義大利便作出了一九四〇年八月的維也納「仲裁」，授予匈牙利北外西凡尼亞。此時，羅馬尼亞領導人伊揚・安東尼斯庫譴責英國未能履行保衛羅馬尼亞主權的承諾，並邀請德國的「受訓」軍隊進駐羅馬尼亞。匈牙利小心翼翼地取悅德國霸主，讓這些軍隊使用其境內鐵路。[87]

就這樣，泰萊基得到土地的同時也付出了代價。人們期望他能減輕對國內納粹分子的壓力，所以他也特赦了魅力超凡的費倫茨・薩拉西。與此同時，右翼的伊姆雷迪則自行組建嘈雜龐大的匈牙利復興黨（Party of Hungarian Regeneration），在國會中極力呼籲滿足德國的索求；而泰萊基的回應，便是以右派舉動來挫敗他們，先發制人地通過反猶立法，並如納粹所願改革憲法。[88] 一九四〇年十一月，泰萊基加入了《三國盟約》，但他也於一個月後與南斯拉夫簽署永久友誼條約，展現出他更深層的政治傾向。

過不多久，這種自我主張與自我妥協之間的衝突，就使首相淪為一個沒有性格的人。一九四一年四月，南斯拉夫一蹶不振，當霍爾蒂和右翼堅持要匈牙利從中分一杯羹時，泰萊基伯爵就舉槍自盡了。這些惡棍利用泰萊基「搖擺不定的政策」，伯爵拒絕與之為伍。[89] 就許多匈牙利人看來，與德國結盟似乎很有成效：該國收復了八萬平方公里的土地，其中有兩百萬馬扎爾人（同時也多了近三百萬的非馬扎爾人）。然而，哈布斯堡時代人們誤用的民族政策，並沒有讓匈牙利的菁英階層吸取教訓：當時，他們向斯洛伐克人和羅馬尼亞人徵用土地想穩定局勢，卻反而招來反對。[90]

一九四一年八月，新上台的拉斯洛・巴爾多西（László Bárdossy）親德政權將大約一萬兩千至兩萬名據稱無匈牙利公民身分的猶太人遣送至德國的波蘭占領區，其中大部分是喀爾巴阡－魯塞尼亞的居民，但也有來自波蘭的難民。[91] 匈牙利警察在布達佩斯的大街上綁架其他外國猶太人，將他們驅趕至卡緬涅茨－波多利斯基（Kamenets-Podolski）附近的邊界，交由納粹的突擊隊C宰割。我們很難從現有的敘述中理解這些舉措背後的根本原因，但有鑑於這時恰逢納粹對猶太布爾什維克主義發動的東征，也許他們是在因應德國施加的壓力。不過就如羅馬尼亞，匈牙利採取的行動也多過於德國挑明的要求。在大約一萬八千名被匈牙利遣送出境的人裡，大約有兩千人存活下來，其中一些人設法返回家鄉講述遭匈牙利盟國謀殺和虐待的悲慘故事。而待這些故事傳到內政部長耳裡時，他也終止了遣送。[92]

然而，就在數月後的一九四二年一月，匈牙利鄉間警察即自行於巴奇卡（Bácska）屠戮了三千多名猶太人和塞爾維亞人，這裡是匈牙利從戰敗國南斯拉夫奪得的土地。[93] 殺戮的策動者是出了名反猶的將軍費克特哈爾米－蔡斯勒（Feketehalmi-Zeisler）。一九四二年三月，匈牙利政權從親納粹的巴爾多西易手到更加謹慎的米克洛什・卡萊（Miklós Kállay），此時德國也必須保護費克特哈爾米－蔡斯勒，讓他免受匈牙利司法制裁。卡萊出身自古老貴族家庭，有著與霍爾蒂相似的哈布斯堡時代思維。在他被任命為首相之前，南斯拉夫占領區中大約有六千名塞爾維亞人慘遭殺害，部分原因是為了要報復共產游擊隊。[94]

該地區各處的局勢相似，匈牙利也不例外，束在猶太人脖子上的絞索已緩緩收緊，速度則取決於該國對土地的渴望，以及各首相不斷搖擺的個性。[95] 一九三八年五月通過的第一部反猶法，於一年後被更嚴厲的法條取代；而後至一九四一年，該國對猶太人身分理解之苛刻已超越德國。立法人員在一九四二年通過了更嚴格的法律（公法XII）要求沒收猶太人的土地，隨後又立法禁止猶太人加入正規軍隊。[96]

保守派菁英曾於國會兩院和黨團會議上反對此反猶法條，因此即便無法阻止法案通過，仍成功減輕了其嚴厲程度，但結果卻無法滿足匈牙利納粹的期望。[97] 與鄰國的局勢相比，匈牙利政權沒有威脅猶太人性命很反常。在一九四四年之前，匈牙利的猶太人都不必佩戴歧視性徽章，行動自由與居住地都不受限，個人財產也不必充公。

匈牙利會猶豫要不要走到納粹德國這一步，部分是因為猶太人在匈牙利中產及專業階級中扮演的角色相對重要，人們擔心猶太人突然消失會引起混亂。猶太人的數量雖然只占總人口的百分之五點一，但在一九三〇年，該國的醫生有一半以上都是猶太人（百分之五十四點五）、礦業和工業的律師及白領占幾乎一半（分別為百分之四十九點二和約百分之四十七），工程師則有近三分之一（百分之三十點四）。人們也擔心經濟是否能保持穩定。據估計，猶太人掌控該國五分之四的工業。[98] 匈牙利政府在推動「經濟雅利安化」時取得的「進展」，只不過是敲響了更多警鐘。由於上層階級不屑從商，所以很難找到馬扎爾人來填補職位空缺；甚至在一九四四年，就連德國製造商（包括一些軍火商）都還依賴猶太生產商。但政府的整體目標仍是將猶太企業的就業人數降低至少五成。[99]

匈牙利當局禁止猶太男子於正規軍隊服役後，便將他們徵召入勞動營；年齡限制則逐漸拉寬，從一九四一年的二十五歲增加到一九四四年十月的六十歲。軍官（部分是激進右派）嚴重虐待被徵召者，利用他們從事危險的工作，像是修建防禦工程與道路、清理地雷區以及在銅礦坑中工作。被派往俄羅斯的人也沒有足夠的衣物過冬。在這些部隊服役的人總共約十三萬，其中死了三萬至四萬人。[100] 然而，在一九四四年的春夏季節，德國和匈牙利官員開始將匈牙利猶太人驅趕至奧斯威辛集中營，這時服勞役卻反倒讓他們躲過了死劫。

在那之前，德國要求將猶太人移至「東方」從事所謂的工作，都被歷屆政府拒絕了。首相卡萊表示「在【匈牙利的】歷史進程中，本國一直秉著人道準則來處理種族和宗教問題」，以解釋這種違抗之舉。一九四三年，攝政霍爾蒂告訴希特勒，當局畢竟不能隨便就殺光猶太人（德國外交部長里賓特洛甫不同意）。[101] 而德國懷疑得沒錯，匈牙利當局也擔心共謀殺害猶太人會因此疏遠西方列強。匈牙利本就會悄悄安排保護被擊落的同盟國飛行員；而在一九四四年，卡萊更與西方同盟國達成祕密協議，同意如果英美軍隊抵達匈牙利領土，他們就會投降。然而這件事從未成真，直到最後他和霍爾蒂都沒有與德國決裂，因為他們無法接受失去希特勒恩賜的領土。[102]

德國擔心匈牙利會倒戈，因此於一九四四年三月十九日派兵入侵。德國的政治宣傳表示，德軍的八個師已「應匈牙利政府的要求」抵達該國，然而當時海軍上將霍爾蒂正於奧地利的克萊斯翰（Klessheim）城堡接受希特勒的款待。[103] 德國逼迫霍爾蒂任命中將德邁・斯托堯伊（Döme Sztójay）為首相來領導政府，斯托堯伊與德國菁英階層的關係密切，也曾指派匈牙利的納粹分子擔任重要職位。現在所有反納粹政黨和組織都解散了，小農黨和社會民主黨以及記者、學者和霍爾蒂的同黨都遭到大規模逮捕，其中有許多人被送往德國的集中營。這些動作是一九三三年納粹於德國全面掌權後的快轉版本。

德國多年來逐步實施的猶太人歧視措施，現在被壓縮到了幾週的時間內。內政部次長拉斯洛・巴基（László Baky）和拉斯洛・恩德雷（LászlóEndre）都是反猶主義者，他們諮詢了阿道夫・艾希曼辦事處的特殊單位（*Sonderkommando*），制定法令強制猶太人佩戴黃星、禁止他們旅行與執業，還成立了猶太居民委員會（Judenraete）。[104] 四月七日，巴基頒布多條法令，措辭與兩年前於羅馬尼亞推出的法令很相似：「匈牙利王室政府很快會洗淨國內的猶太人。」匈牙利當局隨後也據四月二十八日的法條設立了一百八十五處猶太隔離區；兩週後，警方和民政機構便開始準備第一列火車（總共有一百四十七列，大多是匈牙利國鐵的運牛車廂），即將載著四十三萬七千四百〇二名匈牙利猶太人前往斯洛伐克邊境，他們會在那裡轉乘德意志國家鐵路（*Deutsche Reichsbahn*），完成最後一段前往奧許維茲－比克瑙的旅程。大多數人一抵達就被殺死，往往每天超過一萬人。[105]

多虧有兩名奧斯威辛集中營的年輕猶太人成功逃脫，大屠殺的消息才洩露給了國際媒體，並引起國際紅十字會，還有瑞士、瑞典和美國政府，以及梵蒂岡的呼聲。[106] 前首相伊斯特萬・貝特倫等霍爾蒂的手下進一步施壓，要求停止遣送猶太人，他的兒子也這麼做了。霍爾蒂於三月曾打算不再管事，聲稱事情都是由新政府處理，但現在他也加入行動，並於七月初下令停止遣送，挽救了布達佩斯猶太人的生命。在六月二十六日的王室會議上，霍爾蒂表示他不會「允許遣送行動令匈牙利人蒙受更多恥辱」。巴基和恩德雷最後則因「猶太問題」而於六月三十日遭到免職。[107]

八月下旬，由於蘇聯軍隊已進入羅馬尼亞，該國政府也改變了立場。國王米哈伊邀請安東尼斯庫將軍商討事情，並趁機將他逮捕。現在，羅馬尼亞與德國展開了激烈的戰鬥，為收復北外西凡尼亞而死傷了大約五萬人。[108] 霍爾蒂海軍上將也嘗試效仿米哈伊，於次日（八月二十四日）解除了斯托堯伊的職務，將政府交給與西方同盟國有往來的蓋薩．拉卡托斯（Géza Lakatos）將軍打理（他們讓他務必與蘇聯人打交道）。[109] 紅軍於九月二十三日越過邊境，匈牙利於十月十一日與莫斯科達成停戰協議。然而，當霍爾蒂於十月十五日命令匈牙利軍隊停戰時，箭十字黨與德國占領者卻反將了他們一軍：一支裝甲師（*Panzerdivision*）占領布達佩斯皇宮，德國人迫使霍爾蒂（威脅要殺死他的兒子）任命箭十字黨領袖費倫茨．薩拉西為首相。德軍和箭十字的部隊也占領了布達佩斯的重要建築，沒有遇到任何抵抗。[110]

布達佩斯猶太人惡夢般的日子開始了。至十二月，蘇聯正包圍這座城市，軸心國顯然輸掉了戰爭，但匈牙利納粹卻繼續大肆屠殺猶太人，將他們聚集在多瑙河畔排成長隊，一個個槍殺，再將屍體扔到冰冷的河水中。據信有大約兩萬名猶太人就是這麼死的。儘管如此，布達佩斯的大多數猶太人還是活了下來，受到外國公使館（有瑞典、瑞士、西班牙、義大利和葡萄牙）或天主教會的保護。瑞典人拉烏爾．瓦倫堡（Raoul Wallenberg）和瑞士人卡爾．盧茨（Carl Lutz）為猶太人發放了數萬份受箭十字黨許可的保護文件。而且也因為有德國公使館館長格哈特．費內（Gerhart Feine）通風報信，瓦倫堡和盧茨才得知箭十字黨打算遣送布達佩斯的猶太人。費內和盧茨租下三十間公寓大樓，為大約三萬名布達佩斯猶太人提供了避風港，一直到戰爭結束為止。[111]

在反納粹人士恩德雷．巴伊奇－日西林斯基的領導下，匈牙利人民組成了抵抗勢力。巴伊奇－日西林斯基是民族主義和獨立小農黨的重要人物，且致力於團結右、中間及左派，並為多瑙河流域裡的國家制定戰後合作計畫，希望能跳脫彼此幾代以來的敵意。可惜，箭十字黨人於十二月俘虜了巴伊奇－日西林斯基，並將他吊死。[112]布達佩斯最終於一九四五年二月十三日落入紅軍之手。該市的猶太人口從圍城前的近二十萬減少至十二萬。在一九九四年被定義為猶太人的七十七萬名匈牙利公民中，約有二十五萬人從戰爭中倖存下來。[113]

羅馬尼亞約有二十九萬名猶太人活下來，但安東尼斯庫政權本身已殺了二十八萬至三十八萬人。[114]保加利亞則有四萬八千位猶太人撐過戰爭，但該國當局曾將一萬一千名色雷斯和馬其頓猶太人遣送至德國，這些人全數喪命。[115]在一九三八年波希米亞和摩拉維亞保護國的十一萬八千名猶太居民之中，只有一萬四千人活下來見證戰爭的盡頭；在戰前捷克斯洛伐克的三十五萬名猶太人中，死了二十六萬五千人。[116]在戰前波蘭社區的三百三十萬猶太人中，約有九成的人命喪大屠殺，而大多數活下來的人都是因為當時身處蘇聯，這些人被算作蘇聯當局於一九四〇年與一九四一年之交，從波蘭東部運往西伯利亞及中亞的「不確定分子」。返回者大多將波蘭視為前往巴勒斯坦的中途站。

※

如同保加利亞和羅馬尼亞，匈牙利殺死無辜平民的第一步，就是先對被視作外來者的猶太人下手——他們生活在塞爾維亞、色雷斯及馬其頓或聶斯特里亞的占領區。但當局在殺害這幾處猶太人的同時，也漸漸壯大反「本土」猶太人的勢頭，以所謂的血統為依據來縮減猶太人權利、推出就業限制或發放單獨的護照。然而，各東歐政權都沒有完全採用納粹對猶太種族的理解，幾個國家都破例通融退伍軍人或改宗基督教者。最後，德國當局要求各地除了歧視和限制措施之外，還必須進一步交出「本土」猶太人，以一舉殲滅。這次，保加利亞和羅馬尼亞選擇懸崖勒馬，儘管在一九四二年年初至年中，他們也一度將猶太人從曾屬奧地利的布科維納遣送至聶斯特里亞的滅絕營。至於匈牙利，只有在德國占領該國之後才開始前送猶太人，但匈牙利官員完全配合（在東歐，只有克羅埃西亞和羅馬尼亞當局設立了自己的滅絕營，其中克羅埃西亞的集中營則主要是針對塞爾維亞人）。

對匈牙利、羅馬尼亞和保加利亞而言（還有對克羅埃西亞和斯洛伐克的傀儡政權而言），最終正義的重心已從人類轉移到土地之上，也就是民族領土。各國之所以有與納粹德國交易的可能，正是因為領土收復主義廣為盛行：各國都認為民族（表面上的大家庭）應得的財產被剝奪了。然而實際上，取得領土的代價就是人民：他們拿到了外西凡尼亞或多布魯加的片段土地，但必須給出懲罰及殺害猶太人的承諾——這些猶太人先是失去了公民身分，然後是他們的性命。

瑪格麗特行動（Operation Margarethe，指一九四四年德國入侵匈牙利）雖然令人震驚，但在邏輯上也說得通，因為德國在入侵前，便曾埋怨過匈牙利人沒有履行交易承諾。如今，魔鬼越過了邊境，奪取當初許諾要交出的性命。就某種意義上而言，匈牙利各官僚於一九四四年春季配合初次遣送各省分的猶太人時，就等同於認可了德國行動的合法性。霍爾蒂海軍上將起初打算視而不見，但他很快就發現自己無法忽視來自世界各地人們的憤怒，受害者、匈牙利同胞、猶太人被送上牛車時的尖叫聲都使他動搖。

要說為什麼有更多東歐人都對這些尖叫聲充耳不聞，那是因為交易的一部分是要精通德國霸權自有的語言，認為國家的領土理所當然應保持「乾淨」，這三種案例內的種族主義者都使用相同的字詞。各處「立場溫和」的從政者也幫著讓極端主義者的話語成為了常態。當然，這些字詞也並非完全是來自外地，它們很容易就被轉化為本地版本的族群民族主義，其來源能回溯到幾代以前，往往出自於該地區最受尊敬的知識分子。

在戰爭和革命的背景下，最極端（態度也最一致的）的民族主義者能不受道德動搖地思考這樣的問題：土地要是不「純淨」，那渴求這些新領土又有何用？在種族主義時代，受傷的正義招致「極端的憤怒情緒」，不僅使得猶太人、更使羅姆人（羅馬尼亞）及穆斯林（保加利亞）成為犯罪分子，或者也可用一名德國軍官的話來說，是「必須消滅的敗類」——他是如此形容從烏克蘭初期大屠殺（彼拉切可夫〔Belaya Cercov〕）倖存下來的猶太兒童。渴望更多土地的人不僅被帝國意識形態給制約，也受到情感的約束：一九四四年十月，當霍爾蒂海軍上將下令倒戈時，他手下的軍官卻沒有聽從。史學家約格·霍恩施（Jörg Hoensch）寫道：「許多軍官都曾至德國受訓，也被灌輸了國家社會主義的價值觀，所以根本沒有準備好要與蘇聯合作。」117

種族戰爭結束之後，許多倖存的猶太人從發生過的事情得出了結論。他們能注意到，即使是在匈牙利（猶太人撐了最久才遭毒手的地方），他們仍遠不屬於社會學家海倫·費恩（Helen Fein）所稱的「義務宇宙」（Universe of obligation）的群體，也就是指「受到虧欠、適用於一般社會規則的群體，該群體受到的傷害必須予以補償」。無論有多少世代的先人努力推動國家的繁榮和文化生活（就如匈牙利猶太人從一八六〇年代開始的貢獻），猶太人終究是「他者」。當猶太人開始從波希米亞、波士尼亞或加利西亞和外西凡尼亞消失時，當地人只是眼睜睜看著、有時更是麻木不仁地看著，絲毫不覺於自己有任何損失。[118]

匈牙利異議者喬治・康瑞德（George Konrád）於許久後寫下了回憶錄，憶起自己在拜賴焦新村（Berettyoujfalu）的非猶太鄰居，該處是一座外省城鎮，猶太人於一九四四年六月從那裡被遣送離開。一九四五年春天，康瑞德與兄弟＊（兩人是唯二倖存的孩童）從布達佩斯返回時，他們的左鄰右舍對於猶太人的消失「不予置評」：

人們對於他們被趕上火車這件事漠不關心，就如來自前線的消息、徵兵通知或於陽光明媚早晨出現在城鎮上空的轟炸機般無人在意：以上種種都是人們司空見慣、無法控制的歷史事件。這是人們接受命運的冷漠態度，其中夾雜著恐懼，大概還有些許解脫。[119]

同年，捷克的猶太倖存者赫達・科瓦利（Heda Margolius Kovaly）也回到父親在布拉格南部貝內紹夫（Benešov）附近的出生地，了解到祖母的命運。祖母八十六年來一直生活在這個村子裡，大家也都很喜歡她。然而德國人來了，讓她等著悽慘地死去，其他人充其量只能說：「布洛赫（Bloch）太太，

＊編註：原文為brother，但查到的資料顯示這個人只有一個姊姊為Eva Konrad，可能為作者誤植。

別害怕。」有些人認為驅逐猶太人是在伸張正義——現在終於輪到他們擁有商店了、輪到自家的小女孩彈彈被留下來的鋼琴了。在捷克土地上，「每頭牛都被分配到了新主人的住所」。[120]左鄰右舍本就著羨慕猶太人的中產階級地位，羨慕他們能在假期時戴上白手套、住在體面的房子裡、精通各種語言，有時還有親戚住在布達佩斯或稍遠一點的維也納和巴黎。[121]然而，非猶太人和猶太人「在德國的瘋狂舉動開始之前，原本一直都能和平共處」，這也是事實。[122]

匈牙利和波希米亞的情況同樣也發生於波蘭、斯洛伐克和羅馬尼亞。從一九四四年至一九四五年，紅軍征服了先前德國人及當地幫兇以暴力「淨化」族群的領土。德國的「瘋狂舉措」無法挽回。猶太倖存者和當地族群之間的互動與康瑞德筆下的情景相似，展現出對猶太人失蹤的漠不關心，往往還對某些得以返家的人感到驚訝又不悅。「我聽說你死了」是句常見的招呼。[123]就算是在納粹統治結束很久之後，大眾仍贊同納粹及其當地傀儡採取的措施。戰後的斯洛伐克政府絞死了蒂索神父，但蒂索政權對財產的「雅利安化」卻延續下來。鄰居們就這樣自行分配了猶太人的工作和財產。在許多村莊裡，每個人每週都會不時穿上死者的衣服，他們也從來沒想過要歸還。

中東歐大屠殺有個令人不安的祕密：當地人雖然鄙視納粹統治，也經常抵制該政權，但各地人民都接受了納粹的中心概念。戰爭就是這樣被遺忘的——或者更精準地說，戰爭就是這樣被錯記的。

chapter 18 人民民主：戰後早期的東歐

東歐轉型為蘇聯集團的過程似乎不需多作解釋，這些國家別無選擇。蘇聯領袖就這樣將其制度強加於蘇軍自一九四四年至一九四五年從納粹統治下解放的各國領土：羅馬尼亞、保加利亞、匈牙利、波蘭、捷克斯洛伐克和德國的蘇維埃區。至一九四八年，共產黨已掌控這些地方，只要有誰膽敢質疑蘇聯模式組織該地社會生活的各面向一事是否正當，就有可能入獄，或淪落至更糟糕的下場。蘇聯看來就是想將其制度強行移植到東歐。

然而若是深入觀察我們就會發現，要對東歐靠向共產主義給出令人滿意的解釋，其實並沒有那麼簡單。一九四五年，蘇聯領袖對未來沒有明確的想法，也沒有設想東歐國家會在短期內成為共產國家——這與他們更廣闊的願景有關。以蘇聯為首的工人運動才剛戰勝法西斯主義，表示人類的未來將屬於左翼。因此，蘇聯沒有必要在如今被紅軍占領的國家強行發起共產主義革命。蘇聯領導階層反而是為了其自身安全，而提出了幾個最低限度的要求。

蘇聯領導階層堅持在西部建立緩衝區，以防範進一步的陸地攻擊，也藉此保住透過一九三九年《德蘇互不侵犯條約》獲得的前沙皇領土（波羅的海國家、比薩拉比亞、波蘭東部）。波蘭則在西方盟國的許可下得到德國大片的東部土地作為補償，包含幾乎整個西利西亞、大半個布蘭登堡省（Brandenburg），以及帕默瑞尼亞（Pomerania）和東普魯士的大片地區。新的波蘭西部邊界根據構成的兩條河流而被命名為「奧得河－尼斯河線」（Oder-Neisse）。[1] 蘇聯領袖還要求波蘭和羅馬尼亞政府不得反對蘇聯的利益，展現了出蘇聯對這些國家內部政局的影響力，但沒有非得建立一九四八年後才於該地區成形的蘇聯政權複製品。[2]

目前而言，任何夢想著轉型的人都因國內因素而受阻礙。東歐本是歐陸上最反共的地區，要想強加共產主義只會適得其反。在大多數東歐人的心目中，俄羅斯革命迎來的不是解放，而是歐洲前所未見的大災難。對匈牙利和波蘭的農民而言，布爾什維克制度的目的在於奪取他們的土地、關閉他們的教堂；此外，許多匈牙利人和波蘭人也對俄羅斯帝國懷有敵意，一九四四年至一九四五年與紅軍部隊的對峙更加深了偏見。在塞爾維亞北部和波蘭中部，蘇軍大肆掠奪、強暴人民、喝光每一滴他們找到的酒水，而在屬於德意志第三帝國及其盟國的地區，蘇軍的行為更加惡質。就這樣，這些將中歐從極端種族主義中解放出來的男男女女也成了種族主義信徒的眼中釘，認為他們的人類組成似乎十分異質。[3]

此外，在東歐的大部分地區，共產黨都是被追捕的小團體，其黨員在戰爭期間不是流亡就是入獄。一九四五年，就算蘇聯有計畫，也沒有幹部能在該地區強行共產制度。羅馬尼亞是個人口不到一千六百萬的國家，卻只有一千名共產黨員，匈牙利和波蘭也有類似的情形。部分問題其實是史達林自己造成的：一九三〇年代，他下令逮捕及謀殺數十名在莫斯科尋求庇護的歐洲共產黨人；一九三八年，他先是處決了波蘭共產黨的最高領導階層，隨後就將之解散。

儘管如此，在一九四四年後，東歐國家也開始多少有些明顯地向蘇聯形式的統治靠攏，就連蘇聯領導階層本身也沒有料想到會立即出現這種結果。這就與蘇聯的政治想像有關了，當西方列強於一九四三至一九四五年間為敲定戰後秩序而與蘇聯會面時，西方列強並沒有完全掌握這一點，最大的誤解則在於雙方對「民主」一詞的理解。在一九四五年七月的波茨坦會議（Potsdam Conference）上，蘇聯代表承諾要尊重民主規範，但這卻是基於對自身制度之理解才給出的承諾。在蘇聯制度下，「人民」統治指的是勞動階級的權力，這些人在定義上是「民主」的，因為他們在任何社會中占的都是絕大多數。在後續幾年裡，當蘇聯官員被要求推動東歐「民主化」時，他們便出於本能地推崇最能代表勞動階級的政黨，無論該黨規模有多小——也就是共產黨。

蘇聯和西方列強在戰後協定上的共識，就是剷除法西斯主義；此過程在德國被稱作「去納粹化」（denazification），但各方對這個詞的理解也有所不同。因為共產黨認為，法西斯主義是資本主義政客的策略，他們使用空洞的承諾、侵略戰爭、偽社會政策來保住自己掌控群眾的霸權，所以任何維持資本主義的政治制度都不足以處理法西斯主義的遺毒。

因此，東歐國家在戰後初期被稱作「人民民主國家」（people's democracies），指的是它們不再是資本主義國家，但也還不算是社會主義國家，因為人民民主國家常會訴諸暴力，幾無法治可言。最早期的措施是徵用大地主和資本家的財產，他們沒有為此獲得任何補償，因為這些人被視為法西斯的「共犯」。這點其實也合理，如果給喪失土地、礦山或工廠主慷慨補償，他們就能生存下來，成為一支社會勢力，法西斯統治的經濟基礎也會有生存的空間。相較之下，將土地分配給農民，或將企業轉交國營才是民主的作法，因為這表示最重要的權力形式（經濟掌控權）是交由勞工掌管，也交到了將屬於「勞工的」國家的手中。

但還有一項非官方制定的政策：人民民主政權會保留納粹和盟國政權於戰爭期間沒收的財產，這些財產通常來自遭殺害的猶太人。行政官員甚至會拒絕讓直系親屬收回這些被盜的資產。[4]

然而，人民民主並不光是建立在緩慢使用武力的基礎上，它們還能招來數十萬、甚至數百萬人的接受和熱情，這些人樂見富人失去社會地位，自己則得到基本的社會正義。這些政權通過了早該通過的立法，為工人提供健康和意外保險、就業保障，以及獲得各級免費教育的機會。最後一項措施尤其有吸引力，因為在舊制度下，任何年齡層都只有不到百分之五的人有資格接受高等教育，他們往往也來自中產階級和仕紳階層。新政府大舉擴大學校教育、消去殘餘的文盲人口（見附錄表格A.3），並簡化教育形式，儘量讓更多兒童能從小學升上中學（以前絕大多數人在六或八年後就必須離開學校）。就以蘇聯為例，他們還開設短期學校，讓工農階級的子女能在一、兩年內達到與高中同等的學歷。[5]

歐洲絕非僅有一小角落的人民支持徹底脫離自由放任的資本主義。從英國到法國、義大利，再到巴爾幹地區和波蘭，各地的人民都認為，新政府不能再犯下一九三〇年代經濟管理不善和社會極不平等的錯誤。一九四五年七月，英國選民將邱吉爾趕下台，由工黨的克萊門特・艾德禮（Clement Atlee）取而代之。英國政府很快便將工業、金融業、醫療保健和交通業收歸國有。在匈牙利，只有極少數人希望保有半封建狀態，絕大多數都贊成改採現代的政治和社會結構。[6] 自由主義者奧斯卡・雅西（Oscar

Jászi）寫道：「通往真正有建設性的社會化實驗道路已敞開，因為原本混合的資本主義形式利用其壟斷地位無情剝削，藉此累積巨額利潤，少有人會為此制度的消逝而流淚。」[7]

因此，有大量證據證明歷史是站在蘇聯這邊；只要不受「帝國主義」（法西斯主義是其最極端的形式）阻礙，社會主義的力量就會越發壯大。馬克思主義得到了比戰前更多的支持，還不僅是在工業區（早期馬克思主義思想家認為工業區是資本主義矛盾最嚴重的地區）而已。匈牙利大部分雖屬農村，但仍證實了馬克思認為經濟和政治彼此關聯提出的學說：霍爾蒂制度迎合大莊園地主、城市資本家及金融階層的需求，也受到軍隊和官僚機構的支持，在操縱選舉的同時穩定地灌輸匈牙利人領土收復主義的觀念。大多數東歐人在一九四五年並沒有拒絕自由民主，因為他們從未真正了解過這個制度。

人民需要比舊自由主義政權更強大的國家來執政也很實際，因為戰爭帶來的破壞與干擾需要協調且強而有力的治理。以布達佩斯為例，在經歷數月圍城後，城市景觀已成一片狼藉，多瑙河上的橋梁和公寓大樓都被火砲摧毀。通貨膨脹在戰爭期間就開始了，如今仍在繼續，不見頹勢。一九四六年七月底，每日通貨膨脹率為百分之十五萬八千四百八十六，一美元等於四十六萬京福林。＊以物易物的經濟再次出現在蓬勃發展的黑市中，匈牙利人幾乎受饑荒所苦；在一九四四年與一九四五年之交的冬季，有些人還用街上找到的馬匹屍體果腹。二月，政府下令用布達佩斯所有可用的土地來種植農作物。然而因為天

＊編註：一京等於一萬兆。

氣的緣故，小麥收成僅有戰前平均水準的三分之一。匈牙利的煤炭也嚴重短缺，貧困的處境因此增加了國家大力介入經濟的需求：一九四六年二月，有百分之六十六的工人表示支持工業國有化。[8]當局嚴懲違法經濟行為，而在所有政黨之中，實施最極端措施的典型代表正是共產黨。

然而當局根本沒將這些早期措施歸類為「社會主義」，就更不用說「共產主義」了，這兩個詞可能會疏遠那些同情社會改革、但對任何看似有「蘇維埃」成分的事物保持警惕的勢力。以上變革反而被稱為「進步」與「必要」的政策。資產階級社會已成過去式，人民民主不是一黨專制或獨裁，而是「團結」（當時的另一個口號）。所有支持民主和反法西斯政治的勢力，都被召集到廣大的聯盟中共同進入政府，這類聯盟常被稱為「民族陣線」（National Fronts），其中不僅包括共產黨和社會民主黨，還有農民政黨、自由主義者、進步民族主義者和天主教徒。同理，所有被定義為法西斯共犯的人都被排除在外。因此，捷克斯洛伐克右傾的農民黨或波蘭的民族民主黨都不得重組。

這項統一的概念表示共產黨不必擔心自己人數少，他們通常能指望社會民主黨和「進步」農民的支持，這尤其要歸功於熱情支持進步變革的群眾（我們也將於下文讀到，當共產黨無法說服這些盟友時，就會逐漸貶損或摧毀他們）。除此之外，來自蘇聯的推手也會確保共產黨員在新政府中掌握大權，尤其得以擔任內政部要職。在支持進步的勢力中，共產黨員自稱是民主的最佳代表，因為他們支持為了「人民」的利益而推動的最激進變革。

儘管蘇聯當局在幕後使用一批批的食物和物資支持他們，但有時也得馴服想迅速轉向社會主義的當地共產黨人。他們知道，激進的措辭或公然使用暴力可能會疏遠其他政黨的盟友及西歐人（西歐人當時認為蘇聯是戰勝法西斯主義的主要力量）。東歐共產黨跟隨著莫斯科的腳步，認為自己的國家能在沒有革命的干擾下實現社會主義。但就許多捷克人看來，本地共產黨員似乎與眾不同，比來自歐亞大陸的「粗魯」東方人更有人性。一九四七年三月，共產黨魁克萊門特・哥特瓦爾德（Klement Gottwald）表示，「蘇維埃制度和無產階級專政」並非通向社會主義的唯一途徑。[9]

哥特瓦爾德這類共產黨領袖也希望吸引那些渴望改革、但在政治上持溫和立場的工人。在農村地區，這種作法面臨著巨大的挑戰。一九四五年十一月，大多數匈牙利選民（百分之五十七）都支持小農黨並反對左翼集團，也就等於是贊成漸進轉型：人民仍能廣泛持有財產、採用法治和國會民主制。小農黨作為主要的非馬克思主義政黨，很快就演變為所有異見者的陣營，其中含保守派、自由派知識分子和中產階級利益的捍衛者。[10] 同樣地，波蘭農民黨也被視作共產黨的主要替代方案，因此吸引了想要獨立和西式政府的波蘭人支持。

所以說，人民民主的組成並不穩定，既不可能建立共產主義，也不可能批評共產主義。結果就是造成一場明爭暗鬥：政府中的共產黨員會利用行政手段來邊緣化反對黨，並佐以越發尖銳的論調。哪個誠實又好心的人會反對民主、反對反法西斯和反對進步？左派（共產黨人和許多社會民主黨人）會將批評者汙衊為叛徒，他們也鼓動人們擔憂地下法西斯分子的顛覆活動，並認為需要採取新措施來根除叛國行為。各聯盟的共產黨員都透過內政部控制警察，也往往掌握著出版教科書的教育部和發布新聞報刊的宣傳部。共產主義報紙因而有了更高的印刷量，所有媒體基本上都不得批評民族陣線政府及其外交政策（包括與蘇聯結盟）。就算是在相對溫和的捷克斯洛伐克，國家安全區指揮官也認為批評馬克思主義應受罰。[11]

社會與民族

共產黨宣稱，真正的工人有健康的階級本能，讓他們對敵人保持警惕。因此，工人、農民及其子女不僅成為高等教育招收的對象，也是共產黨、人民軍和警察單位招募的對象，以上都能讓他們有機會進到更高檔的雜貨店和度假小屋。這種偏袒作風最終引發的影響很矛盾。工人有時會認真看待黨的承諾（他們是統治階級），且會於發生危機時率先表達異議，例如一九五三年捷克斯洛伐克和東德的工人；[12]但有時候工人確實是支持政權的堡壘，像是一九六八年捷克斯洛伐克和波蘭的工人。支持人民民主的工農階級推動實現社會正義的同時，也讓自身成為了新制度兌現承諾的直接證據。國家行政部門和經濟領域為這些人打開了職涯道路，這是他們上一輩做夢也想不到的。

知識分子普遍來自「資產階級」背景，注定要在工農國家失去特權，但有許多人都配合打造人民民主制度。頂尖作家、畫家及教授會創作詩歌、故事、戲劇、電影及音樂來表達對政權的支持，他們歌頌著蘇聯式的社會主義，卻太過天真，對自己仰慕的對象一無所知。記者全都不得調查蘇聯的生活，除蘇聯領導階層以外，很少有人知道一九三〇年代的集體化或黨內清洗是場多大的災難。有數萬或數十萬人死了嗎？誰也說不準。亞瑟・柯斯勒（Arthur Koestler）、維克多・賽爾日（Victor Serge）或鮑里斯・蘇瓦林（Boris Souvarine）等左派作家對史達林主義的批評降低了法國人對共產主義的支持，在東歐卻被視為反蘇而遭禁。從蘇聯流亡歸來、第一手掌握當地饑荒或恐怖政治的本土共產黨人也對此守口如瓶，他們仍懼怕史達林龐大的勢力範圍。[13]

然而，就連嚐過蘇聯恐怖與匱乏真實之處的知識分子，也往往樂於配合新政權。波蘭作家支持共產主義，儘管他們曾親眼見到內務人民委員部逮捕欲與紅軍並肩作戰的救國軍士兵（甚至是他們身邊的友人）。還有些人是從蘇聯集中營中存活下來，或者有親屬沒有逃過一劫，但他們仍找到了與該政權和解的方法。

部分原因是他們別無選擇。一九四五年，知識分子返回克拉科夫、華沙或羅茲打算重操舊業，卻在此時見到了一個名為「人民波蘭」（People's Poland）的新國家正在成形：這個國家與蘇聯結盟，參與「重建國家」的工作，而非打造社會主義（至少那時還沒有）。袖手旁觀有什麼意義？無論是誰掌權，知識分子難道不應對波蘭的文化負起責任嗎？就這樣，曾在地下授課的教授和老師現在搬回了大學及教學大樓，舉例來說，喜好針砭的歷史語言學家卡齊米日・維卡（Kazimierz Wyka）雖然不是共產黨人，仍被比作十九世紀後期「有機工作」（Organic work）的實踐者。[14] 就算初期只是簡單地配合，時常也會不知不覺變成共謀者。一九五三年，維卡寫道，史達林的「天才，具體說明了辯證法預設如鋼鐵般的邏輯思維……展現出應如何理解文學的持久價值」。[15]

然而，我們仍能感覺到波蘭人的警惕態度未曾遠離。即使幾乎所有人都配合新國家（因為新政權逐漸掌控大部分就業機會），但與捷克人或東德人相比，波蘭加入共產黨的人還是相對較少，更別說要加入祕密警察了。一九四五年後，四散的救國軍繼續於地下作戰，將炮火瞄準蘇聯扶植的政權官員。這些部隊在一月違抗了救國軍中心領導層的解散命令，公開露面並重新加入平民生活。[16]

但對於許多知識分子來說，問題不僅在於引退或投機。他們會選擇服務人民民主政權，是因為時人普遍熱衷於黑格爾式的必然性論點，也就是說正在發生的變革自有其合理性。蘇聯軍隊使人類跳脫資本主義和「資產階級民主」，進入了嶄新的階段，所以沒道理抗拒這樣的說法——存在即合理。辯證法的觀點得到了左派之外的擁護者，因為這種思維似乎能解釋最近發生的歷史。前一個歷史階段演變出新的歷史階段，法西斯主義並沒有摧毀自由民主，而是自由民主的產物。以捷克斯洛伐克胡斯教派的牧師瓦茨拉夫·洛倫茨（Václav Lorenc）為例，他於一九四六年寫道：

> 資本主義秩序已完成其歷史任務，正成為進一步發展的阻礙，仍苦苦掙扎抗拒著勢不可擋的社會主義秩序。為延緩資本主義垮台，人們才刻意召集法西斯主義……我們必須正視總統針對法西斯餘孽仍構成危險的發言，呼籲動員所有道德力量，抵禦那些試圖扭轉歷史之輪的人，因為他們知道，他們將被踢出原本的特權、剝削及罪惡立場。[17]

黑格爾的辯證法在此被對應到基督教的救贖故事，反共就同等於罪惡。胡斯教派會議認為，法西斯的根源在於資本主義階級社會的內部矛盾，在社會主義建立之前，法西斯主義沒有安全保障。[18]

許多東歐人也想透過新的民族敘事來緩解屈辱感，不只是一九三九年戰敗的屈辱，還有後來被占領的屈辱。對於捷克人來說，共產黨的崛起是嘗試改寫民族歷史的一環，強調馬薩里克不曾提過的泛斯拉夫主義以及與俄羅斯的聯繫。然而這些敘事的連貫性依然重要，就如一九一八年，這回發生的公開事件——從德意志政權手中奪回國家機構，並交由捷克政權掌管——同樣被稱作「民族革命」，讓人們在經過六年的外國高壓統治之後，又重拾了活力。

針砭時事的觀察家們談及一種盲目崇拜革命的現象，這種信仰吸引到欲理解戰爭的人，也是那些已與穩定傳統失去了聯繫的人。[19]天主教徒帕維爾・蒂格里德（Pavel Tigrid）即表示，年輕的工人和學生已成狂熱分子。但他們也有救國的邏輯思維，要說他們的革命為何會往東方尋求靈感，那是因為若無來自東方的軍隊，捷克斯洛伐克民族將不復存在。[20]即使像愛德華・貝納許這樣以總統身分回到捷克斯洛伐克的中間派也別無選擇。有了一九三八年在慕尼黑遭背叛的前車之鑑，貝納許更將捷克斯洛伐克形容為「東西方之間的橋梁」，且立場更為傾向東方。[21]

在波蘭，戰爭帶來的種族滅絕損失慘重，連中間派和右派的從政者都意識到有必要與蘇聯打好更密切的關係。一九四五年十二月，波蘭的反對黨領袖、農民黨政客史坦尼斯瓦夫・米科瓦伊奇克（Stanisław Mikołajczyk）告訴義大利大使尤金尼歐・里亞爾（Eugenio Reale），自己的「獨立的波蘭農民黨（PSL）認為，波蘭外交政策的基礎是與俄羅斯保持良好關係。唯有俄羅斯能有效保護波蘭免受德國威脅。對此有不同意見的人不是發蠢就是瘋了，而波蘭農民黨沒有這種黨員」。[22]加上波蘭控制了奧得河–尼斯河線以外德國戰前領土的四分之一，需要強大的力量才能保住這片土地（德國直到一九九〇年才承認該次土地轉讓已成定局），使得米科瓦伊奇克的論點變得更加有力。[23]

古老的波蘭英雄反叛故事似乎也已力竭，人們開始探詢一九四四年慘痛的華沙起義。這場起義不是由被奴役的人民自行發起，卻是大家都認得的波蘭軍事領袖的自由選擇，進而讓數萬婦孺居住的城市成了屠殺場。一九四五年春天，切斯瓦夫．米沃什（Czesław Miłosz）與耶濟．安傑耶夫斯基（Jerzy Andrzejewski）兩位天主教詩人走過廢墟，眼前所見都提醒著人們不惜一切代價追求獨立的後果。米沃什回憶起某位「茲比塞克（Zbyszek）中尉」受到精心照料的墳墓，他是數以萬計以「無節制犧牲自我之狂熱」投身戰鬥的其中一位。他們的死如今似乎不過是「面對冷漠世界的一種姿態」。華沙變得如此破敗，執政領袖甚至曾考慮將首都遷往以工人階級為主的羅茲市（米沃什後來寫道，那天兩人在華沙的廢墟中尋找死去朋友的蹤跡，安傑耶夫斯基便是從此踏上了加入共產黨的道路）。[24]

這種對歷史必然論的感受，也結合了對舊時代菁英的憤怒，因為他們在一九三〇年代制定了糟糕的政策。匈牙利統治者盯上外西凡尼亞的領土，這才將國家帶入納粹勢力範圍，招致可怕的後果。戰爭並未如德國保證於六週內結束。一九四二年與一九四三年之交的冬季，幾千個匈牙利軍人活活凍死在史達林格勒；而後在一月，活下來的士兵於佛洛尼斯（Voronezh）迎接蘇軍攻勢，導致四萬人陣亡和七萬人被俘。德國的占領加上匈牙利政府堅實地共謀，又再奪走了六十萬名匈牙利猶太人的性命，一九四四年至一九四五年的蘇聯攻勢更破壞各大城市。不過，對領土的貪婪並非促使匈牙利領袖靠攏德國的唯一因素，和波蘭一樣，大多是因為他們聯合起來蔑視蘇聯，而且若地理條件允許，他們其實很樂意加入西方陣營。反蘇聯的情緒在該地區極為強烈，羅馬尼亞人甚至再三要求西方國家登陸巴爾幹。[25]

儘管保加利亞人在傳統上同情俄羅斯，但他們的處境也好不到哪裡去。正是一九三九年德蘇結盟，保加利亞才更容易落入納粹的懷抱。保加利亞於一九四一年三月加入與德國和義大利簽訂的《三國盟約》，但這未被視為反俄行為，因此沒有激怒保加利亞民眾的風險。這兩個擁有統一權力又誘人的極權國家將保加利亞捲入他們的行列；而在匈牙利和羅馬尼亞，對布爾什維克主義舊有的敵意則使這兩國與德國的關係更加緊密。這就是東歐的困境，各國深陷在地緣政治局勢之中，難以融入歐洲這個有法治、民主和社會福利承諾的地方。[26]

不過，與西方在文化上的連結對於羅馬尼亞菁英而言相對較為新鮮，距今不過一世紀。在此之前，主流論調一直視俄羅斯為東正教同胞，認定兩國有兄弟情誼。一九四七年二月，在佩特魯・格羅薩（Petru Groza）領導下表現順從的羅馬尼亞政府簽署巴黎和平條約，確認從匈牙利收復北外西凡尼亞，反共人士康士坦丁・格杜萊斯庫－莫特魯（Constantin Rădulescu-Motru）便讚揚格羅薩奉行傳統，為了「穩定局勢和制度之連貫」而向大國低頭並放棄自身的獨立性。[27]

然而，對舊時代菁英的蔑視不僅源於國際政治的失誤。戰前領袖除了未能保護國家免受裝備精良的貪婪鄰國襲擊外，更忽視了嚴重的社會問題，反而只為自身利益而獨占及製造特權。他們沒有積極投資現代工業，很少推動教育改革，導致絕大多數人都無法指望社會能夠進步。現在，帶頭的知識分子站在人民民主這邊，打算彌補戰間期各政權猖獗的不公不義，他們明白，統治自己的人來自較低的階級背景，必須透過只有知識分子能提供的教育發展，才能學會「有文化地」行事。[28]

戰間期的領導人鮮少能夠留下來面對後果。一九四五年，海軍上將米克洛什・霍爾蒂被關押在紐倫堡，獲釋後流亡瑞士和葡萄牙。波蘭外交部長約瑟夫・貝克（Józef Beck）逃到羅馬尼亞，最後死於異鄉；農民黨領袖史坦尼斯瓦夫・米科瓦伊奇克雖返回波蘭，但倫敦流亡政府的其餘成員卻都沒有。南斯拉夫國王彼得在戰爭爆發之時逃走，之後再也沒有回來。保加利亞的鮑里斯三世於一九四三年去世，他九歲的兒子西美昂（Simeon）則於一九四六年流亡國外。一九四五年二月，共產黨掌控的「人民法院」作出裁定，倖存的保加利亞政府人員幾乎全遭處決，包括三名攝政、二十二名部長和六十七名議員。一九四七年十二月，受人歡迎的羅馬尼亞國王米哈伊在槍口下被迫退位，次月流亡瑞士。[29]

戰爭的摧殘也削弱了統治階級，其中又以波蘭為最。納粹與蘇聯占領者共謀發動種族滅絕，驅逐及殺害波蘭的民族菁英，最令人震撼的是一九四〇年初卡廷附近森林的屠殺事件，內務人民委員部在此槍殺了兩萬兩千多名預備軍官，這些罹難者都是波蘭政治、文化和經濟領域的主要人物。在一九四〇年至一九四一年之交，蘇聯當局派出四批車隊，將一百多萬波蘭公民從波蘭東部送往中亞和西伯利亞，對象都是受過高等教育者或富人；而從德國武裝部隊越過波蘭邊界的那一刻起，帶著待處分的波蘭知識分子名單的黨衛軍部隊就緊隨在後。[30] 華沙的實質破壞與人員傷亡最為慘重，這裡本是政治、文化和經濟的權力重鎮。據歷史學家估計，在市內原有的一百二十萬居民之中，就有八十萬人死於戰爭。直到一九四八年，該市仍有超過八成都是廢墟。倖存的菁英階層踉蹌地走出戰爭的打擊，沒有力氣去認真抗拒人民民主。

族群革命

在整個東歐，法西斯敵人不僅是階級敵人（指資產階級），也是族群上的「他者」，多是指德意志人（在捷克斯洛伐克和羅馬尼亞，這種他者也含匈牙利人）。從一九四四年到一九四七年，東歐政權驅逐了大約九百萬至一千萬德意志人，這些人除了帶得走的東西（通常限制不超過四十公斤）之外，損失了所有財產，其中絕大多數是住在捷克斯洛伐克和授予波蘭的前德國領土上的德意志居民，但匈牙利和南斯拉夫也驅逐了德意志人。整個德裔大家庭都要為德意志的國家罪行承擔責任，無一倖免，即使是戰前選擇入籍德國的少數捷克猶太倖存者也不例外。

在波蘭，無論是共產黨或是非共產黨從政者，都同意剝奪德意志人的公民身分和留在波蘭領土上的權利，這道限制甚至適用於屬德裔血統的前波蘭公民。一九四四年八月一日，也就是華沙起義爆發的那一天，蘇聯在盧布林成立的波蘭新政府明確定義了條件：凡是在家說德語、遵守德意志習俗或以德意志精神養育子女的人都算在內。[31] 一九四六年，據新建的波蘭國家規定，「年滿十八歲後，以自身行為表現出德意志民族身分」的人都應被褫奪公民資格。[32] 幾世紀以來各族群本來大多能和平共處，現在卻迎來了持續競爭的時代。西利西亞或帕默瑞尼亞的真正主人是本就定居於此的斯拉夫人，是後來德意志的「新來者」取而代之，這些新來者是因為他們「對征服的渴望」而進犯波蘭領土。[33]

對德意志人的刻薄氣氛也波及到猶太人，舉例來說，波蘭人會低聲耳語，說還好希特勒解決了波蘭的猶太人問題。波蘭人搬進了猶太人的房屋，再也不必與猶太人競爭大學名額。[34] 從一九四四年起，約二十萬名於一九四〇年至一九四一年被遣送出境的波蘭猶太人陸續從蘇聯返回，卻只感覺自己是多餘的存在。[35] 一九四四年至一九四六年間，就有多達一千兩百名波蘭猶太人遭波蘭的非猶太人殺害，其中大多發生在小鎮村莊，最殘忍的事件發生於一九四六年七月的凱爾采（Kielce），一名基督徒男孩被綁架

圖 18.1 於布拉格等待離境的德人（一九四五年）。
來源：CTK/Alamy Stock Photo.

的謠言造成一場屠殺，有四十二名猶太人慘遭殺害。此事件發生在希特勒自殺一年後，兇手將納粹統治的邏輯應用在生活在第三帝國之外的猶太人：他們近乎精準地區分「雅利安人」和猶太人，而這是只有戰前極右翼才曉得的分類。[36]為了生存，猶太人現在會經由捷克斯洛伐克、德國和法國逃往巴勒斯坦；一九四六年，波蘭的猶太人數為二十四萬人，於一年後下降至約九萬人，至一九五〇年代初期又再降到六萬人，至一九六八年則只剩下四萬人。[37]

一九四三年至一九四四

年，來自割讓予蘇聯的領土（沃里尼亞〔Wolynia〕、東加利西亞和立陶宛）的波蘭人，也受烏克蘭和波蘭游擊隊之間族群清洗的惡鬥所苦。各村莊都遭到血洗，有多達十萬波蘭人和兩萬名烏克蘭人喪生。[38]族群純化的過程一直延續到戰後，蘇聯和波蘭政府會交換人口：大約一百五十萬波蘭人從烏克蘭被「遣返歸國」，波蘭的五十萬烏克蘭人也是。波蘭政府還強行將波蘭東南部的十四萬名烏克蘭人重新安置到德國人空出的波蘭西部和東北部地區，聲稱是在平息叛亂。[39]至一九四〇年代後期，剩餘的少數族群人數是如此少又支離破碎，因此有人稱這是個族群同質化的新國家（見附錄表格A.4）。

因猶太人屬城市人口，所以國有化措施讓倖存者苦不堪言，這些措施是為了削弱從事城市活動（如商務）的人口階層。羅馬尼亞有著大屠殺後規模最大的猶太人社區（三十四萬五千人），其中大約四成的猶太人原本是從事如今被定義為「投機」的商務工作。國家提議透過提供體力活來補償那些失去生意的人，此過程被稱作「社會階級洗牌」。此種手段更結合了其他形式的差別待遇，導致三分之一的羅馬尼亞猶太人於一九五二年前往以色列。[40]

外西凡尼亞的城市中有六百萬居民（羅馬尼亞人口的三分之一），其中大部分是匈牙利人，還有五十萬德意志人留在巴納特，以及從錫比烏（Sibiu）到布拉索夫（Brașov）的地帶。羅馬尼亞政府起初採取的官方路線是對匈牙利人保持公正，但否決德意志人的公民權利。因此官員們提倡匈牙利的文化生活，並於分配警察或行政職位時將族群因素納入考量。[41]儘管如此，這個社會主義國家仍繼承了前任政府對族群純淨的關注，這種自由度事後表明也只是曇花一現。

族群同質化的一個例外是南斯拉夫。該國也以所謂的叛國罪驅逐德意志人，但放棄族群意義上的

圖 18.2 凱爾采屠殺罹難者的抬棺人（一九四六年七月）。
來源：United States Holocaust Memorial Museum Photo Archives #14380. Courtesy of Leah Lahav.

「南斯拉夫人民」概念。人民對蘇聯的熱情空前高漲，因此游擊隊的領導階層也採納了蘇聯法律的基本要素，納入聯邦制。根據一九四六年憲法，南斯拉夫是由六個共和國組成的聯邦國家，代表六個族群，各國都有脫離的權利。這項政策是在因應對南斯拉夫戰間期塞爾維亞人統治的擔憂。一九九〇年代初期，「人民」（Volk）一詞的模糊定義又一次困擾著這個國家：克羅埃西亞的「人民」是否包含那裡的塞爾維亞居民？還是只有克羅埃西亞人？目前而言，對多族群共和國的擔憂已被掩蓋在兄弟情誼和團結的話語中。

要等到一九四八年，蘇聯完全鞏固對東歐地區的控制之後，這裡才成為社會主義（由蘇聯主導的）世界體系的一部分，且是根據「社會主義國際主義」的規則來治理。但有一些基本原則已經很清楚了。這些新興的國家是民族國家，掌控領土並打著名義上民族的名號行事。由於二戰期間及戰後的族群清洗，新生的蘇聯集團國家比戰間期的前輩更能反映民族國家的原則。捷克斯洛伐克總統貝納許大力闡述這種新的精神，表示自己的國家不能再容忍少數群體，因為少數族群條約的體系已經失效。事實證明，德意志人和馬扎爾人無法成為忠誠的捷克斯洛伐克公民。

因此，整個歐洲不僅分成了自由資本主義和人民民主陣營，更分成了西方的新國際主義和東方的民族國家主義。從一九四七年下旬開始，蘇聯便將自身秩序強加於人民民主國家，將這樣的分歧凍結於其霸權之下。[42] 然而打從一開始就效仿蘇聯的國家（例如號稱超越族群民族主義的「聯邦」南斯拉夫），卻也是一九四八年最先挑戰蘇聯霸權的國家，而且同樣是以民族主義的名義來挑戰！蘇聯集團隨後舉行了數十場作秀審訊，而在審判中，身為斯洛維尼亞和克羅埃西亞混血的南斯拉夫元首狄托，也即將被當成民族共產主義「罪行」的化身。

⁂

無論是民族革命還是社會革命，都讓共產黨得以控制國家部門，他們透過各部門掌控大量資源，打造根植於廣泛政治贊助網路的權力堡壘。最引人注目的案例是波蘭西部的前德國領土，在「收復的領土」擔任部長的共產黨員控制著數千平方公里領土的分配，以及領土中的一切：房屋、農田、工廠、各處的行政機構，甚至還有教堂。這種腐敗和恩庇主義的根源史上罕有，但類似的情況也發生在捷克斯洛伐克的邊境地區，當地共產黨控制的農業部提供從德意志人、匈牙利人以及「叛徒」那裡沒收的財產。

總共一百五十萬公頃的農田分配給了十七萬戶家庭，另有二十萬公頃的農田進入牧場合作社。分配財產的權力屬於地方民族委員會，在前德國轄區的一百六十三個委員會中，就有一百二十八個的主席是由共產黨員擔任。[43] 共產黨員因此撈走了極大油水，連獲得土地的非共產黨農民在投票時也傾向支持激進左派。[44]

共產黨掌控下的捷克斯洛伐克內政部負責監督德國人離境，並以斯拉夫人取而代之，當局不僅資助斯拉夫人，更讓他們參與革命政治。在公共媒體中，越往政治光譜左側探索，就會發現戰後流行的民族主義論述語氣也變得越發尖銳，認為斯拉夫勞動人民已厭倦了資產階級正義的繁文縟節。

「叛徒」和「德意志人」很快就變得難以區別，不光是所有德意志人都是叛徒，叛徒（指反對甚至批評「革命」正當性的人）也都算作「德意志人」。若有持異議的捷克自由派或天主教學生批評共產黨對德意志人或馬扎爾人施加暴力，就會被稱為「幫兇」，並被懷疑與德意志人關係匪淺，像是揣測他們的配偶或祖父可能是德意志人。一九四六年初，布爾諾爆發一起醜聞：有位捷克陸軍少校曾於一九三九年至一九四五年間待過數個納粹集中營（含奧斯威辛和諾德豪森〔Nordhausen〕），他稱讚捷克知識分子是捷克憑微薄之力抵抗納粹的靈感與骨幹。相比之下，工人則為了多買點啤酒和香煙而被引誘加班，希特勒甚至曾讚賞布爾諾工人努力支持戰爭。布爾諾的共產黨報紙要求解雇這位講師，而他也被解雇了（作為所謂的「法西斯分子」）。大約有兩百名學生發起抗議來支持老師，共產主義組織的回應方式就是讓數千名工人在警察的支持下走上街頭，高呼著「驅逐法西斯學生」和「教授下礦坑」。[45]

這就是戰後捷克斯洛伐克過於激烈的政治氛圍，東歐國家本有著表面上最強大的民主與法治制度，直到一九四八年二月共產黨奪取政權。[46]這樣的勝利不能簡單理解為少數人將自身意志強加於人的故事，與共產黨有關的政策（如譴責和迫害其他族群）到一九四八年已經蔚為主流。[47]在一九四六年五月的選舉中，共產黨代表在捷克領土上獲得四成選票，在蘇台德地區更獲得百分之七十五（當局在該地分發德意志人的財產）。此方針正符合一九三八年發生慕尼黑悲劇後，支持「斯拉夫世界」的整體計畫。這不僅是政治上的選擇，更是文明上的選擇。一九四五年四月，所有戰後的捷克和斯洛伐克政黨（從天主教徒到共產黨皆有）通過了捷克斯洛伐克政府的戰後計畫（科西策計畫），內容指出：

> 我們將揭示德意志和匈牙利文化在各領域的反動因素，藉此審視我們與該等文化的關係。我們的文化政策將強調斯拉夫傾向……我們將重振斯拉夫學院，令其成為有生命力的政治和文化機構，並與其他斯拉夫人民與國家的文化機構保持密切聯繫。[48]

根據一九四五年夏天捷克斯洛伐克總統頒布的一項法令，只有「捷克人、斯洛伐克人和其他斯拉夫民族」才能享有主動和被動選舉權。[49]這是一種前所未有的新國家，由斯拉夫人為斯拉夫人而設。種族主義再次引發了種族主義，而主持這種高漲情緒的總統，正好與一九三八年時的總統同一位，便是馬薩里克的副手貝納許。貝納許的外交部長則由馬薩里克的長子揚（Jan Masaryk）擔任，雖然這位外交部長從未入黨，卻也支持人民民主政權，直到他於一九四八年三月神祕離世。[50]

事實證明，波蘭和捷克斯洛伐克的德意志人是司法體系的極佳下手對象，因為就連貝納許這種自由派，也都將德意志人排除於法律之外，再三談及有必要「清算」捷克斯洛伐克的德意志人。不過，這種司法不公可不能僅止於德意志人，納粹占領者當初也需要許多捷克人的幫助，共產黨日報《紅色權利報》（*Rude Pravo*）於一九四五年五月警告道，這些捷克幫兇現在仍用（捷克斯洛伐克的）紅白藍三色旗作為掩護。自封的人民法院應運而生，用以「揭發和逮捕」過去占領者的僕人，其中有部分工作是由共產黨控制的「工民兵」和「革命衛隊」完成。[51]

蘇聯也以共謀身分參與這些使東歐民族化的工作，並自我塑造成可保護新盟友的活躍強權。蘇聯聲稱已摧毀史上侵略性最強的帝國主義政權，並能提供戰間期協議未能提供的保護。蘇聯幫自己拿下（多屬羅馬尼亞的）比薩拉比亞之後，便保證羅馬尼亞能掌控外西凡尼亞，並為波蘭爭取到西部新領土。一九五〇年代，西德曾重整軍備，這時莫斯科便站出來捍衛該地區，防止德國的「帝國主義」捲土重來。共產黨的宣傳員為了充分展現防範的想法，也會報導西德的被驅逐者組織是如何發起集會要求歸還西利西亞和蘇台德區。[52]

新興的東德國度（先是從一九四五年到一九四九年的蘇聯占領區，然後是德意志民主共和國（German Democratic Republic，GDR））似乎面臨著一道難題：在這個不到半個的國家內維護民族認同。不過，與西方的競爭其實使其更加德意志化了。東德共產黨自詡為德國古典文學和音樂傳統的守護者（詩人歌德與席勒、音樂家巴哈都曾以那裡為家），並挪用普魯士的遺產元素。[53] 一九四九年，東德人引用普魯士改革家兄弟亞歷山大・洪堡（Alexander von Humboldt）和威廉・洪堡（Wilhelm von Humboldt）的名字，將柏林大學更名為「洪堡大學」（Humboldt University）。接著，一九五六年，當局重新發掘代表「進步價值」的沙恩霍斯特（Scharnhorst）或格奈森瑙（Gneisenau）等普魯士將領；一九六二年，復甦普魯士軍事儀式；一九七一年，在東德領袖埃里希·何內克（Erich Honecker）的領導下，東德也漸漸復興瓜分波蘭的腓特烈二世的名聲。[54] 然而與過去的連結不僅是要與普魯士連結而已，還包括薩克森邦和圖林根邦（Thuringia）兩地——這裡曾是德國工人階級早期開始鼓吹變革的心臟地帶，為擁護馬克思主義的社會民主派人士提供聚會場所以形成基本綱領；號稱東德史達林的瓦特·烏布利希（Walter Ulbricht）便是誕生於薩克森邦。

在蘇聯支持下要轉向德意志民族主義也有幾道嚴峻挑戰。在大多數德國人的記憶中，紅軍是罪犯，尤其是強姦婦女（僅在柏林就有超過十萬起）。這個話題有幾十年一直都是禁忌。同時東德的蘇聯附庸黨也採取行動，保護根深蒂固的德意志文化免受西方污染。至一九五〇年代後期，來自西方的遊客開始將這個德意志民主共和國形容成更有德意志性格的國家：井然有序、節儉、俐落、社會保守，也很尊崇傳統（儘管所有海報都將東德奉為先驅）。[55] 相較之下，西德和西柏林就出現了商店林立、購物活動風行的繁華市中心，其美國化的影響力不容忽視。

波蘭的共產黨人不得不制定策略，讓他們在普遍對俄羅斯懷有深刻矛盾情緒的民眾之中，表現得像優秀的民族主義者。他們自稱是善良的波蘭人，辯稱只有蘇聯才能保護波蘭：不僅抵禦德國，更抵禦現代世界的文化消弭（cultural leveling）現象。但反觀捷克斯洛伐克和南斯拉夫，共產黨倒是樂於處在蘇聯的陰影之下，因為人民對俄羅斯的深切支持使蘇聯模式看來格外吸引人，至少在發生一九四八年（狄托與史達林之間出現分歧）和一九六八年（蘇聯帶頭鎮壓布拉格之春）的危機之前是這樣。

羅馬尼亞的統治者也會煽動族群仇恨，起初是針對德國，後來更大膽針對俄羅斯。戰後初期，蘇聯和羅馬尼亞警方逮捕了數萬名疑為「戰犯」的德國人（男女皆有），並將他們送往蘇聯行苦役。這些人於四、五年後返回時，大多已不成人形。一九四五年三月，羅馬尼亞推行土地改革，針對的是德意志人以及被認定為法西斯分子的大地主。大約八十萬羅馬尼亞農民獲得了一百五十萬公頃的土地，主要受惠者有戰爭寡婦、退伍軍人以及來自比薩拉比亞和布科維納的難民（他們重新落腳於羅馬尼亞人勢力較為薄弱的外西凡尼亞南部和巴納特）。[56]

至於匈牙利，其社會鴻溝本就巨大，農村釋放的革命能量多是以階級議題為主，而非族群。在農業約四百五十萬人中，有三百萬人不是沒有土地，就是土地極少（不到二點八公頃），約半數的可耕地反倒只掌控在一萬個家戶手中。[57] 民族農民黨曾於一九四五年一月提議廢除大莊園和重新分配土地，在霍爾蒂之後的政治情勢中受到全員支持，支持者也明確表示蘇聯強烈希望法案能夠通過，並於六週內徵用了所有超過五百七十五公頃的莊園。儘管這場革命很明顯是作為少數的共產主義勢力最為支持，卻是在「非共產主義」政府的領導下發生。

在匈牙利八百三十萬公頃的可耕地中，共有三百二十二萬兩千公頃（百分之三十八點八）被徵收，其中大多（一百三十四點八萬公頃）是收歸國有。雖然財產擁有者的數量增加了，但這項改革也阻礙市場經濟發展，因為新農民收到的土地太小，無法藉此維生。共產黨知道小塊土地的產量會很低，但重點是要消滅地主階級，讓貧窮的農民感激與支持激進左派。這些新拿到土地的人無法生產超過自身所需的量，因此也開始敵視現存的農場主人（以蘇聯特有的用詞來說，即「富農」〔kulaks〕），將他們當作剝

圖 18.3　農民前來領取貴族地主（Junker）的土地（一九四五年九月）。
來源：Erich Höhne, Erich Pohl (photographers);
Bundesarchiv, Bild 183-32584-0002. / CC-BY-SA 3.0.

削者和階級敵人。[58]

然而與此同時，匈牙利人（還有波蘭人和東德人）也見證了一場具有畫時代意義的事件：一直使該地區落後好幾世紀的前現代階級制度正在瓦解。一九四五年之前，有三分之二的匈牙利人都生活在舊有的新封建菁英統治下的村莊。自由主義者伊斯特萬·比博（István Bibo）寫道，這是「解放」的時刻（此外他都嚴厲批判社會主義），自一五一四年農奴制被編纂入法典以來，「僵化的社會制度開始移動，且是朝著更自由的方向移動」。[59]

不過，這種將無辜人民視作叛徒，以及沒收和不當測量土地的問題也引發了分歧，匈牙利國會於一九四六年五月宣布該措施執行完畢。[60] 主張依法行事的人阻礙了進步，讓自己成為叛徒或破壞者。共產黨聲稱新的非資產階級正在成形，並譴責那些贊成補償垂死階級或精確測量土地的人。激進的農民往往會宣稱無辜的農場主是法西斯分子或反動分子，並非法瓜分他們的土地。無人能阻止他們「奪走比土地改革徵收還多的財產」。61

轉向史達林主義

如同一九四四年六月蘇聯裝甲部隊以閃電戰摧毀了許多德軍單位，此時發動一場意在永遠摧毀反動經濟勢力的革命，也容不得絲毫猶豫。共產黨領袖談及前進道路上須堅守的崗位，並敦促重畫委員會完成任務，「即便有犯下嚴重疏失的風險，仍不得拖延」。要說共產黨為何會強調有必要與其他政黨合作，那也是為了避免遭到責難，免得得對這種無法避免的濫權行為負全責，但這場革命並不「乾淨」。很快地，當權者在重新分配從所謂法西斯分子手中奪走的財產時，也出現了偏頗。即使在城市中，共產黨支持者也會利用人脈來將觸手伸向這些「蟑螂」（Švab，指德意志人）的財產。62

就這樣，戰後早年出現了一眾共同打造新興社會主義秩序的黨羽，但這些黨羽也需要新的語言來解釋自己的行為。對於數百萬東歐人來說，只要是捍衛匈牙利德意志蟑螂、蘇台德德意志人，或德意志西利西亞人的辭彙都不容接受。就如資產階級，這些德意志人也是無可救藥的敵人，要是有誰為他們的權利挺身而出，就等同於共犯。作為當時唯一獨立政治勢力的匈牙利小農黨由於曾吸引到被革命遺棄者的支持而招來指控，被稱作族群和階級叛徒，而這兩點似乎是與生俱來（「被人認為就是如此」）的。63德意志人生來就是法西斯分子，堅持他們擁有權利的人也是。

早在一九四八年東歐史達林化之前，不容公然置喙的史達林主義思想就開始悄悄出現在言論之中，以擴大激進左翼的力量。波蘭語會使用蘇聯的「富農」一詞，將安全疑慮與正在推行的土地變革混為一談，富農被形容為「投機分子」的共犯，只要稍有不慎財產就會被他們奪走。[64] 宣傳海報也要求嚴厲懲罰敵人，並輕易就重塑了紅軍士兵和法西斯分子的戰爭形象。

這種政治和社會氛圍，使得非共產主義者只能用有限詞彙來反對正在進行的革命。[65] 在捷克斯洛伐克尤其如此，「社會主義」或「革命」在該國顯然是共產黨的專屬用詞，也是當時的熱門呼聲。許多年後，共產主義者阿諾施特．柯爾曼（Arnošt Kolman）流亡至瑞典時（這位哲學家在莫斯科生活幾十年後，於一九四五年返回布拉格），曾回顧自己在推動捷克文化史達林化時所扮演的角色，並對此感到後悔，卻無法抑制某種自豪之感。在戰後幾年裡，柯爾曼曾與最堅決又老練的自由派和天主教徒有過衝突，但也「贏得了所有口水戰，感覺自己就像個鬥牛士」。[66]

柯爾曼征服對手的能力並不關乎他高超的才智或對手欠佳的口才，他是利用當時時空的主導想法來與人辯論。一切正義都來自於「人民」、屬於「人民」、也是為了「人民」，而共產黨正是體現了人民的意志。相比之下，自由主義似乎是一套不協調的法律主張，遠遠無法激發人們瘋狂地投入。只有在一九五〇年代與西方世界，自由主義才因為看似是在抗爭「極權統治」而有所提振。

不過儘管有詞藻上的挑戰，仍有反對人士主張民主與法治，並支持社會改革。遲至一九四七年秋天，捷克學生投下了壓倒性高票反對共產黨候選人。他們支持更完善的社會平等，但譴責極左派為達目標使用不當手段。有個特定的議題是共產黨會在德意志人居住的地區肆意施暴。一九四八年二月，共產黨民兵突然發起政變，奪下國家機構的控制權，約有兩千名反對的學生上街遊行至布拉格城堡，敦促貝納許總統堅決抵抗。[67] 匈牙利的小農黨和波蘭的農民黨也都以自由或多少自由的選舉反對共產黨，他們試圖在日益危險的氛圍中充當政壇上的反對派。直到一九五〇年代初期，波蘭的武裝地下組織仍在與新政權搏鬥。

有一項特質從此時期一直延續至一九四八年以後，那便是無論共產黨內外，都存在著各色觀點和動機，這與革命後一九六〇年代更為單調的政治和文化生活（被稱為「發達的社會主義」）形成鮮明對比。儘管有前法西斯分子在戰後隨即加入了共產主義運動，但許多人擁護共產主義的理由，也是因為其國際主義和誓言打破種族及族群至上主義的激進承諾。大屠殺的一些猶太倖存者就是這樣，發自內心反民族主義的知識分子也是如此。知名的波蘭馬克思主義哲學家萊謝克．科拉科夫斯基（Leszek Kołakowski）即為一例，他來自思想自由的家庭，並厭惡波蘭民族民主黨的偏狹觀念；還有詩人切斯瓦夫．米沃什，他純粹瞧不起從戰前維爾紐斯和華沙得知的民族主義主流觀念，認為其心胸狹窄、偏執又過時。

然而，也有自由主義者反對新興的極權制度，因為他們認為現有制度只是延續了先前的版本。這些觀察家抱持著有別於「法西斯主義是由資本主義而生」的觀點，反而認為共產主義是源於法西斯主義，利用了納粹占領遺留下來的性格扭曲及低落的公眾士氣。捷克作家兼精神分析學家博胡斯拉夫．布魯克（Bohuslav Brouk）曾為超現實主義者，也是少數於戰後公開反共的捷克知識分子之一，他寫道：「許多人加入共產黨並留在黨內，是因為失敗主義和保護國心態。他們在被占領期間漸漸體會到，在一黨專政、無政治秩序的國家中，人民的命運是何等悲慘……可悲的是，德國暴政在國內許多人的靈魂中培養了膽怯性格。」[68]

批評者點出了占領期間的行為症狀，人們只能被動適應壓迫者的要求。捷克斯洛伐克天主教人民黨的弗蘭蒂舍克·哈拉（František Hála）神父也同意人們普遍具有「保護國心態」，納粹利用這種心態腐蝕了民族精神，尤其能夠影響到出於利己原因而願意出賣信仰的人。這些人的共產黨對手當然覺得自己站在道德制高點。然而，綜觀整個政治光譜（從貝納許總統和天主教人民黨人士帕維爾·蒂格里德，到共產主義知識分子茲德涅克·尼耶德利〔Zdeněk Nejedlý〕），批評者都一致認為捷克人已吸收了法西斯主義的元素（「我們內在的法西斯主義」）。而貝納許說，捷克人需要一整代的光陰才能擺脫。[69]

⁂

就官方看來，戰後初期的人民民主制度仍然屬多元主義，共產黨是在多黨派政府中分權而治。然而他們卻於背後悄悄設法顛覆非共產黨政黨的獨立性。顛覆的速度各有不同，保加利亞和羅馬尼亞最迅速，捷克斯洛伐克則最緩慢，但各地的趨勢都是一樣的。政治學家休·塞頓－華森（Hugh Seton-Watson）回顧歷史，並據聯合政府的演變將蘇聯式收緊統治的過程分為三階段：首先是真聯盟，然後是偽聯盟，最後是非共產政黨名存實亡的大一統統治。

顛覆的主要手法，是利用蘇維埃政權來找出保持獨立的非共產從政者，並設法壓迫他們，將其塑造成叛徒或反動分子。共產黨黨魁馬蒂亞斯·拉科西（Mátyás Rákosi）回顧一九五〇年鞏固權力的手段，將這種逐漸消弭非共勢力的過程比作「切香腸戰術」（salami tactics）。拉科西就像在一片片地切香腸，逐一砍掉其他黨派的領袖，他用的是一把雙刃刀，一邊是腐敗，另一邊是恐懼。共產黨之所以有能力使用這把利器，是因為他們透過內政部控制警察，也有以蘇聯占領者作為靠山的能耐。蘇聯占領者能以當地警察辦不到的方式恐嚇異己，更擁有充沛的物資，讓人可以在一片渺茫的戰後初期仍生活愉快。

在民族團結、民主制度和反法西斯主義的旗幟之下，這段過程算是無害地展開了。一九四四年十二月，匈牙利社會民主黨、民族農民黨、民主黨、共產黨和工會的代表聚集在塞格德市，組成了匈牙利民族獨立陣線（Hungarian National Independence Front）。此陣線的訴求為公共生活民主化、激進土地改革，以及主要工業和銀行收歸國有。這些變革廣受歡迎，因此各方人馬都能達成共識。新政府於一九四五年一月二十日在莫斯科簽署停戰協議，將邊界復原至一九三七年底的畫分，因此交割了外西凡尼亞。一九四五年十一月出現了第一次重大爭議，共產黨在自由選舉中只贏得了百分之十七的選票，小農黨則獲得百分之五十七。[70]對於局外人來說，這個結果是說得通的，匈牙利絕大多數是農村人口，選民選擇了一個農民政黨。

但共產黨領導階層可不會滿足於枯燥的社會學分析，因為無論在農村或城市，共產黨就是體現了人民的意志。[71]雖然拉科西起初沒說什麼，卻很快就表示小農黨內部的反動分子正在使該黨煽動反對工人政黨。他沒有提供證據，而是斷言這些敵人是在「壟斷集團、銀行和大資本的影響下」行事。在拉科西的Kto-Kovo（粗略翻譯為「誰會消滅誰」）列寧主義心態中，大多數人都是因此落入了敵人的掌控之中。[72]此時他的政黨規模太小，不足以獨自抵抗敵對勢力，因此他們組成一個「左翼集團」，以便與社會民主黨和民族農民黨合作，而這兩者都已經被切香腸戰術給削弱了。

匈牙利的共產黨也亮出了恐嚇的王牌。一九四五年末，小農黨領導階層本想推派右傾的戴舒・蘇流克（Dezső Sulyok）作為該黨的總理候選人。然而蘇流克卻在演講中批評一九一九年的匈牙利蘇維埃共和國，因此各領袖被要求改提名中間派的費倫茨・納吉（Ferenc Nagy）。他們也不吭聲地照辦了，這讓蘇流克非常不滿。[73]在他之後，其他獨立的小農黨領袖也逐一被擊倒。一九四七年初，共產黨內政部長拉斯洛・拉伊克（László Rajk）指控小農黨代表們已以祕書長貝拉・科瓦奇（Béla Kovács）為首策畫好一場陰謀；小農黨各領袖則表示他們願意暫停十四名代表的國會豁免權以示回應，但他們不會犧牲科瓦奇。然而內務人民委員部卻於二月直接逮捕科瓦奇，就此打破僵局。蘇聯的外交代表格奧基・普希金（Georgii Pushkin）向費倫茨・納吉解釋說，他曾多次建議科瓦奇清除黨內的反動分子，但常不被當一回事。[74]科瓦奇流落至西伯利亞，直到一九五六年才返回。

一九四七年三月政府改組，三名乖順的小農黨員獲派部長職位，政府首長則仍是由納吉擔任。在納吉五月出訪瑞士期間，針對他的指控出現了，據稱還是科瓦奇提供的證詞，說納吉計畫暴力奪權。他接到一通電話，建議他不要返回布達佩斯，以免在途中遭遇不測。數十名小農黨同事也致電懇求他辭職，據說是為了挽救該黨。納吉隨後得知共產黨安全部門已扣留他五歲的兒子拉奇（Laci），在納吉提交辭呈之前都不會釋放他。納吉最後同意了，拉奇獲準離開匈牙利，納吉一家在美國獲得了庇護。

於是，納吉的職位交接給了賭債纏身的拉約斯・丁尼斯（Lajos Dinnyés），匈牙利也繼續為一九四七年八月的選舉作準備。官員先是將數十萬被分類為「法西斯分子」的選民從投票名單上剔除，然後填滿投票箱，成功讓共產黨的票數略為領先小農黨，比數為百分之二十二點三比十五點四。然而他們更願意留下小農黨的從政者來擔任殭屍總理，一直延續到史達林主義根深蒂固的時期。至一九四九年，共產黨已解散其他獨立政黨，並強行與三年來一直忠誠執行命令的社會民主黨合併。[75]

在羅馬尼亞，儘管共產黨只有一千名黨員，卻打從一開始就很強勢。一九四四年六月，眼見前線局勢惡化，且就在蘇聯發動毀滅性攻勢之前，羅馬尼亞各反對黨（民族農民黨〔尤柳・馬紐〕、自由黨、社會民主黨和共產黨）組成民族民主聯盟，打算退出軸心國。八月二十三日，米哈伊國王邀請伊揚・安東尼斯庫和外交部長米海・安東尼斯庫會談，並將兩人逮捕。他建立了以支持政變的陸軍將領康士坦丁・薩內特斯庫（Constantin Sănătescu）為首的新政府，各部首長也由多個政黨代表出任。九月十二日，羅馬尼亞與蘇聯簽署停戰協議，同意以六年分期向蘇聯支付三億美元的戰爭賠款。[76]

實際上受控於蘇聯的盟軍控管委員會（Allied Control Commission）負責處理國內治安，並在政府內部調動人員，展現出加入共產黨的明顯好處。結果黨員增加了好幾萬。但一九四四年八月的政變也很受民眾歡迎，因為這場政變終結了讓羅馬尼亞失去三分之一軍隊的聯盟。[77]

羅馬尼亞政府起初是由四個黨組成，但至十月局勢卻有緊張的跡象，因此共產黨、社會民主黨、犁人陣線（Ploughmen's Front）、愛國者聯盟（Union of Patriots）和工會組成了民族民主陣線（National Democratic Front）。犁人陣線雖然在戰間期為獨立團體，但早在戰爭結束前就已落入共產黨的掌控。共產黨是民族民主陣線的主導勢力，雖然人數很少，卻能召集工人在布加勒斯特示威遊行。有鑑於安東尼斯庫的獨裁統治已瓦解地方政黨組織，讓農村成為了政治白紙，使共產黨在首都生事的能力成為決定性的關鍵。[78]蘇聯一開始便從幕後觀察事態發展，使用「操控桿」，以自認適合的手段下指導棋，這也讓人聯想起戰爭期間的納粹公使館（但更強勢得多）。[79]

就如保加利亞和匈牙利，羅馬尼亞的國家行政部門大多完好無損，該國起初幾乎沒有出現清算行動，連國安部隊也沒有，且至一九四六年六月，在總數八千五百名的軍官中仍約有四成是於一九四四年之前任命。羅馬尼亞的軍隊也較少像別處一樣遭清算。然而，在一九四七年十二月三十日，局勢突然大轉彎，君主制被廢除，同時間羅馬尼亞人民共和國宣布成立。一九四八年八月，採蘇聯模式的新國安部門取代了舊的民事（內政）情報部門，並配有七萬名士兵，新一輪的政治鎮壓就此展開。[80]

保加利亞走向共產統治的道路則更加順利。保國政權繼羅馬尼亞倒戈後幾週也跟著倒戈，原本在地下合作的政黨共同組成「祖國陣線」（Fatherland Front）。陣線內部是以共產黨主導，後於一九四五年十一月的選舉取得壓倒性勝利（祖國陣線是選票上的唯一選項）。[81]次年，保加利亞共產黨黨魁格奧爾基·季米特洛夫（Georgi Dimitrov）出任首相，接替了右翼環節運動的領袖基蒙·格奧基耶夫（他曾於一九四四年策畫交接權力）。用政治哲學家漢娜·鄂蘭（Hannah Arendt）的話來說，季米特洛夫享有「世人的欽佩」，因為他曾於一九三三年萊比錫的國會縱火案審判中挺身對抗納粹的戈林。人們過去常說「有一個人留在德國，那人是保加利亞人」。然而季米特洛夫在莫斯科擔任共產國際總書記期間從大清算中存活下來，現在卻在史達林面前退縮了。[82]就如同羅馬尼亞，共產黨之所以能日益掌控國家政治，關鍵正是主導各大城市中心，且共產黨也會堅持同時掌控內務和司法職務，在各處皆同。

格奧爾基・季米特洛夫的任務是削弱政治上的反對勢力，他的第一個目標是規模龐大的農民運動。一九四五年四月，農民運動的首位戰後領袖格奧爾基・米霍夫・季米特洛夫（Georgi Mikhailovich Dimitrov，兩人無親屬關係）遭指控為英國人從事間諜活動，因此逃離該國以免被捕。五月，農民民族聯盟（BANU）分裂成兩派，其中一派在威逼利誘下支持共產黨，另一個以尼可拉・佩特科夫（Nikola Petkov）為首的更大派系則尋求獨立路線。同時間，共產黨也正使用非法手段分裂該國的社會黨。[83]

佩特科夫曾反對保加利亞與德國結盟，並在逃離拘留營後共同創立了祖國陣線。[84]但他也厭惡地看著祖國陣線漸成為政治投機主義的跳板與藐視法律之地。除了政治操縱之外，政府還發起一場反中產階級運動，視中產階級為所謂的「戰爭幫兇」並沒收其財產（包括私人儲蓄，連個人藏書也不例外）。因此佩特科夫與祖國陣線決裂、要求恢復公民自由、批評共產黨無能。當時的失業率持續高於百分之二十。[85]

一九四六年十月，佩特科夫領導的反對勢力贏下一百零一席，與祖國陣線的三百六十四席抗衡。這也是道義上的勝利，因為有十五名社會黨領袖和三十五名農民民族聯盟主席團成員在投票前幾週被捕，此時正在監獄和集中營中受苦。農民民族聯盟的特里豐・庫涅夫（Trifon Kunev）便因稱保加利亞政府為「政治和經濟夢想家」而遭監禁。他也是在戰爭期間協助拯救保加利亞猶太人的從政者之一。[86]

共產黨警告佩特科夫停手。佩特科夫反駁道：「我不怕子彈。」共產黨內政部長尤戈夫（Yugov）則回答：「我們不會在你身上浪費子彈！」一九四七年二月蘇聯與盟軍在巴黎簽署的和平條約，讓蘇軍撤離了保加利亞，也許因此讓佩特科夫感到樂觀。然而在六月，警方一反所有先例，於國會廳逮捕了佩特科夫，並以「試圖復辟法西斯主義」的罪名審判他。當局不讓佩特科夫聘請律師，他也無法傳喚證人，因此被判絞刑，且不得舉行基督教葬禮。保加利亞工會中央委員會透過索菲亞電台發表了一份聲明：「一條狗，一條狗的死！」在佩特科夫被捕之前，不計其數的政治人物和軍官都曾受酷刑，以提供對他不利的證據。這種恐怖行為摧毀了反對勢力，在後續幾週裡，共產黨更解散了所有剩餘黨派，僅留下忠於他們的農民民族聯盟分支。[87]

共產黨的團結對比其餘勢力的分歧，是該地區的病症。就如保加利亞農民民族聯盟的佩特科夫一派，匈牙利的小農黨和波蘭人民黨也開始成為反對勢力的代表，並於偏好各有不同的選區中分裂。有些人認為農業勞動者「還沒有準備好進行個體耕作」，還有些人則認為農民已經準備好集體耕作了，因大莊園本就是在集體化制度下運作的。匈牙利小農領袖佐爾坦．蒂爾迪（Zoltán Tildy）則提倡保留中等規模的土地，同時提倡小型土地所有權制。這些差異讓馬克思主義者感到困惑，使得他們嗅到一場陰謀：一種意圖破壞土地改革的願望。[88]

相較之下，共產黨不僅目標明確、論證前後一致，也會為了實現目標而遵守紀律。身為馬克思主義者，他們期望可以親眼見證變革展開；身為列寧主義者，他們會採取必要行動來實現目標，即便這表示得使用似乎是取自法西斯政權武器庫的鎮壓工具，他們也不退卻。當美國政府抗議佩特科夫的審判時，也不禁注意到該案與一九三三年納粹國會縱火案審判的相似之處，當時英勇為自己辯護的正是共產黨員季米特洛夫。美國政府於聲明中寫道：「在之前那場審判中，有名保加利亞被告因勇敢反抗起訴他的納粹惡霸，而贏得世人的欽佩；如今該名被告已擔任惡霸角色，現在則是另一個英勇的保加利亞人，因堅定反抗壓迫勢力而贏得舉世的欽佩。」[89]還有個相似之處較少被提及：法西斯和共產政權都動用了明顯相似的手段，兩者也都幾乎不在意「世界輿論的批判」，因為他們自認是在重塑空前的歷史，而法庭已無關緊要，就好比人類早期拓墾階段被埋藏許久，因過程隱蔽晦澀而從未被記住。

波蘭也有自己的切香腸戰術。由於戰後初期的游擊戰打得如火如荼，國家民兵和內務人民委員部都在追捕反共戰士及烏克蘭叛亂分子，使得「切除」對手的力道更有殺傷力。聯合政府由共產黨（一九四二年至一九四八年稱為「波蘭工人黨」）及其主導的政黨（有社會民主黨、「民主黨」和人民黨）以及一個不在他們主導下的政黨組成，也就是波蘭農民黨。其領袖史坦尼斯瓦夫・米科瓦伊奇克曾於一九三〇年代帶領農民罷工，也曾隸屬於倫敦的流亡政府。米科瓦伊奇克不同於他的大多數同儕，儘管明知共產黨會因有蘇聯下指導棋而享有優勢，仍同意在一九四五年回國。

波蘭農民黨從一開始就被指責不忠，然而實際上卻兩面不是人。因為該黨同意與共產黨合作執政，使得右翼稱之為叛徒；但農民黨也支持波蘭獨立，使得左派指責其與支持獨立的地下組織勾結。就這樣，農民黨政治人物不僅成了地下激進民族主義者暗殺的對象，也是共產黨掌管下安全警察逮捕和折磨的受害者。其中一個案例便是波蘭農民黨受指控害得自家祕書長博萊斯瓦夫・西比奧雷克（Bolesław Ściborek）被地下組織殺掉。左翼勢力例行毀謗波蘭農民黨，視之為一群不值得法律保護的叛徒。最後一齣戲碼於一九四七年十月上演，米科瓦伊奇克擔心自己的生命安全，因此由美國大使館以卡車偷偷載出華沙，然後偽裝成美國外交官被帶到格迪尼亞的一艘船上。該案例顯示出，一群堅決的少數人是如何靠著手握重要行政權及警察權，在充滿敵意的社會中成功鞏固其統治：一九四六年夏天，大約有四分之三的波蘭選民在公民投票中反對政府，但這件事隨便就被壓下去了。[90] 未來的選舉也會經過「整頓」，以防人民投下反對票。

⁂

共產主義組織一邊滲透國家公務，也一邊於幕後成長。若說對於部分新進成員來說，改宗新信仰是受到信念和理想主義的驅使；那麼對於某些人來說，此舉結合了對激進社會變革的熱情，並且認知到加入共產黨是明智的職涯轉換。新幹部人數以千位成長，羅馬尼亞的共產組織在四年內從一千人增加到八十萬人；[90] 在捷克斯洛伐克，共產黨員也從一九四五年的四萬七千人增加到一九四八年十月的兩百六十七萬人；匈牙利的人數則從兩千人激增至一九四八年五月的八十八萬四千人。[92] 這些新黨員隨後湧入了國家行政部門。匈牙利的公務員人數在戰爭期間有所增加，所以在戰後不得不裁員，也開闢了政治清算的道路，使六萬名公務員失去工作。忠誠的工會代表和支持者組成特殊委員會，使用調查問卷來根除所謂的幫兇。頂替者隨後湧入，建立了新的人民民主國家。

南斯拉夫的共產黨不必蘇聯援助就能控制好國家，因此跳過了史達林化的前兩個階段（「真」聯盟和「偽」聯盟），並於一九四五年開始全面實行蘇維埃式統治。他們沒有蘇聯顧問從旁協助，便「自行完成了蘇維埃化」，就此為三年後與史達林的嚴重衝突埋下種子，因為比起忠誠，史達林更加看重依賴。至於羅馬尼亞，截至一九四五年三月，該國已來到第二階段「偽聯盟」，由戰前就已登上政壇的溫順人物佩特魯·格羅薩領導。保加利亞儘管有尼可拉·佩特科夫這樣勇於抗爭的領袖，在戰後也仍未出現過真正的聯合政府。匈牙利在一九四六年犧牲掉了有效的多數選民，波蘭在一九四七年也這麼做了。

捷克斯洛伐克的轉變則最為緩慢，在一九四八年二月政變之前，該國的政治環境似乎相對較為民主、開放，國內存在四個擁有獨立組織及領袖的政黨（民族社會主義黨、天主教人民黨、社會民主黨及共產黨），會舉行自由選舉，公民權也受到尊重。擔任總統的是馬薩里克的幫手愛德華·貝納許，他似乎象徵著戰前民主規範的延續。但正如我們所見，法治實際上早在一九四五年就就漸遭破壞，有一類人（德意志人）被剝奪了權利，還有為審判「戰犯」而分設的不全然被法律規範的法庭。許多捷克人已厭倦了「西式」民主，一九四六年五月，他們以四成的選票讓共產黨成為最大黨，捷克的史達林主義者克萊門特·哥特瓦爾德上台就任總理，其所屬的共產黨掌控了教育部、工業部、宣傳部以及內政部。但在一九四七年秋天，來自歐洲他處的同志們開始質疑捷克共產黨的二當家魯道夫·斯蘭斯基（Rudolf Slánský），詢問他的政黨在想什麼，為何仍然與資產階級政客分權執政？

至那時，東歐的列寧主義政黨對權力的追求不僅無情，往往手段殘酷，也漸漸自曝為該地區人民前所未見的組織類型。黨員認定自身行為不容置喙，經常使用暴力。且因為有蘇聯在背後作靠山，表示其支持者能恣意奪取多過於自己應得的土地，更能脅迫他人而不必擔心遭報復。若有反對勢力試圖行使自由結社權，該黨便會派出暴徒來打破人民的腦袋和家當。一九四七年六月，匈牙利的獨立政客戴舒·蘇流克終於獲准組織他的「自由黨」，並計畫在塞格德市集結運動人士。然而正當他發起活動時，「工人」出現了，用橡皮管和椅子打斷了集會。警方也隨後完成了任務，以「煽動混亂」為由逮捕了自由黨的各個發言人。[93]

共產黨人還成了同時多點施壓的專家：無論是在街頭、在群眾示威中，還是透過撥打威脅電話。在物資稀缺又匱乏的時代，要招募幫手來喧鬧示威或打破腦袋很容易，反對勢力一步步被擊垮。極左派的每一項要求理論上都是無可置疑：終結反動機會、終結「反民主」政策、終結所謂困擾著蘇聯的問題（光是暗示蘇聯有所不滿，往往就足以得到想要的結果）。然而，每項所謂的最終要求都表明是進一步要求的前奏。革命在不同的地方以不同的速度進行著，在任何時刻看著的人們，都可能會被一時之間的節制所欺騙。

但革命並非隨意就能推動，也不僅僅是由共產黨所發起，更有數百萬東歐人參與其中，為自己發掘並創造機會。許多人實現的夢想都是貨真價實的：他們可以從事廣告業、土木工程、農業科學、幼兒保育、化學工業，還有各式各樣現代社會所需的工作，因為這就是史達林主義想要創造的社會。共產黨員的官僚們不僅鎮壓反對派，他們還執著於發起各種「運動」，以解決識字率、嬰兒死亡率和酗酒等問題；他們會鋪設道路並接種疾病疫苗、每年派出巡迴醫療隊到農村各地為人們提供結核病X光檢查。與此同時，國家民兵（波蘭用來稱「警察」的新詞）也會收押私藏農產品或未上繳武器的村民。遲至一九五〇年，地下組織也仍會處死國家公務員。[94]以上就是波蘭早期史達林主義時期的現實，但從波羅的海一直到亞得里亞海，各處皆是這種結合了啟蒙、恐怖和永恆鄉村生活節奏的景象。

負責監督和帶領轉型的最高領袖也只能順應他們所面對的情況行事。他們無法選擇自己想要變革的社會，而且，在一九四四年及一九四五年之交，從無產階級國際主義到泛斯拉夫主義和族群民族主義的轉向，其實令其中許多人反感。然而身為列寧主義者的他們仍服從指示。一位年老的波蘭共產黨人是這樣向我形容波蘭人的：我們就只有這群同胞，而他們是天主教徒又反共。共產黨無法預料或得知的是，在不引發巨變的前提下，自己能將這些東歐人民（包括其許多配合者）推向社會主義的未來到何種地步。

chapter 19

冷戰與史達林主義

冷戰是一種新形態的戰爭，它從來沒有「熱」起來，意思是對立的各強權從未將武器瞄準彼此或試圖占領對方的領土。占領行動已於一九四四年及一九四五年之交完成，東西方的軍隊各自於橫貫歐洲中心的分水嶺（大致是從盧比克〔Lübeck〕到的里雅斯特）兩側占據陣地，英相邱吉爾很快便將該分水嶺稱為「鐵幕」。幾十年間，從越南和韓國到安哥拉和尼加拉瓜，各地的代理人戰爭均打得熾熱，但這兩個超級強權都沒有互相攻擊，因為雙方均明白戰爭無法控制，且若真的開戰，將會是核武戰爭。

但除去這種顛覆性的自我克制氛圍，冷戰會如此非比尋常還有兩個原因。首先，人們並無共識是誰先發起冷戰；再者，也沒有人能確定冷戰是從何時開始。在波蘭，冷戰起源於一直延續到戰爭年代的衝突，最後演變成反共和親共勢力之間的內戰。波蘭戰情的升溫是漸進式的，降溫也是，直至一九五〇年代初期最後一批抗爭戰士被捕，或埋藏了手上的武器為止。在羅馬尼亞和匈牙利，共產黨從一九四四年開始緩緩奪權，完全沒有明顯的時間斷點，他們用簡單的行政措施和斷續的恐怖活動漸漸凍結了政治。在東德和波蘭則有蘇聯當局於幕後運作，不允許舉行自由選舉，偶爾還會讓「反動」的從政者消失。然而各地至一九四八年仍存在多黨制。在同年二月之前，捷克共產黨與他們認定為帝國主義者的外交部長（揚・馬薩里克）和總統（愛德華・貝納許）都還能夠分權治理。在國外觀察的人一直要等到一九四九年的某個時間點，才同意邱吉爾所稱的鐵幕確實區隔了兩個世界，雙方唯一可見的交流就是相互誹謗。

回顧過去，這種對峙似乎是在一九四七年的某個時間點從數量演變成了品質上的較勁。政策制定者開始將他們與另一陣營的各種爭執，視為該陣營已協調好的侵略和征服計畫。一九四七年初，杜魯門政府得出結論，認為蘇聯不允許波蘭舉行自由選舉，及邊緣化羅馬尼亞、匈牙利、東德和保加利亞的反對派的舉措，都反映出其有意在整個東歐推行共產主義，並從那裡往西擴張。[1] 一九四七年初，國務卿喬治・馬歇爾（George Marshall）從莫斯科之行歸國時深感不安，因為在他訪蘇期間，史達林似乎很樂見法國和義大利的經濟有機會崩潰。馬歇爾知道，這種事會給美國經濟帶來可怕的後果。[2] 因此華盛頓方面也規畫了反制措施。一九四七年三月十二日，杜魯門總統在國會發表談話，他宣布「自由人民正在抵抗少數武裝分子或外來者征服之意圖」，而美國會「支持他們」；三個月後，馬歇爾公布一項大規模財政援助計畫，意在協助歐洲從戰爭中復甦。受惠者不僅是西歐和東歐，連蘇聯都將享有援助。

馬歇爾一宣布計畫並提供援助之後，蘇聯便深怕自身對東歐的控制會受到威脅。[3] 馬歇爾期望歐洲會使用金援來購買美國產品，而左派觀察家（不只有共產黨員）也擔心讓歐洲接觸美國企業會讓其更加依賴美國資本。因此，史達林在一九四七年夏天迫使中東歐各國拒絕接受馬歇爾計畫，使得捷克斯洛伐克外交部長揚・馬薩里克（建國者之子）感嘆「我們只不過是附庸國！」[4] 然而更深一層的真相卻是，新興的蘇聯超級強權決意不成為美國的附庸。

一九四七年九月，蘇聯外交部長安德烈．維辛斯基（Andrei Vyshinskii）在聯合國發表談話時，指控美國想將歐洲各國置於其「經濟和政治控制」之下。他的國家現在已安排好自衛措施。同月，蘇聯在波蘭西利西亞的山區度假勝地斯克拉斯卡波倫巴（Szklarska Poręba）召開歐洲共產黨會議，並於會中成立了共產黨情報局（Cominform），目標是要協調所有「進步」勢力的工作。史達林意識形態純正性的主要執行者安德烈．日丹諾夫（Andrei Zhdanov）指出，世界已分為兩個「陣營」，一個支持和平，一個反對和平。沒有任何中心空間。

這條訊息也遭到了一番抨擊。會議名義上的主持人為波蘭人瓦迪斯瓦夫．哥穆爾卡（Władysław Gomułka），他認為會中的討論為非正式，並指出需要「共產黨之間的經驗交流」。在這個敵視共產主義的國家擔任實質領袖的哥穆爾卡，熱切地想要棄絕黨內可溯及羅莎．盧森堡的國際主義派別，因羅莎．盧森堡思想過分地將波蘭革命者斥為局外人。波蘭的共產黨人必須考慮到國內「民族」及其需求。他們當初就是在驅逐德意志人的民族解放鬥爭過程中上台掌權，且不必以暴力推翻舊的國家機器。因為這樣，波蘭的社會主義道路不同於俄羅斯，只要不質疑共產黨的領導角色，波蘭就可以容忍多黨制。哥穆爾卡尤其擔心蘇聯式的農場集體化會耽誤到波蘭，引發不必要的敵意。而史達林最近（一九三八年）才解散、摧毀了波蘭共產黨，殺害其最高領袖，這也讓哥穆爾卡和黨內同志痛苦不已，該黨自一九四三年重建以來，一直被稱為「波蘭工人黨」。[5]

史達林像這樣放棄配合恐怕正在衰落的資本主義世界，並不是什麼草率的計畫，而是因西方並未給予蘇聯他想要的安全保障，使他拒絕與西方建立關係。[6] 東歐也出現了一些跡象：起初支持莫斯科解放者的人，似乎也漸不滿於鎮壓手段和持續占領，史達林的作法也是回應他們。與此同時，東歐人也似乎越發尊重美國。對於馬克思列寧主義者來說，要解釋這種情形，只能稱敵方懷藏著帝國主義陰謀，正散布關於社會主義祖國的謊言。[7]

然而雙方都在將彼此妖魔化，和解也漸漸變得不可能。對許多西方人來說，蘇聯似乎是無異於納粹德國的獨裁政權，他們都是在逐漸削弱對手。正如我們於第十八章中讀到過，保加利亞對佩特科夫的審判，讓美國政府注意到其與納粹司法手段的相似之處，尤其是考量到保國領袖季米特洛夫先前曾於一九三三年勇敢反抗納粹法庭，令人感到匪夷所思。一九四七年九月，三個英國政黨一致認為佩特科夫的司法謀殺顯示出「季米特洛夫這類共產獨裁者，與希特勒這類法西斯獨裁者」之間的相似之處，他們更進一步認定這是該時代的教訓，慕尼黑災難的後果也猶然在耳。如果季米特洛夫和史達林是希特勒，那麼「絕不能對共產主義實行綏靖政策，我們絕不能再因軟弱而招致侵略，我們必須堅決捍衛自由和法治」。[8]

蘇聯領袖的立場也是同樣堅定：對他們來說，西方「帝國主義」代表著他們認為已於一九四五年剷除的黑暗勢力正捲土重來。在共產黨情報局成立時，他們鼓勵激進的南斯拉夫派系公開羞辱法國和義大利共產黨，因兩國的共產黨都與帝國主義勢力合作執政，而捷克斯洛伐克的共產黨員也心知自己無法置身事外。當時他們正與天主教人民黨、捷克民族社會主義黨和社會民主黨結成聯盟，準備於一九四八年舉行國會選舉。黨總書記魯道夫・斯蘭斯基在回到布拉格後，告知國內的政治局，為使國家走上社會主義的直接道路，現在是時候果斷採取行動了。此舉表示他們將與現行政策決裂，然而前一年，黨領袖哥特瓦爾德還說著「捷克斯洛伐克的社會主義道路」不會有無產階級專政或蘇聯模式的暴力行動。[9]

一九四八年二月，捷克和斯洛伐克的共產黨員憑藉雄厚的幹部基礎及對軍警人員的控制，發動政變迅速奪權。儘管背後有極大勢力支持，但這場政變並未流血。共產黨利用了民族社會主義黨和天主教從政者犯下的一個難堪錯誤（兩者均已厭倦聯盟中共產黨同事的各種違法行為）。一九四七年十一月，布拉格的共產黨當局開始清算警察部隊。二月二十一日天主教人民黨和民族社會主義黨的各部長則請辭下台以示抗議，因他們認定民眾會支持自己，他們也以為總統會解散政府並即刻要求舉行選舉。但這些人失算了：共產黨與社民黨盟友在政府中仍占多數，便直接自行挑選從政者來取代辭職的部長。他們接著召集全國各地的黨分部組成「行動委員會」，之後便整肅了公共生活中的所有機構。

各領袖得到的收穫比他們原本聲討的還要豐富。幾天內，大多數年紀尚輕的急躁共產黨員便撵走了報社、國家行政部門、體育社團、政黨、學校及劇院等文化機構的主任和經理，接著也開始解雇下一層人員。清算行動是如此徹底，連黨主席哥特瓦爾德都不得不開始管束學生（這些學生自認為已進入新的歷史階段）。當時查理大學（Charles University）正準備歡迎來自歐洲各地的嘉賓慶祝創校六百週年，但年輕的激進分子才剛推翻校長，使得幾所西方大學都取消參與，糟蹋了活動的宣傳價值。哥特瓦爾德致電負責的學生領袖，問他和同夥是在用頭腦思考還是「用屁股思考」。但他倒是不反對學生自行清算學生。反對派領袖直接被捕，但其餘的全體學生都須出席「核查委員會」，會中有超過五分之一的人被開除。這些「階級敵人」通常被派去從事粗重的體力勞動（多是送往礦坑），就此從捷克斯洛伐克的文化、經濟和政治生活中消失了。[10]

圖 19.1 布拉格查理大橋上的人民民兵（一九四八年二月）。
來源：CTK/Alamy Stock Photo.

最後階段就是切香腸戰術了。共產黨員切除了獨立的農民黨、民族主義者和天主教人民黨人士之後，便徹底吞噬其社會民主黨同伴。這是該區的趨勢。一九四八年夏秋兩季，這類較溫和的馬克思政黨都被迫與共產黨組成「統一」政黨。在匈牙利，兩黨合併成匈牙利工人黨（Hungarian Workers Party），波蘭的則是波蘭統一工人黨（Polish United Workers Party）。在東德，蘇聯早在一九四六年四月即迫使共產黨與社會民主黨合併成德國社會主義統一黨（Socialist Unity Party of Germany）。在這種局勢下，新政黨的聯合幹部數量比共產黨單獨存在時要龐大得多，現在的挑戰則是讓社會民主黨服從列寧主義的紀律。[11] 捷克斯洛伐克的共產黨甚至沒有用新名稱來偽裝，在吸收了規模較小的社民黨後，他們仍然被稱為捷克斯洛伐克共產黨。

一九四八年五月，蘇聯與其狂熱南斯拉夫盟友之間醞釀已久的分歧登上了世界報紙的頭條，打醒了仍懷疑該地轉型之嚴重程度的人。共產黨情報局敦促南斯拉夫黨內的「健康分子」推翻狄托，而這個為史達林主義喉舌的機構厚顏無恥地指責狄托建立「官僚政權」並壓制民主，連「最輕微的批評」都「殘酷鎮壓」——恐怕狄托想要的，是把南斯拉夫重新帶往資產階級資本主義。[12] 然而真正困擾蘇聯的並非南斯拉夫有什麼背叛之舉，而是因為該國沒有處處徵求史達林的意見。

尤其讓莫斯科頭痛的是，南斯拉夫計畫要連同保加利亞和阿爾巴尼亞組成巴爾幹聯邦。史達林擔心狄托可能會在東南歐帶起獨立的權力集團。但也還有其他不計其數的問題，像是南斯拉夫不滿一九四四年紅軍士兵於塞爾維亞強姦民眾，或者抱怨蘇聯會偷偷派遣間諜滲透南斯拉夫各組織。米洛萬・吉拉斯表示，協助拍攝社會主義寫實主義電影《於南斯拉夫之山》（*In the Mountains of Yugoslavia*）的蘇聯劇組會誘使南斯拉夫人（包含狄托的貼身保鏢）參加縱情的狂歡派對，借此招募特工。當消息傳到狄托耳裡時，他更勃然大怒，宣稱「我們絕不會容忍間諜網路」。[13]

國際間的分歧很快就波及到全東歐各國內的共產黨員。狄托這邊追捕著內部忠於史達林的黨員，另一邊也開始有人指控波蘭、保加利亞和匈牙利的可靠幹部打算效仿南斯拉夫的「民族」共產主義。一九四八年五月，史達林命令祕密警察局長拉夫連季・貝利亞搜出東歐政黨中被稱作民族共產黨人的狄托分子。[14] 在波蘭，這些警察很快就找上了黨總書記哥穆爾卡，因為他一直指責同志們與波蘭的民族情懷脫節，甚至有違黨意地主張社會民主黨人在處理民族問題時更有智慧。但現在到了直接動手的時刻：

九月，哥穆爾卡在同志的辱罵聲中被迫辭職，並於一九五一年被捕。

哥穆爾卡的案例示範了早期清算行動背後的邏輯，當時針對的目標是「本國共產黨員」，也就是像他這樣於戰時留在家鄉的男女。他們的黨內對手（如新任領袖博萊斯瓦夫・貝魯特〔Bolesław Bierut〕）是在嚴密監視下於莫斯科度過了戰爭，這些人的忠誠毋庸置疑；那些在戰爭期間曾流亡西方、據稱接觸過西方情報部門的共產黨員則更不可靠。一九四九年初，蘇聯媒體又畫分了新一類敵人：「無根的世界主義者」，指的就是猶太人。史達林懷疑特定族群有顛覆政權的潛力，也漸漸認為猶太人並不忠誠。他的執著最終導致當局於一九五二年殺害了猶太反法西斯委員會的十三名成員（包括五名意第緒語詩人），然後編造出一套針對他的「醫生陰謀」，稱該陰謀是由猶太復國主義者所資助。

儘管匈牙利各領袖都沒有呼籲要走一條單獨的社會主義道路，但高層之間仍存在著明爭暗鬥，匈牙利領袖會利用蘇聯的關注與猜忌，不僅是為了爭取優勢，也是為了度過這段非常危險的時期。[15] 一九四八年，有個包括拉科西、恩諾・格羅（Ernő Gerő）、米哈伊・法卡斯（Mihály Farkas）和約瑟夫・雷瓦伊（József Revai）在內的派系決定舉發內政部長拉斯洛・拉伊克。問題不在於這個派系是否投身史達林式的社會主義。[16] 拉伊克守住一黨霸權的能耐無人出其右，一九四六年夏天，他便關閉了一千五百個組織，包括青年團、體育社團、社區服務組織和工會，就因為這些組織被認定有反動精神；[17] 樞機主教敏真諦・若瑟（József Mindszenty）的作秀審訊便是出自拉伊克之手，他也精通如何鎮壓反對派小農黨和天主教會；再加上，拉伊克高大英俊，在黨內也極受歡迎，他曾擔任西班牙內戰的政委，在一九四一年逃脫法國的拘禁後也於匈牙利帶領抗爭，種種事蹟都顯示了他的才能。拉科西對他既嫉妒又擔憂（因想到一九三〇年代的蘇聯審判），於是他的派系便稱拉伊克是匈牙利的狄托主義者，將他呈報給蘇聯。

蘇聯同意了。拉伊克這樣曾於西方待過一段時間的最高領袖，很容易被描繪成巨大陰謀的幕後首腦，恐怕已擁有遍布歐陸且深入其他社會主義國家的人脈網路。一九四九年五月，拉伊克在與拉科西共進午餐後的第二天即被逮捕並以叛國罪名受審。之後諸如此類的審判各處皆是，拉伊克被指控已進入法國的西方情報機構為其服務。據稱該間諜網的首領為美國人諾爾・菲爾德（Noel Field），但他實際上是一名在日內瓦為國際戰地服務團（Universalist Field Service）工作的蘇聯特工，他於該地幫助有需要的移民，並結識了數十名共產黨員。菲爾德於一九四九年被誘導至布拉格後被捕。

一九三〇年代的蘇聯作秀審判現在由東歐卡司重新演繹。拉伊克對自己提出了荒謬的指控：自稱從一九三一年起就一直是匈牙利警方的線人，且會將共產黨學生交供給警方；自稱曾在西班牙譴責過共產黨；自稱在戰爭期間曾協助蓋世太保摧毀匈牙利的抗爭運動——諾爾・菲爾德據說就是在那時候招募了拉伊克。除此之外，拉伊克還承認一九四七年在南斯拉夫度假時成為狄托的間諜。還有其他共同被告也承認自己從小就暗自崇拜法西斯主義，但這些人直到最近都還是共產主義運動的驕傲。

儘管拉伊克遭到數週毆打和睡眠不足，卻一直堅不認罪，直到有人威脅要傷害他的家人才願意低頭。拉伊克得出結論：如果黨一致反對他，那麼就算他在主觀上認定自己是清白的，還是必須赴死。一九四九年十月十五日，拉伊克在與「共犯」一同走上絞刑台之前，還高呼著：「史達林萬歲！拉科西萬歲！」據目擊者稱，繼任拉伊克的內政部長也在一旁觀看，並曾嘔吐多次。他不僅原本是拉伊克及其

圖 19.2 拉斯洛．拉伊克於拉科西的肖像下鼓掌（一九四七年）。
來源：Pál Berkó, Foto Fortepan. / CC-BY-SA 3.0.

家人的朋友，卻也是冷酷凌人的審訊者。[18]此人名叫亞諾什．卡達爾（János Kádár），後來也被逮捕，並於作秀審判中招認了不實指控。

這齣借司法殺人的荒誕戲碼現在也傳到了保加利亞，當地共產黨犧牲掉的是特拉喬．科斯托夫（Traicho Kostov），他和拉伊克一樣也曾是高階共產黨員。一九五二年十一月，捷克領導階層審判前總書記魯道夫．斯蘭斯基及其他十四名高級幹部，更將劇本推向歇斯底里的高潮。斯蘭斯基與其十名假定的共謀者被明確認定為「猶太人出身」，展現出史達林認為猶太人代表著黑暗的國際陰謀。有十一名被告遭到處決，骨灰隨後被捷克安全警察撒在布拉格郊外結冰的道路上。就如蘇聯的案例，這場審判是事先編寫好的劇本，並由蘇聯顧問作最終修訂。

✳

要解釋這種作秀審判為何會有如此確切的形式，我們只能推測，因為目前尚未有文件可用來說明克里姆林宮中發起者的更深層動機。可以確定的是，這種獵捕民族主義者的行動，源自於當局認為必須讓人民民主國家的全體公民（連共產黨員也不例外）無法保證自己能夠活命（人身安全就更不用說了），才能好好控制東歐。就此方面看來，這些審判是歷史上帝國主義統治最堅決的行動。身為襲擊目標之一的狄托也於一九五二年表示，歐洲的心臟已成為蘇聯堡壘的防禦邊坡，波蘭、羅馬尼亞和匈牙利等國家都成了「最尋常的殖民地」。[19]

但還有更傳統的原因可以解釋為何有人會幫著史達林執行血腥整肅行動。黨內各領袖認為，新興集團正在取得極具歷史意義的重大突破、創造了城市和工業世界，以及過去不存在的識字人口，為全人類指明前進的方向。但他們也對數之不盡的缺失心知肚明，意識形態既無法解釋這種缺失，也無法為之尋找理由。根據布爾什維克對馬克思主義的解釋，革命本應迎來黃金時代：轉型為沒有資本主義社會緊張局勢或分歧的現實世界。因為這樣的社會顯然還不存在，所以必須要找出代罪羔羊；也是因為這些代罪羔羊必須為無止盡的匱乏（持續的配給制度、糧食短缺和通貨膨脹）承擔責任，所以必須拿最高的領導階層開刀。[20]

忠誠的社會主義公民也許輕易就能相信，整肅行動的受害者（如奧塔・施林〔Ota Šling〕或魯道夫・斯蘭斯基這類捷克共產黨領袖）可能真曾下達嚴重損及國家和經濟的政令，卻還是能繼續成功執政，讓這些領袖看起來更了不起了，似乎是歷史上注定好的。施林是西班牙的志工和布爾諾地區的負責人，曾於戰時流亡倫敦；斯蘭斯基從一九三〇年代起便任職中央機構領袖，具有龐大的勢力和威望。[21]我們可以據紀錄判斷，對於像斯蘭斯基這樣被指控潛藏政敵的案例，黨內幹部幾乎都深信其為有憑有據。[22]這就是為什麼在一九五六年史達林的罪行突然曝光時，黨內知識分子受到的創傷會如此之大。但信仰總是混合著恐懼，心存疑竇的人也不會聲張，並認定其他黨員（甚至是至交密友）也認為審判是真的。[23]

然而，像這樣審判一、兩年前還被譽為半神的人物有多荒謬，還常令工人們嗤之以鼻，連共產黨員也是。在前總書記被捕後不久，克拉德諾（Kladno）地區的資深黨員表示，他們不敢相信與克萊門特・哥特瓦爾德「長期」共同奮鬥的斯蘭斯基有背叛的能耐。斯蘭斯基只不過是「擋下所有過錯和匱乏的避雷針，有罪的人則仍保持清白」。布達佩斯貧民窟中很樂見資本家和天主教會受撻伐的激進左翼工人，也同樣對拉伊克的指控「令人難以置信」。捷克作家赫達・科瓦利曾於染上流感修養期間，聽到人們公開嘲笑斯蘭斯基審判一事：「誰知道這些人對他們做了什麼？整件事都臭到天上去了！」有位護士則回憶說，在她的村子裡，「小偷在偷鵝時，就算當場被逮到也會否認自己的行為」。[24]

然而這些審判也有助於穩定史達林主義，至少暫且如此。無論是激起人們對代罪羔羊的憤怒，也無論這些指控是否根本荒謬無比，「作秀」審判都是一齣不容忽視的連續大劇，能夠引開人們對日常擔憂的注意力；且不論背後有何更深層的理由，這類審判都為權貴跌下神壇的古老故事開啟了最新篇章。在一九五〇年代初期以前，權貴階級也廣受鄙視，正因如此，黨領袖才選擇犧牲斯蘭斯基等高級官員，既能安撫、也能恐嚇民眾。[25]

在各種指控中，又以「猶太復國主義」最為離譜也最有效果，比僅和巴爾幹地區有直接關聯的狄托主義好用多了。猶太復國主義甚至超越了假想的美國中情局陰謀，因為此議題同時能作為挑起當地族群民族主義的一種手段，也能引發與特工有關的陰謀幻想（全世界只要有猶太人居住的地方都有陰謀）。[26] 在黨幹部階層中，反猶太復國主義的作用，則是要展現出蘇聯絕不容忍任何有損忠誠度的藉口，即使猶太人已經是導致「種族滅絕」一詞誕生的巨大罪行的目標了，也不允許他們對於猶太家園的想法抱有絲毫認同。特別忠於一個民族的猶太復國主義現已是普世犯罪行為的象徵：「世界主義」。然而諷刺的是，這種轉向反猶主義的行為代表著一種窮途末路的嘗試：為了馴服本土民族主義，蘇聯打著歐洲最極端民族主義的口號來尋找替死鬼。蘇聯已成了族群至上主義的國際領袖。

史達林雖曾支持以色列建國，但後來事實表明了該國不願毫無保留支持蘇聯立場，使得反猶太復國主義運動成為了可能。[27] 此運動對捷克斯洛伐克的打擊最為殘酷，因為這裡是最後的審判之地，代表著蘇聯邏輯的神化。由於猶太人在捷克的黨和黨領導階層中是相對較小的群體，因此可輕易僅針對這群人施暴。相較之下，匈牙利或波蘭就有更多猶太人擔任黨內幹部，反猶太復國主義會削弱黨內的清算行動，危及高層領袖的性命。[28] 波蘭、東德和羅馬尼亞的各領袖確實肅清了被認定為「民族共產黨人」和世界主義者的高官，但沒有判他們死刑，原因不明。

同時間，親蘇聯者則被形容成國內最優秀的愛國者、真正的民族主義者。捷克斯洛伐克在發起反世界主義時，同時間也出現了對馬薩里克的誹謗運動，將馬薩里克的政策斥為對族群民族（*protinárodní*）和勞動人民（*protilidové*）有害。馬薩里克雖是族群民族主義者，卻因作為反猶主義的敵人等事蹟而成名，然而領導階層聲稱他們無意復興此古老傳統。一九五二年十二月，克萊門特·哥特瓦爾德說：「反對猶太復國主義的鬥爭不能與反猶主義相提並論。」反猶主義是一種與「美國『超人』」有關的「野蠻種族主義」，然而反猶太復國主義是為了防範「美國間諜活動」。馬薩里克的「資產階級」民族主義無法為捷克人抵禦此類危險，因為該主義缺乏健康的工人階級本能——就這樣，反對猶太復國主義被描繪成一種進階的階級意識。在斯蘭斯基的審判中，只有兩名被告是出身工人階級：卡雷耳·施瓦布（Karel Švab）和約瑟夫·法蘭克（Josef Frank）。據說兩人是在納粹集中營裡受了污染，在裡頭接觸到猶太人。[29] 匈牙利的亞諾什·卡達爾則回報道：「在迄今為止發現的間諜網成員中，無一人是工人或勞動農民。」[30]

世界主義的陰魂不散，讓所有黨員（尤其是猶太人）有了審視自我良知的迫切理由，但逼得太緊也可能會適得其反。一九五〇年代初期，捷克斯洛伐克的教育部委員會便是因主要成員的恐懼和彼此攻訐而停止運作，共產黨大報的編輯古斯塔夫·巴雷什（Gustav Bareš）每天都在等待有人敲門，好寫下譴責同事的文章。一九五二年，有個特殊的黨委員還必須前往莫斯科，阻止該處的捷克學生（他們理應是黨未來的人才）過分自我清算。一九五一年四月十九日，在匈牙利的黨代表大會上，馬蒂亞斯·拉科西批評繼任拉伊克和卡達爾職位的內政部長桑德爾·佐爾德（Sándor Zöld）辦事不利。結果佐爾德因害怕被捕，在第二天殺死妻子、母親、八歲的兒子和六歲的女兒之後，就自殺了。[31] 對史達林主義機制的了解越深入，歐斯底里的情緒就越深刻。

整肅浪潮席捲了黨中所有成員。截至一九五〇年一月，在匈牙利的一百一十萬黨員中，就有三十萬人被開除，其中又以前社民黨人和工會職員為主要目標。至於波蘭，從一九四九年四月到一九五三年九月這段時間，共有十四萬黨員被開除，另有九萬六千名黨員喪失提名資格，總數量從一百四十四萬三千人（一九四八年）降至一百二十九萬八千人（一九五四年）。[32]

⁂

當共產黨在透過高官的「怪物審判」來對自己行革命暴力時，還有其他數以萬計的東歐人（部分是共產黨人，有許多則多不是）正因所謂的政治犯罪而消失在監獄裡。[33]最先成為下手目標的是那些因外來的社會背景而反對共產黨教條的人，尤其是中產階級，但也還有經營有成的「資產階級農民」，也就是富農。這些人及他們的兒女都涉嫌受到其階級背景的污染（幾乎都與種族脫不了干係），並消失於大學、警察、軍隊和國家行政部門等公共機構中。

這種清算「資產階級」分子的工作相對簡單：當局會先取得相應的「幹部檔案」，然後確認階級出身，事情就解決了。同樣地，他們也輕易就能禁止戲劇或電影、禁止「頹廢」藝術的展覽、關閉教堂和修道院、逮捕牧師或清除圖書館內在意識形態上「有害」的書籍。更令他們傷腦筋的是，布達佩斯、布拉格和克拉科夫等新興社會主義城市的舊菁英階級仍繼續主導著文化。中上階級不再有司機或僕人，他們的高薪生活已成過去，但這些人仍留在戰前的大公寓裡，也能保有咖啡館裡最喜歡的位置。他們充滿優越感的惡毒態度尚未得到適當的教訓。因此在一九五〇年代初期，黨工效仿蘇聯，將數千個被認定為「資產階級」的家庭逐出其在布拉格和布達佩斯的住所，並將他們重新安置在農村（行動B）。[34]

在這類行動的背後，是個用新菁英取代舊菁英的更大工程。突然之間，公務員、祕密警察、高產量工人（shock worker）和「勞動英雄」不僅能住在公寓裡，還可以在國家機器中謀職了。在所有政黨中，東德顯然最善於利用社會招募手段來打造政治忠誠的菁英階層。他們的作法是規定考上大學的工農幹部也必須入黨。新興的社會主義菁英因此必須遵守黨紀、執行黨的任務；與此同時，這些人也明白，自己之所以能提升地位（有更體面的職業、可享有優質商品和服務、公寓和周末度假小屋、汽車，以及讓子女接受高等教育），全都是黨的功勞。他們的人生經歷表明了黨走的是正確路線。這樣的制度，創造出一個由他們這類工農人民主導的新社會，讓他們負有更高的義務及特權。

各地的共產黨員與社會主義盟友都推翻了教育系統，他們推動基礎教育普及（通常達十年級），並提供機會給以往無法受高等教育的社會群體。戰前本只有不到百分之三的大學生來自勞動背景；但至一九五五年，這個數字通常超過五成，有時還更高。這也要歸功於高教能力的普遍提升。擴大的工人階級中也出現類似這樣機會增加的趨勢，尤其是波蘭或匈牙利這樣的農業社會。從一九四九年到一九五五年，波蘭的工人數量從一百八十萬增加到兩百八十萬；在匈牙利，重工業工人則從一九四九年的二十六萬一千四百四十人增加到一九五三年的四十萬五千零二十八人。[35]

社會主義政權就這樣創造出自己的統治階級，但成員卻都違背了政權原本的期望。部分原因在於該政權想要在極短時間內扭轉難以撼動的現實：新城市要花幾十年才能建成，而史達林主義在東歐只持續了五、六年。史達林政權於東柏林和華沙建造大量的建築工地，或者像匈牙利的史達林城（Sztálinváros）和波蘭的諾瓦胡塔（Nowa Huta，直譯為「新鋼鐵廠」）這類容納了數千居民的新鋼鐵城市，但裡頭根本沒有像樣的餐廳或電影院，商店就更不用說了。政權在華沙中心執行了一項關閉私有食品店的計畫，卻未能提供什麼替代方案，就算有也十分罕見。居民要步行一英里多才能買到一條麵包，到達商店時還得排隊。人們不管去哪裡都得排隊，也沒有精力再做其他事情。年輕的工人在工作一天後回到宿舍，五人同住一個房間，也沒有其他消遣。他們只能大肆飲酒，從事其他被黨認定為有害的活動，比如賭博或探索新鮮的性事。

等到他們建造的新公寓大樓終於落成，工人們便退居幕後，看著經理和老闆搬進更大的公寓、更好的位置（從來不會是一樓），也能比其他人都更快得到住所。統治階級實際上是國家和黨的官僚，以及與他們有往來的人，還幾乎全是男性。[36]

社會主義國家使用兩性平等的詞彙，開放女性求職、鼓勵女性受高等教育，比歷史上的任何政權都還要進步。[37]現在女性也能到以前不得其門而入的領域就業（例如礦坑或重工業），總人數上升到勞動力的一半以上，遠高於西方社會的平均水準。[38]許多女性體驗到了進步的快感，首先是離開鄉村，然後是進入全新的行業。在波蘭，社會主義工作競賽（獲勝者可得現金獎勵和公寓）的參賽者有很大比例都是女性。[39]因為她們會錄取醫學院和法學院，女性在這兩個領域就業人數也比以前多，至一九六〇年代後期，波蘭有三分之一的法官都是女性。[40]

然而性別分工的基本觀念並沒有消失。黨的規畫人員很樂意開放女性求職（他們其實還堅持讓女性外出工作），卻付給她們較低的工資，認定主要收入會由「養家糊口」的男性提供。在職場中，女性理論上能從事任何職位，但男性員工的抵制卻讓她們只能從事薪水較低的工作。舉例來說，在匈牙利的石油工業，女性成為卡車司機後，男同事就會想辦法讓她們被解雇或調職。波蘭的黨記者則指出，男女之間有所衝突時，女性會被降至低薪職位。礦工的妻子們有時還會合力阻擋女性從事入礦工作。[41]在家務方面，女性仍承擔著撫養孩子、打掃煮飯等傳統重擔。她們還得負責排隊這項新「工作」。國家社會主義（state socialism）早期有幼兒保育，但就如其他許多制度一樣仍處於成形階段：必須建造托兒所、招募及培訓工作人員，而他們幾乎全是女性。

女性在國家和黨的官僚機構中擔任領導職務並非聞所未聞，但在史達林主義期間與之後，女性當官都屬例外。整個中東歐只有一位傑出的女共產黨領袖：羅馬尼亞的安娜．保克（Ana Pauker），她於一九五二年遭到清算，因為保克和哥穆爾卡一樣主張建設社會主義時要適可而止，反對強制集體化。[42]

就如捷克斯洛伐克是戰間期東歐唯一倖存的民主國家，這時的波蘭也屬於異類，因為該國民眾的史達林主義經驗自始至終都與眾不同。波蘭人確實承受著現代化革命陣痛中普遍有的大規模社會和文化混亂，但他們遭到的政治鎮壓並未如其他共產集團成員國的人民那般嚴重。一九四八年九月，老共產國際的忠誠支持者博萊斯瓦夫．貝魯特接替瓦迪斯瓦夫．哥穆爾卡的黨總書記職位，但他並沒有推動快速集體化，也沒有徹底整肅大學，連整肅法律和歷史學院也沒有。[43]雖然當局規畫要將「保守派」家庭逐出克拉科夫，卻從未真正執行過。縱使有數十名神職人員被捕，幾人受到作秀審判，首席大主教斯特凡．

維辛斯基（Stefan Wyszyński）也於一座空蕩蕩的修道院被捕，但波蘭天主教會的結構基本上完好無損，甚至還在公立學校繼續傳授教義問答。[44] 盧布林天主教大學（Catholic University in Lublin）必須縮減教學規模，不過仍保持開放。國家試圖實現的大多目標（如從教室中移除十字架，或引進無宗教的公證婚禮）都是任何世俗化國家會採取的措施，據內部通信指出，在這個將共產主義視為異類的社會中，活躍於政治上的神職人員和敵對勢力也讓黨備感壓力。[45]

黨似乎也向波蘭的歷史和文化讓步了，當局會印刷文學經典、根據原始藍圖重建被摧毀的城市，並支持考古挖掘以揭示「波蘭」的領土主張。即使是在極權統治的高峰，波蘭共產黨員也會尊重波蘭社會的特點，並據其情況調整政策（有位老共產黨員在與我對談時也指出，如果當初讓他們統治另一個不同的社會，他們可能會採取不同的作為）。

波蘭領袖克制的統治方式符合該國整體「溫和」的革命政策。波蘭的史達林主義雜揉了不同的成分，既排斥又收羅數十萬計的波蘭人。對許多工農階級和女性來說，這幾年代表著向上流動和嶄新的機會；然而對其他許多人而言，這也是個充滿恐懼又殘酷的時期，監獄裡擠滿了犯下「經濟罪」的工人和農民，這類罪行包含未能運送幾公斤玉米、宰了一頭體重稍輕的豬、囤積居奇，或從事黑市交易。我們不可能將這段時期僅濃縮歸納為單一趨勢。根據與後史達林年代波蘭共產黨員的訪談內容，我們得知，一九三八年波蘭共產黨被摧毀時留下的恥辱和悲痛，有許多人都不曾釋懷；也許是因為戰前受史達林所迫害的人們團結一致，才使得他們於戰後拒絕了史達林的要求：犧牲波蘭版本的拉伊克——瓦迪斯瓦夫·哥穆爾卡。

史達林主義的世界

史達林主義不僅讓敵人心生恐懼，也不僅是培養新興菁英階級的政治忠誠度，更重要的是，它還改變了生活環境，塑造出以嶄新方式感受、觀察、思考和聆聽的人類。這是一場文化革命，顛覆了人類生活所仰賴的影像、聲音和思想。這表示文化創造者對自身任務的理解發生了極端的變化。一九四六年，史達林的接班人安德烈．日丹諾夫發起了一場運動，不僅反對主觀主義和客觀主義，也反對藝術中的現代主義和形式主義。除「寫實主義」之外的一切內容幾乎全都反對。他援引列寧的著作，主張任何藝術都與政治拖不了關係，且文學應該成為「無產階級整體志業的一環，成為社會民主主義機制的『一個小齒輪和小螺絲釘』，這個社會民主主義機制不可分割，由工人階級有意識的先鋒領袖共同推動運轉」。[46]

社會主義寫實主義是一種方法而非風格，但因其教條式的特色而回到了十九世紀的實證主義模式。從一九四七年至一九四八年，訪蘇聯的東歐藝術家驚訝地發現，當代的繪畫和舞台布景是複製兩世代之前流行的形式（好比學院派）。他們在交響樂廳裡聽到的音樂，讓人聯想起一八九〇年代流行的「標題音樂」（program music）。然而在幾年內，這些藝術家卻帶頭將這類作品引入自家的文化景觀。[47] 對於這樣以藝術自由為宗旨的人來說，這怎麼可能呢？

因為重點不在於灌輸新的感受，反而更關乎哲學與政治，有些人會稱之為投機主義：正如國家只能服膺蘇聯的前衛政治（和世界歷史）勢力，藝術家也注定要服從新的先鋒派，也就是工人階級的需求，而社會菁英對工人們也有一定程度的尊重。任何行業都該關注如何於工人和社會中創造整體的革命意識。正如我們所見，某種普遍的哲學氛圍讓許多知識分子感覺似乎有必要適應新的形式。然而知識分子對歷史呼喚他們服務的工人階級知之甚少，因此有些人確實會諮詢工人的意見。一九五〇年，東德作曲家恩斯特・邁耶（Ernst Hermann Meyer）就曾嘗試以音樂劇評判資本主義對銅礦工人的影響。[48]

社會主義寫實主義的確就如它的批評者所說的那樣失敗。小說和電影情節越發容易揣測，就算是在藝術上最嚴謹的作品也一樣。知名東德作家克莉絲塔・沃爾夫（Christa Wolf）在史達林死後許久，寫成了《分裂的天堂》（*Divided Heaven*）一書，展現出該類體裁在東德仍有的吸引力。書中女主角放棄了西柏林的情人，決定投身東柏林的社會主義，但這並非全然是她自己的抉擇：柏林圍牆成為解決政治與個人困境——糾結在一起無法分開——的情節設定。然而主角身為一位健康又樂觀的無產階級人士，到頭來肯定都會離開她的情人（冷漠的資產階級），因為她感受到「一場偉大歷史運動的牽引力」。東德是更好的德國，因為她在西柏林找不到任何值得奮鬥的原則或想法，只有漫無目標的輕鬆生活。波蘭電影導演安傑伊・瓦依達（Andrzej Wajda）早年的電影《這一代》（*A Generation*）同樣結合了年輕人的愛戀和社會主義，故事就發生在華沙占領區的反納粹地下組織裡。有位原本胸無大志的年輕人找到了人生目標：他愛上年輕的人民軍抵抗戰士朵蘿塔（Dorota）。年輕人會愛她，是因為她沒有將他當作無賴，反而視他為高尚的無產階級。救國軍則被描繪成幫兇的巢穴。[49]

實踐社會主義寫實主義的作家和導演，有平平無奇者、有天賦極佳者，也有大膽創作者。像捷克的維捷斯拉夫・內茲瓦爾（Vítězslav Nezval）、波蘭的康士坦提・伊爾德方斯・高欽斯基（Konstanty

Ildefons Galczyński）和德國的約翰斯·貝歇爾（Johannes R. Becher）等詩人，在戰前都是有名的極左翼表現主義者，現在卻都被史達林和蘇聯馴服得滿口恭維。一九五〇年代初期，社會主義寫實主義運動達到高峰，所有的藝術張力都便宜行事地將蘇聯式社會主義的創作當作解方。一九五〇年，當義大利寫實主義電影《單車失竊記》（*The Bicycle Thief*）於匈牙利放映時，文化部要求加入新的結局。在原作中，主角（一名工人）的單車遭竊，這是他唯一賴以維生的工具，因此他打算也自己偷一台。故事中的工人被捕又遭毆打之後，最終迎來了慘澹的未來，孤獨又憤恨。然而現在卻加入了一新聞片段，畫面中是義大利共產黨領袖帕爾米羅·陶里亞蒂（Palmiro Togliatti）在群眾大會上發表振奮人心的演講。最後工人並沒有迷失於充滿不確定的未來，反而似乎是走向了共產黨的懷抱。[50]

這些都是政治侵入藝術的活生生例子，所有領域都受到影響。現代主義的創作脈動也從音樂和建築中消失了，正統及流行樂的作曲家都將精力用來讚美史達林和蘇聯的勞動英雄。樂譜、公寓大樓、雕塑，全都成了想像中新社會主義人物的紀念碑。因此寫實主義已不「寫實」，而是將人物簡化為意識形態所要求的形象。[51] 觀眾必須感受到自己比生命更為渺小：周身環繞著繪畫和雕塑中英勇又強壯的人物，或雄偉的柱子、入口通道和其他「新古典主義」形式，以上種種都妝點著華沙中部或東柏林拔地而起的新社會主義住宅（儘管不是在布拉格或布達佩斯這種老哈布斯堡王朝大都市），控制觀者的生活。

既然工作已無賺取利潤的動機，那麼工人們努力的理由便是為了創造社會主義、創造人類更美好未來的崇高理想。黨會為了激勵人心而挑選產能最高的礦工或砌磚工當作英雄工人，讓他們出現在巨幅海報、電影和報紙上，打算散播這些人對社會主義的熱忱。他們的產能是預期標準的好幾倍。其中一例就

圖 19.3　波蘭青年在社會主義寫實主義風格的大道上遊行（一九五二年）
來源：W. S awny, Bohdan Garli ski, Architektura Polska 1950–1951 (Warsaw, 1953). Via Wikimedia Commons.

是東德的阿道夫・亨內克（Adolf Hennecke），他於一九四八年十月十三日成功開採了二十四點四立方公尺的黑煤，是每日標準的百分之三百八十七。他就像蘇聯的模範礦工斯塔漢諾夫（Stakhanov）一樣為了大家而奮鬥，當作是在為自己謀福利。姑且不論這種勞動競爭是否真能對經濟增長有重大貢獻，光是宣傳這類知名的工人就浪費了大把時間。就連黨報也承認，大多數工人都討厭亨內克這種增加他們工作量的人。亨內克也表示，在他達成歷史性創舉後，同事就開始待他如「空氣」。就某種意義而言，英雄工人反倒讓其他工人團結一致排擠自己。[52] 黨學到的長遠教訓則是，若勞動競爭要可靠就必須能以物質來獎勵個別工人。[53]

雖然英雄勞工帶有深刻的浪漫主義色彩，但他們仍為實現計畫而排除萬難，因此也代表了政權渴望以科學來克服打造現代世界的困難。重要的事情全都能用數字來表達並藉此控制。國家會計算一名工人砌了多少磚，或一名礦工從礦坑中採了多少噸煤，以此制定工作規範。此舉並不是什麼重大變革，亨利・福特（Henry Ford）就曾精準測量生產線上各工人完成特定任務所需的時間。新鮮之處在於此原則是被應用於整個經濟，不只有汽車製造而已，還應用於各種能想像到的生產活動，包括文化和教育。就連學生和教授也被期待遵守中央國家計畫的要求來完成工作（閱讀或書寫的頁數）。

就這方面來說，該計畫不算是極權主義，因為中央當局並沒有只是憑空捏造數字，然後強加給不情願的工人。龐大的國家官僚機構反倒是針對重工業制定了廣泛的指導方針，然後徵詢企業經理的意見，企業經理又從生產單位開始層層徵詢到製造廠房。接下來，初步計畫制定好後，又往上送回最高層協調及最終審核。[54]然而，計畫一旦敲定就會成為最高法律，未能履行可能就會遭指控蓄意破壞。

此制度有兩大優點。首先是消除了資本主義的不確定性，失業、突發又惱人的價格上漲以及廣大民眾無法取得基本食品的情況已不復見。人們不必擔心明天或明年會發生什麼事。正如就業被認定是一項基本社會權利，住房、醫療保健、公共交通和教育也是如此，以上種種制度都在計畫中占有一席之地，而且不僅是在理論，人們實際上往往都能獲得高額的補貼。教育或醫療保健為免費提供，在該區的多數國家裡，麵包或牛奶等基本消費品的價格在一九五〇年代確立名目價格（nominal prices）後，幾十年來都沒有太大變化。

經濟體中的所有分支都彼此關聯，因此攻讀建築或俄羅斯文學的人都能確定畢業後會有工作等著自己。該計畫反映出其哲學上的基礎：社會主義不僅不容許失業或沒有醫療保健的人，同樣也不容許無法滿足工人階級需求的消費品。建設工程要建造的是最普通的公寓大樓，而非別墅；服裝產業也不再生產皮草，而是為工人生產他們「需要」的耐用外套和夾克，諸如此類。這套系統會被稱作「對需求的獨裁統治」，著實是實至名歸。[55]

第二個優勢則是該制度具有將社會推向某種現代性的力量。在一九八〇年代的中國經濟革命之前，從一九三〇至六〇年代，蘇聯式社會的經濟成長率無人能出其右。「命令」經濟具有獨特的能力可集中資本和勞動資源，並將這些資源迅速注入規模巨大的計畫，例如先前從未存在過的鋼鐵或化學工業。他們也能迅速重建在一九四五年只剩下廢墟的市中心。雖然在我們這個時代，中央計畫經濟因表現不佳而導致經濟功能失調，但在施行的最初幾十年裡，此制度成功以市場經濟辦不到的方式解放了經濟資源，促成在資本主義勞動分工條件下無法想像的創舉。

這種激烈的轉變不僅需要社會轉型，也促成了社會轉型。從一九四〇年代後期起，數千位農民湧入當時正漸被剷除的城鎮。大學、高中、坐落於市中心的咖啡館和餐廳、酒吧和劇院等機構（全都是中上階層的領地）現在已改由「統治階級」主宰，這些機構本身也出現了轉變。父親是猶太人的東德自由派學生領袖沃夫岡．納托內克（Wolfgang Natonek）曾公開批評當局的偏袒：「在納粹時代，我們需要有雅利安祖母才能進入大學；而現在，入學條件又變成了需要有無產階級祖母。」一九四九年，納托內克被蘇聯軍事法庭判處二十五年苦役。[56]

因為屬於無產階級的批評家是「統治階級」，所以他們相較之下便覺得自己無懈可擊，連知識分子、甚至是官員都沒有如此自負。最有自信的是最沒有專業技能的人，好比說門房；他們嚴格說來是公寓大樓的主管，實際上卻是連資深黨官想到都會瑟瑟發抖的線人，深怕因說錯話甚至是亂扔垃圾而被告發。[57]捷克斯洛伐克的激進共產黨還成立了由重工人代表組成的委員會，來評判知識分子作品的優劣。如果他們認為某部電影或戲劇過於「悲觀」或過於「現實」，甚至是過於「諷刺」，就可能會阻止戲劇導演（就算名導也一樣）繼續製作戲劇。各國大學裡占少數的農工子女現在也成了主宰，主導著對人員配置和課程有最終決定權的黨和工會組織。[58]在初時的熱情消退前，階級制度就這樣被翻轉了，學生和職員反過來指導教授。新的現實也反映在工資上，體力勞動者的收入在歷史上首次超過白領員工。[59]

但這也不代表工人已逃脫那些年來無處不在的恐怖。他們的抗議方式多僅限於咕噥抱怨或拒絕鼓掌，雖偶有零星罷工，但更常見的是裝病、竊盜「人民」的財產和放緩工作進度。工人知道可以批評的時機與地點，通常是在親朋好友之間或在當地酒吧裡，尤其是在酣暢飲酒時。黨很快便招募了特工來監聽，唯恐無法在勞工騷亂爆發前就將之扼殺。然而官員也知道，人們難免「偶爾會不經意地抱怨」政權的缺點和不足。大發牢騷確實也有療癒的效果，讓人們在發洩情緒後能夠與新的政治現實和平相處。[60]

但長期趨勢仍是毋庸置疑。至一九六〇年初，人們已能看到新興知識分子掌管國家官僚機構的新風俗、新的幽默感以及對音樂、食物和運動的品味。知識分子在公開演講或研討會上不僅可以使用俚語或方言，這麼做還顯得很有品味；工人外出用餐或觀看廉價的古典戲劇或音樂作品時，也不會再因「上流社會」而感到膽怯，這些作品本身就很適合大眾口味。社會主義的內容製作已被計畫好，充滿了說教感，通常也與啟蒙有關。

在史達林統治下的蘇聯，要籌措資金來大量投資新產業並推動巨幅成長，主要方法就是嚴格控制農村。在資本主義早期，農村提供了豐富勞動力卻沒有豐富的食物，因為食物價格是由市場調節。史達林主義解決此經濟發展問題的方式就是強迫農民進入集體化農場並廢除農村市場，然後壓低食品價格。

一九五〇年代初期席捲東歐的集體化運動，是蘇聯帝國統治最明顯的特徵之一，因為在一九四八年之前，就連激進左派也無法想像。例如，就連社會主義進程領先的捷克斯洛伐克共產黨，也壓根沒有討論過這種看來陌生又不適當的模式。[61]然而在戰後初期，各國政權仍強徵大地主和富農的土地，為這個史達林主義政策奠下了基礎。儘管很多土地都分配給了較貧窮和「族群正確」的農民，但有部分也進入了國家控制的專項基金，成為一九四八年後建立集體化農場的主要資源。[62]當局早期還會以管制價格的名目向農民徵收一定數量的農產品，藉此干涉市場活動，但通常也會努力吸引較貧困的農民加入社會主義。

一九三〇年代初期起，蘇聯模式會用私有地來建立國營農場（*Sovkhozy*）和集體化農場（*Kolkhozy*）。在國營農場中，農民是受雇於國家並領取工資；而在集體化農場中，則是理論上共同耕種並共享報酬，同時以固定的低價向國家出售產品。

國家期望這些加入東歐集體化農場的人能「貢獻」土地、牲畜、機械、建築物，在東德甚至還包含捐獻金錢。不同於蘇聯的是，該土地仍屬於農民，因為正式加入農場是出於他們自願。工酬最初是以「工作單位」或「勞動天數」來計算，但後來為了將人們留在農村，則改為提供有保障的工資。捷克斯洛伐克的集體化農場還設有專門的領導理事會，理論上理事會應決定該生產什麼，但實際上卻是聽令於國家計畫。農民可以飼養一些自用的動物，通常是家禽，還有一頭牛或山羊。他們還能保留至多四分之一公頃的住宅建地供個人用。地區內的所有國家也都允許農民在私有土地上生產，其中匈牙利公開實施這個政策，其他國家則是默許。[63]

實行新制的頭幾年給首次合作的農民帶來了嚴峻挑戰。捷克斯洛伐克的變化尤為劇烈，在一九四八年革命之後的兩年內，便有百分之四十五的農田上繳交由集體化管理，結果造成產量下降，退回到戰後初期的配給制。匈牙利也面臨嚴峻危機，估計一九五〇年代有七成的產量是來自小塊私人土地。[64]低產量的其他原因包括農業勞動力流失（改從事工業），以及大面積土壤退化。集體化農場濫用職權之情事也層出不窮，比如收入分配不均或偏袒有人脈關係的人。[65]

在農民自願加入集體化農場的神話背後，其實隱藏著巨大的政治壓力。黨的路線要求以集體化來完成社會主義改造，這樣才能改善所有人的福祉，鞏固人民對農村的控制並摧毀「反動」。當局在將土地轉為集體化使用的同時，也關閉了教會學校以打破傳統的社會結構。頑固分子會被詆為「富農」，被認定為殘餘的資產階級分子，想要剝削鄰居的勞動成果。然而由於此時大型農場已被摧毀，不必擁有太多公頃的土地就會被當作富農（從保加利亞的十公頃到東德的二十公頃不等），具體取決於土壤的貧瘠程度。諷刺的是，戰後初期幾年的土地改革讓許多農民初嚐擁有土地的滋味，也成為了黨如今必須打破的抵制勢力。[66]

儘管「富農」一詞是從蘇聯引進，但與蘇聯相比，中東歐集體化過程中動用的暴力要少得多。有些富農被逮捕或開除，但鮮有人被驅逐出境，也沒有大規模的饑荒。[67]反對者大多時候只是不斷受騷擾。被認定為富農者必須上繳比其他人更多的農產，並以特殊稅率來繳稅。捷克斯洛伐克法律規定，地區當局有權將特定農民的土地稅提高三成。匈牙利的官員則會將私有農場主人召集到國會辦事處，要不然就是持槍親自現身，在頑固分子報名參加集體化農場前都拒絕離開。國家電台會播放對富農的審判，以恐嚇仍然保有財產的農民。[68]有些人會訴諸暴力來抵制這種壓迫，尤其是在保加利亞、南斯拉夫和羅馬尼亞，但還是有許多人為了和平而加入集體化農場。

史達林死後，迫害舉措大幅減少，幾年內富農便獲准加入集體化農場，有時候還擔任主持集體化農場的主席。在東歐大部分地區，集體化此時才正要開始。至一九五三年，只有保加利亞集體化了國內一半的耕地；次多的是捷克斯洛伐克，占四成；但其他地方的總量都不超過四分之一。[69]經濟規畫者發現動用威逼手段的成效不佳，反倒驅使農民（尤其是年輕人）流入城市。匈牙利鄉村產業總就業人數比例穩步下降，從一九四九年的百分之五十二下降到一九七〇年的百分之二十七，至一九九五年又降至百分之八點五。從一九五〇年至一九七〇年間，有一百萬受薪勞工（占就業人口百分之二十至二十五）離開了農業產業。尤其令人擔憂的則是在整個人口高齡化的時代，身體健全的工人選擇離開。[70]

因此當局轉而提供經濟獎勵，而非動用行政手段來施壓，加上在史達林死後的新時代，他們的意識形態激情也減少了。比如說，當局不再規定集體化耕種所有土地，還承諾為加入集體化農場者提供收音機和冰箱等消費品，並增加了可私人飼養的家畜數量。從一九五七年起，捷克斯洛伐克的集體化農場成員及其家庭被納入了養老金和醫療保險制度。隨時間過去，許多農村居民也開始欣賞這種新生活方式。他們不必擔心因惡劣天氣而挨餓，有規律的工作時間和穩定收入。至一九五〇年代後期，集體化農莊的委員會是由中大型農場主來主導，他們在農民之中享有相當大的權威。[71]

※

一九六〇年代，超凡的經濟成長速度緩了下來。在史達林主義的鼎盛時期，成功關鍵在於擴張型成長：增加生產單位，像是未充分就業的農業勞動力，或未開發的土地及自然資源。但如今要面對的則是密集型成長的挑戰：提高個別生產單位的成效。社會主義政權終究無法克服這道關卡。史達林主義的極端特質雖是其最有力的支柱論述，但也是其致命之處。一方面，要達成史達林主義的成就，靠的是強迫人民做出極大犧牲的制度；但另一方面，若要延續這套制度，就不可能不引起改造對象（具有特定歷史和民族傳統的中東歐人民）的抵制。

史達林主義既然是屬馬克思主義的一種形式，因此也認同經濟是所有價值的基礎，而科學可用於保障合理規畫經濟，並符合現代價值。但由於現代經濟的模式是以蘇聯為榜樣，所以過程中很少關注各東歐社會的特殊優勢和劣勢。各地的社會主義應該一模一樣，重視重工業多於其他生產部門；而在重工業中，又屬軍需品比其他能令生活愉快的日用品更受青睞。工廠都是用來生產坦克和大砲，而不是汽車和冰箱。[72]

這種偏頗也讓人們過得辛苦。房屋需求尤其受到忽視，因為人們被教導應延遲自己希望享受穩定、舒適家庭生活的願望。大房屋和公寓被拆分，通常會由幾個家庭共用衛浴和烹飪設施。情況極為糟糕，就算是只得到兩房公寓中的一個房間（他們會與另一家庭合住）就能令年輕夫妻很高興了。[73]

然而，由於中央規畫制度的內在功能失調，加上他們無法預測品味和風格的變化、沒能鼓勵生產高品質的商品，使情況更加惡化。儘管市場機制存在種種缺點，卻是讓生產者了解品味變化的有效方式，也能促進供應多樣化的選擇。負責制定五年計畫的國家官員無法預測一至三年後會流行哪種色調的女鞋，也無法預測特定城市的特定郊區會消費幾種起司。他們無法估算拉多姆（Radom）或奧洛摩茲這類偏遠城鎮的餐廳需要多少座位。官員只是粗略估計需求，於是東歐人就只能得到兩種起司、三種顏色的鞋子、一種只有標準菜單的咖啡廳（國內各地的選擇都一模一樣）。而且在這種咖啡廳裡，有半數座位「永遠被預約」，因為在生產力低下的社會主義經濟中，很難找到服務生（而且人們還得為了少數可用的座位而賄賂服務生）。

社會主義經濟下的產品往往很耐用，但品質無法保證，因為國家計畫是按噸或原料數量列表而成，只有在開始大規模生產後才會發現缺陷。這種制度缺乏市場經濟的獎勵與懲罰機制。生產熱門商品的企業不會得到好處。除先前討論過的勞動競賽制之外，後來也實驗過不同的工資水準（然而實驗範圍有限），但工人和經理都不會因為特殊成就而得到特別獎勵，更不用說要分紅了。表揚往往是道德上的，人們也許會得到一枚能別在夾克上的獎章，表示自己是「五年計畫積極分子」、「優秀青年大隊」的一員或「功勳獸醫」。但懈怠者也不太會受罰，尤其是在史達林死後。這些人幾乎和大家一樣過著簡樸的生活。因為國家保證就業，所以工人也不可能失業，工廠（即使是生產力最低的）也不能關閉。不成功的經理可能只會被調職至其他地方。

這種有限的獎懲制度幾乎沒有進步動力。生產模式多少被凍結了，且除非有高官介入，否則裝配線只會持續送出相同的東西，毫無變化。[74] 一九五〇年代，西方在高效率非固體燃料（如天然氣）方面有了驚人進展，蘇聯集團則維持著相同比例的煤炭、石油和電力組合，至多只是增加各燃料的量而已。他們也沒有注意到塑膠等新產品。東方集團試圖依樣畫葫蘆效仿西方的經濟或科學創新趨勢，似乎是要想要「迎頭趕上」，但這個社會本應向全人類展示未來才對，這樣著實是怪事一樁。

中央政府有幾十年都在絞盡腦汁，想在計畫經濟中實施獎勵措施，也用了許多補救方法，卻未能克服這些初時便存在的基本缺陷。效率問題與品質問題息息相關。若成品無法正常發揮作用，就表示原料使用沒有效率。由於鍋爐製造不當（購買前就開始生鏽），在水或熱能到達各住宅單位之前，這些能源就已先減少了高達三成。[75]

早期有個鮮為人知的缺點是資源浪費。該地區的主要能源「褐煤」就是典型例子。褐煤在捷克斯洛伐克、東德和波蘭的儲量豐富，儘管是效率最低、污染最嚴重的煤炭，卻被大量用於公寓暖氣和燃料工業，且數量驚人。計畫經濟別無選擇，因為進口太貴了。社會主義經濟會製造自動調溫器，卻沒有製造預開啟的減壓閥，導致自動調溫器很快就故障了。人們會為調節溫度而開關窗戶，這不能完全解決問題，因為這種浪費的能源會產生污染，令人無法呼吸空氣。同樣地，當局也設法提高人們的用水效率

（如調漲水費），卻也失敗了，因為計畫經濟無法生產水表，也就不能測量流入個別住宅單位的水流量。

這種僵化且受政治驅使的制度是從蘇聯引進，許多東歐人也都看到了國家層面的劣勢。蘇聯作為堂堂大國，為自身利益而將低效率的制度強加給其殖民國。重工業之所以會受到青睞，也是因為能生產武器，使「民主共同體」更加穩固，不計後果的資源轉移扼殺了曾讓該地民族深感自豪的地方產業。匈牙利只有一處鐵礦，更沒有任何優質煤炭，如今卻成了生產鋼鐵的迷你版蘇聯。匈牙利明明曾是雙元帝國的糧倉，現在卻不得不進口糧食，也被迫摧毀幾處歐洲最好的葡萄酒產區，好開闢採石場。農民只能飲用一種用玉米芯製成的「酒」液。[76]

蘇聯從一九四四年起便從東歐徵用大量物資，在某些地方還一直持續到一九五六年，因而加劇人民對這種經濟帝國主義的蔑視。匈牙利一樣是典型範例。戰後初期，蘇聯軍隊開始拆除「德國」工廠，並將其運回國內。蘇聯隨後經由談判得到一筆由匈牙利負擔的賠款，金額超過三億美元，匈牙利到一九五〇年代都還在支付。同樣，在羅馬尼亞、保加利亞及東德，國民收入有百分之十五至二十二都用於賠款。[77]就連波蘭人也得間接承擔賠償，因為蘇聯拆除了位於目前波蘭領土上的前德國工廠並運回國內。

波蘭人或許是最有資格感到委屈的一群人。儘管從一九三九年起，波蘭便與納粹德國交戰（當時蘇聯還是德國盟友），卻仍將東部領土拱手讓給了蘇聯。蘇聯在戰後也徵用西利西亞的「德國」煤炭，然而這裡是波蘭得到的領土補償。相較之下，也許匈牙利因政府本就自願參戰抵抗蘇聯，所以沒什麼好抱怨的。然而重點在於，兩地的人民很快就覺得自己的國家只是無助的殖民地。經濟學家至今仍未弄清此時期貿易關係的確切性質，但由於當時東歐人缺乏資訊，便先入為主地認定貿易條件於己不利。這種心態一直延續到史達林時代結束後，然而蘇聯實際上是以遠低於世界市場價格的價格向東歐供應能源。但由於當時資訊受到壓制，加上當局明顯撒謊成性，使得人們只能假設最壞的情況。

他們確切知道的事情也已經夠糟了。工人輪班的工時極長，甚至一直工作到深夜，實質工資卻在下降，也鮮少能購買讓「生活更美好」（當時流行的一句宣傳口號）的東西。大多數人的生活都變得更加嚴峻，少有人能有安全感，更不用說要放鬆了。一九五〇年代初期，小型企業的國有化程度不斷提高，如維修店、理髮廳及咖啡館；當局也不斷肅清公共機構中的「資產階級」分子；強行推動藝術和教育方面的政治宣傳；還有數以千計不幸生活在邊境地區的人，因被認定在政治上不可靠，而被強迫搬遷。[78] 無論是在黨內鬥爭之前、期間或之後，這些故事都不斷上演著。

一九五三年初，祕密警察開始謠傳民眾（尤其是工人階級）將爆發騷亂。一九五三年三月，在毫無預警之下，莫斯科廣播電台宣布史達林——「人類已知的最偉大天才」兼治國之道、道德及科學的一切智慧源泉——過世了，然而他在此之前也沒有生病，這時的報告更加緊迫地指出騷亂迫在眉睫。史達林在克里姆林宮的繼任者（含史達林親信在內的「集體領導」階層）幾乎是立即採取行動來安撫國內的工人階級。但他們的反應還不夠迅速，來不及阻止東歐同志繼續痛苦地改造社會（一如史達林生前的狀況）。最先受衝擊的兩個地方，便是擁有最強大的工業、最古老社會主義組織傳統，以及規模最大、最有自覺的工人階級的地方（或許在邏輯上也夠說得通）：捷克斯洛伐克和東德兩地的最西部，尤其是柏林和薩克森邦。

chapter 20 去史達林化：匈牙利革命

起初，去史達林化是一項救命措施。自史達林於一九二〇年代末獨自掌權起，他不僅於接下來的十年裡排擠對手，還逮捕與清算他們。等到他於一九五三年三月去世時，各個繼任者達成共識，同意不會再讓政治鬥爭的輸家失去性命。拉夫連季·貝利亞卻是個例外，史達林先前曾將自己的恐嚇制度託付給他。貝利亞在一九五三年六月下旬的蘇聯主席團會議上於槍口下被逮捕，後於同年十二月遭處決。他被指控為英國的間諜。[1]

但去史達林化也包含消除蘇聯集團公民生活中的恐懼。至史達林去世之時，集團已處於備戰狀態，認定與資本主義的生死鬥爭已迫在眉睫。朝鮮當時的確是戰火紛飛。短期內的資源多投注於軍需產業，也因此帶來了苦難：人們必須在野外或工廠裡艱苦工作超長時數、商店裡幾乎買不到東西、幾無機會享受生活。二戰結束五年後，即便基本食品供應正常，卻仍然實施配給制。華沙的資源瘋狂集中到重工業，私人麵包店、雜貨店和咖啡廳也相繼倒閉，人民出現營養不良的現象。[2] 匈牙利則因小型企業國有化，使得一九五〇年代中期有近三分之二的村莊裡沒有馬車工匠、鐵匠、鞋匠、理髮師或裁縫。[3]

同時間，政治恐怖也正在製造恐懼和大量監獄人口。至一九五三年，共產黨政權對大約一百五十萬名匈牙利人（成年人口占五至六百萬）提起法律訴訟，並將多達二十萬人送往監獄，其中有許多人都被送至蘇聯疆域深處。波蘭的共產黨人則懲處了五十七萬四千名未能上繳糧食的農民，並將大約六百萬成年人（占三分之一）列在「犯罪和可疑分子」名單上。在捷克斯洛伐克，有百分之八的公民曾親身體會過政治迫害。[4] 駐東歐的蘇聯特工也將令人憂心的低滿意度報告呈給莫斯科，史達林的繼任者則開始採取反制措施來阻止預期的動盪。

因此，去史達林化也漸意味著以不那麼「意識形態」的手段來處理內政和外務。這名獨裁者於一九五三年三月五日去世後數週內，蘇聯政治局便開始減輕工業化進程的負擔，並增加對消費品和住房的投資。當局減少了農民稅收，支付更多錢來購買他們的農產品，也推廣了大量生產牛奶和蔬菜的個別農田。[5] 三月二十七日，當局宣布大赦並修訂蘇聯刑法中的政治罪。大家越發相信，人民會願意協助建設社會主義並非為了打造未來不知何時才會出現的烏托邦，而是為了當下更美好的生活。國際階級鬥爭會繼續下去，但不一定要全面開戰。一九五三年夏天，朝鮮經談判後達成停火協議；且隨著蘇聯各領袖打算尋求和平共存，資源也從戰爭轉移到以消費者為導向的產業。在國內，去史達林化最重要的意義在於提高生活水準、增加收入及擴大福利，以及使得生活更愉快的社會和經濟政策。[6]

上述步驟即使不易採取，卻是必要的，但問題出現了：史達林主義的扭曲是於何處結束？實質的列寧主義又是從哪裡開始？諷刺的是，「集體領導」一詞本身就是史達林的發明，而這也點出了政權的病徵。一九二五年十二月，史達林指控「左翼反對派」（季諾維耶夫〔Zinoviev〕和卡米尼夫〔Kamenev〕）

違反了集體領導原則，在隨後幾年也反覆提及這個詞。一九五六年出名的「造神運動」（Cult of Personality）觀念更可以溯及更早的一九〇二年，當時波爾巴（*Borba*）集團＊正是用此詞來反對列寧。[7]

假設這種「造神運動」的問題，是在高度集權的制度中允許一人依己意志下命令，那麼解決方式是下放權力並讓更多人參與決策嗎？要下放給多少人？列寧主義畢竟禁止黨內「派系鬥爭」，規定所有黨員必須服從中央指示。那麼因言論被捕，而現在已獲釋的政治犯又該如何處置？人民能毫無恐懼開始說出自己的意見嗎？或許列寧主義本身就是問題（至少有一部分是問題），而解決方式則須回歸到最初從馬克思主義得到的靈感。然而，馬克思與其親密戰友也並未留下建設社會主義的藍圖。

讓事情變得更趨複雜的是，黨內菁英並無暇冷靜下來思考這些問題。從一九五三年起，他們就在自身社會的壓力下行事。有時人民會發起罷工和大規模街頭抗議來公開表達意見，最明顯的抗議人士正是工人，但知識分子和年輕人也會發起抗議，有時也包括數十萬認為史達林背叛了他們的共產黨員。

南斯拉夫的替代方案

一九五三年，史達林之後的社會主義問題並不純粹關乎理論，因為自一九四八年南斯拉夫共產黨與

＊編註：為一九〇一年成立的俄羅斯左翼作家作家團體，Borba為俄語的鬥爭。

史達林決裂以來，該黨就一直在實驗新模式。雙方的決裂無關乎意識形態（也就是如何打造社會主義或組織政黨），而關乎對史達林個人的服從。比方說，狄托和他的同志在推動對其他巴爾幹國家的政策時並沒有徵求許可，結果觸怒了這位蘇聯領袖。如今提及狄托在蘇聯集團成了一種詛咒，因為就在一九五二年十二月，捷克共產黨幾位高級領袖還因牽扯狄托主義而上了絞刑台。但現在史達林的繼任者打算與南斯拉夫和平共存，因而於一九五五年夏天完全修復了兩國關係。當蘇聯領袖赫魯雪夫於次年冬天的一次祕密演講中譴責史達林時，有許多匈牙利和波蘭的共產黨員及工人都認為自己也許能效法南斯拉夫的模式。

南斯拉夫社會主義道路最為人所知的要素便是工人自我管理。此制度於一九五一年正式編入法律，追溯其產生的契機則是因南斯拉夫共產領袖被逐出了共產黨情報局後努力訂定自己的方向。狄托與蘇聯的關係原本是如此緊密，使得他後來還回憶道，與蘇聯疏遠的最初那段時間是一場「惡夢」。[8] 然而，南斯拉夫共產黨毫不懷疑自己是正確的，因為他們以游擊隊取得的勝利幾乎沒有蘇聯援助，表示歷史是站在他們這邊。問題卻在於蘇聯是哪裡出了問題。

南斯拉夫共產黨將蘇聯偏離正軌的原因歸結於共產黨本身，還有其不受約束的權力。狄托的親信米洛萬．吉拉斯和愛德華．卡達爾推斷，蘇聯的權力不在工人和農民手中，而是在官僚手中。比方說，蘇聯工廠是由管理人員控制，而非工人。他們就如同資本家，負責決定工廠裡的員工應該生產些什麼，也享有更高薪的特權。因此對工人階級的剝削實際上仍在繼續。對這個聲稱自己實現了全人類解放的政治制度而言，這是很關鍵的認知與批判。蘇聯實際上並非社會主義，而是「國家資本主義」。

不知何故，蘇聯領袖沒有聽從馬克思的警告：「篡位者」可能會使革命偏離正軌。確實，強國的概念（蘇聯無疑屬於強國）似乎是馬克思的眼中釘。對他來說，政治權力「不過是一個階級對另一階級的有組織暴力」。無產階級在推翻資產階級之後，的確會利用國家機器來「集中一切生產工具」，但這只是短暫的過渡時期，其目標在於「迅速擴大生產力資產的規模」。依據馬克思和恩格斯的設想，在此之後，工人們將擺脫所有的支配鏈條，並在「自由的聯合體中」組織生產，而「在這種聯合體中，每個人的發展都是所有人自由發展的條件」。[9]

吉拉斯和卡達爾兩人，還有斯洛維尼亞的鮑里斯．基德瑞奇（Boris Kidrič）重讀了馬克思和恩格斯《共產黨宣言》（*Communist Manifesto*）中的這些內容。一九四九年，幾個人於他們別墅外的一輛豪華轎車裡聊天時，認定這種對工人權力的願景可以為南斯拉夫這個脫離了社會主義母國的社會主義國家解決困境。他們向狄托提出了建議，狄托也很快就認可這個承諾，並感嘆道：「屬於工人的工廠，這是空前的創舉！」[10]

該政策於一年內便立法通過，開啟了南斯拉夫之路。所有較大型的企業都必須遴選出一個由十五至一百二十名成員組成的工人委員會，工人委員會則須選出一個負責企業日常營運的管理委員會。這些步驟開始推行後，並未立刻實現賦予工人階級權力的希望，因為工人傾向於選擇有專業知識的人，這些人也往往是共產黨員。[11] 舊的經理大抵留了下來，他們也確定要繼續實施在中央官僚機構中、於工人頭頂上通過的政策。然而新制度許可的參與和討論，還是多過於史達林主義下所能想像的程度。工人們是被說服而不是被強迫。黨組織不再那麼僵化，並於一九五二年更名為「共產黨聯盟」。聯盟的工作是鼓勵和引導，而非指揮。在史達林死後，南斯拉夫不再那麼恐懼蘇聯的襲擊，也就縮減了安全警察的規模。

如今，黨內菁英在中央規畫政策時，已不再像先前一樣綁手綁腳，也引入了一些彈性。比方說，為企業減稅以提高產能。雖然南斯拉夫離市場經濟還差得很遠，但經營者現在可以尋求市場優勢並賺取更多利潤了。同時間，企業不僅不必依市場規則行事，還有銀行信貸可用於緩解預算短缺（也就是非競爭性績效）。一九五三年後，在西方信貸的部分幫助下，南斯拉夫的經濟和生活水準都有了顯著改善。其中一個跡象就是個人消費的成長，從一九五七年至一九六一年間提升了百分之四十五點八。[12]

就這樣，南斯拉夫從戰後初期旨在挽救匱乏的「分配模式」，轉型為以消費者需求及偏好引導國家企業生產的模式。從一九五〇年代後期開始，南斯拉夫便走上了通往「消費社會」的道路，而一九六五年的南斯拉夫經濟改革，也將是一九八九年之前共產主義世界最有野心的市場導向變革。[13]

然而，儘管南斯拉夫於經濟領域推動各種令人振奮的實驗，但這種制度很快就顯示了其局限性，奇怪的是，這涉及其創始思想家米洛萬．吉拉斯。馬克思激進地認為國家必須在社會主義下漸漸消亡，吉拉斯也是如此。從一九五三年十月至一九五四年一月，吉拉斯曾於黨日報《波爾巴》上發表文章攻擊南斯拉夫共產黨官僚的權力。他的觀點變了，如今至上的美德並非共產主義，而是個體的人類精神。吉拉斯提倡共產黨的「消亡」，因為隨著共產社會中勞動人民在處理自身事務時越發熟練，黨就可以漸漸退場了。這種論述是經過辯證的。黨將社會主義建設得越成功，就越不需要黨的存在。然而實際上，南斯拉夫的黨國制度正變得越來越根深蒂固。

吉拉斯在被禁之前，曾於社會主義南斯拉夫發表過最後幾篇文章，其中一篇質疑國家是否仍處於

「階級鬥爭」的陣痛中。資產階級已經被摧毀了，那還有必要留有任何類型的共產主義組織（無論這些組織如何自稱）嗎？狄托這時已提高警覺，並採取行動要讓這位前副手閉嘴。狄托宣稱，沒錯，同盟會解體，但過程會很漫長，因為仍有許多階級敵人還在潛伏著，而吉拉斯本人就是證據。

吉拉斯現在已被中央委員會除名，並不得再發表文章。但他仍繼續接受西方記者採訪，並於一九五六年出版一本書，指出該黨已成為了新的階級。吉拉斯也因「作出不利於南斯拉夫之宣傳」的罪名而被判入獄。

西方世界很少注意到這種鎮壓行為，他們敬重狄托是個反抗過希特勒和史達林的人。相較於東歐其他受蘇聯支配的國家，狄托的國家儘管存在問題（主要是經濟發展），卻仍顯得開明，國內的工人自治「模式」散發出自由、平等和正義的希望。南斯拉夫因比其他東歐國家自由得多而享有盛名，這個名聲也一直延續到一九八〇年狄托去世之後。在社會主義國家中，南斯拉夫是唯一向西方開放雙向邊界的國家，不僅允許數百萬國內公民至國外（主要是蓬勃發展的德國和奧地利經濟體）工作，數百萬精打細算的西歐遊客也能到此享受其海濱和山區度假勝地，其中大部分位於克羅埃西亞和斯洛維尼亞。美國為協助維護這個非蘇聯的社會主義堡壘而投注了大量金錢：在一九五〇年代，經濟援助達到五億九千八百萬美元，軍事援助則達五億八千八百美元。自一九五〇年至一九六五年期間，外國援助占南斯拉夫所有投資的百分之四十七點五，這也解釋了該國一九六〇年代初期的繁榮。[14]

吉拉斯事件有個並未立即讓我們明白，但回顧此事似乎顯而易見的教訓：即使是在溫和的列寧主義統治下，當局也只會透過脅迫來因應異議，要有誰膽敢發表被黨認定為危險的想法，就會被監禁起來。

要說為什麼南斯拉夫的異議不如東歐他處明顯，控管措施也較為鬆綁，其中原因有二：狄托和游擊隊在社會中具有無與倫比的合法性；他們也有能力提高人民的生活水準，並一直延續到一九七〇年代。這種合法性也意味著，南斯拉夫共產黨人有足夠信心向人民推廣更大的文化與藝術自由。吉拉斯是個怪人，只要是與信念有關的問題他都不願妥協，就如他還是史達林主義者時一樣（因此在黨內贏得了「瘋狗」的綽號）。

其餘國家的列寧主義（及史達林主義）是從外部強加而成，在史達林死後，部分社會的反應（就好比生物遇到了惡意的入侵物質時）就是設法驅逐。但事情並沒有那麼簡單。現在倒是蘇聯這邊堅持鬆綁與改革，堅持強化地方統治；然而地方黨派組織中有許多人，尤其是警察內部——所謂的「本土共產黨人」——都站在史達林這邊，堅決抵制任何變革。若說史達林主義是由外國強加，那麼去史達林化也是。

早期動盪

在共產主義統治的幾十年間，匈牙利和波蘭都因頻繁抵抗蘇聯統治而聞名（其抵抗行動有時甚至令人驚嘆），這在一定程度上要歸功於兩國在民族自我主張方面的深厚歷史，和大部分人民普遍有的反俄情緒。但就在一九五三年三月史達林去世之後，最先出現大量民眾異議的地方，則是三個後來被認定為正統蘇聯式統治堡壘的國家：保加利亞、捷克斯洛伐克和東德。

五月，保加利亞普洛夫迪夫（Plovdiv）的煙草工廠約有一萬名工人發起罷工。有些人曾於上個月致信索菲亞，警告共產黨領袖，如果他們得不到更高的工資、每週工作五天、不再被視為季節性勞工，那麼就要發起罷工。五月三日至四日晚間，大多為女性的工人開始占領儲藏室，並控制了大部分廠房。有個含括索菲亞各部會首長在內的代表團試圖向他們喊話，但遭到一陣砲彈襲擊，只能在民兵保護下撤退。政府嘗試恢復秩序無果後，當地黨書記伊萬・普拉莫夫（Ivan Prămov）下令用實彈驅散人群，造成的死亡人數絕對超過官方統計的三人。數十名罷工者被捕，抗議就這樣被強壓了下來。[15]

隨後在工業化的捷克土地上，發生了更大規模的工人抗議，這對莫斯科而言更加不妙。五月三十一日，在波希米亞西部的皮爾森市，史柯達（Škoda）工廠（汽車和武器製造商）的夜班工人開始罷工。直接原因是會大大減少儲蓄的「貨幣改革」：公民只得以五比一的匯率，兌換最多三百克朗的貨幣（現已失效），之後是五十比一。有名婦女本靠著多年不吃午餐而省下四千克朗，如今這筆儲蓄卻只價值一百三十四克朗。突然之間，她原本規畫作為驚喜要與丈夫共度的假期，就這樣成了天方夜譚。將這名婦女的憤慨乘以數萬，就可以了解皮爾森工人的情緒。[16] 許多人說國家的行為就是竊盜。他們基本上還撒謊成性，就在幾天前，總統安東寧・薩波托基（Antonín Zápotocký）才向工人保證，捷克斯洛伐克的貨幣是穩健的；然而當年稍早，當局抬升了物價，並將工人的生產標準提高百分之二十三。[17]

早班開始時，史柯達工人決定向這座城市進軍。很快就有其他工人和大學生也加入了他們的行列，這群人成立革命委員會，要求舉行自由選舉、結束一黨獨裁統治，並懲罰祕密警察（他們將祕密警察譏為「法西斯分子、黨衛軍、蓋世太保！」）。中午時分，已約有六千名示威者占領皮爾森市政廳（這是一棟擁有原始文藝復興時期外觀的六層樓建築），並將黨的文書檔案往下扔到城鎮廣場上。這也是反政府工人的抗議活動的其中一種模式：經濟不滿之後提出政治訴求，然後是政黨權力崩潰，因這時人們突然有膽攻擊紅字橫布條和官方徽章這等他們痛恨的標誌了。

另一種模式則是以閃電般速度傳播的革命能量。起初，是工廠裡同一時段輪班的一萬七千名工人意識到彼此共同的憤怒，但隨著他們向城市進軍，又有許多同胞也發現自己有基本的不滿情緒，並加入抗爭行列。至一九五三年六月一日晚間，群眾已掌控這座捷克的第四大城，電報、廣播和公共行政部門全數被占領。但隨後民兵和陸軍部隊（包括大約八十輛坦克）從布拉格抵達，戰鬥一直持續到凌晨，最後有九輛坦克被毀，二十多輛坦克嚴重受損。在接下來的幾天裡，數百名市民被捕，總計傷亡人數約為一百人。

然而這個國家並沒有就此平靜下來。罷工繼續向東蔓延至捷克第三大城奧斯特拉瓦的工廠——還有克拉德諾，該地有五萬名工人放下手邊工具，以抗議貨幣改革。[18]總計約有三十六萬名捷克民眾停止工作，大概更有二十五萬人走上街頭示威。工人們展現出自己並沒有淪為冷漠的群體，並間接發展出商討的能力。儘管貨幣改革仍然存在，但政權撤回了提高價格和工作標準的決策，並更加關注工人階級的生活水準。隨著史達林去世，恐怖統治也開始減弱：雖然未能控制住工作場所局勢的人員確實被降職了，但有別於一九五三年之前的做法，黨並沒有迅速派出民兵部隊來鎮壓罷工。[19]

東德領袖同樣對民眾情緒充耳不聞，並於一九五三年五月二十八日提高了工作標準，打算彌補經證實無法實現的計畫目標。標準增加就表示工人必須提高一成的產能，才能維持本來賺取的工資；再加上同時間上漲的物價，等同於每月工資減少了百分之三十三。六月十六日星期二，理當應為工人喉舌的官方工會副主席又在人民積聚的怒火上澆了油。他指稱，對工作規範的批評「嚴重冒犯了所有勞動人民的利益」，而黨必須負責「粉碎敵人的減薪論調」。一群工人決定親自會見東柏林國務院（*Staatsrat*）的官員，但沒有人願意與他們對談。[20]

集結的工人數量很快便增加到一萬多人，建築工地的人員徵用了一台配有大聲公的卡車，開始在城市中遊街宣布發起總罷工。次日凌晨五點三十分，西柏林的美國廣播電台播放了西柏林工會職員的喊話，鼓動全東德人停止工作：罷工權是該國憲法賦予的權利，但更重要的是，這是「每個受壓迫者的天賦權利」。[21]就在那個星期三，東德從南到北的工人都在舉行罷工和抗議，其中又以舊工人階級大本營薩克森邦尤為激烈。他們首先要求降低生產配額，隨後很快就要求自由選舉和民族團結。列寧認為，工人無法辨別自身的物質條件與統治他們的政治制度有何關聯（意即「工會意識」）；然而此時的工人行動，卻對這項列寧信念有著不言自明的嘲諷意味。[22]

政府很快就撤銷了工作規範，但要等到蘇聯當局部署好駐紮於東德領土的坦克之後，「秩序」才得以恢復。在兩百一十七個行政區中，有一百六十七個宣布進入緊急狀態，六月十八日之後，則只餘少數工廠繼續罷工。

布拉格和東柏林表面上的「工人政府」聲稱，工人會發起抗議是因為有外部勢力干涉。捷克的共黨領導階層說「社會民主主義」（被指控為無法理解階級鬥爭訴求的溫和派）已感染了工廠工人。擔任東德總理的前社會民主黨人奧托．格羅提渥（Otto Grotewohl）則說六月十七日的暴動是從西方潛入的「法西斯特工」的傑作，而東德作家工會會長庫爾特・巴特爾（Kurt Barthel）也印製傳單，說人民已失去政府的信任。從美國結束流亡後回到東柏林的共產主義作家貝爾托・布萊希特（Bertolt Brecht）對此反諷道：如果巴特爾說得沒錯，那麼讓政府解散人民，選出新的人民不是更容易嗎？[23] 大約有六千名東德人立即被捕，在後續幾個月和幾年裡，又有數十人因疑似為受西方間諜網買通的元兇而受到審判。[24] 沒人料到工人抗議的長期影響會如此適得其反，因為蘇聯領袖認可東德史達林主義者瓦特・烏布利希的統治，似乎只有他最適合保證秩序免受混亂。烏布利希隨後也肅清了更溫和的競爭對手（這些人本有可能領導東德發起有限制的改革）。在一九八九年以前，東德的政治局勢一直掌握在史達林主義者和新史達林主義者的手中。

在一九五三年的抗爭中，只有東德工人公然援引民族問題，他們揮舞著巨大的黑紅金旗幟高呼德國統一。那些啞口無言的東德共產黨人代表的分明是外國勢力，只因為有蘇聯坦克作靠山，才沒被掃地出門。相較之下，在波希米亞維持鎮壓秩序的，卻是捷克斯洛伐克的本土軍隊。雖然示威者的確將史達林的半身像扔到街上，並摧毀其他外國統治的象徵，但也沒有表現出捷克的自豪感。演員博胡米爾・瓦夫拉（Bohumil Vavra）在皮爾森看到有個男孩在人群歡呼聲中用刀割開蘇聯國旗；片刻之後，馬薩里克和貝納許的肖像再次出現，美國國旗也出現了。但捷克知識分子的親共情緒依然強烈；當地劇院演員會「懸吊」馬薩里克的青銅雕像，而後於史柯達鋼鐵廠將其熔化，以示對工人的報復。[25]

隨著東德危機於六月中旬展開，蘇聯政治局也將匈牙利政治局人員召集到克里姆林宮，堅持立即採取措施來阻止該國國內正醞釀的不滿情緒。[26] 匈牙利的史達林主義經歷了特別痛苦的經濟轉型。從一九四九年至一九五五年，若說捷克斯洛伐克有百分之九十八的成長，那麼在匈牙利，該數字為百分之兩百一十。這樣的步調正將匈牙利推往破產的境地，但該國領袖似乎並不在意。赫魯雪夫告訴匈牙利強人馬蒂亞斯·拉科西，要是不放鬆壓力，那麼拉科西和他的同志都將「被乾草叉驅趕出去」。蘇聯國安領導人貝利亞在被捕前不久曾指責拉科西已成為匈牙利的「猶太國王」，並質疑該國追究一百五十萬起政治犯法律案件的舉措是否明智，因其國內總人口根本不及九百五十萬。[27]

醞釀與退卻

現在蘇聯將自己的「集體領導」模式強加給匈牙利，並要求拉科西與伊姆雷·納吉分權治理。納吉是位曾擔任農業部長的老共產黨員，看起來也很可靠，因為他於一九三〇年代曾居住在莫斯科，也於共產國際工作期間與內務人民委員部合作過。[28]同時，納吉也因反對強制工業化和集體化而於國內享有聲望。納吉成為了總理，拉科西則繼續擔任黨總書記。納吉在對國會發表就職演說時，換了一種口吻：他以多年來首位領袖的身分，談及「匈牙利人」的需求，而非工人階級的需求。納吉說道，如今我們又有機會倡導中歐小國的權利了，前提是要有限度。在那時候，連慶祝匈牙利國定假日都是被禁止的。[29]

納吉現在擔任部長會議主席，掌控的是國家行政而非政黨機器，因此無法改變中央集權統治的基礎。但他仍成功取消了一些史達林主義更驚人的暴行。以前政府官員會在辦公室待到晚上十點以後，就害怕拉科西會捎來電話，但現在他們下班後就能回家了。裁縫師不必擔心自己使用的是蘇聯設計還是西方設計。小企業主可以脫離集體化制度重新開張；理髮師、糕點師和視光師重操事業，他們可以迎合顧客需求，不必理會中央計畫。原本被禁入首都的匈牙利中產階級（行動B）陸續返回；鄉村中則有數萬人離開集體化農場，成員減少百分之三十七。[30]因大赦之故，當局撤銷對大約七十五萬人的各種政治違規行為指控，數以萬計的人也漸漸從軍事監獄和拘留營返回家園——匈牙利人用「行屍走肉」來形容這些人。[31]民間開始謠傳說許多人曾在祕密警察手下遭受酷刑；而大家也漸漸意識到，在勢力仍大的黨領袖拉科西領導下，政府曾犯下哪些不公不義的行為。

在波蘭的解放過程中，政府與政黨之間的摩擦要少得多，但國民確實也普遍知曉史達林主義的罪惡。當地發生了三件時機正巧的事，最終導致一九五六年秋天的戲劇化轉折，而這三件事剛好能解釋為什麼波蘭能比匈牙利更為緩和地化解緊張局勢：一九五三年，波蘭祕密警察有位上校叛逃到西方；一九五五年，有首詩在波蘭出版，以文字表達波蘭人是如何對這位上校揭發的內情感到義憤填膺；最後是一九五六年二月，波蘭的史達林主義者博萊斯瓦夫·貝魯特在莫斯科去世，他本是前往該處參與赫魯雪夫的祕密演講。這一切，都發生在似乎不如他處那麼激進的史達林主義之下。與其他地方的同志相比，波蘭共產黨員打造的集體化農場較少，也沒有聽從蘇聯的要求處決「民族共產黨人」瓦迪斯瓦夫·哥穆爾卡。但對波蘭人來說，這個政權並不溫和，反而像是一場惡夢；他們越了解其在幕後的運作方式，就越感厭惡。

一九五三年十二月七日，負責監視黨內高官的祕密警察約瑟夫·史維亞托（Józef Światło）中校突然消失在西柏林同志的視野中，事情於此時開始真相大白。在柏林圍牆於一九六一年夏天建成之前，往來東區和西區原本很方便，人們成群地過去買東西。史維亞托擔心自己若回到東方，會因身為猶太人而遭肅清，所以尋求美國官員的庇護，並飛往美國接受詳細詢問。他從一九五四年秋天開始在自由歐洲廣播電台（Radio Free Europe，中情局資助的無線電台，位於慕尼黑）播放報導，講述工人先鋒階級的奢侈生活方式、祕密警察特工的腐敗和權力（甚至超過黨的最高領袖，警察不僅羞辱、還經常折磨他們）。聽眾了解到，波蘭公安局的調查部門主任約瑟夫．羅贊斯基（Józef Rózanski）曾身體虐待過囚犯。然而在另一位官員茱莉亞．布里斯蒂格羅娃（Julia Brystigierowa）開始向她的「情人們」（政治局成員希拉里．敏茲〔Hilary Minc〕和雅各．伯曼〔Jakub Berman〕）指控羅贊斯基後，羅贊斯基才解職下台。史維亞托還收集了黨中各領袖互相指責的陳述，以備不時之需，但他終究還是對莫斯科負責，並與拉夫連季．貝利亞直接通過電話。[32]在史維亞托廣播後的早晨，工廠產能下降了，因為工人們都在竊竊私語著前一天晚上的消息。

史維亞托彰顯出「波蘭是由工人階級統治」這句話有多麼虛偽不實，並很快就招來了結果。一九五四年十二月七日，公安局解散。黨採取「集體領導」，由前社會主義者約瑟夫．西蘭凱維奇（Józef Cyrankiewicz）出任總理，並提高消費品產量，緩解加入集體化農場的壓力，也開始釋放政治犯。這過程就如同滾雪球，囚犯會講述牢獄中的酷刑，使得黨內年輕的理想主義分子開始騷動起來，但運動卻不聚焦。

一九五五年八月，波蘭作家工會的負責人亞當．瓦茲克（Adam Ważyk）於期刊《新文化》（*Nowa Kultura*）發表了他的「成人專詩」，詩中所述讓波蘭人大為震驚（瓦茲克不久前還奉行著史達林的社會主義寫實主義）。該詩全面展示出社會主義社會的恐怖情形：描寫被暴力丈夫趕出家門的婦女、犯罪的醫生蓄意戕害孩童、從未上過劇院的新城市居民；還講述了有位女孩先是遭到強姦，再因違反社會主義道德而遭藝術學校退學，最後被逼得自殺；也提及在發生以上這等慘事時，群眾也只能自欺欺人。[33]詩中描寫的墮落腐敗遠不只與黨或祕密警察有關，但官方媒體在這之前卻隻字不提。《新文化》的八月號立即售罄，並很快就在黑市上流通。報刊的編輯雖被解雇，但大眾認知的轉變已是覆水難收。

高漲的不滿情緒正不分地區、階級和年齡層，慢慢攪動著波蘭社會，無神論者、基督徒、男人、女人、青少年和兒童都受到影響。然而，這種隱約的不安感受，卻是由某人寫的一首詩和另一叛逃到西柏林的人所造成。知識分子（尤其是學生）在政黨內開始有了批判性討論的新空間，他們於波蘭各地成立了專用於諷刺時事的劇場和討論社團。大家都在閱讀名為《絕對》（*Po Prostu*）的「青年革命週刊」，該刊物於華沙出版，各個作者都無法不「插手干預在我們周遭發生的一切」，希望能獲得「更多、更明智、更好的事物」。人們回首過去，總會說起一九五六年那個時代，有一場為當年二十歲上下青年創造了共同經驗的文化運動，從西方風格的服飾、音樂、休閒和流行用語內化成當地版本便可見一斑。這個情感和思想凍結的世界突然變得生機勃勃，集團各處的人們都在談論公共生活中正發生的「解凍」——這個字的來源就是蘇聯作家伊利亞・艾倫堡（Ilya Ehrenburg）所著小說的標題。

官方報紙也營造了變革的共識。藝術家開始脫離社會主義寫實主義的束縛，回歸抽象繪畫、當代音樂和爵士樂，反映出史達林主義紀律的衰落。人們可以公開讚頌民族英雄了，像華沙就為亞當・密茨凱維奇（Adam Mickiewicz）逝世一百週年舉行了盛大的慶祝活動。

匈牙利的知識界也從一九五三年底開始恢復元氣，當時有少數布達佩斯知識分子成立了討論社團，起初是以革命政治家拉約什．科蘇特（Lajos Kossuth）命名；而後自一九五五年十一月起，則改為以詩人桑德爾．佩多菲（Sándor Petőfi）的名字命名。[34] 然而就在這幾個月裡，匈牙利的史達林主義者也在重新主張權力。幾乎從伊姆雷．納吉成為總理的那刻起，黨內大老拉科西就開始向莫斯科的支持者提供納吉「行為歪曲」的證據。納吉據稱是做得太過火了，因為他說過去五年所做的一切都是「大錯特錯」。[35] 一九五四年底，拉科西說服克里姆林宮的領袖相信這位政敵支持匈牙利的「右翼」分子，而在納吉被傳喚到莫斯科後，他發現自己是因過度關注農業，而被指控危及「工人階級的領導地位」。赫魯雪夫告訴納吉，儘管老布爾什維克黨員季諾維耶夫和李可夫都曾為社會主義有過偉大貢獻，最後還是被黨給扳倒了。納吉對友人們思忖道，沒錯，「我們都知道這兩人被槍決了」。[36]

接下來一個月，納吉的蘇聯支持者格奧爾基．馬林可夫（Grigorii Malenkov）在與赫魯雪夫的領導權爭奪戰中失勢；四月中旬，納吉就從匈牙利的共產黨政治局中除名了。拉科西企圖讓時光倒流，強迫農民加入集體化農場並重新實施政治鎮壓。原本於一九五四年底下降到兩萬三千人的政治犯人數又攀升至三萬七千人。此外，因蘇聯要求將國防支出增加百分之十二，經濟重心又再一次轉向了重工業。[37]

然而，壓制並不容易。農民抗拒，不願再耕種集體化管理的田地。作家和學生已習慣堅定提出問題，不再輕易被嚇倒。儘管黨已盡力讓親信幹部來負責應對佩多菲知識分子圈，但圈內的話語失控了，並呼籲「獨立思考」和探討「社會主義合法性」、停止竄改匈牙利歷史、終結有缺陷的工業政策。拉斯洛．拉伊克的遺孀茱莉亞更在數百名聽眾面前，說拉科西和他的小集團謀殺她的丈夫、偷走她的孩子；

她還稱「就連共產黨員在霍爾蒂的監獄裡受到的待遇，都比在拉科西的監獄裡要好得多」。全國各地的馬克思信徒都懊悔曾參與他們如今認定是犯罪的行為。作家一邊公開請求讀者的原諒，一邊私下稱拉科西是個徹頭徹尾的殺人犯。共產主義者拉斯洛・班傑明（László Benjamin）在給某位作家同行的信中寫道：「我有罪，因為我曾認為你有罪。」正因當初的信念是如此深厚而強烈，幻滅後油然而生的憤怒和反對才會如此堅決。[38]

一九五六年

一九五六年初，莫斯科的鐘擺開始往反方向擺動。赫魯雪夫在擺脫了死對頭兼改革同伴馬林可夫之後，現在已能滿懷信心接手史達林的遺產。[39]他於二月在蘇聯共產黨的閉門會議上，發表了二十世紀影響最鉅的政治演講，詳述史達林的罪行。此時，聽眾才得知史達林是如何毀滅黨的領導層：在一九三四年中央委員會的一百三十九名成員中，就有九十人在一九三七年至一九三八年遭謀殺。幾乎每個認識列寧的布爾什維克老將都被除掉了，而就在納粹德國正帶來致命威脅時，軍事領袖也有大半都消失不見，而後史達林更拒絕讓國家準備迎戰。各代表都了解到，這位據稱萬無一失的軍事天才，其實對希特勒會於一九四一年進攻的眾多回報視而不見，然後在敵人來襲時嚇得深居簡出。史達林在復出後，也讓許多軍團投降，讓他們只能走向毀滅一途。他在指揮作戰時使用的是地球儀，而非詳細的軍事地圖。史達林於戰後又挑起與狄托的衝突，粉碎了國際工人運動。他對反對意見的回應是：「我只要動動小指頭，世界上就再無狄托此人。」40

然而，赫魯雪夫的批判卻有個當時少有人注意到的明顯局限：他並未質疑列寧主義為何能讓史達林獲得如此大的權力，並得以推動他的個人崇拜。

但在整個蘇聯集團之中，批判的效果卻是驚人無比。繼皮爾森和東柏林工人發起抗議、約瑟夫・史維亞托的廣播節目、亞當・瓦茲克發表詩作，以及伊姆雷・納吉大赦監獄囚犯之後，這場演講又是一大「事件」，讓人們更加認識該體制下隱藏的本質，是那時最重大的事件。雖然是祕密演講，但裡頭的基本要點在幾週內就被波蘭共產黨員洩露了。波蘭各地方政黨在最上級的支持下召開會議，於會上宣讀並討論這番演講，部分會議也開放給非黨派人士參加。至四月，儘管會議持續六個多小時，但光是在羅茲，就有大約一萬人參加過此類會議。民眾最後都帶著震驚的心情返回家中。41

要是赫魯雪夫能批判史達林主義的錯誤，那麼黨中幹部也能。但批評的目標又是什麼呢？如果史達林代表著集權、恐怖、重工業和沙文主義，那麼民主、法治、平衡經濟和尊重國家主權不就是理所當然的解方嗎？再者，若南斯拉夫能在工人自治的基礎上走出自己的社會主義道路，那東歐其餘國家是否也行？赫魯雪夫曾於前一年（一九五五年五月）拜訪狄托，高調展現出和解的意願。兩黨領袖在貝爾格勒街頭上吃著冰淇淋甜筒的畫面，也出現在新聞片段中。

揭發後帶來的創傷甚深。用基督教來比喻的話，赫魯雪夫揭發史達林的行為就像是在向基督徒揭發耶穌（而非什麼教宗或主教）犯下哪些罪行。史達林原本是黨的精神支柱，黨也聲稱其對歷史法則有著絕對正確的認識。這個絕對正確又徹底分裂的組織該何去何從？幾乎從史達林去世的那一週起，共產黨員就一直在討論各種問題，但領導階層中仍然有數十名與史達林罪行有所牽連的人。黨的路線據稱是對信徒的堅定承諾（就連托洛斯基也曾說過，違背黨的意願必是錯誤），如今卻是左彎右拐。雖說整個蘇聯集團也許都有相同的狀況，但在匈牙利尤其嚴重，因為在一九五四年之前，就算只是說出狄托這個名字，也會招致長期監禁或更嚴重的刑罰。

然而在一九五六年春夏，莫斯科再次要求匈牙利領導階層放寬路線，匈牙利則釋放了一些被捕的共產黨員以示回應。黨內形成了兩個日益絕望的派系：史達林派和改革派。前者害怕自己曾涉及的罪行遭到調查，後者則害怕回到那些罪行發生的年代。雙方都自稱為馬克思主義者，其中一方不確定現有的社會主義本質上是否有缺陷，另一方則堅持必須改革社會主義，以免扭曲再現。兩個派系都認為黨不應該隨波逐流，應起而領導。

蘇聯自己似乎卻沒有方向。赫魯雪夫曾私下告訴狄托，只要匈牙利出現任何動亂，都必須以武力鎮壓。他本來將維持秩序的希望寄託在馬蒂亞斯·拉科西身上。然而，拉科西大勢已去，連基本的穩定局勢都無法保證。七月，蘇聯政治局委員阿納斯塔斯·米高揚（Anastas Mikoyan）造訪布達佩斯，並決定是時候讓拉科西退場了。

史達林主義者拉科西就這樣突然失蹤，此舉卻沒能安撫政黨機構，倒是讓他們更感不安，至少拉科西在表面上看來代表著穩定局勢。但對於改革派而言，蘇聯選擇的新任黨領袖恩諾·格羅卻糟糕透頂，眾所周知，此人也是拉科西的爪牙之一。如今，原本立場溫順的作家協會月刊《文學公報》（*Literary Gazette*）漸漸集結了反對勢力，知識分子大量透過此刊物來呼籲變革（「社會主義復興」）；佩多菲知識分子圈也參與其中，拉斯洛・拉伊克的遺孀茱莉亞就是在此高呼淨化社會主義的必要，但只要「謀殺我丈夫的人還在當部長」，這就不可能發生。42

格羅未能為這些情緒找到出口，且因為他與拉科西關係密切，似乎也對變革有所抵制。十月六日，匈牙利跨過了一道坎：拉斯洛・拉伊克的遺體在超過十萬人的簇擁下，重新於布達佩斯安葬，此舉是社會自我認知的最高體現。各社會階層的匈牙利人多年來一直聽著謠言，他們現在都明白了，自己不僅一直生活在行為不當的政權之下，整個制度更是不公不義。無產階級專政成了罪惡的陰謀。他們這時目睹了大批志同道合的群眾，所以知道自己的憤慨並不孤單。儘管批評聲量越來越大，當局卻仍沒有任何改變可以保證不當行為不會重演。然而，罪魁禍首的身分毋庸置疑，就是仍然掌權的舊有領袖。

在波蘭，十月中旬發生的事件突然加速了事態發展。十月十八日，波蘭高層邀請遭整肅的民族共產主義者瓦迪斯瓦夫・哥穆爾卡返回政壇，有意讓他接任領袖。他們會召回哥穆爾卡，其實是為了平定群眾不滿情緒的孤注一擲。然而在匈牙利人眼中看來，其中代表的意義遠不止於此：哥穆爾卡的回歸，更意味著波蘭正陷入一場蘇聯阻止不了的革命。四天之後，布達佩斯的匈牙利學生走上街頭聲援波蘭，匈牙利革命就此展開。

⁂

一開始，見證局勢的人便指出匈牙利是因為波蘭而錯判了情勢，波蘭則是因匈牙利而學到了恰當的一課。確切來說，就是匈牙利看著波蘭，認為自己有本錢能提出他們得不到的訴求；波蘭則是看著匈牙利，學會不要提出自己得不到的訴求。波蘭因此免去了一場腥風血雨，匈牙利卻陷入了駭人的動蕩。在東歐地區，波蘭是僅次於匈牙利的殘酷社會；而且就如同匈牙利人，他們的民族自豪感也深深受到固有敵人的傷害。不過在哥穆爾卡回歸之前，波蘭就已經先發生過幾件事，緩解了人民彼此的劍拔弩張；相較之下，匈牙利的一連串事件卻讓該國陷入了惡鬥。

第一個重要的區別就是權力的頂峰。據稱波蘭領袖博萊斯瓦夫·貝魯特就是因赫魯雪夫揭穿史達林而深受創傷，才於一九五六年二月在莫斯科突然去世。因此，不同於馬蒂亞斯·拉科西的是，波蘭權勢最大的史達林主義者已然不在，無法阻止人們探詢真相。貝魯特的繼任者愛德華·奧哈布（Edward Ochab）也不同於恩諾·格羅，他的立場溫和，且能夠居中調解自由派和強硬派。奧哈布之後也將成為少數願意和平放棄權力的列寧主義者。

波蘭的新任領袖還有一點不同於匈牙利領袖：他們無法忽視社會表面下的動盪局勢。六月，波蘭人民的不滿情緒於西部的工業城市波茲南爆發。而就如東德和捷克，在抗議中打前鋒的並非最貧窮、最受壓迫的工人，而是大型先進工廠的勞工，他們具備根植於好幾代傳統的高度階級意識（可一直溯及到工業化的開端）。[43] 在這三國都是先有罷工行動，才有民眾爆發抗議，而且發動罷工者都來自政權眼中最體面的工廠：一九五三年至一九五六年，皮爾森的史柯達工廠曾被稱為「列寧工廠」；一九四九年到一九五六年，波茲南的切吉爾斯基（Cegielski）金屬加工廠名為「史達林工廠」，而這處工廠就是異議的源頭；東柏林的社會主義寫實主義大道（一九五三年工人罷工遊行處）本名為史達林大道

（Stalinallee），至一九六一年則成了卡爾馬克思大道（Karl-Marx Allee）。

波蘭工人數年來本就心懷怨懟。從一九四九年到一九五五年，他們的實際工資下降了百分之三十六。波茲南的工人尤其憤怒，因為他們還沒收到退稅款項（這筆錢等同於幾年來未收到的兩個月工資）。結果在一九五六年夏天，執政者又宣布新的生產目標和工作規範。[44] 六月二十八日，波茲南切吉爾斯基工廠的工人開始罷工，並走上市中心遊行。很快就有成千上萬各行各業的公民也加入聲援，其中有較不受當局呵護的工人、學生、護士，甚至還有民兵。第一批出現的抗議布條訴求很簡單：「我們要麵包。」大眾交通運輸人員也通力合作，很快就癱瘓了整個城市，大量人群簇擁著停滯的路面電車，在老城堡附近高呼口號。波茲南的市政官員就如捷克和東德領袖，也拒絕面對市中心的大量人群，於是騷亂爆發，政府和黨辦公室隨後遭到洗劫。史達林的半身像和各領袖肖像再次被扔到街上。

當晚，華沙當局派出三百五十輛坦克和一萬名士兵，在（波蘭裔）蘇聯將軍斯坦尼斯拉夫・波普拉夫斯基（Stanislav Poplavsky）的領導下，欲恢復波茲南的「秩序」，導致數百名被控帶頭滋事者被逮捕，五十七名示威者喪生。[45] 雖然這些士兵都是波蘭人，但蘇聯公民波普拉夫斯基的指揮仍代表外國統治終究才是現實。人群高呼著「打倒俄羅斯民主」、「打倒布爾什維克」、「打倒莫斯科人」、「俄羅斯人滾出我們的城市」。面對政權恐嚇的群眾向愛國和宗教歌曲尋求寄託，他們用紅白色的波蘭國旗裝飾路面電車，也插旗在同情人民的士兵所駕駛的坦克上。他們請求警察「與民族一同遊行」；而在現場的快照中，有些警察確實照辦了。東北方城市奧爾什丁（Olsztyn）的工人也表達支持，他們稱派往波茲南的軍隊是「外國紅色帝國主義的武裝部隊」。[46]

這些事件震動了黨中領袖，使他們於七月的中央委員會議上決定接納「民主化」。也就是說，黨將放手部分議題，改交由名義上獨立的組織來處理，如國會、工廠管理階層（由參與決策的工人組成），及波蘭青年聯盟（Polish Union of Youth）。這些變革之後也有助於部分緩解前幾年醞釀的緊張局勢。

批評的焦點集中於放任警察犯罪的集權制度，以及氾濫的違法行為。而解決方案（即使在赫魯雪夫批評史達林卻不敢直指核心後）顯而易見地仍會是某種「社會主義民主制度」。這表示工廠要成立工人委員會，類似於一九一七年俄羅斯出現的工廠層級蘇維埃委員會。然而，這類委員會現在將真正實現馬克思主義的終極目標：工人賦權。此運動與反社會主義恰恰相反。最著名的委員會之一是成立於華沙澤然（Żerań）的FSO汽車廠，並由年輕的黨職員勒喬斯瓦夫・戈茲克（Lechosław Goździk）領導，他高大瘦削，神似傳奇演員詹姆斯・狄恩（James Dean）。戈茲克曾從貨車的車斗上發表即興演講，探討不受扭曲的民主和社會主義，使工人為之傾倒。[47]

但波蘭的十月運動是一場超越工人或知識分子的大規模民族運動，並奉瓦迪斯瓦夫・哥穆爾卡為民族英雄和領袖（這位老民族共產黨員於一九五一年遭約瑟夫・史維亞托逮捕，並於一九五四年十二月出獄）。哥穆爾卡形象清廉，又是一名曾反抗史達林並因此吃盡苦頭的官員，所以不僅足以表達群眾的不滿，更能代表人民共同的希望，就連最鎮定清醒的觀察者也是這麼認為——天主教諷刺作家斯特凡・基謝來夫斯基（Stefan Kisielewski）就是一例，他是波蘭最有才氣的懷疑論者。對政治局的人來說，哥穆爾卡等同於波蘭的狄托，是唯一能夠克服分歧並在波蘭國內外展現權威的共產黨員。不過哥穆爾卡若要成功主張波蘭獨立，波蘭人就必須克制自己傳統的反蘇主義，這點連批評哥穆爾卡的人也同意。信奉天主教的基謝來夫斯基曾於一九五六年九月寫道：

有理智的波蘭人都認為，如果把世界分成幾塊，那麼地處東方的波蘭的確該與俄羅斯結盟。但我們希望在這個區塊獲得獨立，就如同狄托為南斯拉夫爭取到的獨立地位。這就是當今鬥爭的重點。中央委員會在聯盟中向俄羅斯爭取獨立，體現波蘭存在的理由。可惜社會自發的反蘇主義阻礙了這場爭取獨立的鬥爭。[48]

哥穆爾卡的論述讓人們得以對變革懷抱夢想。而他與赫魯雪夫的不同之處在於，哥穆爾卡承認史達林主義的扭曲不僅僅是因為史達林，更是因為「統治蘇聯的制度，被幾乎無差別地移植到所有共產黨」。該制度本質上就是「一個整合起來的個人崇拜階層體系」，最高處只站著一個人。處於較低層級的人則都得向史達林低頭，同時為自己披上「絕不會犯錯的至尊長袍」。這樣的制度違背了「民主原則與法治」，摧殘人們的人格和良知，辱沒他們的榮譽。「誹謗、謊言、虛偽，甚至是挑釁，全都是治理的工具」。就連在波蘭，無辜的人民也得送死。

哥穆爾卡的改革意願似乎很真誠。波蘭首席大主教斯特凡．維辛斯基獲釋；農民可以退出農業合作社；[49]集體化制度與青年組織的強制註冊制停辦；人們也不再不自覺迫害出身「外來」階級的學生。大學重獲有限的自主權，祕密警察也受制於國家當局。後續幾個月則有司法改革、私營企業的壓力鬆綁；波蘭國會也重獲新生，並得到看似獨立的權力。[50]人民不再害怕無法自由發表言論，波蘭的電影、音樂和文學開始享譽世界。左翼知識分子也受到工人階級行為的鼓舞：波茲南事件表示波蘭工人已走上歷史舞台，並將繼續扮演著推動社會、政治和經濟變革的主角，共產黨若不關注這些人，就無法統治。[51]

若說以上是波蘭人的希望，那麼也是蘇聯領袖的恐懼。然而他們也不知該如何看待哥穆爾卡這位光頭共產苦行僧，他能夠煽動大批群眾，使用的措辭卻從不背離共產主義和民族主義。這位波蘭的新任領袖曾在一九三〇年代初期於蘇聯待過一年，但之後便一直住在波蘭，不受莫斯科的掌控。一九五六年十月十九日上午，蘇聯政治局偕同十二名將軍，不請自來飛抵華沙，就為了了解此人的情況。哥穆爾卡後來也承認，當時赫魯雪夫「用粗話」訓斥波蘭人，他大聲叫喊，好讓「私人司機也能聽到」，聽見「我們不能饒過奧哈布同志的背叛行徑」。[52] 與此同時，波蘭西南部的兩支蘇聯坦克部隊也從基地出發前進華沙，波蘭部隊則做好防禦準備。

爭論一直持續到夜晚。然而次日早上蘇聯人就返回了莫斯科。軍事干預的代價似乎太大了：雖然有七十九名蘇聯公民在波蘭軍隊擔任軍官（其中有二十八名將領），但忠誠的波蘭軍官仍然夠多，軍隊肯定會抵抗。[53] 十月二十四日，赫魯雪夫在蘇共主席團的擴大會議上說：「現在要找個【與波蘭】武裝衝突的理由很容易，但事後要找到結束衝突的方法會非常困難。」然而哥穆爾卡也給蘇聯領袖留下了深刻印象：他顯然擁有鋼鐵般的意志，在國家主權問題上絕不會退讓，但他也重申願意讓波蘭遵守《華沙公約》（*Warsaw Pact*），並拒絕所有看似為反蘇聯的訴求（例如讓波蘭收回東部失土）。[54] 赫魯雪夫也識時務地認可哥穆爾卡是位能夠維持秩序的列寧主義者。

布達佩斯就沒能享受這種好處了。讀到華沙頭條新聞的匈牙利民眾對哥穆爾卡印象深刻，因為他是波蘭共產黨推選的領袖，也得到蘇聯的默許。十月二十三日上午，布達佩斯大學工程學院的學生集結在布達佩斯的佩多菲紀念碑前，往約瑟夫．貝姆（Józef Bem，一八四九年與匈牙利並肩作戰的波蘭將軍）的雕像行進。學生們手持波蘭和匈牙利國旗，並高呼：「獨立！波蘭就是榜樣！」現場也出現波蘭的白鷹和布條，上頭寫著：「與波蘭人民同在！」[55]

街道上隨後也擠滿了結束早班的工人，講者呼籲讓伊姆雷．納吉復職，因為他和哥穆爾卡同樣象徵著對改革的渴望。他們還要求所有蘇聯軍隊都撤出匈牙利、實施自由選舉、言論自由、重組政黨，以及脫離蘇聯獨立——然而，就連在波茲南騷亂期間，波蘭人都沒有這樣要求過，而這些訴求也沒有任何共產黨政府能夠許諾。[56]

至下午近傍晚時，大約已有三十萬名匈牙利人聚集在國會前，渴望聽到納吉發表意見。然而，這位匈牙利前總理與哥穆爾卡不同，他無法感受到一九五六年群眾的情緒。納吉這時原本在鄉村參加葡萄酒收成祭典，但也只能非常不情願地在下午六點左右出現在群眾面前；他毫無準備，結結巴巴，無法與（更不用說要引導了）民眾的憤怒情緒產生共鳴。納吉告知自己「親愛的同志們」，黨將沿用同一路線（「六月之路」〔June way〕），也就是自一九五三年以來令人不喜的政策。且不知是幸運還是不幸，納吉沒有麥克風，所以人們幾乎聽不到他的聲音。更糟的是，黨主席格羅於晚上八點開始透過公共廣播敦促「黨內團結」，並抨擊「族群至上主義的毒藥」，顯然民眾是無望令他讓步了。[57]此時，他口中所稱的黨已經把街道留給了人們。

雖然大多數示威者都還留在國會前，但也有小群民眾前往廣播電台，打算播報訴求。他們發現大樓被封鎖了。人群越來越多，祕密警察和軍隊試圖用刺刀驅散民眾。催淚瓦斯引爆，槍聲響起，更多的軍隊被召集起來。然而被召來的士兵並沒有「恢復秩序」，反倒是站在民眾這邊為其提供武器。相較之下，波茲南的波蘭「人民軍隊」則是忠誠地鎮壓起義，波蘭政黨並未失去控制能力。時間來到晚上九點半左右，最明顯的壓迫象徵——矗立在佩斯（Pest）城市公園邊緣的巨大史達林雕像（底座高二十五公尺），在金屬工人用噴槍削弱底座後被示威者推倒。依自身意願行事的匈牙利群眾主導著事件節奏，而至午夜時分，「革命」已全面爆發。

夜間，格羅在同志（包括納吉）的全力支持下召集蘇聯部隊，這些人認定匈牙利沒有恢復秩序的能耐。[58]當局宣布了戒嚴令。次日，中央委員會指派納吉為總理，但他始終在狀況外，無法掌控局勢。群眾要求自由和國家獨立，他則承諾實施「社會主義法制」和結束「個人崇拜」。

十月二十五日上午，局勢再次升溫，這天有年輕人坐在蘇聯坦克頂部，揮舞著匈牙利國旗抵達國會廣場。十一點十五分左右，子彈擊中他們，發射地點顯然是廣場對面的農業部（至今都無法確定是誰開槍）。蘇聯人開火還擊，從南方開往國會大樓的坦克也前來增援。在一片混亂中，蘇聯坦克兵擊落了數十名和平示威者，而有一名在場的美國人記述道，隨著革命演變成「半武裝人民與蘇聯軍隊之間盲目又殘忍的戰爭」，人群也出現「強烈的報復欲望」。[59]大規模抗爭蔓延全國，黨和國家當局卻不見蹤影。

納吉無法返回公寓，連回家換洗衣物也不行，他變得過度焦慮，甚至公然在會議上哭了起來。身為馬克思主義者，他問自己目睹的是反革命還是革命。納吉接待的工人代表團堅稱是後者。歷史飛速前進，納吉卻仍維持著學者官僚的工作習慣，堅持有條不紊地細細思索。詩人伊斯特萬・艾爾希（István

圖 20.1　站立的史達林像，布達佩斯（一九五三年）。
來源：Gyula Nagy, Foto Fortepan. Via Wikimedia Commons.

圖 20.2　史達林跌下神壇，布達佩斯（一九五六年）。
來源：Gabor B. Racz. / CC-BY-SA 4.0.

Eörsi）形容納吉「是個從容不迫的人，總是抱持著懷疑態度，並受根深蒂固的黨紀所影響，他就是需要更多的時間才能作決定，革命能給的時間遠遠不夠。他的決定總是來遲了兩、三天」。[60]

十月二十七日，納吉談到有必要採取政治和軍事措施來應對局勢，但第二天便透過全國廣播宣布停戰，稱這是一場「接納了全體人民的叛亂，具有民族與民主特質」。納吉宣布大赦和停火、與叛亂分子談判，並解散國家安全部隊。他解釋說，這場「悲慘的同胞之戰」是「肇因於過去十年的可怕錯誤和罪惡政策」。也許是因為與革命者直接接觸，才讓納吉改變了想法。匈牙利工人開始自我組織，這不就是社會主義的終極目標嗎？然而自我組織的不只有工人，更感染到了所有社會群體，在幾天之內，幾乎所有政治派系都重新出現了。不僅如此，無論是來自何種「階級」或「政治」背景的匈牙利人，都在這場「革命統一」中訴求經典的自由主義制度，包括讓多個政黨在國會中有一席之地。然而，他們並沒有想過要復甦資本主義，而是訴求具有直接民主的民主社會主義。

但納吉還是沒有完全掌握住民眾的情緒，更別說要穩定局勢了。全國各地的匈牙利人繼續在籌組革命委員會，並堅持結束共產主義統治。在三千四百一十九個公共單位中，就出現了兩千八百〇四個自治組織，其中又以重點城鎮傑爾（Győr）、密斯柯茨（Miskolc）和德布勒森（Debrecen）的領袖特別強大。黨員超過八十萬的共產組織似乎已於十月下旬消失不見。在布達佩斯以外，約有一百個組織註冊，參與者人數介於十萬至二十萬人之間；後來經調查人員統計，當時有一百六十個武裝自由戰士團體，以及兩千一百個工人委員會，其中的兩萬八千名成員全數都有記名。[61]

十月三十日，納吉邀請這些重生的政黨進入政府，就這樣違反了列寧主義的無產階級專政原則。他

圖 20.3 布達佩斯的公民上街示威（一九五六年十月二十五日）。
來源：Gyula Nagy（捐贈者）, Foto Fortepan. / CC-BY-SA 3.0.

還協商讓蘇聯軍隊撤離布達佩斯，同時組織了一支由革命人士組成的國民警衛隊。至此已有數十家日報出現，而牢牢掌握在納吉手中的黨報，則拒絕接受蘇聯的指控——匈牙利反革命是由「英美帝國主義」所煽動。[62]

至此，對於蘇聯領導階層來說，匈牙利已經做得太過火了。經過激辯加上許多不確定性後，蘇方於十月三十一日決定要果斷干涉，據蘇聯官員報告，匈牙利政府已徹底失去掌控事態演變的能力。[63]就連溫和派也擔心匈牙利的共產主義會就此滅亡，因為據稱納吉「不知該在什麼時候該停止退讓」。此外，為了避免日後威脅到蘇維埃政權，以及壓制這股潮流在波蘭重振，克里姆林宮的這些「自由派」打算將民族共產主義扼殺於襁褓之中。[64]隨著納吉探索自己的民主主義特質，蘇聯領袖同時間也從匈牙利的革命分子身上「了解」到自己對多元意見的容忍度。起初蘇聯還因擔心會影響國際觀感，而無法決定是否要動用武力，但現在他們認定，共產黨在集團內部的掌控沒有商討的餘地。

在這段時間裡，赫魯雪夫和納吉一樣夜不能寐，他不僅思索著波蘭懸而未決的困境，也想著羅馬尼亞早前的學生示威（使得羅馬尼亞當局關閉了與匈牙利的邊界）；他也擔心捷克斯洛伐克和東德的情況，這兩地的知識分子都能感覺到赫魯雪夫方向不定，並正在動員起來。就連他手下的蘇聯也有動盪情事。[65] 赫魯雪夫也從全球的角度思考，並徵求中國主席毛澤東和南斯拉夫狄托元帥的意見。當毛澤東改變主意時，蘇聯領導階層的想法也隨之改變。十月三十日，這位中國領導人原本還鼓勵允許匈牙利的工人階級「重新控制局勢」，但當中國大使發來電報說祕密警察在布達佩斯遭到私刑時，又使得毛澤東改變了主意。

現在，蘇聯裝甲部隊插手扼殺革命，最終造成大約兩萬兩千名匈牙利人和一千五百名蘇聯人死傷。然而，即便是輾壓的力量也無法立即讓匈牙利的公共生活恢復到革命前的停滯狀態。[66] 委員會運動繼續成長。十一月十四日，工人們在布達佩斯的通斯朗（Tungsram）燈廠成立中央工人委員會（Central Workers Council）。他們與反對派知識分子保持密切聯繫，打算實施前部長伊斯特萬·比博的社會主義過渡計畫。委員會領袖桑德爾·巴里（Sándor Bali）和桑德爾·拉茨（Sándor Rácz）在國會上與亞諾什·卡達爾（十月二十五日取代格羅成為黨魁的前任內政部長）談判。十一月二十三日（就在蘇聯進攻三週後！），民眾宣布於中午全面發起罷工：所有工作停止，街道上除巡邏軍隊之外也空無一人。十二月四日，數千名婦女聚集在英雄廣場（Heroes Square），但還來不及抵達美國大使館就遭到攔截。外地城鎮的獨立報紙多存活了幾個星期。然而，十二月九日，中央工人委員會遭當局關閉，而委員會前一天才計畫舉行全面罷工，抗議紹爾戈塔爾揚（Salgótarján）的礦工被槍殺。兩天後，巴里和拉茨雙雙被捕。[67]

那麼在這個驚心動魄的十一月，匈牙利的領袖又在哪裡？十一月一日，納吉收到消息，得知有新的蘇聯軍事部隊進入匈牙利，他便宣布該國中立並退出《華沙公約》。黨魁亞諾什・卡達爾於當天失蹤，後來才有消息指出，他當時已飛往莫斯科並同意組建「革命政府」，以維護革命的反史達林主義成果，同時恢復共產黨的領導地位。伊姆雷・納吉獲准於南斯拉夫大使館避難，卻在離開時被蘇軍綁架。由於納吉拒絕配合蘇聯支持的新政權，所以便連同其他數百名「叛徒」，於一九五八年夏天在內政部長亞諾什・卡達爾的明確許可下一同遭到處決。

⁂

在那之後，匈牙利和波蘭的走向與時人的預期全然相反。卡達爾不僅是革命的叛徒，更是迫害同志的劊子手，他花了數年時間鞏固權力，消滅左右派的敵人。卡達爾擔心，如果不果斷對付革命分子，自己很可能會被右翼的強硬派「超越」。確實，在東德、捷克斯洛伐克、保加利亞及羅馬尼亞，一直都是由史達林主義者擔任領導職務。但在一九六一年，卡達爾發布了特赦令，欲為革命支持者騰出公共生活的空間，他也開始推行旨在讓廣大民眾享有更愉快生活的經濟和文化政策。私人商業活動空間開始出現，且至一九七〇年代，商店櫥窗已擺滿商品、咖啡廳品項豐富、邊界相對開放，對意識形態的態度也很自由——在外人看來，匈牙利似乎是「蘇聯集團中最幸福的軍營」。

在一九五六年動蕩的月分裡，波蘭救世主哥穆爾卡似乎體現了驅動波茲南激烈經濟抗議的民族主義熱忱。不同於前任政府的是，他可不能被形容為外國利益的僕從。待哥穆爾卡掌權時，人們已經不再害怕公開發言。比得哥什（Bydgoszcz）有一名黨員表示：「狄托有反對的能耐，我們的領導階層卻只能被牽著鼻子走。」在史特丁（Szczecin）理工學院的一次公開會議上，有名學生則問道：「解放後被殺害的數千名救國軍成員，後來怎麼樣了？」在六月參與波茲南示威的人，也曾要求由「聯合國監督的自由選舉」。[68]

其實，哥穆爾卡掌權之後，幾乎立刻就開始控制及扼殺這種情緒，並譴責那些呼籲獨立的人為「反社會主義者」。哥穆爾卡並非波蘭的狄托，事實證明他也遠不如卡達爾大膽創新。他和卡達爾一樣整肅史達林主義者，但卻更急切地對自由派下手。這讓原本希望哥穆爾卡能在社會主義範圍內開闢嶄新自由領域的人大失所望。一九五七年，解凍時期最大膽創新的出版物都被他關閉，《絕對》也包含在內。一九六〇年代初期，波蘭經濟學家雖曾提出振奮人心的改革思想，哥穆爾卡卻全都充耳不聞，並嚴實守著中央對計畫經濟的控制，並繼續追求史達林式的大工業計畫。但由於波蘭經濟停滯不前，哥穆爾卡不僅越發受到黨內批評，也得提防右翼民族主義者的指責。他因身為民族主義者而起，卻也因身為民族主義者而落：他越來越堅守教條，只希望能成為全知的列寧民族主義者。

儘管如此，哥穆爾卡並不打算帶領波蘭回歸史達林主義，他也曾抗議匈牙利逮捕納吉。一九五六這年對哥穆爾卡和波蘭社會來說都是個關鍵轉折，比起匈牙利等其他蘇聯集團國家，波蘭的鄉村在教會、高等教育及文化方面持續變得更加自由。學術界（如社會學界）得以重建與西方的聯繫，並重振國際知名度，數十名波蘭學者出訪巴黎、倫敦和美國，並於各處與同行交流（美國的福特基金會〔Ford Foundation〕也資助西方學者訪問波蘭）。而諸如安傑伊·瓦依達和羅曼·波蘭斯基（Roman Polanski）等電影導演，則讓波蘭電影能以創意和想像力聞名於世。當史達林主義的魔咒破除時，波蘭知識分子也不再處處援引歷史作為政治和倫理的全能指導方針。

chapter 21

通往共產主義的民族道路：一九六〇年代

瓦迪斯瓦夫．哥穆爾卡因身為民族共產主義者而聞名，但在一九五六年之前，中東歐對民族主義並非全然陌生。比如波蘭的史達林主義者便下令重建華沙等城市，並煞費苦心地保有原來風格，他們也透過精心的考古工作來研究幾世紀以來屬於德國的城鎮（如樂斯拉夫〔Wrocław，原布雷斯勞〕和格但斯克〔原但澤自由市〕），以發掘其「古老的斯拉夫」特質。儘管如此，民族主義仍不及打造社會主義來得重要。例如，民族文化的價值並不在於其本身，而在於服務工人階級。一九四八年有本波蘭共產主義的學校教育手冊便寫道，波蘭語很有助於向學生傳授正當的思維方式，而最佳範例就是黨出品的著作。但波蘭語本身並沒有獨立價值。黨員首先是屬於工人階級，其次才是他們的民族。1

民族性的喪失蔓延至無數機構，地方情感受創最深的也許就屬軍隊了。匈牙利和波蘭的傳統制服被改編自紅軍的圖樣取代，而蘇聯軍官（通常為波蘭或匈牙利血統）晉升到國家階級制度的頂端，先是利用恐怖手段重組和整肅，隨後再引入自身規定、服役守則和訓練方針。蘇聯顧問從一九四八年起便「協助」著所有中高階的軍職。2

一九五六年之後，以上所有都被推翻。顧問們被遣送回家，當地制度取代了自外國強行移植的制度。東德軍隊淘汰蘇聯式制服，改穿著類似納粹國防軍的制服（除頭盔為新設計之外）。社會主義寫實主義從音樂、藝術、電影、時尚及建築領域退場，讓位給國際風格，文化層面也顯然出現了回歸本土或「歐洲」形式的類似趨勢。其中又以波蘭人最為大膽，他們的動力來自於重新融入當地傳統的迫切希望（包括被史達林抹煞掉的社會主義遺產）。被處死的共產黨領袖的名字原本二十年來都不得提及，現在也突然出現在公共場所中。

蘇聯從未許可過「民族共產主義」，卻是因實際考量而有所容忍，基本目標在於避免像一九五六年那樣爆發抗爭。一九五七年十一月，十二個共產黨通過一項聲明，堅持無產階級專政、階級鬥爭、聲明需要社會主義共同體的合作，並承認蘇聯是第一個也是最大的社會主義強權。但他們同時也表示，務必要考量個別民族的特點和傳統，因為忽視這些傳統會使無產階級政黨與群眾疏離、損及社會主義事業。民族主義並未到鼓舞，但已經擺脫了束縛。[3]

不同民族版本的社會主義統治空間打開了，黨的意識形態隨之萎縮，史達林時代充滿熱情和過度理想的社會主義革命幹部們，現在也讓位於只求升官發財者、專業經理人，以及「想統治別人的初生之犢」（有位內部人士在一九六〇年代早期曾這麼說過）。[4] 馬克思主義原則並未消失，但已演變成更加空洞和儀式化的句子，成為用來獲取其他東西的口號。重點是，在史達林死後幾週，整個蘇聯集團即轉向消費主義，生活水準更加體面。

雖說赫魯雪夫領頭開創新時代的貢獻無人能及，但少有人對這種轉變感到不安。他承認，要保住社會主義，就不能再讓社會主義凌駕於民族主義，但要是反蘇思想成為主導，該怎麼辦呢？赫魯雪夫對波蘭的同志尤其有疑慮，他在一九五七年曾嘲笑過哥穆爾卡：「波蘭難不成是想領導整個社會主義集團？」他稱社會主義陣營沒有波蘭也無所謂，卻又補充要脅道：如果波蘭的狀態改變，莫斯科就只好再與東德協商戰後的邊界問題。也有很多蘇聯人「痛恨波蘭」。[5] 民族主義催生了民族主義。結果證明，波蘭與俄羅斯結合的理由並非共同的社會主義計畫，而是俄羅斯的新帝國主義承諾：保護波蘭免受西德領土收復主義的影響，這種所謂的收復主義源自於史達林給波蘭的奧得河－尼斯河邊界「贈禮」。[6]

就這樣，波蘭人民共和國變得異常依賴蘇維埃政權，因為波蘭是西方列強唯一提出領土要求的國家。但東德則以不同的方式走向極端。東德誕生於蘇聯在德國的占領區，面積約占德國將奧得河－尼斯河線以東割讓給波蘭和蘇聯後，剩餘領土的三分之一。然而，東德並不是沒有民族主義，就如其他社會主義國家，東德也將自己定位在「進步」民族力量的傳統之中，聲稱代表整體德國。然而，由於其存在的最終目的仍是社會主義，所以必須以不同於西德的論調來捍衛自己，因為西德的人們也尊崇沙恩霍斯特將軍和詩人歌德，更不用說腓特烈大王了。

這就表示，當社會主義寫實主義在其他國家鬆綁或漸被遺忘時，東德就必須加強實施。雖然任何文化領域都不曾完全由國家掌控，就連最沉悶的社會主義寫實主義小說也留有個人創意的空間，但以大眾攝影為例，業餘攝影師總是將鏡頭對準不完美的主題：未完整轉型的社會主義社會。因此東德的攝影雜誌在史達林主義之後，更熱切地宣傳社會主義寫實主義學說，其編輯譴責業餘攝影社團對攝影的探討僅限於技術層次，而未能處理「意識形態、美學及政治問題」。[7]

相較之下，在波蘭的各大攝影雜誌中，「社會主義寫實主義」或「資產階級攝影」等表述在一九五六年後就消失了，創作者轉而將大量注意力投入技術主題或抽象攝影等有爭議的議題。寫作領域並非不受影響，但符合關注國際動向的華沙知識分子的興趣。就算波蘭更為大膽的馬克思主義自由派（人稱「修正主義者」）被哥穆爾卡剪斷了羽翼，他的政黨也沒有回歸「史達林主義」控制藝術期刊內容的方式。無論是黨內還是黨外，編輯尤其感興趣的是業餘攝影，其記錄下國家社會主義的現實風貌，捕捉的畫面未經訓練、無法預測，就只是持鏡頭者偶然看到的畫面，包含「日常生活中的細碎小事和世俗儀式」，例如「孩子手中的破鍋碗瓢盆，或是農民互相修剪頭髮時出人意料的溫柔態度」。[8] 相較於東德的知識界，波蘭知識分子並非朝社會主義的方向努力，而是往波蘭過去和未來的傳統前進，其中有些屬社會主義，但全都融入了含西方在內的國際文化共同體。

攝影政策也是東德更浩大政治運動的一環。一九五七年，東德共產黨（名為德國社會主義統一黨〔Socialist Unity Party of Germany，SED〕）先是壓制了支持伊姆雷·納吉的「修正主義」馬克思主義者，而後黨魁瓦特·烏布利希再發起一波名為「比特費爾德路線」（Bitterfeld way）的意識形態攻勢，該運動的名稱來自一九五九年在東德煤炭和化學工業重鎮舉行的作家大會。重點是讓作家前往工廠，消弭腦力及體力勞動之間的界限，讓工人即是作家，反之亦然。這個願望讓人聯想起馬克思提出的「自由王國」，王國裡的人類不再「被自然的盲目力量支配」，裡頭的生產者社群每天都能充分發揮人類的潛能：只不過，東德是動用武力才實現了這一點，因為要是有哪裡看起來不像社會主義，這個國家的忠誠幹部可擔當不起。[9]

有鑑於社會主義世界聲稱要促進各國間的和平與手足之情，東歐共產黨人在努力推廣民族傳統的同時，本應排除所有仇外心理。然而事實上，民族共產主義就如所有民族主義，如果沒有民族敵人，就等同於混沌無形。反德的聲音打一開始就出現在波蘭或捷克斯洛伐克的政治宣傳中，而一九四七年共產黨情報局的成立大會會排除德國共產黨也並非巧合（儘管法國和義大利都有加入）。[10] 作為德國組織的德國社會主義統一黨此時面臨著特殊的困境，由於國家的存亡有賴蘇聯，他們也不敢推動反斯拉夫主義，但反斯拉夫主義正是德意志民族主義世代的標準工具。在一九五五年成立的蘇聯集團軍事聯盟《華沙公約》組織中，大多數盟友都是斯拉夫人。就某種意義而言，東德共產黨彌補這點的方式，就是將對著西德的反帝國主義聲量調高到震耳欲聾的程度。他們理當是東柏林的優秀德國人，德共於一九六一年八月在西柏林周圍建造的隔離牆，更促進了德國的統一。圍牆的真正目的是要阻止高技術工人逃往西方，免得削弱東德的勞動經濟（從一九四五年至一九六一年間，約有三百萬德國人逃離東德）。[11]

然而，德國社會主義統一黨的領袖放眼東方，無論他們多麼虔誠地一再主張蘇聯共產黨是他們的榜樣，也仍自詡為最優秀的馬克思主義者。在強硬無新意的「兄弟情誼」說詞背後，領導同志私下仍會輕蔑地稱波蘭同行為「波蘭佬」；* 在黨的正統性有受威脅之虞時，也會煽動民眾由來已久的怨恨情緒。[12] 一九七〇年代，東德還宣傳普魯士的遺產為「民族」過往的一環。但這仍是一種被消音的民族主義。儘管東德妄自尊大地自稱「社會主義國家」，卻連半個國家都不到，不同於羅馬尼亞、波蘭、保加利亞、捷克及斯洛伐克的共產黨，德國社會主義統一黨並非全國性的政黨，而該黨統治的時間越長，統一的德國似乎就越成為遙不可及的未來。[13]

匈牙利：釋放社會主義的想像

匈牙利共產黨能理解東德同志的困境。匈牙利共產黨同樣也只能代表民族的一部分，因為還有數百萬匈牙利人生活在國境之外的斯洛伐克、塞爾維亞和羅馬尼亞。要是想「打」民族牌，都有被解讀成領土收復主義的危險，還可能突顯匈牙利共產黨的無能，因其於二戰後仍未能說服蘇聯協助修改《特里亞農條約》畫定邊界。就連提及一八四八年至一八四九年的革命遺產也會造成爭議，因當時的匈牙利自由主義者堅持由馬扎爾人來統治龐大的匈牙利王國，而王國裡不僅包括《華沙公約》盟國（含蘇聯）把持的領土，也有南斯拉夫和奧地利擁有的領土。重點是，就如一九五六年的革命，一八四八年革命也遭到俄羅斯軍隊的鎮壓。談論關鍵歷史事件的困難讓匈牙利民族意識變得極度悲觀。因此匈牙利領袖成了「國際主義者」，並抵制鄰國的「民族主義異端」（尤其是羅馬尼亞和捷克斯洛伐克），他們也教訓其他國家要「謹嚴地審視自己的族群至上主義」。[14]

然而，由蘇聯坦克安置的卡達爾政權本就怪異，教條式的反民族主義肯定會使情況更糟。因此，該政權為懸而未決的意識形態衝突留下了空間。一九六〇年代初期，黨內史學家艾瑞克．莫爾納（Erik

---

*譯註：原文為Polack，是對波蘭人的蔑稱。

Molnár）發起的辯論即為一例，參與其中的學者是以溫和的方式來看待民族歷史，而非否定。[15]歷史學家提問：匈牙利當初若能經濟獨立，是否會於十九世紀達到更高的成長率？答案為否：因為與奧地利經濟結盟的優勢大於劣勢。匈牙利會於一九一八年解體，是一八六七年妥協（Compromise of 1867）的必然結果嗎？答案也一樣為否：因為國家無論如何都會瓦解。最後，史學家背離史達林時期的教條式評估法，稱霍爾蒂政權不僅是法西斯主義那麼簡單，而是結合了多股右翼勢力。以上都跳脫了以往教條的理性折衷立場，而一九五〇年代的史學家則認定是西方帝國主義摧毀了一九一九年的匈牙利共和國，然後將霍爾蒂的法西斯主義強加給匈牙利人民。[16]這種新興的綜合考量，使得對過去的解讀更加複雜，不再只是畫分善惡角色或簡單的因果序列。就連共產主義和工人運動的歷史也出現了各式各樣的詮釋，人們不再買帳過分簡化的評判方法。

匈牙利統治者的一舉一動都受到這種務實思想的影響。亞諾什．卡達爾將民眾起義壓制住後，基本任務就是從上到下恢復共產統治，同時將史達林主義拋諸腦後。他除掉左右兩邊的極端勢力，留下意識形態的灰色地帶，這是一種為自由化半開大門的懸宕機會主義。蘇聯大可威脅要帶回「流亡」蘇聯的馬蒂亞斯．拉科西，但因為卡達爾維持了基本秩序，所以這件事沒有發生。莫斯科漸漸開始欣賞卡達爾的成果。有位蘇聯大使曾指責他拖延強制集體化的進度並被召回莫斯科。[17]但這位狡猾的匈牙利黨領袖隨後就完成了農業社會主義的進程，將全國四分之三的可耕地畫為集體化農場，其餘大部分則歸國營農場。[18]卡達爾完成了拉科西未竟之事。不過我們也會了解到更多細節：此時的農業已不再奉行史達林主義，而是提供各式各樣增加產量的獎勵措施。

若有人問社會主義現在的意義是什麼，那麼卡達爾已於一九六一年至一九六二年間闡明了立場。由於階級鬥爭此時幾乎已成過往，因此對中產階級的歧視（如大學招生）也許可以停止了。對此，卡達爾借用了一位流亡評論家從《路加福音》（*Luke's Gospel*）借來的想法：「不抵擋我們的，就是與我們同在。」當局將停止懲罰一九五六年革命的支持者，此前已有數百名「叛徒」被處以絞刑，其中有些人在犯下所謂的罪行時還未滿十八歲。數年後，卡達爾告訴來自蘇聯的參訪者，他想為每一個被革命分子害死的共產黨員報仇，如果此句話不假，那麼他已經成功了很多次。

既然卡達爾得避免公然談論民族主義，那麼他就得探索如何運用社會主義，好為匈牙利人的物質利益服務，從而鞏固其合法性。[19] 卡達爾在為國家擺脫史達林主義之後，決心表明在他領導下的一切社會主義舉措都超越伊姆雷．納吉原本可能有的成果。政府提高工資、放寬墮胎法律，減少對商人和工匠的稅收、提高養老金，並將聖誕節和復活節定為國定假日。[20]

卡達爾欲讓生活更美好的精神也影響了黨內菁英。當初在拉科西的領導下，他們用度假小屋、專賣店及無數津貼犒賞自己；現在，卡達爾削減了這些經費，現在就算是最高領袖也得經由匈牙利巴拉頓度假旅行社（Hungaria-Balaton Tourism and Holiday Company）來下訂避暑別墅的房間。卡達爾稱此為「加強共產主義道德」的政策。公務員不再享有乘坐國家鐵路半價優惠的特權，也不得再將公務汽車和電話作私人用途。就這樣，黨恢復了權力，但沒有回到史達林主義的狀態。從一九五七年到一九六〇年，市面上出現更多的消費品，生活水準提高了三分之一。從一九六〇年代初期起，電視、洗衣機及冰箱已成常態，平均受薪階級的生活已比父母輩或祖父母輩更要舒適、安穩得多。[21]

這種以消費為導向的非民族主義計畫也符合匈牙利特有的民族困境。卡達爾認為，匈牙利人數十年來總被號召來為偉大事業犧牲——先是納粹拯救歐洲的事業，再來是蘇聯帶領人類進入烏托邦未來的事業，而如今人民已準備好迎接更具體的現實。卡達爾向人民保證，社會主義社會正在建構起來，不為意識形態，而是「因為社會主義能為人民保障更好的生活，讓國家和民族繁榮昌盛」。[22]

為了讓此策略奏效，匈牙利共產黨比其他地方的同志更認真、更長時間地關注經濟改革，領導高層也更為貫徹始終、給予更大的支持，甚至能不顧莫斯科反對，就算其他國家正發生動蕩時也不改變。一九五〇年代初期，社會主義國家將未充分利用的資源用於生產（尤其是原物料和勞動力），使經濟得以快速成長，但這種方式到一九六〇年代便逐漸耗竭。至此，工業的成長與否，是取決於能否提高生產力及發展技術。蘇聯最能感受到成長趨勢放緩的挑戰，尤其考慮到赫魯雪夫曾於一九六一年十月發下豪語，稱蘇聯共產黨將「於接下來二十年內，讓人民的生活水準超越任何資本主義國家」。他表示：「這會是第一次，任何資源短缺的情況將徹底終結。」[23]（詳見附錄表A.5和A.6）

匈牙利面臨嚴重的經濟失衡，積欠蘇聯集團外國家的債務越來越多：一九五九年為十六億福林，至一九六三年已增加至四十一億福林，而匈牙利對這些國家的償債義務也已超過對這些國家的出口額。逾八成的債務成長都是三個月內到期的短期信貸，還必須不斷再融資。應償還款項的總和更是超過出口外匯收入所能應付的兩倍。[24]

最迫切需要變革的就屬農業領域了，不僅因為匈牙利人大部分的開銷都是用在食物上，也因為糧食品質在史達林主義的統治下一落千丈。到一九六一年至一九六二年完成集體化後，情況只有變得更糟：

後續五年的糧食產量頂多也只有一九五八年至一九五九年的平均水準。強迫人們加入合作社的時代結束了，現在黨必須確保他們會認真工作，並能產出成效。[25]

因應措施就是走上先前社會主義社會不曾走過的道路。卡達爾說這話也許是言過其實了，不過他於一九六〇年聲稱，赫魯雪夫說過，滿足本國糧食需求是各社會主義國家應負的首要責任，如有短缺，蘇聯不會援助。而在兩年後，卡達爾告訴黨內領袖，其他社會主義國家已採取匈牙利人不該跟進的高壓路線，他很高興匈牙利沒有做出「保加利亞同志做過的事情」，或許也可說沒有做出東德或捷克人做過的事情，因為東德的強制集體化當時已使數萬人逃往西德。卡達爾的聽眾明白，這種人口外流是當局建造柏林圍牆的原因，這大概是東方集團史上最尷尬的消息了。[26]

替代強迫的方法就是協商，改為使用指令與獎勵措施。這些想法也不是什麼新鮮概念了。一九五六年十一月，匈牙利政權不再強制上繳糧食，改經由協商來制定改革政策，以取代階級鬥爭。當局沒有將中等農民詆為「富農」，而是努力拉攏他們。若有人不願加入現有的集體化組織，也可以成立自己的集體化農場並任領導職務。國家沒有強制種植特定作物，但也開始琢磨看似公平的市場價格，並核准了大量私有土地，讓農民也能用來飼養牲畜。從一九七〇年起，農場主可「私人」飼養的動物數量再也不受限制，而農民也開始享有如醫療保險等有保障的福利。不同於波蘭的是，該國積極推動鄉村的發展，也慷慨補貼民眾購買器械。[27]

雖然農民必須於集體化農場工作，但這些農場並不僅是由充公的土地組成。幾乎有四分之三的集體化土地為私有，並由業主收取租金。這牴觸了馬克思列寧主義教條的核心，因為該教條認定，社會主義領域必須全為國有財產。但卡達爾當時是在依新的現實狀況來調整教條，一九六六年十月，他告訴中央委員會，合作社中的私有土地也能被當作「一致的社會主義財產」。[28]就此，這位想像力豐富的社會主義者宣告了一九五六年革命遲來的勝利，而這僅僅是開端而已。

匈牙利的經濟改革沒有像一九二〇年代蘇聯的新經濟政策一樣被取代，而是繼續加強，更超出了農業改革的範圍。黨魁卡達爾想要成功與西方國家競爭，不僅是為了生產率，也是為了讓匈牙利成為真正的工人國家。他觀察到法國和義大利工會要求縮短工人的工時，匈牙利則堅持每週工作四十八小時。為什麼？「因為工作強度很低！」卡達爾在一九六四年十一月對政治局說：「我覺得，如果不改變做法，失敗就會等著我們。」對他而言，改革並非退卻，而是新的國家計畫形式，奠基於「馬克思主義經濟科學」以及對價值法則的更多關注，與「資本主義定義上的市場經濟」全然不同。[29]

同年，黨的領導階層組成了十二個工作委員會，會中有來自科學界、國家和企業界的代表，委員會的研究成果也被納入次年的中央委員會決議中。經過又一年的準備後，一套名為新經濟機制（New Economic Mechanism，NEM）的計畫於一九六八年一月一日推出。[30]綱領為取消中央計畫的細分制度。這表示，國家當局不會再告訴企業應生產什麼，而是透過價格、利潤、稅收、信貸和工資等「調節因素」來引導產量。國家當局仍會透過有目標的計畫來針對經濟發展作出基本決策，但不會再對生產的品項制定嚴格、詳細的指令。

雖然價格越來越能反映生產成本和經濟政策的意圖，但還無法自由浮動。這種混合的制度是由三個部分組成：一是固定價格，二是價格可以在政府設定的範圍內變動，最後則是自由價格。生產用的國內原物料和半成品約有七成的售價為固定或最高價格，但有三成可以波動。經濟仍然側重於重工業（儘管其比重有所下降），但基本的生產原理已經發生了變化：對企業而言，利潤已成為決定性的經濟調節因素、績效衡量標準和投資來源，他們獨立活動的範圍大幅增加了。可是企業還是不得倒閉，因為這樣會導致失業。[31]所以說，實力較小的企業仍仰賴國家支持，在市場條件下經營的企業則不用。但匈牙利的企業不必承擔失敗風險，也就缺乏改進品質、降低成本或推出新品的動機，這些因素最終也會限縮改革舉措刺激成長的能力。

然而就目前而言，匈牙利的國家領袖既樂觀又野心勃勃。他們開始嘗試加入全球競爭，並希望加入國際貨幣基金組織和世界銀行，但蘇聯卻因擔心美國作對而阻撓了匈牙利的行動。第三個五年計畫（一九六六年至一九七〇年）的目標是讓工業出口增加五成。然而，就算匈牙利加強與社會主義經濟體之間的貿易往來，卻仍暴露在全球經濟的狂風之中。定位要成長的產業（化工、機械製造）都必須進口只能用強勢貨幣才買得到的零件和資本設備。以匈牙利著名出口品伊凱洛斯（Ikarus）大客車為例：據一九六六年的計畫，匈牙利要向社會主義國家出口約六千部車來換取俄羅斯盧布，賺入外匯十三億福林；但是要生產這些車，卻須以美元向西方購入價值三億兩千七百萬億福林的器械。因此，對經濟互助委員會（Comecon）＊會員國的出口增加越多，美元進口也就增加得越多；如果沒有適合向西方出售的

＊編註：一九四九年由蘇聯建立的經濟合作組織，《華沙公約》內的國家都有參與。

商品，美元債務就會增加，無法償還。[32]

經濟領域的緊張局勢，也威脅到匈牙利當局在國內和外交政策整合取得的進展。[33]他們要麼是培養全球競爭力，要麼退出改革並停滯不前。結果就是匈牙利出現了一種症狀，而後將該國推入一九八〇年代最終的經濟危機：國家為培養其工業競爭力而借貸，導致債台高築。

然而那是宏觀的經濟景象。部分行業仍是蓬勃發展，至少在觀光客眼中，匈牙利有販賣時尚雨衣和手提包的精品店、美容院、自助餐廳、糖果鋪及柑橘水果商店，還有穿著講究的都市居民開著私人汽車在路上飛馳，讓匈牙利變得像是一個西方國家，在來自波蘭、羅馬尼亞或蘇聯的遊客眼中更是如此。意識形態在匈牙利已退居次位，史達林時代的階級鬥爭、處處監視和意識形態正確性的風氣逐漸消逝，由「消費主義的價值觀、實踐和行為模式」取而代之。可口可樂或藍色牛仔褲不再是「西方天堂的罪惡蘋果」，而是人們想爭取的東西，因為共產黨鼓勵他們追求這些事物。[34]

波蘭的列寧主義

波蘭有時會與匈牙利相提並論，因為兩者都是蘇聯統治的特有挑戰，而這個國家卻走往了驚人的不同方向。若說「民族叛徒」卡達爾會追求改革，是因為他必須與社會和平共處，那麼「民族英雄」哥穆爾卡卻是對改革嗤之以鼻，因為他曾兩次挺身反對蘇聯，並為此吃足苦頭，也似乎體現出波蘭主權最高的價值觀。哥穆爾卡認為自己是凌駕所有人的萬事通，就連經濟和農業領域也比別人懂，而且他還不願聽取任何人的意見，尤其是持不同意見者。

哥穆爾卡在一九六〇年代中期的成就（部分是經由誤導的意識形態攻擊，但更多是輕忽的態度），就是凝聚了不同波蘭群體共有的憤慨：其中有農民、經常去做禮拜的人、持不同信念的知識分子、工人，其中對未來最不妙的就屬學生了。至一九六〇年代末，哥穆爾卡面臨到了其他共產國家未有的困境：他主張自己代表國家，卻受到非國家行為體（nonstate actor）的質疑，形成與社會對立的僵局。這齣狂妄又糟蹋機會的悲劇可分為好幾幕：第一，疏遠教會；然後是作家和知識分子、學生和猶太人；最後則是工人（哥穆爾卡於一九七〇年十二月冷漠地下令槍決他們）。這位無所不知的苦行僧在下台之前，曾向親信解釋他的理由：「無論黨的立場為何，都應是工人階級和社會的立場。」[35]

在哥穆爾卡的眼中，主要挑戰就屬漸成眼中釘的「修正主義」了，這是一股來自馬克思主義內部的力量，要求民主、公開討論，以及一九一八年之前常見於多數社會主義運動的「各勢力自由運作」。然而哥穆爾卡於一九三〇年代加入共產黨，並吸收了列寧主義對各派系的敵意；所以到一九六四年，幾乎所有與自由派普瓦維（Pulawy）集團有關的領導人物都被他給撤職了（其中許多是猶太人），這些人曾是一九五六年變革的先鋒。集團領袖羅曼・贊布羅夫斯基（Roman Zambrowski）便埋怨「黨的工作缺乏定期、日常分工的方向」，並於一九六三年退出中央委員會。哥穆爾卡甚至沒有致電諮詢他，對所以與他不同的想法「不屑一顧」，幾乎是獨自一人控管著經濟。哥穆爾卡會讓助手呈交煤炭開採量和糧食收穫量的相關成堆數據，然後自行研究生產和工資的細節；他也親自制定重組科學技術機構的計畫。大多數共產國家的領導階層為每週開會一次，但波蘭卻僅有每月一次。[36]

哥穆爾卡與卡達爾一樣，本人也過得儉樸，他的住所是小公寓而非別墅。然而不同於卡達爾的是，他會設法讓廣大民眾記住這點。哥穆爾卡所參考標竿並非西歐日益成長的消費社會，而是對一九三〇年代波蘭危機四伏的生動記憶。「他的」波蘭會將這段歷史拋諸腦後，為工人提供基本保障及簡約卻可靠的生活水準。因此對哥穆爾卡而言，一杯好咖啡只是驕奢知識分子的奢侈品，這可是在他年輕時工人幾乎做夢都想不到的享受；他還計算出停止咖啡進口節省下來的錢能建造多少家工廠。另一種「奢侈」則是在溫暖的海灘度過夏日假期，當初哥穆爾卡在波蘭南部的煉油廠當鎖匠時，可沒有工人敢奢望這種行程。他還將這套斯巴達標準強加於私人住宅，自行縮減了供工人使用的公寓大樓格局，對他來說，在廚房裡裝設窗戶簡直就是冗餘。

同時間，哥穆爾卡這樣一位相信人類正在跳脫資本主義的共產主義者，也反對任何改革或折衷方案（比如市場機制或半私有財產），因為這樣可能會讓資產階級重新出現，進而使得歷史退步。對他來說，匈牙利式的經濟實驗有造成政局不穩的風險；而社會主義旨在讓重工業受到黨的嚴格控管，為波蘭奠定現代經濟的基礎、削弱西方把持的優勢。在哥穆爾卡的統治下，制定政策者犧牲掉消費品和輕工業，將資金投注於冶金、採礦、機械製造和化學工業。[37]

儘管如此，在哥穆爾卡執政初期，由於國際間的緊張形勢緩解，資源不再集中投注於軍事生產，波蘭人的生活水準也顯著提高。一九五六年至一九五七年的實際工資上漲了百分之十，而至一九五八年，收入已增加超過百分之二十五。小型私營企業再次於都市中占有一席之地（小型手工藝品店的數量增加了一半），而隨著強制集體化結束，私營企業在農村也發展起來。政府不再強制人民上繳牛奶，農產品

圖 21.1 哥穆爾卡與西蘭凱維奇，於柏林圍牆東側（一九六二年）。
來源：Keystone Press/Alamy Stock Photo.

價格上漲。到一九五九年已少有人抱怨香腸或肉類短缺，農產量達到戰後的巔峰，而這幾乎全都要歸功於私營企業。因有許多農民回歸私有農業，集體化農業（作物種植面積）的比例仍然很低：一九五七年為百分之十五、一九六〇年為百分之十三點二，一九七〇年則為百分之十五點九。[38]

但這些妥協措施都只是權宜之計。長遠來看，哥穆爾卡及任何列寧主義者都不認為私營企業能夠融入社會主義。一九八〇年代中期，蘇聯將波蘭推向全面集體化，其他地方的共產黨員在私下談話間，總會不厭其煩地向波蘭同志強調，造成波蘭政治和經濟困境的罪魁禍首就是私有農業。但波蘭的共產黨員彼此間也沒有完整達成共識。一九五六年的事件並未讓波蘭政府與獨立農民走向和平，只是暫時休戰，好讓哥穆爾卡發動低強度的游擊戰，期望藉由緩慢的消耗來取得優勢。儘管當局已放棄徹底強制集體化，卻從未停止想方設法讓農民加入。一九五八年，政府成立農民協會（Kólki rolnicze）來供應器械，但隨著時間過去，這些協會卻成了向農民施壓的工具，他們會拒絕向不從者提供機器，迫使對方加入集體制。[39]養老金和保險制也同樣被引入農村，但僅適用於願意加入國營農場的人。

哥穆爾卡對推廣私有農業毫無作為，投資資源始終偏向重工業。在史達林時代（一九五〇年至一九五五年），農業用預算占比為百分之十，此後也只上升到百分之十七點四（一九六六年至一九五七年）和百分之十五點二（一九七〇年至一九七五年），但卻有兩倍的預算用於發展交通。政府從不允許農村發展市場，國家仍是唯一的資源供應源，並壟斷購買所有農產品。然而，資源的價格過高、農產品的價格過低，也因此扼殺了投資和產能。[40]在一九七一年以前，較有抱負的農民也不能購買超過十五公頃的農地，他們經常在四散數公里的小塊地上耕種，無法以同等心力照顧所有農田，因此有大量土地都仍未開墾。[41]一九七七年，國家土地基金（*państwowy fundusz ziemi*）畫分了一千九百萬公頃的土地用於農業，卻有一百萬公頃都未有耕作。上繳大量產品的規定仍讓各農場苦不堪言，而此規定一直到一九七二年才終止。

農村也自有其報復手段。隨著城市不斷發展，農村生活似乎越發乏味，使得成千上萬的年輕人逃離家園，留下較年邁的農民在退休前榨乾土地。農業產能低落，供應的肉量無法滿足不斷成長的城市人口，波蘭的國家社會主義也沒有補救方法。國家控管肉類需求或增加供應的唯一機制就是提高價格，但政府一這麼做工人便發起罷工，也因而於一九八〇年催生了廣受歡迎的獨立工會「團結工聯」

（Solidarity）。當局曾為補救而進口農產品，但只有在波蘭能出口工業產品時才有成效；而且因波蘭的工業產品於世界市場上沒有競爭力，國家也必須賒帳以購買糧食（見附錄表A.2）。

然而進口農產品這道策略卻令波蘭的列寧主義者深惡痛絕。哥穆爾卡不同於卡達爾，他執意不依賴資本主義世界，目標是要仰賴社會主義集團現有的技術，以落實工農業的自給自足。[42]波蘭最高領袖有別於匈牙利的同志，他們拒絕改革，堅決推行中央計畫，不顧各種越發明顯的問題：原物料支出過多、能源使用效率低落、成長的主因為增加勞動力（當時仍然充足），就連生產過程中也出現損耗。波蘭建造煤礦的成本為西方的兩倍。高效率生產不及地方黨委幹部的利益重要，一旦達成計畫，他們就覺得是大功告成。若有誰敢指出問題，反倒像是在質疑這些大老的權威，結果自己變成了問題。

儘管如此，波蘭的經濟仍隨著城市和工人階級的擴張而有所成長。一九六五年的波蘭展現出日益現代化的社會風貌，咖啡廳、餐廳和電影院人來人往，男男女女都穿著時下流行的衣服，出生率也隨著預期壽命的增加而成長。汽車、冰箱和洗衣機數量越來越多，農村也開始隨著現代化而轉型。若說一九五五年只有百分之三十三的農場有通電，那麼到一九七〇年便已上升至百分之九十。[43]但與此同時，排隊仍是日常生活的一環，我們尚不清楚這是因為有未滿足的需求抑或是習慣。在「短缺經濟體」（shortage economy）中，人們一到商店就立刻買東西，連有銷售哪些商品都不問就慣常地排隊。

作為一個消費社會，波蘭比不上西方，華沙的燈光可比不上西柏林，巴黎就更不消說了。但在某種意義上，哥穆爾卡也沒有錯，因為一九六〇年代的波蘭已經超越他的一九三〇年代理想（見附錄表A.5）。此時絕大多數人都能輕易照顧好基本生活需求。[44]然而居住空間問題從未解決。儘管從一九六〇年到一九七〇年，波蘭有三百五十萬個居住區，但一九七〇年還有約一百萬的人在等待公寓，這個數字後來還會增加。[45]

匈牙利的情況則大不相同。在制度上一切都屬集體，但實際上許多集體化農業都使用私有地，國家也允許人民自留大量土地，並有限度實施市場機制、產品多樣化以及盈利，產量因此逐漸提高。[46]匈牙利共產黨員也預計未來要讓市場和私有地退場，但與此同時仍備好務實的妥協方案。加上國內以市場為導向的農民嚴格說來還算是集體化農民，所以當局沒有理由懲罰他們。

波蘭的異議聲音

隨時間過去，表現不佳的波蘭經濟催生了異議。人們走上街頭表達對經濟景況的不滿，使得哥穆爾卡和繼任者丟了飯碗。但問題本質上不在經濟，而是源於基本生產者「農民」普遍的態度——農民認為，無論如何他們都不會為了生活在「布爾什維克」的集體化農莊制度下，而將父母輩的土地獻給無神論國家。也許若當初他們獻出了土地，波蘭至少能生產足夠供應的肉類，防止工人罷工及癱瘓制度。懲罰農民就是在懲罰波蘭，進而危及那些聲稱代表波蘭統治的人。

但問題不僅限於農民，還與黨內職員有關，他們的工作是將農民安置在集體化農莊中，但他們人均職員數比其他地方要少，也不那麼有熱忱。[47]波蘭的馬克思列寧主義信仰之火從未像別處一樣熊熊燃燒，而且還熄滅得更快。我們也很難判定出單一的原因。歸根究底，共產主義的最終目標是讓世界成為沒有苦難和剝削的地方。如今革命已經發生過了，卻依然找不到這樣的世界。哥穆爾卡周圍有個小派系曾經探討過民主制度，但他們只對自己的權力有興趣；而在菁英之下還有黨和國家部會中的成員，他們最在乎的則是讓自己過得富足。

哥穆爾卡甚至渾然不覺自己已經妥協的事實。他先是清除黨內左右兩派的反對勢力，而後自信又威嚴地談及黨「引導」社會生活的使命。一九五八年，哥穆爾卡決定削弱另一個體制上的競爭對手的影響力：羅馬天主教會。現在是時候讓教會適應進步，並放棄與社會主義作困獸之鬥了。「教會至上的中世紀時代」已經一去不復返。[48]

但哥穆爾卡面臨的挑戰比「教會」本身更要複雜得多。其中不僅有主教的階級制度（他討厭他們的社會優越感），還有數以百萬計的教徒。在史達林主義時期，雖然黨確實曾在神職人員中安插間諜和線人，並於一九五四年至一九五六年間關押首席大主教維辛斯基，但當局仍未試圖徹底摧毀天主教。國家一直要等到一九五八年，才採取可能看似很簡單的世俗化措施：移除公立學校的十字架和宗教課程、阻撓上教堂的黨員擔任公職（但沒有阻撓他們入黨！）。[49] 現在國家全力進攻，撤回了建造教堂的許可並沒收教會原本持有的建物。

這些舉措立刻就招來民眾的公開抵制。一九六〇年五月，波蘭西部綠山城（Zielona Góra）的「天主大樓」試圖將神父逐出一棟用於宗教課程的建築，導致五千多人走上街頭示威，連遠在波茲南的警察都被召來用警棍殘忍驅散人群。然而婦女們仍留在大樓內及出入口周圍跪著祈禱。最終有兩百二十名抗議者被捕，一百六十名警察受傷。隨後是審判和長達五年的牢獄之災，但教會勢力並沒有被削弱，更談不上摧毀。一九六三年，政府關閉了波蘭東南部普瑟米斯（Przemyśł）一所培訓管風琴師的學校，結果引爆為期三天的騷亂。[50]為了應付抗議活動，甚至召集了遠在西利西亞的三千名警察。

衝突最烈的地點就屬社會主義的新鋼鐵重鎮諾瓦胡塔。政府曾於一九五七年核准在此建造一座教堂，現在卻出爾反爾地稱社會主義城市不需要教堂。一九六〇年四月二十七日，工人前來挖出信徒先前於建地上安置的十字架，這時有一群路過的婦女以雙臂將之護住，另一邊則有人同時往工人扔土塊，逼退他們。周圍公寓大樓的住戶隨後聚集起來將十字架重新固定好。隨著列寧鋼鐵廠的工人結束值班，人群也迅速增加，隨後發生了好幾天的騷亂，附近克拉科夫的學生也參與其中。最終有一百八十一名警察受傷，近五百名示威者被捕。負責監督鎮壓的是哥穆爾卡的得力助手澤農·克利什科（Zenon Kliszko），他還迫使示威者走上一條「健康之路」，讓軍官夾道用棍棒毆打他們。[51]然而最後十字架仍留了下來。

有些人指出，哥穆爾卡本沒有必要激起人民反抗，他反倒讓這幾處城鎮或其他地方的天主教徒比以前更積極上教堂了。但哥穆爾卡感覺到，一場爭取波蘭人民效忠的鬥爭迫在眉睫。波蘭的天主教在財政上獨立於國家，是蘇聯集團中的特例，教會更於盧布林設有神學院、報社和自身的大學。而除天主教之外，集團中可沒有其他機構能質疑社會主義國家代表民族的主張。但教會的民族主義傳統卻是最近的新發明：尤其在一九一八年之前，教會的上層階級看來對波蘭民族解放事業毫無興趣。羅馬教會認定所有世俗權力都源自於上帝的旨意，就連俄羅斯沙皇也不例外。[52]

儘管如此，哥穆爾卡卻選擇挑起對抗。他合理相信各個主教都在指望社會主義瓦解，他想要得到這些人不願給的忠誠姿態。一九五九年，哥穆爾卡對一位天主教知識分子說道：「教會正對我們發動戰爭，但他們贏不了。我們會贏，歷史會讓你們閃到一邊去。【首席大主教】維辛斯基總有各種要求。他想要統治靈魂，但在這個國家統治靈魂的是社會主義。社會主義觸及靈魂，教會在此沒有權利！」[53]

但這就是教會高層絕不會同意之處。諾瓦胡塔因建造教堂而起的鬥爭，正事關信眾的靈魂與波蘭的靈魂。克拉科夫的樞機主教當時剛剛任命三十八歲的卡羅爾・沃伊蒂瓦（Karol Wojtyła）為助理主教，充滿活力的沃伊蒂瓦會說多種語言，是位有教養的神學家，先前曾任演員並於德國占領下的工廠勞動過，能夠與工人自在相處。在沃伊蒂瓦看來，國家自稱為工人的代表，卻辜負了諾瓦胡塔的工人。一九五五年，記者雷沙德・卡普欽斯基（Ryszard Kapuściński）發表了一篇文章，將這座新城形容成一個放蕩之處，金錢是唯一的價值所在，並據稱有一名十四歲的妓女曾使八名男子染上淋病，她的談吐令他想吐。

一九七七年春天，已是克拉科夫樞機主教的沃伊蒂瓦祝福了最後於諾瓦胡塔十字架遺址上落成的「方舟教堂」（Church of the Ark），並提出新的觀點：「此城之居民並非無所歸屬。」他說道：「你不得對城市居民為所欲為，不得以生產與消費之規則操弄城市居民。這座城市屬於上帝的子民。」兩年後，他以教宗若望保祿二世（John Paul II）的身分再次來到諾瓦胡塔，並說當初人民對諾瓦胡塔十字架的捍衛使得教會更加壯大，標誌著基督教傳教士的新視野。[54]次年，這座鋼鐵新城成為獨立工會「團結工聯」的堡壘。在諾瓦胡塔工人出身的傳統村莊中，教會的支持更加堅定，而國家才剛要於這些村莊鋪設道路、引進電力及學校。

圖 21.2　大主教卡羅爾・沃伊蒂瓦（第三排右二），羅馬（一九七五年）。
來源：Stefanocec. / CC-BY-SA 3.0.

這場擊潰列寧主義反教會激進分子的鬥爭已有千年之久：一九六六年波蘭建國千年的慶典也是波蘭基督教的慶典，天主教會已籌備多年。一九五七年，維辛斯基請教宗庇護十二世（Pius XII）祝福了一幅琴斯托霍瓦（Częstochowa）「黑色聖母」（Black Madonna）的複製畫。原作的重要性要回溯到一六五二年，當時波蘭與瑞典的戰爭看似毫無勝算，攜帶原畫的軍隊卻成功擊敗了瑞典，當時國王揚・卡齊米日（Jan Kazimierz）宣布聖母瑪利亞為「波蘭女王」。維辛斯基舉辦了朝聖活動，讓複製畫作繞境波蘭，並下令於每段行程結束後於各教區展示，部分教友也有幸得以將聖母像擺放家中。一九六六年六月，官員受夠了，下令沒收這幅肖像並將其帶回琴斯托霍瓦，人們還開玩笑說聖母被捕了。但繞境隊伍仍帶著空無一物的畫框繼續前進。卡托維茲（Katowice）教區更有三分之一的居民參加了繞境隊伍。[55]

就在幾個月前，二十世紀的天主教才剛發生翻天覆地的大事：梵蒂岡第二屆大公會議（Second Vatican Council）。出席的波蘭主教致信德國主教，邀請他們參加本國的千禧年慶典，但信中卻以出人意料的結尾震驚了世界：「我們寬恕，且請求寬恕。」波蘭與德國和解的時機已經到來，這封信雖是在示意基督教的團結，針對的卻是歐洲的分歧。共產黨聲稱（西）德人是波蘭永遠的敵人，主教們則反駁這套說詞，並回顧幾世紀以來的友善情誼，強調德人在中世紀基督教化過程中的中介角色，當時波蘭已成為基督教歐洲的一部分。哥穆爾卡在這封信中看到的，則是讓波蘭重新靠攏西方的企圖。[56]

他還認為教會給了該黨發動新一輪攻勢的絕佳機會。搧風點火的共產黨員召開了數萬次會議、寫下數萬篇文章，質問主教們是否忘了是誰發動第二次世界大戰？是否忘了波蘭人民遭受到怎樣的苦難？波蘭人沒有什麼道歉的理由。波蘭共產黨官方媒體還從德國報紙上摘錄祝賀主教們「跳脫」波蘭民族主義的文章，還有什麼更好的證據可以證明他們的背叛？[57]

一九六六年，國家當局舉行了公共集會，想要搶走教會千禧年慶典的風頭，還於華沙派出鎮暴警察，粗魯對待參加彌撒返家的民眾。挑釁者高呼：「打倒維辛斯基！」、「叛徒！」警方則以「擾亂治安」為由逮捕了一百多名教友。克拉科夫、格但斯克和盧布林也有出現打鬥，並有數百人被拘留。[58]

然而反教會運動漸漸沉寂下來。一九六七年秋天，當局讓步了，他們告訴樞機主教沃伊蒂瓦，諾瓦胡塔還是可以蓋教堂。這場運動終究還是自取失敗。國家每次進攻，教會就會反擊，甚至還能攻下新城池。在公立學校禁止宗教活動後的幾年內，就有四百萬兒童前往兩萬個「教義問答站」上課，這些授課站點如「雨後春筍」般迅速增加。[59]更糟的是，政權如此不擇手段打壓教會更是自曝其短，也招來了波蘭社會中其他異議群體（尤其是知識分子）的攻擊。

※

從世紀之初起，有很大部分的波蘭知識分子都認為自己「不是信徒」，就連著名的天主教知識分子也常認為波蘭教會比較落後，受農民的情緒牽動。[60]然而作家和學者憂心波蘭文化的存亡，因此開始與教會有了共同的理念。他們了解宗教符號傳遞民族語言的力量，並轉而支持神職人員（尤其是大學裡的），這些神職人員認為教會是民族靈魂的守護者。就連馬克思主義知識分子都對這場反教會運動感到厭惡，對他們來說，哥穆爾卡上任後幾個月的行徑本就令人失望，如今煽動群眾的行為只不過是再添一筆。天主教和波蘭民族的身分認同本有待彼此發酵成長，而反教會運動最後讓這一切成真了。

哥穆爾卡在與知識分子（無論對方是否為馬克思主義者）打交道時的弱點，都源於缺乏主見。黨的路線不再如此僵化後，哥穆爾卡開始依己喜好讓贊成嚴格中央集權的「硬漢」入主政府，如前重工業部部長朱利安．托卡爾斯基（Julian Tokarski）。托卡爾斯基是一九五六年波茲南工人尤其憤恨的對象，現在卻被悄悄任命為副總理。另一位惹人厭惡的史達林主義將軍卡齊米日．維塔謝夫斯基（Kazimierz Witaszewski），過去曾負責迫害救國軍和其他非共產黨士兵，如今也從默默回歸政壇，成為黨中央委員會裡最有權勢的人。[61]黨中還有其他認為權力下放也不是壞事的領袖，卻得與維塔謝夫斯基這類人偈促地共事，所以黨組織永遠無法預測哥穆爾卡是要紀律還是溫和。他一邊樹立威嚴，宣傳負責人愛德華・奧哈布卻會一邊喊暫停，說「這還有待研究」。[62]

一九五七年十月，哥穆爾卡第一次展現出自己厭惡批評的態度，他關閉了學生週刊《絕對》，此前更曾表示該雜誌要麼跟隨黨的領導，要麼就消失。華沙隨後發生數天的騷亂，五百多人被捕、一百八十人受傷、兩人死亡。隨後當局整肅馬克思修正主義者，至一九五八年五月已開除約百分之十六的黨員。政府還平息了訴求更多民主的學生和工人運動，原本能納入更多基層代表的「全國委員會」計畫也被束之高閣。哥穆爾卡曾短暫考慮讓不只一名候選人參選，但後來認定自由選舉會危及社會主義。審查制度越來越有侵略性，國會也很快又能無異議通過決議。在一九六〇年代初期，哥穆爾卡還稱讚「社會主義寫實主義」優於波蘭知識分子從西方引進的「有害」藝術文學趨勢。一九六三年十月，該黨成立「意識形態委員會」，帶頭的是哥穆爾卡的得力助手澤農・克利什科——他十分神經質，雄心勃勃地想成為知識分子卻失敗的遭遇讓他飽受痛苦。[63]

然而，史達林主義的控管制度並未恢復，更不可能回歸恐怖統治。好針砭的識分子也不會公開質疑社會主義波蘭的存在，使接下來幾年的局勢都相對穩定。整肅之後，共產黨再次壯大，黨員數從一九六〇年的一百一十五萬，增加到十年後的兩百三十萬人。[64]但黨越來越無法獲得人民的忠誠與犧牲：新黨員最在乎的是職涯發展；導演和作家則全然忽視黨，只顧著探討時下的有趣議題：異化和波蘭歷史的變遷；哲學家和社會學家則回歸國際上同領域學者都在鑽研的問題，例如人類自由或工業化結果的實證研究。國家當局不允許的是直接抵抗，由幾個惡名昭彰的打壓案例可見一斑。

一九六二年，華沙有個名為「曲圈」（Crooked Circle）的俱樂部被迫關閉，這個俱樂部原本自一九五五年起便一直有著名知識分子在俱樂部內自由探討各種議題。一九六三年，當局又關閉解凍時期的兩家主要期刊，並以月刊《文化》（*Kultura*）取而代之，意圖與波蘭的反動意識形態鬥爭。[65] 一九五七年，出版的書籍數量原有八千五百萬冊，至一九六二年則減少為七千八百萬冊。藝術家和作家開始擔心，在內政部長米奇斯瓦夫・莫扎爾（Mieczysław Moczar）執政下，黨內的族群至上主義和反智右翼勢力會越來越大。

許多波蘭知識分子對未來越發深感憂慮。一九六四年，三十四位知名人物發表了一份公開信，要求當局尊重憲法賦予的言論自由權；他們也對政府反智路線對波蘭民族文化造成的後果表示擔憂。政權並未多作回應，反倒逮捕了一名簽署人，同時剝奪了其他人的護照和出版權。媒體也不再提及其中有幾人。當局為懲罰天主教編輯耶濟・圖羅維奇（Jerzy Turowicz），因而減少他的期刊《普通週刊》（*Tygodnik Powszechny*）的紙張供應，迫使出版份數從四萬減至三萬。[66] 這封信引發了國際關注，因為簽署人都是波蘭的頂級哲學家、最受喜愛的詩人、最著名的文學評論家，以及最具影響力的社會學家、經濟學家和歷史學家，從大眾名人到專業人士皆有。這個陣容是如此強大，連發起聯署的作家都認為將自己涵蓋在內過於冒昧——這位發起聯署的人就是身兼天主教徒、共濟會成員和獨立社會主義者的揚・約瑟夫・利普斯基（Jan Józef Lipski），他擁有無人能及的多重身分。

這些文人因抵制文化鎮壓而在國內樹立了聲譽，但對統治者來說，問題不僅在此：主要更在於這些人極多元的背景，其中不僅有前史達林主義者、流亡天主教徒、頂尖的馬克思修正主義者，就連以無關乎馬克思的方式教導年輕學子的教授都參與其中。有位官員在日記中寫道：「落後」的天主教作家（凱特－麥凱維奇〔Cat-Mackiewicz〕）與進步分子（揚．咖特〔Jan Kott〕、亞當．瓦茲克）合作，結果自取滅亡——但事實恰恰相反。無論出身背景，抗議人士都認為此行動確實有解放之效。有些人認為這是在償還史達林主義的罪行；而對有些人而言，在多年來受到外國統治（戰時占領）與感覺上的外國統治（史達林主義）之後，如今終於有了自由闊步的機會。[67]

我們可以確定，政治菁英與知識分子間的裂痕便是從那時起不斷擴大，對立的思想持續出現。[68]當局徵求簽名發起反決議，欲妖魔化發起聯署的三十四人，但傷害已經造成。對哥穆爾卡來說，這封信尤其令人不安，因為簽署人與教會一樣，也曾質疑黨代表國家發言的權利。年輕的反對派歷史學家亞當．米奇尼克（Adam Michnik）寫道，唯一能比聯署的第二號大人物——小說家瑪麗亞．達布羅斯卡（Maria Dąbrowska）——更能給波蘭人留下深刻印象的，就屬聖母了。[69]反制戰略之所以如此難以執行，要歸結到知識分子間可追溯至瓜分波蘭時期的密切關係。要說知識界裡所有人都彼此認識是不可能的，但不管是誰一定都有共同的熟人。知識圈四處皆有，但在波蘭會如此異乎尋常，原因在於圈子的形成及鞏固是為了要逃避國家控制——先是俄羅斯和德國、然後是納粹，如今則是共產黨。

知識界（*środowiska*）不僅交叉重疊，還能共存於同一人身上。以作家揚．利普斯基為例，他是退伍的救國軍人，也是愛國工程師的兒子，從青少年時期至一九九一年去世，他終其一生都屬於某種「陰謀」：起初是戰時地下教育，然後是救國軍的塔台（Baszta）軍團；而在一九四五年後，他則加入了

「匹克威克俱樂部」（Pickwick Club），裡頭有一群持懷疑論的新實證主義學生，大夥兒會在華沙中央街道附近煙霧繚繞的酒吧中，一邊啜飲咖啡和伏特加，一邊引用卡爾．波普或切斯瓦夫．米沃什說過的話。學生們沒意識到史達林主義就是要粉碎各種集會，反倒組成了不計其數不受控制的類似俱樂部：不僅有歷史語言學家和社會學家、聖母瑪利亞的信徒，還有各類型的馬克思主義者，其中又以前救國軍成員為俱樂部主力。祕密警察偶爾會逮捕一些人，但從未成功阻止過人民結社。

一九五六年之後，利普斯基的活動更上一層樓。他成為《絕對》的編輯，而後擔任曲圈俱樂部的召集人，在波蘭學術界的職位來來去去。一九五九年，他批評政權與過去的極端民族主義者牽扯不清，當局便讓他丟了飯碗。[70]利普斯基從波蘭作家聯盟（Union of Polish Writers）領到薪水，隨後便協助組織了波蘭民主反對派的重大行動：繼三十四人公開信後有五十九人公開信（一九七五年）、工人保護委員會（Committee for Protection of Workers）（一九七六年）、團結工聯（一九八〇年）和獨立的社會民主黨（一九八八年）。自始至終，他都屬於「哥白尼」共濟會。

※

哥穆爾卡面臨到更直接的挑戰是來自於極左翼，非馬克思主義者利普斯基知曉此事，但並沒有協助動員。就如與史達林決裂的狄托與其同黨，一九五六年之後的波蘭共產黨員也一直在研究馬克思主義文本等著作，想找到是哪裡出了差錯，也為建設更美好的社會尋找新靈感。分支的小群體出現了，勢力最大的就屬華沙大學的哲學和社會學系。一九六五年，年輕運動人士亞采克．庫隆（Jacek Kuroń）和卡羅爾．莫澤萊夫斯基（Karol Modzelewski）發表了一封「公開信」，稱該黨為自利的官僚機構，工人應自行設立委員會來反對之。當局處理這種「異端」的方式就是關押兩人，分別判處三年和三年半的徒刑。但鎮壓只會讓反抗越演越烈：大學裡的同事為兩人的家人尋求援助，教授、講師和學生也開會討論此事，因此局勢也漸漸發酵，進一步分化了上層黨派組織。[71]

庫隆曾是左翼童子軍的領袖，也將他對批判性馬克思主義的熱忱傳給了年輕一代，其中有些人在黨哲學家亞當．沙夫（Adam Schaff）的贊助下，於一九六二年成立了「尋求矛盾者俱樂部」（Club of Seekers of Contradictions），主要人物有亞當．米奇尼克和揚．格羅斯（Jan Gross）。當這些好辯的自由思想家於一九六五年進入大學修讀歷史和社會學時，因為在黨活動中挑釁官員的習慣而被稱為「突擊隊」。他們身處大學革命青年的中心，米奇尼克後來也回憶道，他們總是「細細思索接下來會發生什麼」。這群人覺得自己刀槍不入，因為他們相信當局絕不會對大學侵門踏戶。[72]

一九六六年十月二十一日，哥穆爾卡的雷達掃到了這支突擊隊，因米奇尼克邀請哲學教授萊謝克．科拉科夫斯基於波蘭十月革命十週年紀念日發表演講。科瓦科夫斯基曾是波蘭頂尖的馬克思主義思想家，現在卻轉而研讀非主流宗教學說，他形容馬克思主義是一種由非理性理念支撐的信仰，而這種信仰在波蘭則被用來捍衛專橫又無效的統治。科瓦科夫斯基宣稱，無論問題是波蘭主權、荒謬經濟制度的廢除、批評和結社自由，還是統治者是否明白自己應對社會負責，當局都背叛了一九五六年的承諾。在刑法中，連政治笑話，甚至是持有未經批准的文學作品都屬於犯罪，政府更蔑視法律。他指出，波蘭社會不僅飽受貧困之苦，嬰兒死亡率也是歐洲之最。最後一點尤其激怒了最高領袖，科瓦科夫斯基很快就被開除黨籍。但科瓦科夫斯基說，最糟糕的不是國家貧困，而是沒有希望。[73]

左翼知識菁英都能體會科瓦科夫斯基的絕望感。這些異議分子原本都是該黨認定能成大事，準備大力提拔的人：社會學家齊格蒙·包曼（Zygmunt Bauman）和瑪麗亞·赫佐維奇（Maria Hirszowicz）；歷史學家亞當·克斯騰（Adam Kersten）、布羅尼斯瓦夫·巴茨科（Bronisław Baczko）及布羅尼斯瓦夫·格雷梅克（Bronisław Geremek）；經濟學家弗瓦基米爾·布魯斯（Włodzimierz Brus）。[74] 但捷克作家瓦茨拉夫·哈維爾（Václav Havel）後來在描寫自己希望發起的異議運動時，也寫道這些人只是「俗話說的冰山一角」。最後事實證明，光是將這些已經叛出或正走上歧途的馬克思主義者從黨中驅逐仍嫌不足，當局還不讓他們有任何立場能夠質疑黨就是民族意志體現的主張——通常這指的就是強迫移民。

然而，武力並不是黨的唯一因應手段。為了找到新的合法化策略，哥穆爾卡也扶植那些找到新攻擊路線的人上台——或者更準確說來，這些人是倒退回舊的攻擊路線：族群至上主義。

甚至在一九五六年十月之前，領導階層就將自身因應史達林主義的方式解讀為「波蘭之道」，這是在族群上屬波蘭人的處事方式，猶太人無權插手。公安部門中猶太人出身的官員比例很高（占一九四四年至一九五四年公安部部門主管的百分之三十七），這被認定為無法容忍的，「猶太人正在逮捕波蘭人」的謠言也令人無法忍受。[75] 在一九五六年五月的政治局會議上，曾為社會主義者及奧斯威辛集中營囚犯的約瑟夫·西蘭凱維奇（Józef Cyrankiewicz）表示：「我們知道、所有人也都明白，我們必須提拔雅利安幹部。」同年政治局就罷免了曾負責公安、意識形態和經濟的知名猶太共產黨員雅各·伯曼和希拉里・敏茲。

但是，遭整肅的猶太裔很快就不僅限於史達林主義者了，連「普瓦維」派的自由主義者也遭殃，哥穆爾卡在一九五六年最初還曾支持該派系。取代他們的是「本土共產黨人」。戰爭期間，這些人藏身在波蘭的森林，還有伯曼和敏茲這等深受憎恨的「猶太共產黨員」之中（這些猶太人在莫斯科度過戰爭之後才被蘇聯顧問推上權力寶座）。族群和政治正確運動蔓延到軍隊，總政治部主任沃伊切赫・雅魯澤爾斯基（Wojciech Jaruzelski）將軍也開始將自由派（「修正主義者」）和猶太人打發離開長官職位。[76]

米奇斯瓦夫・莫扎爾將軍（一九一三年至一九八六年）就屬於快速崛起的本土共產黨員，他將看起來是愛國人士的怨恨引入黨內。[77]莫扎爾出身工人階級，曾擔任蘇聯軍事情報局特工，他召集了一群之後被稱為「游擊隊」的民族主義者。他們沒有什麼建設性的計畫，所以也不為知識分子、自由派、德意志人及猶太人所喜。唯一的問題就是蘇聯會放任他們多久。由於經濟不景氣，哥穆爾卡本人也容易受到右翼分子的攻訐，加上他除了堅持紀律和節儉之外也缺乏其他主見，只好把「民族」價值捧得至高無上，使其成為每個人都要遵循的絕對判斷準則。[78]

雖說波蘭仍屬共產主義並忠於莫斯科，但官方論述卻開始附和一九三〇年代民族民主黨的訴求（包含該黨法西斯右翼方陣的訴求）。而這就是利普斯基一九五九年失業的原因：他公開批評已成為波蘭人民共和國高級政要的前方陣大老博萊斯瓦夫・皮亞塞茨基（Bolesław Piasecki）。戰後不久，新興的共產政權委託虔誠的天主教徒皮亞塞茨基經營組織，鼓勵天主教徒以忠誠的波蘭人之姿來配合政權統治（例如協助驅逐德意志人，並讓人口落腳新的波蘭西部）。皮亞塞茨基的團體名為PAX，不僅經營自己的報紙和出版集團，還獲得獨家權利能印刷聖經及銷售他們非常熱門的洗碗精牌子路德維克（*Ludwik*）。正是在這種理解的基礎上，波蘭人與猶太人二元對立的關係再次進入了公眾討論。[79]

除茲比格涅夫．扎烏斯基（Zbigniew Załuski）上校的著作之外，波蘭幾乎沒有清晰連貫的意識形態準備工作來推動這種轉向族群民族主義的趨勢。扎盧斯基是一名退伍軍人兼記者，一九六二年，他出版一本書來回應左翼對波蘭民族主義的批評而聲名狼藉。黨內的自由派說扎烏斯基正在創造一種替代的意識形態，這也是事實：他明白馬克思列寧主義已無法再吸引人民效忠，只能與舊思想相互依存。歷史並未如馬克思或列寧的教導與過去徹底決裂，反而讓社會主義者別無選擇，只能從國家的遺產中汲取財富，必須藉由歷史來表明「我們並非從天而降」。他完全未提到階級關係。[80] 扎烏斯基的倡議驚動了前高官亞當．沙夫，這位在莫斯科受教育的哲學教授總說黨的任務是國際主義，且必須抵抗種族主義——在歐洲指的就是抵抗反猶主義。但至一九六〇年代，這種觀點激怒了領導階層，沙夫本人也成為眾矢之的。

一九六七年，莫扎爾的游擊隊準備攻擊哥穆爾卡，因為他的統治任由民主思想傳播，黨內黨外都未能有效制約。[81] 這位黨大老陷入了陷阱，唯一的出路就是超越民族主義，甚至超越極端民族主義。他不僅加入、更領導了一場反波蘭的小型猶太社群運動，當時波蘭約有兩萬名大屠殺倖存者及其家人，他們在大多數波蘭猶太人移民後留了下來，要不是因為忠於波蘭，就是因為忠於共產主義，或是兩者皆有。

東南歐的民族共產主義

保加利亞和羅馬尼亞的共產黨領袖也或多或少利用了一九五六年之後的機會與挑戰，憑藉民族主義來鞏固權力。這種方法對兩國而言都不是新鮮事。戰後初期幾年，保加利亞政權將希臘邊境附近的保加利亞穆斯林村莊重新安置到國家境內深處。一九五〇年，當局迫使保加利亞土耳其人移居土耳其，至一九五一年底，已有多達十五萬五千人離境。[82]

保加利亞從史達林時代開始就一直是由一人牢牢掌握權力，這在東歐政權之中並不尋常。托多爾·日夫科夫（Todor Zhivkov）是戰時抗爭運動的領袖，他於一九五四年成為黨魁，負責推動集體領導運動，但兩年後便將更資深的瓦爾科·契爾文科夫（Valko Chervenkov）擠下台，據說是為了穩住個人「崇拜」。此後直到最終，日夫科夫都沒有受到嚴重挑戰。就如東德和捷克斯洛伐克，在一九六〇年代初期前的早期恐怖統治和重工業化時期，黨的領導階層都沒有出現明顯分裂。政權看上去是如此穩定，就連來自蘇聯的遊客都會開玩笑說，他們其實不算是出國旅行。日夫科夫也以自己與莫斯科的密切關係超越其他歐洲共產黨領袖為榮，他說兩國都「是用同樣的肺呼吸，我們的血管流著相同的血液」，並且「脣齒相依」。[83] 他甚至曾建議將保加利亞併入蘇聯，蘇聯卻斷然拒絕。

他的親蘇聯態度是吸引當地選民的一種方式：俄羅斯在當地被尊為解放力量，就連在二戰期間，保加利亞的德國盟友都沒有要求關閉蘇聯駐索菲亞大使館。然而到一九六〇年代，保加利亞的共產黨領袖已沒有史達林在世時的安全感，只能尋求新的途徑來合法化自身權力。由於經濟從未發展到足以比照捷克斯洛伐克或匈牙利推行消費主義，他們便選擇主張民族身分。[84]一九六〇年代後期開始人口減少，對保加利亞人的影響大於農村的土耳其人，使得當局更加憂心。[85]

在赫魯雪夫於第二十次黨代表大會上揭發真相後不久，保加利亞共產黨中央委員會再次將注意力轉向領土上重要的土耳其少數族群。一九五六年四月，領導階層誓言要打擊「表現出民族主義和宗教狂熱主義」的保加利亞土耳其人。任何彰顯民族個性的元素都必須消失，穆斯林也儘量被弄得看起來像是「保加利亞人」：取聽起來像斯拉夫語的名字、婦女禁戴頭巾、讓宗教活動更難以維持。[86]從一九五八年至一九五九年開始，該國政權也停止了以土耳其語授課的課程。

這場運動被稱作「文化革命」，知識分子也不時召開會議，讓黨內運動人士在會上回報進度。其中一次會議於魯多澤姆（Roudozem）市政府舉行，與會者吹噓說，在一千一百名婦女之中，就有七百人已不再穿著傳統穆斯林服飾，並有一百六十人恢復了自己的「斯拉夫語【保加利亞】名字」。[87]這場革命也牽涉到，保加利亞農業集體化完成的速度快過除蘇聯外的其他社會主義國家。更深層的概念不僅是走向族群「同質化」，也攸關讓村莊更往城市邁進。保加利亞的羅姆人被迫停止流浪，改定居於社會主義據點，也被迫「像大家一樣」使用保加利亞名字。

一九六九年，土耳其同意接收更多來自保加利亞的土耳其人，結果在接下來十年中有超過十萬人移居國外，約占總人口的一成。保國重新命名穆斯林的運動仍在繼續，數百名反抗者被送入勞改營。[88]一九七四年的憲法談及統一的保加利亞社會主義國家；一九七七年，政府宣布保加利亞「由單一族群組成，並正在走向徹底的同質化」。一九八四年，這場可追溯到一九五六年的族群民族主義運動終於達到了「復興進程」的高峰，土耳其人及其他穆斯林都被迫採用保加利亞名字。

至一九八五年一月中旬，已有超過三十萬名保加利亞土耳其人改名。重點是要推動完全同化。安全機構封鎖穆斯林村落，並監督官方文件交接。土耳其人再次反抗，導致數十人死傷：一九八四年十二月，米哈伊洛夫格勒（Mihaylovgrad）就約有四十人喪生。保加利亞學界與政府沆瀣一氣，製造證據稱土耳其人具有保加利亞血統，並聲稱他們在鄂圖曼統治期間被迫改宗。一九八九年夏天，當局向土耳其開放邊境，儘可能逼迫更多民眾離開。至年底已估計有三十七萬人離境。[89]

國家也無所不用其極地削弱伊斯蘭教，比方說，於一九五〇年代後期將信仰伊斯蘭的官員人數減半。保加利亞東正教會與國家當局（連同祕密警察在內）也狼狽為奸。根據紀錄，即便到二〇一三年，在教會治理會議的十四位都主教中，還有十一位曾與共產主義統治下的祕密警察合作過。[90]

至於羅馬尼亞，共產黨員對自身的權力主張可能有更深刻的恐懼和不確定感。由於自一九三〇年代以來，他們就一直對莫斯科卑躬屈膝，所以對自己代表族群國家的主張尤其憂心（自一八三〇年代起，該主張始終是羅馬尼亞各統治者的主要理念，即便是從德國移植的統治者也一樣），唯有史達林主義讓他們免去憂心。然而在一九五六年之後，就如匈牙利、波蘭及保加利亞，羅馬尼亞的共產黨給自己的定位也是為「民族」服務。羅馬尼亞特有的做法是迂迴往後退，結合看似法西斯的民族主義與史達林式的個人崇拜。

一九五六年的羅馬尼亞共產黨領袖格奧爾基·喬治烏德治（Gheorghe Gheorghiu-Dej）不同於哥穆爾

卡或卡達爾，他反倒一直很崇拜史達林。第二十次代表大會揭曉的真相，讓喬治烏德治和羅馬尼亞共產黨的其他高層領袖都心神不寧，他們整個世界觀都崩潰了。[91]喬治烏德治的第一個反應（東德的史達林主義者瓦特·烏布利希也同聲附和），就是稱羅馬尼亞本來就不存在史達林主義。羅馬尼亞共產黨號稱自己在一九五二年就解決了這個問題，因為他們在那一年驅逐了安娜·波克爾（Ana Pauker）這樣的「莫斯科人」。[92]

最重要的是，喬治烏德治和同志們懼怕自由化要付出的代價，並決定利用他們所謂羅馬尼亞獨立保護者的身分來鞏固權力，依列寧主義的先鋒隊理論來塑造自我。與保加利亞和波蘭一樣，羅馬尼亞也於一九五六年開始更公然地針對國內人口推動民族主義政策，少數群體的政策也出現了從「階級專政轉變為族群化極權政權」的典範轉移。[93]

至此時，匈牙利民族主義原本還不是羅馬尼亞主要的國安議題，因為莫斯科希望外西凡尼亞的羅馬尼亞人和匈牙利人能和平共處，羅馬尼亞政府也鼓勵少數群體融合。然而，匈牙利革命使羅馬尼亞領袖認定這種融合政策已然失敗，認定羅馬尼亞的匈牙利人仍然視匈牙利為故鄉。於是，國家安全部門發起了一場目標明確的運動，利用勒索手段來招募匈牙利人的線人，遍及大學、報社與工廠，以便於「顛覆性」民族主義出現時迅速因應。

喬治烏德治悄悄引起人們對匈牙利修正主義的恐懼，希望阻止工人騷亂、預防出現皮爾森或波茲南之類的狀況，並禁止探討與自由化有關的話題。原本被認為是經濟或社會缺失的問題，現在卻牽扯到了族群。一九五六年的匈牙利革命並未被解讀作一個值得模仿的國家對自由的質疑，反而讓人越發擔憂復興的馬扎爾國家會主張對外西凡尼亞的主權。[94]當局指稱羅馬尼亞領土上潛藏著匈牙利第五縱隊，成員包含了守舊的中產與地主階級、天主教徒和新教徒、在社會主義制度下長大但對羅馬尼亞統治心懷不滿的學生，還有喜歡在酒吧裡哼唱舊時領土收復主義歌曲的集體化反對者。族群、政治和階級敵人已合而為一。

之後至一九七〇年代後期，羅馬尼亞的匈牙利人將會增加到約一百七十萬，但此時他們在勞動力市場中的地位卻在惡化。一九五〇年代後期，當局關閉了克魯日／克魯茲瓦（羅馬尼亞語：Cluj／匈牙利語：**Kolozsvár**）的匈牙利大學，也關閉了各所匈牙利自治語言學校。[95]此舉引發的匈牙利人怨氣，似乎也坐實了人們對匈牙利人不忠於羅馬尼亞的懷疑。人們開始將這個族群他者視為顛覆性公民，從監獄裡的人口組成可見一斑。若說在一九五六年之前，大多數政治犯都是非法政治運動的成員，如鐵衛團、農民黨及自由派政黨，那麼在此之後，多數政治犯被逮的原因都在於他們的族群背景。一九五六年十月至一九六五年十二月期間，在羅馬尼亞匈牙利自治區被捕的政敵中，有四分之三是匈牙利人。

一九五七年七月，喬治烏德治消滅了他的最後一批敵人。他支持蘇聯在匈牙利革命問題上的立場，因而贏得了莫斯科的尊重，甚至在納吉與其同夥在布達佩斯被綁架後，還提供關押這幫人的設施。一九五八年七月，莫斯科下令最後一批蘇聯軍隊撤離羅馬尼亞領土，作為對喬治烏德治的獎勵。[96]

但羅馬尼亞西部邊境之外上演了一場遭蘇聯帝國軍隊鎮壓的民族革命，這番景象使羅馬尼亞領袖相信自己務必要自立自強。就如匈牙利和波蘭，當局也開始密集整肅，導致共產黨人口比例下降到百分之三。但也如波蘭和匈牙利，當局隨後同樣發起招募活動，至一九六五年黨員數增加了百分之兩百三十。

負責管理幹部的是尼古拉·西奧賽古（Nicolae Ceaușescu），這位胸懷大志的年輕共產黨員給喬治烏德治留下了謙虛、勤奮和極盡忠誠的印象。他在戰爭年代曾待過各種監獄，似乎也致力於列寧主義的學說。

如今，羅馬尼亞在國際上已更大膽主張自身立場。從一九五八年底起，該國與西方的貿易擴大，與蘇聯的貿易萎縮。在蘇聯集團的經濟互助委員會（相當於西歐共同市場〔Common Market〕）中，盟國提議讓羅馬尼亞成為農業基地，服務其他更發達的經濟體，卻遭到羅馬尼亞的否決。在羅馬尼亞領袖眼中，這種計畫會讓國家更加落後，然而，這也加劇他們醞釀已久的自卑情結，不只感覺不如其他更成熟的共產黨，也愧對自己的人民。一九六〇年開始的六年計畫規定羅馬尼亞應大幅提高工業化比例，馬克思列寧主義成為羅馬尼亞國家發展的工具。[97] 一九六三年，西奧賽古陪同外交部長伊揚·格奧爾基·毛雷爾（Ion Gheorghe Maurer）參訪中國、北韓及蘇聯，與毛澤東、金日成和赫魯雪夫會面。

一九六五年，喬治烏德治去世，西奧賽古繼任黨魁，並因違抗莫斯科而打響了知名度。無論是透過馬克思的烏托邦主義來合法化政權，還是恣意訴諸暴力，都不足以在強烈反共的人口中穩定統治，使得西奧賽古漸漸成了極端民族主義者，他的個人權力隨著他對國家的認同而增長。西奧賽古聲稱，羅馬尼亞有敵國環伺，他是唯一可以保護人民的力量。有年輕一代加入他一同領導羅馬尼亞共產黨，他們共同提倡一種基於羅馬尼亞歷史英雄崇拜的集體認同，也影射了反俄羅斯和反猶主義。[98] 西奧賽古一眾人避免使用暴力策略來穩固權力，因為在後史達林時期，使用暴力不僅不妥當，也已非必要，畢竟先前的大規模鎮壓就已粉碎了敵對的社會團體。[99]

就這樣，帶有民族主義色彩的馬克思列寧主義，讓羅馬尼亞共產黨能感受到政治合法性（這在歷史

圖 21.3　伊麗莎白女王（Queen Elizabeth）與尼古拉．西奧賽古，攝於白金漢宮（一九七八年）。
來源：Trinity Mirror/MirrorPix/Alamy Stock Photo.

中可是頭一遭），也能向民眾發出呼籲，開發工人與知識分子「蟄伏的社會能量」。[100] 西奧賽古在鞏固權力的同時，也允許過去被禁的作者出版作品，並漸漸串通知識界——大力發展原本與他們就存在的勾結。[101] 然而反對蘇聯的做法打破了以往慣例，讓西奧賽古備受西方國家的歡迎。一九六八年五月，正值法國工人和學生挑戰當局之時，法國總統戴高樂（Charles De Gaulle）前來參訪羅馬尼亞。戴高樂發現該國有很多值得欽佩之處，在與超級大國對峙之下仍能保持獨立，還看起來如此有條不紊。他對這位羅馬尼亞獨裁者說道：「這種治理方式對你來說很有用，因為能讓人們動員起來完成任務。」一九六九年，尼克森成為第一位訪問羅馬尼亞的美國總統，而九年後則換成西奧賽古降落華盛頓特區，他不是第一個、也不是最後一個受到國家級款待的專制獨裁者。如今回想起來，總統卡特（Jimmy Carter）那時竟會稱讚西奧賽古是人權鬥士，著實異乎尋常。

※

以上就是史達林後中東歐天翻地覆的世界，在經濟緩慢解體的背景下，民族合法化策略一方面將匈牙利推向經濟改革，一方面卻讓波蘭陷入一種非常古老又有害的民族主義中心。至於保加利亞和羅馬尼亞，在強大政黨領袖和安全機構無孔不入的控制下，兩國則保留了史達林主義統治的重要元素；然而，一國在外交政策上與蘇聯密不可分，另一國則幾乎敵視莫斯科。而處於柏林圍牆之後的東德將自己塑造成莫斯科最忠誠的門徒，但也培養出身為東方集團最強大經濟體的自豪感，這種自豪感之後會演變成小型的民族主義——「帶有東德色彩（黑、紅、金）的社會主義」。一九六二年，蘇聯迫使捷克斯洛伐克去史達林化，此後這個國家也踏上了自己的道路，走向所謂的「帶有人性面孔的社會主義」，而事實證明，這等同於繞了一圈又回到一九三〇年代最初的道路，結合了民主的本土傳統，以及馬薩里克提出的真理終將戰勝的概念。

chapter 22

一九六八年與蘇維埃集團：改革共產主義

捷克斯洛伐克共產黨於一九六〇年代打出了民族牌，雖然並未走上族群至上主義的道路，但就如所有民族主義者，他們也認為自身作為既能影響本地，也能影響全球。在一九六八年該國改革運動達到高潮時，人民說他們正在實踐「我們捷克斯洛伐克建構和發展社會主義的方式」，並堅稱改革是「我們的內務，由我們人民的主權意志決定」。[1] 其政治綱領以「帶有人性面孔的社會主義」打響名頭，向世人展現何謂以開明的方式實踐馬克思主義。但他們也是藉由這場改革，來回歸到幾十年前遭腰斬的進步和民主國家實驗。然而，對捷克斯洛伐克共產黨而言可惜的是，莫斯科在制定對社會主義集團的政策時總是有安全考量，而被許多捷克人和斯洛伐克人視為進步的舉措，在蘇聯強硬派眼中卻是反革命。

不過，要不是莫斯科不耐煩的催促，捷克斯洛伐克根本就不會改革。一九五六年之後，捷克斯洛伐克共產黨幾乎沒有採取什麼去史達林的措施，最多只是做做表面功夫。他們幾乎沒有受到來自社會的壓力，因為情況恰巧相反：共產主義統治在該國如此激進、如此受知識分子和工人歡迎、民族主義宣傳如此成功，匈牙利哲學家艾格尼絲·海勒（Agnes Heller）更稱其為「超級史達林主義」。[2] 捷克斯洛伐克的史達林主義也很穩定，因為該國是地區內最發達的經濟體，讓政權能夠收買人心。在波蘭十月革命或匈牙利革命多年之後，捷克斯洛伐克共產黨仍於夫爾塔瓦河（Vltava River）高處保留了一座巨大的史達林雕像，隱隱約約地眺望著布拉格市中心，此舉簡直就是在反抗蘇聯。至一九六二年，赫魯雪夫受夠了，堅持撤除雕像。捷克斯洛伐克的同志接獲命令，要為史達林主義的受害者平反，於是黨第一書記安東尼．諾沃特尼（Antonín Novotný）勉為其難成立了負責調查恐怖統治的委員會。很快，歷史學家就揭發各種令人難以置信的細節，證實了就在十年前確有逮捕和謀殺高層人物之情事。當年的部分倖存者也獲得了賠償。

捷克斯洛伐克的黨領導階層尤其害怕有關史達林主義的問題，因為他們心知肚明，只要探討牽涉到那段時期各種罪行的問題，矛頭就會直接指向他們。安東尼．諾沃特尼、安東寧．薩波托基和瓦茨拉夫．科佩斯基（Václav Kopecký）當初都支持整肅及司法謀殺他們的同志，有些領袖還會從親手送上絞刑架的同志家中拿走東西，侵吞他們的財產。逢年過節時，有些人更是用受害戰友最好的銀器和桌巾來布置餐桌。然而，他們掌管的捷克共產黨機構深植於工廠和工人階級社區，還有中歐最深厚、最自信、最有紀律的幹部可以倚靠，要動搖地位並非易事。

共產黨輕鬆就能應對來自捷克斯洛伐克社會內部的挑戰。一九五六年，在赫魯雪夫揭發史達林的罪行後，作家們要求取消審查制度，讓被捕的作家自由。大學校園、部分國家部會及黨組織曾短暫成為批判性討論的場所。政權的回應，就是將批評火力集中在內政部長艾立克謝．切皮奇卡（Alexej Čepička）身上，說他營造個人崇拜，另一方面也否認前領袖克萊門特．哥特瓦爾德等人劣跡斑斑的說法。沒有人提到魯道夫・斯蘭斯基。更重要的是，在赫魯雪夫演講後的幾天內，黨領袖便採取行動來提高人民（尤其是低收入戶）的生活水準。[3] 先進的捷克斯洛伐克工業基地繼續生產高品質的產品，因此人民生活相對富裕，這都要歸功於前幾代人的犧牲與投資。

至一九六〇年代初期，捷克斯洛伐克的工業開始搖擺不定。從一九四九年至一九六四年間，工廠淘汰的機械只占總價值的不到百分之二，產能下滑。[4] 捷克斯洛伐克經濟首次出現負成長。儘管整個蘇聯集團在一九六〇年代初期都面臨成長問題，捷克的情況卻最為極端。當局有必要徹底重新思考。從某種意義上說，低迷的經濟再加上莫斯科不耐地呼籲去史達林化，使得捷克斯洛伐克走上了認真的大規模改革之路。

曾被關押在毛特豪森集中營的奧塔・希克（Ota Šik）率領捷克和斯洛伐克經濟學家組成了團隊，迫切建議讓黨官僚（他們衡量成功與否的依據並非效率，而是生產的噸數）放下決策權，轉交由科學家、工程師和訓練有素的管理人員。希克委員會的想法與南斯拉夫和匈牙利一致，認為生產、定價和工資的相關決策不應由不知名的官僚掌控——其中大約八千五百名國家黨機構的職員對在地需求根本一無所知；相反地，決策權應交由當地，由工廠和社區負責。[5]

團隊力勸當局採用市場機制（最重要的是價格方面），鼓勵企業生產人們想要的東西，方法就是讓企業保留利潤（在計畫經濟制度中卻須上繳中央），並視員工的貢獻來給予獎勵。這種基本變革的目的在於造就深遠的影響，像是讓人們有動力在生產中應用現代技術。這些都是讓捷克重返往日輝煌的方式。可是，提高工廠產能，卻也意味著要打發生產力較低（甚至是不需要的）的工人。

這些改革理念代表整個東方集團內的主要經濟學家越來越有共識，甚而觸及到蘇聯。各處皆有的大問題就是，工人和大型生產設施因沒有市場壓力，故即使效率極低也不能被解雇或關閉。在後史達林時期，極致的恐怖統治再也不可行了，但目前人們的態度還很樂觀。一九六〇年代中期，經濟學家認為若能採用先進的數學模型和電腦化，就能改善中央計畫的品質。他們認為更深層次的問題在於經濟計畫粗略的計算方式。[6]

隨著史達林主義者被排擠出領導階層，文化機構也迎來了更年輕、更開明的人物，其中有些人也對近年來的史達林極端主義感到懊悔和羞愧。一九六三年出現了開放的嶄新氣象，這年布拉格舉行一場國際卡夫卡會議，並由愛德華．戈德斯塔克（Eduard Goldstücker）主持，他是文學教授和前外交官，曾在史達林主義下遭判死刑，但因於鈾礦工作而獲減刑。如今戈德斯塔克成了文化部長。[7] 作家法蘭茲．卡夫卡（Franz Kafka，一八八三年至一九二四年）短暫的一生幾乎都在市中心度過，他白天到律師事務所工作，下班小睡後便通宵寫作。他的故事令人想起現代生活中令人迷失方向的匿名性質；而他的書寫藉由描繪無足輕重的小人物如何被深不可測又無情的官僚制度所困，似乎也預言著東歐地區的命運。此前卡夫卡在捷克文化生活中一直是個無名小卒；如今，探討他的作品似乎能讓人更有機會從他預見的惡夢中甦醒。一些受邀參加戈德斯塔克會議的強硬東德共產黨人表現得侷促不安，因為他們感覺到，卡夫卡的挑戰一旦釋放，就會強烈衝擊到國家社會主義官僚機構的權力。[8]

這幾年來，捷克斯洛伐克的電影因結合大膽的幽默元素、社會批評，以及對過去困頓時代的省思而享譽國際，例如，扣人心弦的《大街上的商店》（*Shop on Main Street*，一九六五年）便講述有位倒霉的

圖 22.1 電影：《金髮女郎之戀》（一九六五年，米洛斯・福曼），
圖中為演員瑪麗・薩拉喬娃（Marie Sala ová）與
哈娜・布雷喬娃（Hana Brejchová）。
來源：United Archives GmbH/Alamy Stock Photo.

斯洛伐克人受命「雅利安化」一位猶太老寡婦的鈕扣店，兩人之間卻發展出一段難得但終將致命的友誼，背景設定在斯洛伐克猶太人被遣送至奧斯威辛集中營的一九四二年。捷克製作的《嚴密監視的列車》（*Closely Watched Trains*，一九六六年）則講述一位有抱負的鐵路職員（由流行歌手瓦茨拉夫・內卡〔Václav Neckář〕飾）在納粹占領期間的不幸經歷，他在證明自己是個男人的過程中，卻也得應對虛榮又無能的帝國保護官。兩部片都獲得了奧斯卡最佳外語片獎，而片中戰時官僚與捷克斯洛伐克史達林主義者的相似之處也都不容忽視。除以上兩個例子之外，捷克新浪潮中還另有數十部令人難忘的作品。像是米洛斯・福曼（Miloš Forman）早期作品中淫穢又動人的幽默元素：《金髮女郎之戀》（*Loves of Blond*）的靈感便是來自他在布拉格某座橋上遇到的一位年輕女子，對方拖著沉重的行李箱迷失在大城市中，原來她是前來尋找一位工程師卻無果，那人誘騙了這名女子，承諾要讓她脫離外省城鎮瓦恩斯多夫（Varnsdorf）的沉悶生活。在片中，工程師搖身一變成了音樂家，但女主角仍面臨相同的難題：該如何向工廠同事解釋她為什麼會回來。

捷克與斯洛伐克知識分子、科學家及工程師之間推動改革的能量，不僅是為了推翻史達林主義，更是為了讓捷克斯洛伐克重返歐洲與世界，使捷克和斯洛伐克的產品不僅成為東方集團的標竿，更要成為全球的標竿。史達林主義重挫了民族自豪感，因為捷克斯洛伐克的工業淪為負責加工來自蘇聯的原物料。由於計畫經濟的「粗放式」發展方式，捷克斯洛伐克的工業錯過了在西方製造業中成為標準的自動化革命。[9] 一九六六年，捷克藝術與科學學院（Czech Academy of Arts and Sciences）的團隊發現，捷克斯洛伐克機械工業的自動化比美國落後三到六倍、電子工業的自動化系統產量比西方工業經濟體低兩到三倍。至於最頂尖的自動化形式神經機械學方面，捷克斯洛伐克的產量更比美國低了五十倍。[10]

問題不在於缺乏獨創力。捷克等東歐科學家的想法其實也很有開創性，但蘇聯帝國勢力範圍內的國家並沒有科學、工業或行銷基礎設施來開發在地的競爭優勢，這與西歐小國（如丹麥或荷蘭）形成鮮明對比。如一九六一年聖誕節，捷克化學家奧托．威胥特利（Otto Wichterle）使用兒童建築遊戲的配件與兒子單車上的發電機，在廚房桌子上製作出世界上第一副軟性隱形眼鏡，這是他八年努力的結晶。他於數月內生產了五千多片隱形眼鏡。可惜，威胥特利的雇主捷克斯洛伐克科學院（Czechoslovak Academy of Sciences）在他不知情的情況下，便將專利賣給美國國家專利開發公司（National Patent Development

Corporation），結果這項二十世紀下半最流行的消費品之一並未讓威脅特利和他的國家獲利。捷克斯洛伐克經濟損失了至少十億美元的外匯。

捷克斯洛伐克的共產主義改革者有別於與正統列寧主義者，他們認為，國家公民應享有多種利益，即使在社會主義得勝後也不變。這不成問題，因為音樂家、化學家及建築工人不僅有創新的想法，也能掌握中央官僚機構無法預測的品味與需求。國家各地區人民重視的美食各有不同，不同年齡的人也喜歡不同的音樂類型。市場機制能讓社會主義制度變得夠靈活，以便傳達特定族群的願望，有助於媒合生產者和消費者，讓雙方交流彼此的價值觀念。以上改革都沒有質疑社會主義對生產方式的所有權，但為了就品味和願望建立共識，公民必須能夠於公共領域自由發言和集會——在改革者看來，這也不成問題，因為允許人們表達自己的利益只會強化社會主義。

此時期的年輕黨幹部被稱為「技術官僚」，因為他們具備的技能和教育，是歷練過戰爭和革命的老一輩人所沒有的。但捷克斯洛伐克的改革人士也崇尚理想主義。對他們來說，社會主義讓人類能夠充分發揮潛力，一如馬克思於早期著作中探討勞動分工帶來的異化時所提出的烏托邦想像。據其烏托邦觀點所述，社會主義不會讓任何人受困於單一職業，而是能在各種追求中充分發展人性。[11] 在此之前，東歐的趨勢似乎完全背道而馳，人們遵照黨官僚的指導，於嚴格控管的組裝線上執行越來越細小的工作，結果反倒加深了異化。捷克斯洛伐克的改革者就如南斯拉夫的同志，也想要為公民注入活力，讓他們學會自我管理，這樣黨和國家的官僚機構就不必再事必躬親地看管人民。

然而，隨著共產黨改革派茲德涅克・姆林納日（Zdeněk Mlynář）率領專家制定計畫以落實這些想法，卻也讓黨官僚機構起了疑心，他們合理認為自己的特權會受到威脅。[12]這個龐大集團在所有決策機構中都占有舉足輕重的地位。同樣嚴重的是，經濟改革也將允許工廠更改工資或解雇工人（兩者都屬市場改革的一部分），因而威脅到數百萬工業勞動人口，可這些人早已因國家社會主義而習慣了歐洲史上前所未有的工資和工作保障。他們能享受便宜優質的啤酒、鬆散的勞動紀律、有補貼的社會服務和假期；在這種生活下，困難的決定交給當局就好。

支持改革的力量在一九六七年夏天達到了「群聚效應」（critical mass），此時作家、斯洛伐克人、改革共產主義者及學生都因黨領導階層未受改革，恰巧於同一時間用罄了耐心，並開始公開表達對變革的堅決訴求。因為蘇聯領導階層相信捷克和斯洛伐克共產黨人仍保有最終控制權，所以也任由改革進程向前推進。

各作家在六月的年度大會上抨擊諾沃特尼政權的審查制度。小說家米蘭．昆德拉感嘆小國文化的脆弱，他表示，沒有自己的語言，就沒有捷克人，而由於審查制度既限制又扼殺了語言，這就是對捷克存亡的致命威脅。此外，審查制度等同於倒退回過去的壓迫制度，好幾代以前的歐洲人（包括捷克人！）早已棄之不用。[13]昆德拉說的話，很可能在兩百年前的中歐啟蒙運動中就已有人提出：「就算被強行壓制的觀點有錯，只要強壓任何觀點，就必定會偏離真相，因為只有讓平等且自由的觀點彼此交流，才能闡明真理。」[14]確實，令共產黨改革派著迷的權力分立或社會利益合法性概念，同樣是很古老的思想，而這套思想只有在捷克和斯洛伐克史達林主義者複製的蘇維埃制度面前，才顯得激進。昆德拉後來說，這套制度是從一個與中歐歷史脫節的東方大國進口而來。

路德維克．瓦楚里克（Ludvík Vaculík）、帕維爾．柯胡特（Pavel Kohout）和瓦茨拉夫．哈維爾同樣聲明反對國家控制作家，接著，年度大會通過最終決議，呼籲「追求藝術的自由」，並捍衛捷克斯洛伐克文化的延續。說著共產制度全然沒有解決人類問題的瓦楚里克，聽起來就像是波蘭的亞當．瓦茲克。他指稱的問題囊括住房與學校教育、對體力勞動的尊重、人與人之間的信任以及整體成就感。但捷克人也沒有成功扮演好自己的民族角色，他如此寫道：「我們沒有為人類貢獻任何原創思想或好主意。」[15]

這種批評遠超出了黨中央委員會幹部的容忍範圍，於是在九月下旬，他們指責這些作家忽視了反共的危險。作家對「抽象自由」的支持，代表他們沒有理解自由是建立在階級關係之上，因此作家真正該做的是透過文學反對一切「資產階級傾向」。黨領袖指出，文學雜誌《文學報》（*Literární noviny*）已成為「反對派政治立場的平台」，並試圖整肅該雜誌的編輯委員會。[16]

斯洛伐克共產黨人在中央政府中的代表性不足，於史達林主義整肅期間也因被視作「資產階級民族主義者」而受虧待，因此他們現在也準備好要與黨內知識分子一起反抗新史達林主義者諾沃特尼，而此人絲毫沒有掩飾自己對斯洛伐克民族的蔑視。一九六七年八月，正值斯洛伐克北部馬丁（Martin）第一所斯洛伐克高中的百年校慶，諾沃特尼的車隊在夜間抵達，他們不只拒絕參觀「民族英雄」的墓地，更草草造訪詩人揚．柯拉爾的出生地，甚至沒有向已經等待好幾小時的人群揮手致意。諾沃特尼還羞辱斯洛伐克民族遺產博物館的官員，拒收一件作為禮物的民族服裝，還向妻子鮑日娜（Božena）說道：「別拿那種東西。」[17]

恰巧布拉格也於十月三十一日發生了一件事，讓大眾意識到變革的必要，此事與波蘭的波茲南事件相似，不過遠不及其暴力。那天晚上，數週以來一直供電不穩的捷克理工大學（Czech Technical University）又停電了。大約一千五百名學生拿著蠟燭走上街頭，高呼「我們要光明！」此訴求本非話中有話，良心不安的公務員卻另有解讀，於是公安機關鎮壓抗議，不計其數的學生遭到毒打。後來，有傷員報告從急診室流出，傳遍整座城市。但官員們竟不可思議地沒有隱瞞此事，反而在該大學認真召開會議，任學生於會上威脅要進一步抗議。一九六八年初，內政部長和布拉格警察局長發出了道歉聲明。[18]

這種態度是先前所難以想像，也反映於十二月出現的轉變：當時出現了一場權力鬥爭，最終由斯洛伐克黨第一書記亞歷山大·杜布切克勝出，他集結了改革派和斯洛伐克人的支持，起身反對諾沃特尼等史達林主義者。杜布切克在十月發起挑戰，主張該黨與民眾脫節，急需更多的「社會主義民主」，黨必須以勞動人民的自願支持為權力基礎才行。[19]也許態度溫和的杜布切克並不打算趕走諾沃特尼，只是情勢恰好對他有利。當諾沃特尼斥責杜布切克為民族主義者時，斯洛伐克人便團結起來支持杜布切克，就連一些對民主不甚熱情的人也加入了行列，如古斯塔夫·胡薩克（Gustav Husák）。胡薩克曾因支持「資產階級民族主義」在史達林主義監獄中度過九年，儘管遭受酷刑仍堅不認罪，此刻他似乎是站在杜布切克這一邊。

十二月，諾沃特尼邀請蘇聯領袖列昂尼德·布里茲涅夫（Leonid Brezhnev）前往布拉格，希望能爭取支持。然而布里茲涅夫稱這是場忠誠共產黨人之間的鬥爭，與他無關，因為布里茲涅夫在國內也面臨挑戰，並懷疑諾沃特尼偏袒自己在蘇聯政治局中的對手。他認為四十六歲的杜布切克（小名「薩沙」〔Sascha〕）值得信賴，因為他和伊姆雷·納吉一樣在蘇聯受訓，小時候也與父母一同在俄羅斯生活過。一月，杜布切克當選為新的黨書記。[20]

杜布切克和納吉一樣為人坦蕩直率，雖不善言辭，卻以一種新的政治風格迅速走紅。不同於「永不犯錯」的前任領袖，杜布切克笑起來很輕鬆，也能毫不費力以人的形象（例如穿著泳褲）出現在鏡頭之前。這位和藹可親的中年斯洛伐克人挺著肚腩和善意，將「人性面孔」融入了社會主義，但他也像納吉一樣，對共產主義政治的血腥運動沒什麼興趣。然而，杜布切克之後也會發現，黨內其他領袖迫不及待要背叛自己。[21]

杜布切克就如納吉和後來的蘇聯領袖米哈伊爾．戈巴契夫（Mikhail Gorbachev），同為古怪的列寧主義者，他們爭取到至高的權力，卻發現共識政治才是自己的心頭好。杜布切克很快就決心要實現「整個社會政治體系中最廣泛的民主化」，並打造「自由、現代和高度人道的社會」，讓蘇聯領袖大為震驚。[22]一九六八年三月，他取消了審查制度，這是自一九五六年以來東歐最激進的變革。如今，捷克人和斯洛伐克人可以從大眾媒體中了解捷克斯洛伐克史達林主義的恐怖統治，而這在過去卻只能是黨內報告的主題；人民也能讀到對國際政治的透徹分析，探討西方的學生和民權運動。他們了解到，馬薩里克既提倡社會進步，又反對布爾什維克主義，兩者並不衝突。雜誌上出現了美國總統候選人羅伯特．甘迺迪（Robert Kennedy）的照片，但他沒有被冠上帝國主義領袖的名號，只不過是現代歐洲社會公民理當會感興趣的主題之一。捷克人和斯洛伐克人漸漸回到二十年前所放棄的世界。來自世界各地的數萬名年輕遊客湧入捷克首都，渴望體驗「布拉格之春」的文化動盪，讓當地人更有回歸正常歐洲生活之感。

四月，捷克斯洛伐克共產黨發表一項「行動綱領」，意在「改革整個政治體系」，實踐黨內專家已討論多年的想法，也有計畫讓「民族陣線」中的社會與政治組織享有自主權。這份綱領還提及有必要分離和控管權力，部分是透過定期選舉，就連黨內高官也不例外；該綱領還承諾破除嚴格的經濟集中制，並保障「企業獨立」。[23] 他們顯然也從史達林主義專斷統治中吸取到教訓，因而提議權力應受到法治（也就是「憲政」）的約束，以保障公民自由。[24]

然而，該行動綱領也是一份非常矛盾的文件。雖然實質上是重新搬出了舊的自由主義傳統，卻也重申黨的「領導角色」，等同於承諾將公民自由置於列寧主義的桎梏之中。黨外的公民地位會不會低一階？如果黨民主化了，還有辦法繼續存在嗎？該黨本應是工人政黨，但工人卻很憂心改革計畫中承諾要施行的市場機制；相較之下，許多知識分子則認為這樣的改革還不夠。儘管如此，該綱領仍很受捷克斯洛伐克社會的歡迎，在夏季的民意調查中達到百分之七十八的支持。綱領也提到黨無法代表「全體的社會利益」，根本就是在鼓勵捷克人和斯洛伐克人籌組利益集團。[25] 很快，人們就組成了「積極參與的非黨員」（Engaged Non-party Members）俱樂部與前政治犯協會。[26] 我們尚不清楚這場自組織活動最終會走向何方。

幾乎就在審查制度解除的那一刻起，鄰國的共產黨員就開始發出威脅。布拉格改革派預計在夏末召開特別黨代表大會，以遴選新的中央委員會來實施行動綱領的改革，這讓其他國家尤感震驚。此次代表大會不同於以往，將公開選舉多名候選人，而懷疑論者擔心這會是瓦解民主集中制及摧毀自上而下列寧主義組織的第一步。[27] 波蘭和東德的共產黨人也很擔心，因為布拉格之春同樣受到國內年輕人的歡迎，其中有許多人造訪了布拉格。捷克媒體會提出遊客隨後在故鄉發表的危險問題：蘇聯與東歐的關係，包括一九四五年後對民主黨派的鎮壓手段、帝國主義的經濟剝削，以及蘇聯顧問是如何策畫史達林主義的恐怖活動。然而，最危險的其實是社會主義也有解放作用的概念。

幾乎從一開始，蘇聯集團的新聞台（尤其是東柏林的新聞台）對布拉格之春的報導便充滿敵意，聲稱大門已向想要復辟資本主義的法西斯分子敞開了。捷克斯洛伐克的領袖對此感到惱怒，因為他們認為自己已吸取了一九五六年匈牙利的教訓：他們不像伊姆雷．納吉，並沒有威脅要退出《華沙公約》、恢復多黨制或質疑共產黨的領導地位。然而從春季至夏季，威脅仍成倍增長，背後還有部隊正在調動。八月初，蘇聯領袖布里茲涅夫在烏克蘭邊境舉行的高峰會上，要求捷克斯洛伐克重新「控制」媒體，並於兩週後在電話中向杜布切克抱怨道，蘇聯領袖還是持續受到抨擊。然而杜布切克和同志們拒絕退讓。[28] 杜布切克耐心地向布里茲涅夫解釋，斯洛伐克人和捷克人必須自行決定特定事項，媒體就是其一。這樣抗命的舉動，似乎也決定了他們的命運。[29]

一九六八年八月二十日夜間，《華沙公約》的部隊開始全面入侵捷克斯洛伐克。蘇聯傘兵在拿下布拉格機場後，便趕往捷克斯洛伐克中央委員會，綁架了杜布切克等領袖，將他們偷偷帶往莫斯科。陸軍和裝甲部隊隨後也大舉入侵。蘇聯領袖原本預期效忠他們的捷克共產黨員會像亞諾什．卡達爾一樣組成反政府，可是叛徒極少，他們也因害怕遭報復，而於八月二十一日的酷熱白晝中，躲在一輛蘇聯運兵車內，避開在布拉格街頭抗議的數萬名捷克人。[30] 坦克兵被上層告知要前來鎮壓「法西斯主義」和「反革命」，大多數士兵都擔驚受怕又疲憊，因此抗議人士嘗試與他們講道理。雙方的討論似乎會顛覆紅軍的指揮，使得上層迅速撤換了第一批部隊，並將他們隔離起來。

現在，壓力轉向了在莫斯科被扣為人質的黨領袖，其中有些人對改革的態度模稜兩可。[31]胡薩克等部分斯洛伐克人想為自己爭取更大的地方統治權，但幾乎不在乎公民權，更不用說民主了。蘇聯以威逼利誘的手段逐一對付這些人，不時提及其他同志好像已經供出的消息。至八月二十六日，除了弗蘭蒂舍克·克里格爾（František Kriegel，曾於二戰擔任戰地醫生的猶太老共產黨員）之外，所有人都已準備好簽署一項協議，承諾會盡力使國家局勢「正常化」。文件規定，若有幹部「不符合加強工人階級和共產黨領導作用的需求」，就應全數整肅；須重新控制「媒體」，令其「充分服務社會主義事業」。另外還有一項口頭協議，也就是領導改革者必須下台。[32]

與史達林時代不同的是，審訊者並沒有動用酷刑來迫使這些人服從。亞歷山大·杜布切克之所以會簽名，是因為他擔心自己抗命的話，國人就會將此視為起而抗爭的號召，要是隨後造成了「血腥屠殺」，他也承擔不起這樣的責任。[33]而杜布切克此時的舉動，與一九三八年和一九四八年屈服於極權惡棍的愛德華·貝納許相似。其他的同志則擔心，若不簽署，將會陷國人於更糟糕的處境，並希望他們的配合有機會能讓蘇聯撤軍（結果他們一直待到一九九一年）。

不管背後有何種原因，更重要的裂痕在莫斯科浮現。八月二十六日近傍晚時分，杜布切克忽然明白了，與蘇聯同志交涉只是在浪費時間。這場爭論其實無關乎社會主義，而是赤裸裸的控制，基本上就是在重演一九四八年狄托與史達林的僵局。當心力交瘁的布里茲涅夫揭下面具時，杜布切克已重申改革會「加強社會主義」一百次了。近乎是大吼大叫的布里茲涅夫說道，捷克斯洛伐克是二戰後蘇聯獲得的「一部分安全區」，在永無止盡的未來中也是如此。布里茲涅夫特別惱火「薩沙」沒有事先與自己「協

圖 22.2　抗議入侵的布拉格熟食店員工（一九六八年八月）。
來源：CTK/Alamy stock photo.

圖 22.3　抗議人士與坦克車，布拉格（一九六八年八月）。
來源：Paul Goldsmith. 經許可使用。

商」演講內容或人事變動計畫。

杜布切克在簽署《莫斯科協定》時換了一種認知心態：他先將社會主義的爭論擱置一旁，並偕同其他領袖開始策畫如何安然渡過帝國統治的再現。捷克人和斯洛伐克人對這種事已經有幾十年的經驗了。但是他們這代處事的邏輯卻是毫無上限的妥協，他們的每個決定都是為了預防「更糟糕」的事情發生。

蘇聯人已經開始行動，令杜布切克攆走一些改革人士。他應允了，以為自己還有其他支持民主的同志能夠依靠，結果卻發現有些人已經倒戈，尤其令人震驚的則是古斯塔夫．胡薩克這位曾於史達林主義時期被監禁的斯洛伐克人。一九六九年四月，杜布切克自願辭職下台（一樣是擔心反抗可能會讓蘇聯人有「血腥屠殺」的藉口），黨領導職務便改由胡薩克接任。[34]其實捷克人和斯洛伐克人在抗議中幾乎沒有動用暴力，但捷克斯洛伐克的改革實驗卻是以悲壯的結尾收場。一九六九年一月，學生揚．帕拉赫（Jan Palach）在布拉格國家博物館（National Museum）前自焚，他隸屬於一個希望能喚起國人良知的小團體，所以讓他們至少能堅定抵制審查制度。團員以抽籤決定誰先行動，於是帕拉赫成為了第一位「火炬手」（後來只有一人跟上）。帕拉赫葬禮的觀禮人潮延綿整個布拉格老城區，是最後一次公開的改革示威活動之一。查理大學的校長則表示，帕拉赫是「國家祭壇上的犧牲品」。[35]

現在胡薩克崛起了，身旁還有另一個杜布切克原以為忠心耿耿的人，這人就是非常受歡迎的路德維克．史渥波達（Ludvík Svoboda）將軍，他貌似正直，卻也許是該國最令人失望的人，但他仍繼續擔任總統。在這個富裕現代社會中有太多讓生活舒適的設施與機構，人們因此有太多羈絆而協助「正常化」快速進展。對於不惹事的人來說，生活可以很愉快，他們能在鄉下度過漫長週末，吃飽喝足；惹上了麻

圖 22.4 遊行人士展示染血的旗幟（一九六八年八月）。
來源：Paul Goldsmith. 經許可使用。

煩的人則可能會落得一貧如洗的下場，深深懷疑自己是否浪費了最好的青春年華在吃力不討好的事情上。我們現在知道，共產主義會於二十年後瓦解，但當年的捷克人和斯洛伐克人並不知情。

胡薩克此人仍是個謎。遲至八月二十日，他還對布拉格之春的理想表示忠心耿耿，但隨後很快就改為支持布里茲涅夫。他和哥穆爾卡一樣，表現得十足像個列寧主義者，但也是民族主義者。一九六九年新憲法生效，使捷克斯洛伐克聯邦化，成為「兩個平等兄弟民族」的國家。對許多斯洛伐克同胞來說，這項胡薩克奮力爭取的變革似乎是改革進程的深遠成就。雖然蘇聯的入侵讓捷克人自覺是蘇聯帝國的遙遠西部哨站，卻也恰逢斯洛伐克的里程碑。胡薩克似乎成了一九五〇年代為斯洛伐克利益辛苦奮鬥的當地英雄，儘管出身卑微的工人階級，卻還是成功當上聯邦國家的第一位斯洛伐克總統。[36] 然而，胡薩克之後也會為了「正常化」而行大規模整肅，因此受到斯洛伐克人和捷克人的詬病。

一九七〇年初，黨機構設立了多個控管委員會，規定每個黨員都必須寫一本「自傳」來描述自己近來的所作所為。結果黨先是除名了幾萬人，後來又除名了數十萬人。若說冬、春季的第一次整肅還顧不及不願服從的人，以後的整肅也會補上進度。在這個人口一千五百萬的國家中，估計有七十五萬名捷克人和斯洛伐克人必須退黨，算上家眷就占了兩百萬人。捷克斯洛伐克的共產黨縮水了大約三分之一。[37] 最受威脅的職業領域就屬藝術和科學了，然而當局對歌手卡雷爾．戈特（Karel Gott）等世界知名的明星卻更為寬容。[38] 在布拉提斯拉瓦擔任社會學講師的米蘭．西梅奇卡（Milan Šimečka）在遭到解雇之後，表示「現有的社會主義執政黨成為了平庸、服從及恐懼的先鋒」。[39]

許多捷克人在納粹主義下早已習慣了從眾，在史達林主義下更是如此，他們只是回歸到舊模式。陌生人再次成為潛在敵人，人們只會與親密至交與信任的親戚分享意見。布拉格之春當初受到大量民眾的支持，結果現在這數十萬支持者突然成了眾矢之的，往往受較低階職業者的譴責。許多人的事業一落千丈，工作機會被剝奪，也無法再從事任何須受高等教育的工作。杜布切克被任命為駐土耳其大使，之後至斯洛伐克擔任林業督察；劇作家瓦茨拉夫．哈維爾不在監獄時也曾任啤酒廠工人；還有其他數百名支持改革運動的記者、哲學家和科學家改行為司機、大樓警衛及「鍋爐工」（為鍋爐加煤的工人）等。西梅奇卡則變成建築工人。

「正常化」政權無情摧毀人類的創造力，不僅利用深層的恐懼和投機主義，也利用人們的求生常識和對家人的愛，結合人性之善與惡，兩者密不可分。人為何要為了言論自由或民主這種烏托邦目標，而犧牲自己的舒適和福利呢？對留在工作崗位上的人來說，老闆早就有幾十種施壓方式了：拒絕給他們加薪、威脅孩子的福利、限制工作上必要的出差機會。藝術界也被推回一九五〇年代的恐懼和機會主義的氛圍中，西方藝術家和抽象作品從期刊上消失，傳統的寫實主義作品則占大量篇幅。「將蘇聯描繪成解放者」再次成為共同的主題，像是米洛什・阿克斯曼（Miloš Axman）製作的一座雕像，就呈現出一群蘇聯士兵與捷克婦女共舞的樣子。[40] 巨大的壓力讓各學科都只能產出政治正確的作品，掌權者聲稱他們並沒有回歸教條主義（指史達林主義），而是恢復了藝術的「社會使命」——在一九六〇年代的反革命時期，因為「與人民理想相去甚遠」的抽象和新超現實主義興起，使得這項使命受到打壓。[41]

這次入侵是民族認同的一大創傷，因為不同於波蘭與匈牙利的是，許多捷克人都視俄羅斯為解放者，而多數人也於一九四六年自由選舉中選擇了共產黨。但受創的不只有捷克人和斯洛伐克人，各地的社會主義者都像杜布切克一樣感覺被出賣了。捷克斯洛伐克共產黨改革派本無意復辟資本主義，他們只是想視當地情況調整社會主義，但蘇聯卻為了帝國利益打垮他們。就在這幾個月裡，波蘭的共產黨領袖為維護自身的民族主義理念，也正在打一場截然不同的仗：敵人就是具有猶太血統的波蘭人。他們就如布里茲涅夫，似乎也表明了「社會主義」在蘇聯主導的場域裡終究不是重點。無論是黨內還是黨外勢力試圖角逐權力時，當權者都會無所不用其極動用大規模恐怖手段。與史達林時代的區別在於，如今的控制手段已沒有那麼粗暴，卻成效更佳。

一九六八年三月的波蘭：修正主義之死

從一九六〇年代中期起，隨著社會的向上流動性減緩、階級敵人逐漸消失，波蘭共產黨也逐漸失去對工人的號召力。此時已無富裕的資產階級可以強取豪奪和羞辱。同時間，性別平等政策失去活力，女性被迫回歸職業階級中的傳統角色，承擔起持家重任，她們往往從事工資較低、特權較少的「輕」工業，重工業則是由男性主導。[42]所以說，統治者的合法性越來越取決於對整體民族的吸引力，方法不是增強經濟實力，就是得表現出一副抵禦外來威脅的救世主架勢。哥穆爾卡選擇了後者。

或者更準確說來，哥穆爾卡是漸漸朝著該方向前進，因為他仍執著於低產能的重工業，且對改革經濟學家的想法充耳不聞。為了轉嫁經濟停滯的指責聲浪，加上挑起與俄羅斯或德國的對立成了大忌，所以哥穆爾卡的民族主義同志便將目光投向另一個波蘭右翼本就常詆毀的族群：猶太人。哥穆爾卡可沒有抵擋這種誘惑的操守或政治想像力，終究還是親自率領了這場反猶活動，意圖「包抄」對手。[43]

一九六七年，反猶主義突然成了大好的政治工具，因為在蘇聯的附庸國埃及和敘利亞於六日戰爭（Six-Day War）慘敗後，蘇聯便與以色列斷絕了關係。哥穆爾卡在六月的一次重大會談中，告訴波蘭工會成員，國內有人在與以色列裡應外合。並無證據顯示他是在聽從莫斯科的指示，但哥穆爾卡倒是擔心波蘭政黨和民眾對以色列的深切支持，可能會損及波蘭與社會主義集團的團結。[44]內政部早已認定波蘭的猶太人會傾向支持以色列，他們現在更了解到，蘇維埃政權在中東受挫還有許多民眾也都私下叫好。

就當局的陰謀論心態來看，哥穆爾卡的警察若要解釋為何人民會有這種親以色列的態度，就只能說有特工在波蘭領土上祕密活動，他們也將監視重點放在知識分子間傳播的猶太復國主義（知識分子本就被認為不如工人可靠）。[45] 一場整肅行動就這樣於一九六七年秋天展開，首先是在軍中，然後延伸到其他機構，對象為疑似以色列的支持者。領導人稱這場運動為「反猶太復國主義」，但他們的行動並無異於經典的反猶主義，同樣只是因為他們是猶太人而挑出來懲罰。要是猶太人申請移民以色列以示回應，也會被解讀為本就不忠於波蘭和共產主義的表現。

這場運動除了根深蒂固的反猶分子之外，還吸引到四十歲以下的黨和公職人員，這些人的職業生涯總受年長幹部的阻礙，而其中有些幹部為猶太血統。波蘭最頂尖的社會學家之一齊格蒙．包曼如此向家人解釋其中緣由：幾年來沒有清算活動，老闆也只比副手年長個幾歲，下屬等晉升都等得不耐煩了。[46] 黨和國家機構裡的許多人已經受夠了哥穆爾卡的苦行作風，他們也想「品嚐」自己的勞動果實，他們和大家一樣忍受著停滯的生活水準、偏袒及腐敗風氣；他們住在狹窄的公寓裡，見證到無處不在的苦難和酗酒問題。

然而，將波蘭國家和社會潛在緊張局勢推向引爆點的並不是民眾有何物質匱乏，而是一齣一八二〇年代的戲劇發生了爭議。一九六八年一月三十日，領導階層下令停播波蘭浪漫主義詩人亞當．密茨凱維奇的《先祖之夜》（*Forefathers Eve*），還是在該劇於華沙國家劇院演出第十一次之後。劇中充滿了批評俄羅斯的典故，例如：「俄羅斯盧布──非常危險」或「莫斯科只會派壞人來波蘭」。演員每每朗誦這類台詞，都會引得觀眾起立鼓掌，卻讓黨領袖恐慌到了歇斯底里的程度。第一次演出後，哥穆爾卡的副手澤農・克利什科稱該作品屬「宗教性質」，並憂心可能會嚴重損害波蘇兩國友誼。[47]但當初還是哥穆爾卡團隊自己批准了這部作品，將其納入一九一七年偉大社會主義十月革命的一系列慶祝活動中，由此可見哥穆爾卡與社會有多麼脫節。

在最後一個場次，學生們湧上舞台，並隨著布幕落下開始高呼：「獨立不受審查！」隨後華沙市中心更有數百人上街遊行，民眾來到附近的密茨凱維奇紀念碑，手持布條高呼「打倒審查制度」和「我們要密茨凱維奇的真相」。[48]警察粗暴地驅散人群，逮捕了三十多人。擔任教育部長的史學家兼前社會民主黨人亨利克・雅布翁斯基（Henryk Jabłoński）依照哥穆爾卡的命令，從大學開除了亞當・米奇尼克和亨利克・斯萊弗（Henryk Szlajfer），據說是因為兩人向法國記者說明了最新情況。此舉完全沒有法律依據。

正如與教會還有後來與工人的鬥爭，黨的鎮壓措施並未平定騷亂，反而還激起了騷亂。二月二十九日，作家協會發表聲明，稱《先祖之夜》的禁播是「尤其突出的例子」，顯示專斷的審查政策是如何危害「民族文化」，阻礙其發展、扭曲其本質、扼殺其新意。這些作家和學生一樣，有許多都是共產黨員，他們奮起迎接挑戰，耕耘著黨真正關心的領域：波蘭自己的故事。他們呼籲政府尊重創造力的寬容與自由，「與古老傳統和平共處」。小說家耶濟・安傑耶夫斯基便表示，統治者蔑視這個國家，偽造這個國家的過去，對現況撒謊。就在十多年前，安傑耶夫斯基還是黨內的明星作家；他也承認，自己很難過必須說出這種話。[49]

在歷史上，只有俄羅斯和德國占領者曾侵犯波蘭大學。所以學生們也放心於三月八日在華沙大學發起聲勢浩大的反審查遊行。但國家當局可沒有他們這麼注重國家禮儀。遊行到一半時，多台有蓋卡車停在大學正門前，裡頭跳出了警察和武裝「工人部隊」，他們揮舞著棍棒，不分青紅皂白地逮捕學生。年輕人高呼「蓋世太保！蓋世太保！」還突然唱起了波蘭國歌和國際歌。[50]

民間開始出現謠傳，說是蘇聯大使館要求停演該劇，城鎮村莊接著也出現了匿名傳單，稱沒有波蘭人能坐視波蘭學生被攻擊。這種語言觸動了人民的痛處。接下來幾週，波蘭全國的大學生、高中生及年輕工人都走上街頭遊行、高呼口號、湧向各地的密茨凱維奇雕像。報紙將他們描繪成滋事者或反社會主義分子，讓他們越發憤怒。許多人第一次親身體驗到了菁英階級的自私自利。在幾個城鎮中，年輕示威者向旁觀群眾高呼：「報紙在撒謊。」[51]拉多姆和萊格尼采（Legnice）兩地都有騷亂爆發，幾乎壓垮警察部隊；格但斯克的學生也於附近的艾布洛格（Elblag）生事，希望能分散自家城鎮的維安部隊。政府更派遣軍隊至某些地方援助警察。[52]

要到一九九〇年代國家和共產黨的檔案開放取用後，史學家才得以掌握當時抗議的範圍，結果他們發現，這些抗議活動的規模比當時東方集團其他抗爭都還要大。[53]唯一能與之比擬的，就是一九五三年延燒整個捷克和東德政界的工人抗議。但就如一九六八年全球各地的多事地區（巴黎、墨西哥市及布拉格），這裡示威者的精力也逐漸消退。持續了數週的大規模逮捕、團體重組、停業威脅及不斷增加的警察人數，都消磨了年輕人的鬥志，抗議活動平息下來。許多學生被徵召入伍；被警察拘留的人獲釋後則「心力交瘁」地返回家中——亞當．米奇尼克是這樣形容的。

帶頭的知識分子也沒有什麼好下場。在官方宣揚的暴力和自利主義下，他們同樣目睹自己為抗爭付出的心血漸漸凋零。共產黨訴諸赤裸裸的族群仇恨，連昔日的抗爭鬥士都嚇得半死。天主教諷刺作家斯特凡・基謝來夫斯基在華沙老城區遭到不明人士毒打，一恢復神智就發現自己躺在醫院的病床上。他的違法行為之一，就是私下於電話中稱當局為「白痴的獨裁統治」。[54]於納粹占領波蘭的期間，暴徒會為了揭發躲起來的猶太人（非猶太人沒有割禮）而當眾拉下男人的褲子，但那時猶太波蘭作家卡齊米日・布蘭地斯（Kazimierz Brandys）在有必要時依然毫無猶豫便踏出家門；面對此時的暴行，卻讓布蘭地斯被嚇得半死，不敢踏出家門。

當局持續提高仇恨聲量，掩蓋過了其他的聲音。他們說捍衛波蘭文化的知識分子不算真正的波蘭人，並於工廠舉行數十次集會，遞給工人各式標語：「猶太復國主義者滾回以色列！」、「學生滾回教室！」、「工人不會原諒滋事者」，讓他們聲張所謂的階級憤怒。媒體人設法揭發猶太學生的出身，即便他們的祖父輩當初是在反猶主義下為了自保而改名。三月十九日，哥穆爾卡本人於華沙科學文化宮（Palace of Culture and Science）主持了一場歇斯底里的群眾大會，並以電視直播。社會學家包曼和妻子珍妮娜（兩人都是大屠殺倖存者）與三個女兒和一位朋友在他們華沙的公寓裡觀看轉播，希望這位黨領袖能敦促節制。但哥穆爾卡反而說猶太人分為不同種類：自認為是波蘭人的人、自認為世界公民的人，第三種則是猶太復國主義者。這些人：

效忠的是以色列而非波蘭，這種人應該離開我們的國家。觀眾接著吼叫道：「立刻！現在！今天！」哥穆爾卡則微微一笑說：「他們還要先申請才行。」現場一片喧囂，集會者成了憤怒的暴民，群眾嚎叫、咆哮，呼喊著「打倒猶太復國主義者」和「現在！今天！」在我們舒適的房間裡，在我們寧靜的家中，我們突然感受到自己正身處致命險境。怒氣沖沖的暴民很快就會離開會議大廳，湧上街頭。

包曼一家用沉重的箱子堵住門，尋找利器「以防萬一」。這一夜沒有發生大屠殺。一週之後，包曼和其他五位教授都被大學開除，此舉牴觸了連沙皇和波蘭史達林主義者都不敢違背的學術任期。[55] 夏去秋來，一家人前往以色列。總共約有一萬三千名猶太裔居民申請了以色列的移居許可。作家亨利克・格林伯格後來說：「他們留下來的，比他們擁有的更多。」

以上就是那時的「波蘭民族」之戰，哥穆爾卡這方是必須仰賴恐懼才能存續的族群觀，另一方則更為古老、以波蘭最受喜愛的詩人（密茨凱維奇）之遺產作為代表。知識分子安傑伊・基喬夫斯基（Andrzej Kijowski）在日記中寫道，共產黨忌憚詩人密茨凱維奇，因為他是「真實、最接近我們的人，因為他譴責保守主義、奴性、民族希望的破滅、對我們傳統的背叛」。當局為審查波蘭而禁止他的表演，學生卻代為寫下了下一幕的劇情。作曲家齊格蒙・邁切爾斯基（Zygmunt Mycielski）於三月十日的日記中吐露心聲：「《先祖之夜》第五幕於大街上開演，這個國家的統治者卻渾然不知。」[56]

哪個版本的波蘭故事更有說服力？知識界給出的答案顯而易見。若說當局此後曾得到哪個作家的支持，這些就是二流的作家。在史達林時期，頂尖作家曾爭相創作取悅黨的詩歌，但現在已經沒什麼能啟發犧牲精神了。在精心安排好的集會上，工人舉著用詞怪異的口號牌。黨內昔日的頂級意識形態思想家亞當・沙夫描述妻子是如何丟了在波蘭電台的工作：同事們溫馨地稱讚她事業有成、大家面露微笑、給予溫暖的祝福，然後就一致投票解雇了她。[57]掌權者篤定，工人理當較為不諳世事，所以無庸置疑會支持自己。

然而，由於經濟疲軟，哥穆爾卡仍無法確實鞏固權力。一九七〇年十二月，物價上漲，工人於波羅的海沿岸發起罷工。哥穆爾卡不願協商，反而派出駕著五百五十輛坦克的民兵與軍隊來「教訓工人」。他的政權再次打出民族牌：政治官員向軍隊說明，他們是要對付造反的不忠貞德意志人。至十二月十七日，局勢盪到了谷底，民兵朝著人群開槍，但民眾什麼罪也沒犯，只不過是準時抵達格迪尼亞造船廠上早班而已。大約四十五名工人喪生，一千一百六十五人受傷。[58]還有更多人被捕。但罷工仍持續延燒，哥穆爾卡很快就「出於健康原因」辭職了。就如一九五三年的皮爾森和東柏林，或者如一九五六年波茲南的情況，工人們對經濟的不滿很快就轉向了政治訴求。

波蘭的族群至上主義政權算是法西斯嗎？沙夫稱其為「共產法西斯」。[59]經常造訪波蘭的美國人茲比格涅夫·布熱津斯基（Zbigniew Brzeziński）注意到，馬克思列寧主義有衰頹的徵兆，與舊國際主義波蘭共產黨無關的極端民族主義也有再起之勢。波蘭統一工人黨（一九四八年後波蘭共產黨的稱號）正驕傲地努力打造民族同質化的波蘭，靠攏俄羅斯，反對德國——然而這個夢想屬於民族民主黨而非社會主義者。[60]一九五〇年代，波蘭政權因作為莫斯科的僕人而為人不齒，根本就算是「莫斯科人」。如今國家領袖的波蘭人身分不容質疑，但其對統治權的基本不安全感卻使得他們選擇玩弄民族感情，不僅重燃現代種族主義，更喚回了古老的反猶太教仇恨。

東方集團有個國家拒絕參與鎮壓布拉格之春，該國便是羅馬尼亞，但他們之所以會這麼做，並不是出於支持改革，而是為了助長獨裁者的民族極端自我主義，充分彰顯出國家社會主義在最後二十年間變幻莫測的動態。一九六八年八月二十一日，尼古拉・西奧賽古在布加勒斯特皇宮廣場向至少十萬名支持者告昭公開抵制蘇聯，此舉讓他成了一個想像力豐富又有魅力的人。他說：「動用武力干涉《華沙公約》成員國的內政毫無正當理由。」[61]所有報導都指出西奧賽古的反俄言論廣受歡迎，使得社會更富足的現代化政策也助長了他的聲勢。[62]

布里茲涅夫的信條

俄羅斯入侵捷克斯洛伐克之舉明顯為新殖民主義，但布里茲涅夫卻在一九六八年九月將其套上了一層意識形態濾鏡。他說，只要不損害整體社會主義的利益，每個社會主義國家都能自由決定要如何前進。然而，若有任何國家「削弱自身與社會主義世界體系的連結」，共產主義運動便不能對此「漠不關心」。捷克斯洛伐克領袖曾談及該國的自決權，但他們（據稱）威脅將北約部隊帶到蘇聯邊境，因而危及了歐洲社會主義國家的「社會主義自決」，使得各社會主義國家「必須履行其對捷克斯洛伐克弟兄同胞的國際主義義務」。[63]只要有任何社會主義國家偏離了蘇聯規定的道路，就必遭暴力對待，這就是所謂的布里茲涅夫主義。

其實，布里茲涅夫只是在為史達林死後發展出的作風作最後釐清。只要各國尊重「列寧主義」規範（以一黨控制政治、文化及經濟），就可以走上不同的道路。而各國之間的分歧也確實已變得相當顯著。

有批評家視捷克斯洛伐克的胡薩克政權為新史達林主義，倒退回一九五〇年代令人窒息的政治掌控也許對經濟多少有些修補，卻得仰賴沒有實質改革的計畫經濟。他們同樣將保加利亞和東德比作新史達林主義者，因為兩國領袖從未接受去史達林化。然而，這樣的標籤也會誤導人。一九五〇年代以降的氣氛已有所變化，共產主義政權的統治作風更趨複雜，不必再動用徹底的恐怖手段。但黨幹部也不再表現出史達林主義的熱忱：當初天真的理想主義與年輕人對現代化的熱愛（反映於鋼鐵新城、未開發資源的大規模調動，以及大規模的掃盲和打擊不平等運動）已一去不返。

相較之下，一九七〇年代的特色為保守主義，渴望保護、保存現有作法，希望在大範圍的成長模式中加入更多的生產單位，投入更多鋼鐵，更多混凝土。人們仍會喊著「前進！」的口號，聽來卻是空洞之詞。能更準確形容此時的說法是出自布里茲涅夫的「真實存在的社會主義」，用來告訴對蘇聯入侵捷克斯洛伐克感到震驚與幻滅的西方左派，他們沒有資格批評，因為這些西方左派也許會談論社會主義，但能夠真正推行社會主義的卻是蘇聯集團。

東歐經濟持續成長了幾年，但到一九七〇年代中期就放緩了，部分原因是能源價格上漲，部分原因是指揮體系在新產業（如電子產品）中沒有競爭力。社會主義國家製造的商品越來越不受歡迎，連自己的國民都不想要。一九七五年後，東方集團各經濟體的成長速度都減緩了，其中又以波蘭最為顯著，從百分之九點八（一九七一年至一九七五年）下降至一點四（一九七六年至一九八〇年）。[64]（見附錄表A.6）。而在石油危機期間，石油輸出國組織（Organization of Petroleum Exporting Countries，OPEC）大幅抬升價格，並於西方銀行存入大量現金儲蓄，東歐國家也趁此時利用低利率信貸，因而開始累積巨額債務，波蘭和匈牙利欠債最多，東德也是負債累累。

不過，說該區是新史達林主義也許是言過其實了，還是有兩個東歐國家比他國更努力擺脫史達林主義，那就是波蘭和匈牙利。雖說兩國仍屬列寧主義，但當局於一九五六年之後便退後一步，不再追求極度史達林主義的激進個人和社會轉型。想當初亞諾什．卡達爾一九六一年自信滿滿的宣言：不抵擋我們的，就是與我們同在。卡達爾說出這話時贏得了鼓掌和笑聲，因為只要不打算積極抵抗，就能相對平靜地追求生活和幸福（只不過不能追求自由）。卡達爾與波蘭的哥穆爾卡一樣先行清除了左右翼的政敵，便認定自己高枕無憂了。

波蘭和匈牙利的學者與西方重啟交流，這兩國的主流社會科學與正統的馬克思列寧主義幾乎無關。電影、戲劇及文學不見社會主義寫實主義的回歸，甚至為一九五〇年代的批判性觀點創造了空間。舉例來說，一九七六年，波蘭導演安傑伊．瓦依達的《大理石人》（*The Man of Marble*）就對史達林主義有深刻的省思，該片講述黨內官員如何勾結胸懷大志的藝術家一起剝削一位善良的年輕模範工人，也探討這種剝削如何讓工人和年輕人有了新的批判意識。在東德，批評史達林主義會牽連到領導階層，因此這種觀點仍持續受壓制。在一九八九年以前，東德史學家一直都將戰後早期形容成一段英雄時期，是完美、光榮的社會主義建設時期，在相當於是東德史達林的瓦特．烏布利希領導下，東德黨魁埃里希．何內克指揮著身穿藍衫的自由德國青年（Free German Youth）。

在波蘭和匈牙利，中央控制經濟的手段也有別於他國。儘管有蘇聯阻撓（也多虧了亞諾什．卡達爾的手段），匈牙利下放權力的程度為共產集團之最。從一九六〇年代初起，匈牙利領袖還推動了靈活又有成效的合作社，而非集體化農場。據說匈牙利是借鑒了波蘭經濟學家無法在波蘭實踐的改革理念（匈牙利也有自己的經濟學家）。波蘭幾無有效的經濟改革，但由於預期會遇上阻撓，國家也從未嘗試將農村集體化，農業仍為私有，卻有著嚴格的價格管制，也幾乎沒有機會取得信貸。所以說，這個社會主義國家無法將這個主要的經濟產業納入國家計畫之中。

東德、保加利亞、羅馬尼亞和捷克斯洛伐克的強硬派政權相當於微型蘇聯，意識形態的侵擾無處不在，然而彼此也存在差異：前兩者在一九四〇年至一九八〇年代都是由原始的史達林主義幹部統治，後兩者在一九六〇年代則已部分自由化。為什麼捷克斯洛伐克的領導階層未能採取更為溫和的卡達爾路線？這個問題歷史學家尚未有解答。是因為布拉格之春的思想如此強大，所以有必要用嚴厲手段讓捷克人和斯洛伐克人「治癒」嗎？還是因為根基太弱，所以可以輕鬆拔除？而羅馬尼亞之所以會出現其特有的狂熱民族共產主義，則是與崇拜的對象有關：一九七二年，尼古拉・西奧賽古參訪北韓後歸來，堅信列寧主義需要有嚴格集中的紀律。[65]

同樣地，捷克斯洛伐克的宗教政策又恢復了嚴格管制，當局歧視常常上教堂的人的程度是波蘭所無法想像，畢竟在波蘭有許多黨員每週日都會參加彌撒。東德共產黨對教會的鎮壓不如捷克斯洛伐克政權嚴厲，一九七八年，甚至還有位知名天主教異議分子湯馬士・哈力克（Tomáš Halík）前往東德的艾福特（Erfurt）祕密接受聖職，因為當地的教會基本上完好無損（他隨後返回捷克斯洛伐克擔任地下神父）。[66]但東德政權仍極力對青少年施壓，要他們參加無神論堅信禮（Jugendweihe，意指「祝福青年」）。這種做法在波蘭同樣是難以想像，因為天主教會是身分認同的支柱，使波蘭得以立足於「西方」。波蘭共產黨光是要讓國家世俗化就經歷了一番掙扎，且要等到一九六〇年才成功將主顯節（Three Kings，一月六日）及聖母升天節（Assumption，八月十五日）納入正常工作日。[67] 要到一九六一年，當局才讓宗教離開學校，並讓聖體（Corpus Christi）遊行不要獨占社會主義城市的街道。

當年的布拉格之春算是民主動員席捲歐洲的一部分嗎？就如巴黎和西柏林的學生一樣，捷克人和斯洛伐克人也奮起抵抗現代社會的多重異化，挑戰似乎注定要被官僚和行政機構控制的命運。即便身處黨的保護傘下，他們仍想要基層民主，追求表達自己聲音的機會。就此方面而言，他們的行為類似於一九六〇年代西德和法國的反主流文化。在西德，這類訴求則成了綠黨（Green Party）背後的重大動力，該黨於一九八三年進入國會。

但捷克人和斯洛伐克人也疾呼要求法國或西德人習以為常的各種權利：無所畏懼地形塑自身觀點、按心意閱讀和撰寫書籍、旅行、讓統治者遵守法治。前幾代人在哈布斯堡王朝的統治下爭取到這些基本權利，但從莫斯科引進的列寧主義無產階級專政又將之奪走。捷克知識分子在一九七〇年代越發意識到這點，並為此感到遺憾，他們也越來越懂得珍視「公民」和「人權」，而這個聲稱注重社會權利（也就是作為歷史化身的勞動階級權利）高於一切的政權，卻扼殺了這些權利。

但矛盾的是，正因為有布拉格之春的鎮壓行動，才鋪平了列寧主義獨裁政權與西方的多黨制之間日後有機會建立更良好關係的道路，讓全球更加重視人權。蘇聯只要能「穩定」其勢力範圍，就有足夠的安全感能與西方談判如何緩和緊張局勢。最早的跡象是一九七〇年至一九七一年蘇聯與西德簽訂的條約，承認戰後的新邊界不可侵犯。一九七五年，所有北約和華約國家的關係都獲得緩解，使得各國於赫爾辛基簽署了一系列協議。東方集團為了讓國際承認戰後的政治邊界，於是認可了「人權」的合法性，也許是因為相信自己是歷史先鋒的說詞，也認定自己絕不會被人們追究責任。次年，波蘭開始出現小群的異議人士，然後是捷克斯洛伐克，他們不為改革國家社會主義（一九六八年的事件已證明這不可能），而是為了讓當局遵守其甫簽署的協議。

chapter 23

真實存在的社會主義：蘇聯集團的生活

在德國統一，且德意志民主共和國從後來的歷史上消失之後，東柏林有位歷史學家在課堂上探討了這個疆域（他們所有人的家園）曾有的意義。大多學生說它不能算是社會主義，因為這個詞代表和平與自由的生活，人們能意識到自己身而為人的價值，不僅是聽命行事，而是能自行決定要生產什麼、要表達什麼。馬克思曾想將經濟交由「社會」掌控，也就是說讓每個人聯合起來掌控生產方式。恩格斯則警告說，不要將生產和分配的決定權從一個統治集團手中隨意交給另一個統治集團。社會主義的核心是工人自治。然而在埃里希·何內克掌控下的東德，情況顯然並非如此。

但這位歷史學家卻舉出了支持何內克的充分理由，也將這樣的支持引申到布里茲涅夫。社會主義確實曾在東德實現，該國連同其他國家社會主義政權一起構成了歷史上唯一一個消除市場、消除所有制剝削的社會形態。無論此形態有何特質，都絕對不是資本主義。[1] 有批評者稱國家社會主義官僚為新的階級，但官僚沒有財富，也無法傳承財富；他們也不是為了治理而治理，就連像是拉科西和烏布利希這等最自利的領袖，在掌權時也多少是朝著終極理想前進，努力創造一個沒有區別的社會。兩人到死前都驕傲地自稱為工人，他們相信「自己所屬的」階級展現了更高尚的道德，注定要帶領全人類迎向未來。[2]他們還會在特殊場合對此教條表示忠誠，例如東德年輕人強制參加的無神論堅信禮。[3]但他們也還是尊重馬克思的國家消亡論：共產主義最終不會再需要國家，因為社會屆時已習得社會主義共同生活的規則。[4]

但就目前而言，工人階級準備好全面自治了嗎？該如何保證他們不會像一九三〇年代的德國或匈牙利工人一樣，做出錯誤的選擇？馬克思和恩格斯都沒有規畫該如何賦予工人建設社會主義的權力；兩人似乎都認定，隨著生產過程本身的改進，更高等的意識自然也會出現。[5]如果工人需要指導，若不是仰賴自願獻身的革命分子，又應該仰賴誰？

因此，東歐的國家社會主義政權正準備與資本主義剝削的世界決裂，迎向明日的黎明。各領導人誓言沒有回頭路。一九八〇年代初期，東德共產黨的薩爾費爾德（Saalfeld）地區委員會於鎮中心附近張貼了一張標語牌：「你已被賦予了權力，你永遠不會、永遠不會再讓權力從手中溜走。」[6]官方宣傳中更頻繁出現的訊息很簡單：一切都是為了人民的利益！這就是真實存在的社會主義的關注重點，也是它存在的理由。

正如我們先前所見，這個口號在一九五三年出現似乎是恰逢其時，就在史達林去世之後。其繼任者繼承了列寧和史達林的大部分遺產（黨的中央計畫、注重以重工業推動現代化的理念、認定自身的世界觀至高無上），但他們拒絕恣意摧殘人民的日常生活。在史達林的統治下，有數百萬人口生活在赤貧之中，往往瀕臨餓死。消費者幾乎沒有任何權利。這種強迫人民吃的苦頭根本沒有必要，其實從之後的事態走向也可得知，這種暴政只會招致自我毀滅。史達林主義總宣稱戰爭迫在眉睫，但除此之外，完全沒有正當理由可剝奪本應用於民生用品的資源。

接下來無論是誰上台掌權，都不約而同轉向理性的節制作風。在史達林的葬禮之後，西方觀察家猜測繼任者會是他的私人書記格奧爾基．馬林可夫。然而幾週後，馬林可夫便將黨領導職務交給赫魯雪夫，自己則繼續擔任總理一職（要記得集體領導是原則）。馬林可夫和赫魯雪夫彼此較勁了兩年，爭著找出建設社會主義的最好方法。兩人側重的點不同：馬林可夫偏愛輕工業，赫魯雪夫則偏愛重工業。然而，他們都明白社會主義必須迎合消費者的利益，[7]也就是要提高生活水準、增加收入、擴大福利，讓人民生活更加愉快。[8]

之後幾年，馬林可夫和赫魯雪夫都積極增加糧食產量。馬林可夫提高了國家購買集體化農場產品的價格，並鼓勵開墾個人耕地；赫魯雪夫則讓人民開始耕耘先前從未耕種過的數百萬公頃土地。[9]從一九五六年起，赫魯雪夫的統治本無人質疑；然而在一九六四年，以布里茲涅夫為首的蘇共主席團同仁卻將赫魯雪夫趕下台，理由為外交政策失誤（尤其是古巴飛彈危機的尷尬局面），以及未能實現他遠大的經濟成長目標。赫魯雪夫曾誇下海口，說社會主義能在一個世代之內超越資本主義。他稱不上有遠見，作風倒是毫無規畫。赫魯雪夫無意中教給我們的一課，就是不要太過篤定地預測新社會的景況。

布里茲涅夫堅持捍衛馬克思列寧主義學說的純粹、黨的領導地位，以及過去史達林主義對重工業的投入。[10]後有批評者指責他害得國家陷入停滯。隨著布拉格之春遭到鎮壓，布里茲涅夫也擺明了他對改革的忍耐有限：改革經濟學家青睞的任何市場機制都會受到嚴格管制。他和蘇聯菁英階層當時選擇的道路就是走向經濟衰退。然而「社會主義是為了改善人民生活」的想法仍然存在，當局也繼續推動赫魯雪夫時期開始的資源投資調整。曾於一九五〇年代初期占國內生產毛額（GDP）百分之二十五至三十五的資本累積，從一九六〇年代之後，便降至約百分之二十至二十五。

用於消費的投資比例仍然很高，而共產黨政權為了脫離主義的獨裁統治，也以更務實的態度看待對外貿易。從一九六〇年至一九七五年間，東歐的進口量翻了六倍，出口則翻了七倍多。貿易對象不再僅限於共產主義世界。一九六〇年，對已開發國家的出口量本占總量的百分之十九，至一九七五年則增加到了百分之二十二，進口則從百分之二十一點八增加到三十三。[11]大量的進口商品被用於滿足消費者需求，其中又以食品和服裝占大宗。東歐和蘇聯共產黨還買下了外國授權，得以於國內製造西方的無酒精飲料、拖拉機及汽車。

然而，這種轉向消費主義的趨勢，卻不是因為黨內官僚有多麼慷慨大方，而是為了確保一九五三年罷工之後不會再發生大規模工人騷亂——用赫魯雪夫的比喻來說，就是要避免工人「用草叉」驅走共產黨員。馬克思主義者也許會說，去史達林化是舊時計畫經濟在工人階級抗議的壓力之下而衍生出的綜合處方。若要確保工人不會再次起而抗爭，就必須試探他們，掌握他們對貧困的容忍限度，也了解如何贏得民心。後極權共產主義（這是瓦茨拉夫·哈維爾的用詞）成為政權與社會之間持續的協商，雙方地位並不平等，但能就交易達成共識。當局提供最低限度的「像樣」歐洲生活品質，希望民眾能表現乖順以示回報。[12]人們可以在五一勞動節遊行、加入「群眾組織」，但不要針砭政治。若有誰違反了這種共識，就有可能向下滑落到社會階級底端，負責令人討厭的體力活，危及自己和孩子的生活水準。

所有協商都一樣，無人能事先預料最終結果；同理，也無人一開始就料及最終會出現「真實存在的社會主義」。然而，幾十年來危機不斷、領袖更迭、還有作風與世代的變遷，種種因素都穩固了這樣的社會主義。這始終是政權與社會彼此達成的妥協，但也始終多少關乎馬克思列寧主義計畫。真實存在的社會主義從來都不是隨意加諸的制度，而是應國家與社會的關係而生。政權本身並不確定何謂「社會主義的生活方式」，並聘請了大批社會學家深入民間尋找答案。[13]

至一九六〇年代，這種生活方式的輪廓和節奏已成為世代以來帝國統治生活體驗的新特徵。二戰之後，東歐人成了社會主義世界體系的主角——「蘇維埃人」（Homo Sovieticus）。在度假時相識的匈牙利人或波蘭人彼此心照不宣，明白何謂物資短缺、腐敗和偶有的政治恐怖；但他們也能體驗到生活在社會平等和安全的環境中是什麼感覺，也有時間與同事和家人一起從容享受生活。

消費主義的危險

如果轉向消費主義是為了壓制異議的聲音，那麼這個過程還有兩道不為人了解的挑戰會削弱社會主義的合法性。首先，要滿足不斷增長的消費需求，就得讓經濟持續增長，才能克服從前兩次工業革命過渡到第三次的困難。這是一道很嚴峻的關卡，因為在一九六〇年代初期，成長速度趨緩（正如捷克斯洛伐克的情形）。但其次，這種成長不僅要超越這些國家已放棄的往日資本主義，還要與當今的資本主義世界競爭。與馬克思的預測相反，這個資本主義世界並沒有衰退，反倒是克服險阻，以前所未有的速度增長，創造的財富也不再只由少數菁英把持，社會大眾都日益富裕起來。[14]

由於後史達林主義國家已向西方開放（透過廣播、電視浪潮及觀光業），西方和共產集團之間的競爭在東歐民眾的見證下就此展開。從一九六〇年代初期開始，匈牙利人、捷克人和波蘭人都能前往鐵幕的另一側（例如，匈牙利從一九六六年起開放民眾得每三年一次到西方觀光，若是要到熟人家作客，則能每兩年一次）；同時間，每年也都有數百萬西方遊客前來布拉格、布達佩斯、東柏林等東歐景點遊歷。[15]

東歐共產黨並沒有效仿蘇聯，蘇聯公民不得出國旅行，連其他社會主義國家都不能去。[16] 東歐的措施反而是利用普遍「緩和的緊張局勢」，順應自身與西方關係更密切的歷史。法國、英國、阿根廷及美國都有龐大的波蘭移民社區，波蘭政府也鼓勵他們趁著假期或遊學返回波蘭。西方同樣也有數十萬計的匈牙利及捷克居民。東德雖然也充分反映此局勢，卻因此成了例外，正是因為東德與西德關係密切，政府才於一九六一年八月築起圍牆來阻止公民出境。此後，除非有特殊情況（如科學會議），否則未滿六十五歲的東德男性（女性為未滿六十歲）不得西行，西方人來訪也受到限制。

一九六一年，赫魯雪夫「魯莽」地預測共產主義的勝利在即，等同於直接向西方下戰帖，他也興高采烈地告訴第二十二屆黨代表大會的代表，國民的生活水準將於二十年內超越資本主義國家。赫魯雪夫會如此樂觀，部分是因為他認定計畫經濟的問題不在於計畫本身，而在於其草率的計算方法；且就黨內專家看來，多使用數學方法和電腦化就能提高生產的數量和品質。[17]

但競爭的性質卻取決於「生活水準」的含義。資本主義的特色是提供無窮盡的消費品項：數十種汽車型號（每年都推出新款式）；無數種起司、麵包、糖果或耐用消費品；服裝時尚也迎合人們想像得到的各式品味（還有因廣告而生的品味）。社會主義不會複製這種琳琅滿目，部分是因為提供奢侈品似乎有違更高尚的無產階級道德。東德共產黨人將西方搶購最新款商品的行為稱作「消費恐怖」。[18]但一旦壓抑消費產業的扭曲現象被消弭了，那麼在史達林主義的節儉自我犧牲精神與資本主義文化的無限墮落之間，究竟能否找到正確平衡？社會主義公民需要多大的生活空間？各個家庭是要擁有自己的房子，還是合住共享公寓？社會主義公民該自行駕車還是搭公車？他們得在自助餐的大張公用餐桌上共食，還是偶爾上餐廳吃飯？餐廳又該提供什麼品項？

上述問題就算稱不上激進，也算是新穎。國家社會主義的創始人當初並未將個人的商品和服務消費視為當政者的使命，他們沒有完全忽視消費，但還是更重視共產主義建設。國家社會主義是以生產勞動為基礎的社會，一旦改造了工作場所，創造能帶來財富的各式現代產業，成果就會自行分配。共產主義將成為各種商品流通的根基。但現在，逐漸消失的共產主義已更難以企及，官員在分配上卻耗費了比以往更多的心力。社會科學家不會稱這些政權為「共產主義」，而是稱其為「再分配中心」以及「對人民需求」的獨裁統治。[19]然而，透過國家計畫規定需求的官員仍想知道人們有何種欲望。

匈牙利的國家官員在史達林時期即開始研究。在這段時間，匈牙利內務部的雇員悄悄調查消費者的喜好，提出的問題都關乎他們想提高品質的特定商品。東德共產黨則於貿易暨供應部的內部研究消費，更於一九六一年建立了需求研究所（Institute for the Study of Demand），後在一九六六年將其更名為市場研究所（Institute for the Study of the Market）。[20]

圖 23.1　史達林大道上的行人（東柏林，一九五〇年代後期）。
來源：Album/Alamy stock photo.

從一九五〇年代後期起，東方集團的各國政策制定者便將國內人口設想為「消費者」，超市和百貨公司取代了小型專賣店，「非必需品」種類變多，不僅是要回應需求，在某種意義上也創造了需求。一九六三年，勒克瑟斯（Luxus）百貨公司於布達佩斯市中心開業，販售品質極佳、外觀精美的商品，價格通常是高得離譜。在多年的匱乏之後，逛街再次成為一種都市體驗，東歐人也開始根據品質來區分產品，可見「消費者的選擇已成為越發重要的社會身分構成因素」。國家會透過廣告和雜誌指南，提供與消費方式及品項有關的豐富資訊，主題囊括家居裝飾、時尚、烹飪及汽車。至一九七三年，廣告已占國民支出的百分之三。[21]

多虧有轉向消費主義的方向調整，社會主義產業才得以創造出能改變人民生活的財富。從一九七〇年至一九八五年，擁有汽車的捷克斯洛伐克人比例從百分之十九上升至百分之四十七；擁有冰箱的人從百分之七十點七；一九七六年，擁有彩色電視機的人口比為百分之〇點八，至一九八五年上升至百分之九十六點八。[22]匈牙利也有類似的趨勢：一九五六年到一九六二年的電視節目訂閱量翻了二十倍；一九六〇年到一九七〇年的汽車擁有量翻了十一倍；從一九六〇年到一九八〇年，公寓數量上升了一半。一九六〇年代，匈牙利的整體人民「在歷史上第一次能享受豐富營養的餐食」。更高的工資創造財富，進而刺激消費成長。一九五六年革命之後，匈牙利政府將所得提高百分之二十，且接下來每年都會提高百分之三至四，直到一九七〇年代後期為止。波蘭的工資從一九七一年至一九七五年間上長了百分之四十一；捷克斯洛伐克則上漲近兩成。[23]

除部分可領取高報酬獎勵的專家和少數被奉為楷模的「高產量工人」之外，史達林主義的目標是將每個人都降至共同的標準。但那個「扭曲」的時代結束了，未來會如何還不得而知。人們得到的報酬無關乎需求（雖然基本需求仍有保障），而是取決於他們貢獻的價值。但社會主義國家又是如何衡量價值？在資本主義制度下，醫生的收入可能是非專業技術工人的二十倍；在社會主義制度下，他們該多領取多少工資？要是醫生的薪水太低，學生可能就無法為了醫學學位而忍受多年單調又辛苦的學業。可要是國家為白領階級的收入提撥高預算，就可能會在社會中塑造優勢階級，但階級差距理當要縮小才對。

最終，東歐政權拒絕讓收入出現顯著落差。國家社會主義社會的吉尼係數（Gini coefficient，用於衡量社會不平等的統計指標）為世上最低（捷克斯洛伐克的數字為全球最低）。[24]菁英知識分子和黨內高官雖有特權取得商品和服務，但我們細看就會知道，與西方菁英階級享有的消費優勢相比，他們的福利

圖 23.2　學童的健康午餐（東德迪爾施塔特〔Dillstädt〕，一九七五年）。來源：Helmut Schaar, Bundesarchiv, Bild 183-P1124-0029. / CC-BY-SA 3.0.

實屬微不足道。一九八〇年代，蘇聯集團醫生和工程師的薪水並沒有比技術工人高多少，有時還更低。[25]然而階級分層還是出現了，在非官方或「灰色」經濟普遍的波蘭更為明顯。社會自有其力量依據地位（不說階級的話）產生和重製差異，當局無法完全掌控。

消費主義的限制

若說社會主義式的平等主義仍然強勢，那麼至一九七〇年代，蘇聯集團的經濟顯然停滯不前，也沒有為人類指引通往更偉大繁榮的道路。一九五〇年代，西方對東方在科學技術領域的成就本憂心忡忡，如俄羅斯的人造衛星（Sputnik），但二十年後他們的恐懼已漸漸緩解。儘管社會主義的產量引人矚目，卻是千篇一律、缺乏選擇、品質低劣，社會主義也無法生產原創款式或系列產品。社會主義式的消費主義似乎只是在拙劣地模仿西方——這些西方國家巧妙自稱為社會福利國家，不屬於「資本主義」，統治者通常是共產馬克思主義的近親：社會民主黨人。

東歐產品的設計靈感通常是來自西方，而非直接抄襲，故兩邊的商品種類仍有差異。就連最富裕的東德也只有出產兩種汽車系列：衛星（Trabant）和瓦特堡（Wartburg）（各推出一、兩款車型，還要等待多年才買得到）；冰箱只有水晶一四〇（Kristall 140）一種型號（一九六八年至一九六九年廣告推出，價格相當於兩個月的工資，但經常缺貨）。一九六九年，東德只有大約六成家戶擁有冰箱。[26] 一九七〇年代初期，東德投入巨資（部分為從日本進口巨型機器來生產塑膠零件）開始製造自動洗碗機，但在一九七二年至一九七三年生產一萬三千部後便停產了，部分原因是負責建公寓的國營公司未能依洗碗機調整廚房電氣配置。[27] 東德人只能手動洗碗和擦乾。一九八〇年代初期，東德只有百分之二十四的家戶擁有彩色電視機，但當局卻用詐欺來牟利：遭西方海關禁止入境的數千台東德產電視，突然全都在東德上架了。原來是因為他們侵犯了二十八項專利，至於這些電視為何會往西運送，則是我們將回頭探討的問題。[28]

與西方大為不同的是，消費品的樣式好幾十年幾無變化。一九八〇年代，波蘭一般會提供兩種硬起司和兩種麵包。布拉格的消費者也許可以在首都的超市裡找到六個品牌的葡萄酒（還有更多種類的啤酒），但就連高檔商店的豐富性往往也只是提供大量商品，不在乎品質。更糟的是一九八〇年代已出現物資短缺，波蘭和羅馬尼亞一直以來都有這種問題，但在東德和捷克斯洛伐克卻持續惡化又無法預測。

當物資匱乏使得人們必須磨練自己動手做的技能（如自製果醬或衣物）時，東德政府卻藉這種尷尬局面來調整其政治宣傳。有名記者曾於一九七六年寫道，自製用品代表「我國女性充分利用了她們的閒暇時間」。[29]

最醒目的缺點就屬電子產品了。技術簡易的索尼隨身聽在一九七九年即進入西方市場，但東德要到一九八八年才推出自家版本，要價超過三百東德馬克（當時受過高等教育的工人平均月薪為一千四百七十七馬克）。[30]但無論收入如何，還要在店裡找得到商品才算數。[31]一九六〇年代起，蘇聯集團各國只能靠盜版西方設計才能跟上電腦技術，公民還是從西方電視台才得知這件事。[32]消費品已經成為更好的「正常」生活的象徵，隨著西方轉向新技術，東方仍在前一代的設計產品上停滯不前。

東歐領袖也知道產品有種類和品質上的問題，擔心人民會與西方比較，因為高下立判。然而由於國家對經濟幾乎負全責，消費者便將這類問題歸咎為國家當局惡意為之。不僅如此，公民在描述國家態度時使用的語言，也讓人回想起昔日全能但輕蔑待人的殖民統治者時代。民眾會用「扔」字來形容拿到產品的方式，像是大家會在大街上告訴彼此：「他們把檸檬扔進雜貨店。」被「扔」進去的東西（如難以下嚥的古巴柳橙）品質極差，人民認為這代表當局對消費者的態度，反正消費者不管拿到什麼肯定都會心存感激。[33]

社會主義公民常有失公允地認為西方來的東西就是比較好，認為它們代表更高的品質和更自由的生活方式。社會主義就是這樣在欲望和商品之間的關係中生成了自我毀滅的動力。在資本主義下，人民的欲望具體而明確，也有實際商品可以滿足人民；反之，社會主義則激起無特定重點的模糊念想，而剝奪就是欲望的來源。人民的怨念集中於自稱能滿足所有需求的國家；相反地，西方國家則會調解商業利益和「公民消費者」兩者的關係，人民需求獲得滿足，政權不打算獨裁控管需求，因此統治的正當性也較不受質疑。[34]

東歐國家還有另一個困擾：當局提供各式免費或高額補貼的產品，讓公民以為這麼做是理所當然的；只有在共產政權垮台後，人民才真正意識到當初這些東西是多麼唾手可得：食物、飲料、公共設施、住房租金、教育、書籍、文化（大家都買得起最好的交響樂團座位）、度假勝地、健身房、游泳池、水療中心、醫療及交通。[35]在西方，以上商品和服務都屬個人消費並協助創造了財富，東方集團的公民卻幾乎沒有對當局心存感激，反而只在乎自己得不到的西方風格商品。

社會主義國家與西方公司簽約，在西方許可下生產紡織品（含牛仔褲）、食品和電子產品，此舉也讓民眾更加鄙視官方。儘管這些商品是由社會主義工廠出產，目的卻是要外銷西方。比方說，東德製的隨身聽先是於西德以低得多的價格出售，後來才於東德上市。[36]由於東方集團的工人工資低廉、紀律嚴格，西方公司也很樂於銷售東方製的產品，這些工人見自己最得意的產品能進入資本主義西方的廉價百貨公司時也各有解讀。共產主義垮台後，有報導稱部分外銷西方的產品是由監獄勞工製造。[37]所以說，虛偽的雙重標準是冷戰的核心：東方將最好的產品留給階級敵人，西方資本家則一邊斥責共產主義破壞人類自由，一邊不時利用共產制度奴隸製造的產品彼此削價競爭。

社會主義國家漠視其消費公民，最令人難耐的表現或許就屬建築環境了。正如人類學家克里斯蒂娜·費赫瓦里（Krisztina Fehérváry）所指出，一九六〇年代，整個蘇聯集團都出現了結構、公寓全無差異的現代主義公寓大樓。這種簡樸的風格不只與建築師的設計意識形態有關，也是因為成長率難以維持的經濟形態更重視生產。從風格統一的公寓大樓可見當局致力為集體生活的社會主義公民實現平等，但隨著時間過去，卻似乎也體現出獨裁政權無法發掘人類之獨特個性。[38]

然而因社會主義政權資金吃緊，無法翻新舊公寓大樓，所以數千人就這樣高興地搬進新建築，不必再於嚴寒冬日辛苦搬著煤磚上樓，好為爐子生火。民眾也會設法打破公寓大樓的單調氣氛，以木板裝點無趣的室內空間，營造舒適的鄉村小屋之感。同時間，舊建築也漸成空屋，窗戶和屋瓦不再，並開始衰頹。因此在一九八〇年代，可愛的東德老城市格萊福斯瓦德（Greifswald）有一部分即被拆除，因為國家無法資助翻修舊建築，但是這裡戰時並未受到摧殘，因為指揮官在一九四五年未開火就冒著被處決的風險投降了。當地人還把和平運動的口號「不用武器，也能實現和平」改成「不用武器，也能製造廢墟」（Ruinen schaffen, ohne Waffen!），以此來形容社會主義。

這種沒有勝算的競賽，是如何終結了國家社會主義？就算是在封鎖的邊界之後，有精密的地雷系統和層層鐵絲網把守，東歐人仍非常了解西歐的技術進展。儘管社會主義廣告設法將「需求」引導到理想的道路上，強調實用性質（社會主義）比炫耀性消費（資本主義）更重要，但社會主義卻無法控制西方湧入的產品形象和人民加劇的欲望。西方商品似乎呈現出一個更美好的世界，要反駁也越發不可能。一九八八年，波蘭政權終於屈服於政治改革的壓力，邀請持不同政見者加入談判。在一場電視辯論中，獨立工會領袖萊赫·華勒沙（Lech Wałęsa）如此嘲笑其共產黨對手：西方正驅車趕向未來，我們還在用走的。這句話無人質疑。次年，華勒沙名為「團結工聯」的運動被合法化，並在自一九二〇年代以來波蘭首次的部分自由選舉中，贏得了其公開競爭的每一個席位。

回顧國家社會主義

但這樣的勝利故事卻遠非事情的全貌。僅僅幾年後，國家斬斷了與蘇聯之間的所有聯繫（蘇維埃國家實際上已然崩潰），同一批選民靠著完全的自由意志，選舉出一位前共產黨員來接替華勒沙擔任總統。選民無意恢復國家社會主義，但顯然他們也開始懷念起舊政權的某些特質。

若說在共產主義晚期經濟嚴重失調的波蘭，這種對舊政權的懷念之情都相當盛行，那麼在更富裕的東德或捷克斯洛伐克就更受擁戴了。二〇一三年，約有百分之三十三的捷克人表示共產政權比現在的政權好，甚至只有不到半數（百分之四十六）認可自己所處時代的政權比舊政權有所改善（百分之二十二的人認為兩者差不多）。[39] 再把時間回推到三年之前，有百分之四十一的羅馬尼亞人表示，若尼古拉・西奧賽古競選總統，他們會把票投給他，還有百分之六十三的民眾認為共產主義統治下的生活更好（考量到共產晚期的警察當局有多麼壓迫，這個結果相當驚人）。[40]

東西陣營的競爭不僅關乎消費衝突，不過先讓我們回來探討赫魯雪夫口中的「生活水準」或東德領袖在談及人民「福利」時指的是什麼。這種標準和福利的重點，並不全然在於物質產品的供應。國家社會主義也提供保障：沒有失業、幾乎沒有暴力犯罪；人們不會無家可歸或吸毒；民眾可負擔得起基本食品；每個人都有租金保障；還有比以往更大量的女性得以進入勞動市場。在東德、捷克斯洛伐克及匈牙

圖 23.3　東德社會主義城市史維林（Schwerin）的舒適客廳。
來源：Katscherowski, Bundesarchiv, Bild 183-N0521-0013. / CC-BY-SA 3.0.

利這幾個福利供給最有成效的地方，女性是能夠兼顧家庭與事業的（但事業起步速度肯定仍比男性慢）。東德的婦女在生完孩子之後可享留薪假一年（「育嬰年」），孩子在達到學齡前也有托育服務保障。

西方商店的櫥窗是否創造了膚淺的印象？共產黨媒體深知國內公民正在與西方比較，於是也在一九六〇年代開始營造自身的印象。共產黨作家指出，越過邊界就能過上更好生活的故事是源自於人民的道聽途說與無知，或者至多只是短暫接觸過西方製的商品，並沒有在那裡生活、生存、找工作、找住處及食物的實質必要。捷克斯洛伐克和東德政府展開宣傳，讓公民認為在西方生活不僅不安全，更是危險又孤獨。他們還會重印渴望回家或已返回安全家園者的書信。

捷克斯洛伐克歸國者稱自己「幻想」破滅，強調西方缺乏工作保障、社會福利較差。一名曾於加拿大居住五年的男子聲稱，如果自己身體不適或無法跟上生產需求，就有被炒魷魚的可能。信件讓人有種如監獄般的社會不安全感，人人都「渴望逃離」。一九七一年，捷克共產黨日報《紅色權利報》引用了一位不幸流亡者說過的話，他渴望原本的社區生活，能與人同享週末度假屋、排球比賽和露營旅行，以上種種都與他在西方莫名的孤獨日常生活形成鮮明對比。

重返捷克斯洛伐克被形容成回歸真正的自由。有些人抱怨自己在西方必須以「令人難以置信的高速」工作。採訪一名海外歸國者的記者表示，在那裡承受的壓力一定很陌生，受訪者則承認：「是的，就讓我們面對現實吧；我在這裡賺的錢很夠，幾乎什麼工作也沒做。」一位斯洛伐克歸國者說自己很高興能再次安然入睡，不必擔心隔天會被解雇。也許「監獄」一詞有些失義，因為西方更像是個沒有規則的地方，充滿各種機遇、挑戰、威脅及風險，也沒有什麼計算未來的方式。[41]歸國者的報導讓人對重獲的社會主義產生一種歸鄉的溫馨之感，幾乎已與階級鬥爭或工業生產沒有直接關連。

捷克斯洛伐克在經過一九六八年的《華沙公約》干涉後，國內生活的「正常化」並非在這場生活水準的競爭中向西方投降，而是要重新調整競爭方式。當逃亡者離開臨時收容所並努力在西方過上充實生活時，總會遇到種種不確定性和人性冷漠，而社會主義就是他們的避風港。社會主義提供的生活方式，不僅是關乎工作，更關乎「自我實現」。[42]

諷刺的是，社會主義社會跟不上資本主義的原因，正好就是使當代東歐人懷念社會主義的力量。企業的作用不是產生利潤，而是帶來「社會平靜」或「社會舒適」，管理階層也會預設有大約二成的勞工根本不會工作。捷克經濟學家奧塔卡・圖雷克（Otakar Turek）回憶道：「員工可以在工作時間處理其他事，也能參加辦公室慶祝派對，且如果管理層夠聰明的話，還能給他們談到體面的薪水。」沒人料想得到這種行為會導致工廠倒閉。圖雷克總結道：「在工作場所是可以過上好日子的。」[43]

工作時間的「懈怠」情形在工廠中最嚴重，但也影響到了辦公室。一九七〇年代，東德作家丹妮拉・達恩（Daniela Dahn）的丈夫在德勒斯登的一家研究機構工作，每天午飯後，科學家和工程師們（連第一書記也會加入）都會在易北河（Elbe）沿岸的田野踢場足球。幹部書記會開著辦公室的門，表示她知道外面的情形，但沒有阻止大家下午的娛樂活動，因為工作人員會設法按時完成工作。只有當政府部門開始注意到下午特定時間的電話都無人接聽後，他們才停止這種行為。[44]

在那個時代，就連尖刻批判政權者偶爾也會讚賞社會主義下不疾不徐的生活步調。匈牙利異議分子喬治・康瑞德在一九八二年寫道：「在全球技術成功的統計數據中，我們永遠不會名列前茅」，但是「在不太可能量化評測的事情上，我們表現得更好，也許可以稱之為生活的藝術，比如打理自己的家、閒暇時從事愉快的活動，或是親切待人處事。」「夕陽西下，坐在精心照料的花園裡，與朋友喝杯葡萄酒，其中的價值並不亞於驅車奔馳在擁擠的八車道高速公路上。」[45]許多匈牙利人都會用健康的「異樣」眼光來看待一股腦往前衝的人，這麼認真做什麼？

懷念這段過去的人，並不會問工作場所該不該雇用未認真工作者。就算是國家社會主義，這種工作場所享有的自由風氣也非放諸四海皆準，而是最適用於自信的產業工人，歷史學家盧茨・尼特哈默（Lutz Niethammer）稱他們為「另一個領導階級」，並寫道：「德國社會主義統一黨的領導層只尊重產業工人。」當局感覺自己更能任意壓迫大學。[46]人們在懷念過去時，同樣也會忽略這點：只有未能投資

圖 23.4 在餐廳的泳池內喝酒的客人，東德蘇爾（Suhl）。
來源：Bernd Settnik, Bundesarchiv, Bild 183-1983-0822-009 / CC-BY-SA 3.0.

新技術和工廠、把設備用到壞、砍伐森林、汙染空氣（因國家社會主義經濟仰賴褐煤等固體燃料），才能造就低產能的社會主義經濟。不只這樣，到一九七〇年代後期，該經濟體也正向西方欠下巨額的強勢貨幣債務，最終導致社會主義走向滅亡。但在短期內，社會主義的「生活方式」（由資本主義維持的資本主義替代方案）協助穩定了獨裁統治。

應對國家社會主義的長期危機

在有些地方，要用像喬治．康瑞德那樣輕鬆的態度來應對經濟和社會危機是不可能的，因為那些地方幾乎沒什麼好東西能和朋友一起享用，連糖或衛生紙等必須品都得排好幾個小時的隊才能買到。人們迫切需要的東西有時候還無法經由合法途徑取得。波蘭的社會主義制度就經常因低效而崩潰，人們也想盡辦法弄出非正式的管道來取得所需的商品和服務。從一九七〇年代中期到一九八九年，波蘭人面臨經濟威脅，讓他們更加精進這些手段，因而造就一種陰影中的現實，人類學家珍妮・韋德爾（Janine Wedel）稱之為「祕密波蘭」，一個逃避國家審查之地。

在一九八〇年波蘭經濟危機的高峰，不必等就能買到的只有醋和火柴，每當有產品被「扔」進商店（彷彿是被一股無所不能的力量扔進去的），外頭就會排起長隊。政府也為了避免人民囤積而分發配給卡。商店櫥窗裡或許會陳列人們真正想要的東西（如皮具或外衣），但可不能任意出售，店員會把東西藏在櫃檯底下，等待願意給出金錢以外回報的顧客。餐廳會開門營業、座位充足、菜單齊全，但可別被外表給騙了。沒人可以直接坐下來點菜，想吃飯的人被告知要排隊等候：空出來的座位（通常占餐廳裡的一半）都是「預約席」，而且在五頁的菜單上其實只有三到四個品項可供選擇。

重點是要認識掌管必需品門路的人。服務生會為朋友（更常見的是朋友的朋友，也就是社會主義中形成的人脈網路）預留座位。皮革店的員工會把精美但稀缺的物品藏在「櫃檯下」（如手提包），留給自己圈子裡的人。如果是不相干的顧客來消費，那麼餐廳桌子就會空著，手提包也無法購買。在整個東方集團裡，服務生的威望讓西方人無法理解。東德有句這樣的諺語：「顧客為王，服務生為皇帝。」有位作家則稱東德為「服務生和銷售員的獨裁統治」。[47]

波蘭是短缺經濟的極端例子，具體呈現出普遍共有的病徵。每個國家，就連最富有的國家，也出現過類似於波蘭這種非正式人脈網的情形。匈牙利社會學家艾勒梅爾・漢基斯（Elemér Hankiss）說這是「第二社會」，捷克異議分子瓦茨拉夫・本達（Václav Benda）則稱之為平行城邦，並以更政治的觀點來

圖 23.5　波蘭排隊買肉的人潮（一九八六年）。
來源：Wolfgang Arnold/ Alamy Stock Photo

解讀這個逃避國家控制的世界。東德是社會主義國家的典範，就連西方人也能買到東西（如派駐西柏林的美軍，他們喜歡東柏林百貨公司裡的地毯）。不同於波蘭人或羅馬尼亞人，東德人不用等待太久就能得到新公寓，然而，就連他們都將人脈稱為「維他命B」（*Beziehungen*）。人脈是絕對的必需品，尤其是在不懂如何修理汽車、管路系統、烤箱的時候，或者是在商店缺乏所需的零件之時。

人們有時候會過度區分公事與私事，可是大家多少都是同時生活在這兩種環境中，就連蹣跚學步的幼兒也一樣，畢竟他們醒著的大部分時間都是在國營托兒所度過，這些托兒所大多很普遍，品質也不錯。不同尋常的是，公事和私事已變得多麼密不可分，「公共」場所（如市政廳的辦公室）突然變得無異於私人貿易公司，裡頭的公務員會花好幾小時在電話上處理攸關自身利益的交易。人類學家珍妮．韋德爾曾至華沙會見一位重要的史學家，她也遇上了這種「波蘭公事和私事的典型組合：教授一邊吩咐祕書為我尋找研究的必要文件，同時間還聊著家務事，一再感謝我送的花」。[48]

韋德爾帶上了鮮花，希望這位史學家能幫她作研究，她也許還帶了咖啡、巧克力或提議幫忙（例如幫助翻譯英文資料）。嚴格來說，以上種種都應該與公務員無關，他們本就有義務提供公共文件。韋德爾可不能直接提供美元，波蘭茲羅提當然也不行，使用金錢看起來很粗糙，因為這樣交易的真正性質就太明顯了。重點是要營造一種無需現金的「私人」關係，雙方都很注重交換門路的方式：「需要找度假的地方嗎？」、「需要幫忙翻譯資料嗎？」、「你家小孩需要幫忙複習物理嗎？」諸如此類的句子。這對韋德爾來說就是交流的禮節，一旦與「祕密波蘭」打下了關係，就必須注意基本的禮數，例如記住「朋友」的命名日。要是別無選擇，只能用錢換取某個特殊服務時，求助者也會強調說這筆錢「不足掛齒」，絕對與報酬無關。[49]就算朋友的家人很惹人厭也還是屬於人脈網的一部分，必須想辦法應付。

這種嚴格用錢的規矩，也是私人領域的自保方式，避免社會主義人脈網路之外的人進來。人情既然無法「用金錢購買」，就必須以看似無關個人利益的方式來回報對方，因為金錢正是利益的象徵。能享受到「私人」領域特權的不只是親朋好友，而所有受惠者共同構築了一個「次人脈圈」（submilieus，波蘭語稱 *środowiska*）。這種關係如果是一對一的話，波蘭語稱之為「*swój człowiek*」，指的就是與之有「親密、熱切互動，又通常往來頻繁」的對象。[50]

在東德的第二經濟體中，金錢很重要，但主要是用來保住人脈。如果不認識能掌握必需品門路的人，金錢就沒什麼價值。達芙妮．伯達爾（Daphne Berdahl）寫道：「建材和其他需求量大的稀缺物品，如瓷器、瓷磚或西式服裝，都可以用錢買到，但前提是要知道購買地點，或是可以透過誰來找到門路。」[51]

貨幣是便利的手段，能將價格附加至可比較的商品和服務上。人們若彼此不相識，談錢就是難免的，但在半合法（或稱「灰色」）市場上交易時，大家較傾向於使用西方貨幣，最好是美元或西德馬克。在一九八〇年代的波蘭，一條藍色牛仔褲可能要價五十西德馬克，但很大程度仍取決於剪裁和款式。就連鄉下地區的居民也懂得賞識西方品牌。他們取得西方貨幣的方式，可能是從西方波蘭移民社區的親戚那裡收到錢作為禮物；或是在前往西方休假時私下賺外快（例如在挪威務農）；或透過灰市交易（如專門技工的加班費會以美元支付）。即便是在一九六〇年代的醫療行業，若要讓醫護人員在工作時充分關照患者，就得以西方貨幣或其他服務付款。就這樣，在波蘭的社會主義制度下，醫療成了有利可圖的職業，職業機構裡的人員開始「收小費」，最先有動作的就是醫學院招生委員會了。一九八〇年代，有傳言說入學「費用」大約價值一輛小客車（波蘭菲亞特〔Polish Fiat〕），但不是針對優秀的學生，而是針對那些處於資格邊緣的學生。在醫生或護士畢業並必須至公共診所和醫院診療患者之後，賄賂行為就變得更加猖獗（東德或捷克斯洛伐克的情況沒有那麼糟）。[52]

灰、黑色市場中有許多影響因素，有時甚至連內部人士都沒有覺察。賣家可能會放棄收費，期望未來有所「回報」。特別值得納入人脈的對象，就是能影響學生錄取、護照簽發、徵兵延期或提供醫院病床的人。人們很容易不知不覺就參與其中。舉個我認識的人為例，此人的母親曾因嚴重腫瘤於克拉科夫的一家醫院接受治療。有個護士一得知患者要前往奧地利就醫，便要求對方幫忙購買西式靴子，畢竟她一直都把母親照顧得很好（靴子買好後，也透過社會主義郵政寄出，但從未送達）。

在親友關係中承受的壓力也可能會招致毀滅，令人感到洩氣。波蘭的年輕人經常會照顧年邁的叔叔阿姨，好讓自己成為長輩公寓的繼承人。在這個國家，家中三代可能會同住一套三房公寓，年輕人要等二十多年才能等到國家提供的住房，所以照顧長輩是個合理的策略，但這種處境也會讓侄子女盼望他們過世。

應對策略不僅是要擴大親朋好友的人脈，也要拓展想像力的界限。從一九五〇年代到冷戰結束，東歐人（尤其波蘭人）都相信這種絕望處境只是暫時的，注定會在戰爭爆發時畫下終點並重獲救贖。持這種觀點的人（很多人都是這樣想）並未區分傳統戰爭和核武戰爭。一九八〇年代，珍妮．韋德爾在波蘭遇到一位女子，對方感嘆說，在二戰期間，波蘭人至少「曾有過希望」。一九八一年十二月實施戒嚴令後，韋德爾認識的波蘭人都說要買最後一瓶酒，或者吃最後一塊蛋糕。[53]人民盼望動亂會釋放緊張局勢，解放被孤立的波蘭。

人們對主宰自己命運的力量是如此絕望，不是盼望戰爭爆發（波蘭人）就是對戰爭有深刻恐懼（德國人），結果就此陷入了精神危機，這點從人民大量飲酒上可見一斑：東德人攝取的純酒精在一九六〇年為四點一公升，至一九八九年已增加到十點九公升。「資產階級」的美德（如誠實）也漸漸消失。[54]韋德爾開始慣性撒謊，好達到自己的目的，像是為了進入一場售罄的音樂會，她說自己是美國大使館官員的妻子。但謊言被掩埋在層層真相之下，最終使得兩者難以區分，就連在說謊者的腦海裡也是如此。[55]語言本身發生了變化。史學家提摩西・賈頓・艾許（Timothy Garton Ash）就稱匈牙利國家社會主義的雙面辭令充滿「邪惡的迂迴語言、晦澀的寓言、曲折的隱喻」。知識分子習慣用「間接、含蓄、隱晦或隱喻的言詞來批評當局」。賈頓・艾許便推測，那些被緊緊包裝在極為複雜的典故和托詞之中的人，永遠都不會遇上阻礙。[56]

國家社會主義作為國安措施

如果有這麼多法外（甚至是非法）的活動，那麼社會主義國家對此有何作為？各國理應能夠執行自己的規則才對。在後史達林主義時期，號稱極權的東歐政權也許有一半是浪得虛名，但必須保護當局的祕密警察部隊卻不然，東德的史塔西（Stasi，國家安全部）即為一例。

就人均比而言，蘇聯集團中的類似組織就屬史塔西規模最大，每一百八十名公民就有一名特工（相較之下，蘇聯則是每五百九十五人一名，波蘭每一千五百七十四人一名）。但這樣還嫌不夠，東德共產黨更讓史塔西招募非正式特工，其人數在東德最後幾年更達十一萬至十八萬人不等。數十年來，有大約三分之一的東德公民都在以某種身分為史塔西工作。[57]史塔西不僅在規模上超越其他機構，對社會的全面監視也絕無馬虎。在東柏林，史塔西可以同時追蹤兩萬通電話，還有六百個特工負責檢查郵件。數十人會在地鐵裡坐著聽行人交談。該部還設有氣味庫，庫內收藏裝有異議分子內衣褲的罐子，這樣就能用狗找出散布地下文學的人。史塔西也會定期調取病歷、在天主教堂和德勒斯登國家歌劇院的包廂裡聽取人們自白，甚至還會雇用妓女來色誘放下戒心的西方政客和商人。[58]

這種陰暗現實是如何影響人們的心理很難說得明白。在一九九〇年之前，少有人對該機構的規模心存疑竇。[59]諷刺的是，隨著東德向西方開放，國際地位更加穩固，史塔西也持續擴張。當更多遊客湧入，尤其是東柏林，人們也越發擔心西方的滲透。由於史塔西的作法就是要躲在幕後行事，因此招募更多正式和非正式特工的活動仍然是祕密進行。

嚴格說來，東德的公民應不必懼怕拿錢辦事的窺伺者，因為東德憲法畢竟保障人民的言論及思想自由。[60]然而史塔西不受公眾監督，並將其收集的資訊交由負責決定工作或學校晉升等事項的國家及政黨機構。就如其他可能的極權政體，德國社會主義統一黨控制人民的手段就是操作他們的善意：對家人朋友的關心。若東德人拒絕加入組織，或選擇加入教會、異議團體，他們心知這很有可能會讓孩子無法進入醫學院，或是斷送他們的職涯和個人前程。國家也會利用人民對孩子的關注當作一種動機。人們會參加五一勞動節遊行、加入官方組織，或在事先安排好的集會上發表「社會主義式」的言論，因為他們知道這麼做對自己有好處。東德的醫學院和波蘭一樣，名額競爭非常激烈，但國家社會主義致使的腐敗卻截然不同：有意學醫的男孩不必和官員私相授受，但必須在人民軍隊「志願」服役三年，比義務規定多了十八個月。這類期待從未有正式規定，卻是源自於社會主義國家與東德民情的交會：在波蘭，人們拿錢做人情和賄賂，而公務員非正式地收下好處中飽私囊。在東德，公務員則正式收下這些人們自願獻出的政治順服表現。他們就是這樣，共同為這個東歐監控最嚴密的共產國家打造了堅固的外牆。[61]

因此，東德相對精密的政治控制槓桿也限縮了直接賄賂與貪腐的空間，但與此同時，更豐富的消費品卻也帶來矛盾的影響。一方面，東德在提供住房和醫療方面的成功，表示人們可以不那麼頻繁依賴「私交」；但另一方面，拒絕配合的人也讓自己享受不到富裕社會的甜美果實。

波蘭的國安和社會安全同樣失敗，我們甚至可以說，一邊的失敗也顯示出另一邊的失敗。波蘭既沒有以政治全面控制社會，也沒有提供優於原有水準的社會福利。波蘭人雖沒有流落街頭，但很多人都是兩三人同住一個房間。他們雖然餓不死，但飲食中只有大量缺乏維生素的澱粉。若說在史達林死後，所有東歐政權都放棄了全面控制社會的野心，那麼就屬波蘭共產黨放棄得最徹底。他們罕見地撤出農村，將大部分農場交由私人把持，隨後又進一步撤出。一九八九年，在建築施工、貿易和就業領域中，私營部門分別占百分之三十三、百分之五十九點五及百分之四十七點二。[62] 波蘭政府同樣給知識分子、藝術家及教會留下了在他處想像不到的自由。

若說東德因擁有高度發達的控管機制，而最接近警察國家，那麼波蘭看起來就相對自由。尤其是在一九八〇年的團結工聯革命之後，人們總算能公開表達自己的想法。社會主義商店的貨架雖然空空如也，但許多私人公寓裡的地下刊物都堆得頂到天花板了，連精裝版也有，蓬勃的知識與文化生活在黨的控制與興趣之外發展。規模小得多的波蘭國家安全部門雖設有線人，但人均數量沒有那麼多。當局可以關閉地下印刷業者嗎？也許吧，但代價就是讓對立的能量沸騰起來。

波蘭歷史學家會爭論其中原因，有些人主張波蘭的共產黨有點不同，比較站在「民族」這一邊；有些持有更多檔案者則認為共產黨是受到社會的箝制。在史達林時代的黨綱中，波蘭共產黨的激進意圖並不亞於他處的共黨同志，他們想要集體化和世俗化，但他們害怕這些舉措招來的後果。最終，國家還是應西方國家和債權國的要求，鬆綁了政治壓迫：一九八六年夏天，波蘭政權已幾乎將政治犯全數釋放。[63]至那時向西方欠下的債務已上升到三百一十億美元。

東德應對的社會卻不同，人民被一九五三年的殘酷鎮壓嚇壞了，但在一九六一年之前，至少還能選擇前往一個與自己使用同種語言的西方民主國家。因此留下來的人更願意向共產黨妥協，或者乾脆接受它。東德社會是人民自我選擇，在該區鮮見，黨幹部紀律嚴明，並以普魯士的傳統為榮。他們痛恨被當作弱國。德國社會主義統一黨和史塔西雖知道存在規模小但無處不在的灰色地帶，但視而不見。他們專心對付有明確政治意味的挑戰：真正的破壞、大規模盜竊、走私，尤其是把人員走私到西德。東德卻也獨占向西德販賣人口的權利，每送一名政治犯過境，就會索要高達十萬西德馬克的費用，一邊賺取強勢貨幣，一邊瓦解小型的政治反對派。

史塔西的重點不在於無所不知或無所不管，掌握的情報只要足以穩固秩序及打擊政治異議就行了。組織派出特工，並非為了找出（非法）用西方貨幣購買社會主義商店中缺貨品項（如電池充電器或汽車零件）的人，而是要滲透教堂和大學讀書會。史塔西確實擔心浪費又低產能的經濟，但其任務在於服務國家政策，而該政策也接受廣大人民擁有超出國家權限的私人生活。[64]下班後，東德人會行使不成文的權利，像是躲到私人公寓和週末度假小屋，或與家人和信任的朋友一起放鬆休息，常常以西德電視台和廣播作為娛樂（東德人通常比西德人更了解《豪門恩怨》〔*Dallas*〕或《偵探科傑克》〔*Kojak*〕等美劇的最新劇情走向）。

當局也會幫助這個「利基社會」實現消費者的最終願望，偶爾以高價將西方產品「扔」到市場上。

一九七七年，社會主義統一黨的領導層為了解決人民未獲滿足的汽車需求，而訂購了一萬台「福斯兔」（Volkswagen Rabbits），該車款製造精良，但外表並不起眼。比起東德人那時要等待二十年才買得到的衛星車款，福斯兔的價格是該社會主義國產車的三倍多。[65] 有間以西方貨幣作買賣的國營企業也讓東德人能用西德馬克來購買該車（或是讓西方親戚將車子當作禮物送給他們）。一如往常，官方媒體並未提及當局購買西方汽車。汽車祕密越過邊界，但隨後就掛上東德車牌出現在東德街頭。當局刻意不訂購豪華車款，這等同於是在向開福斯汽車的人說：你們能持有有限的財富，也許比其他人有錢了點，但不要炫耀。這就是史塔西所捍衛的「真實存在的社會主義」。

東德公民知道，史塔西若是出手，不是因為出現大規模貪腐，就是有人出於「政治」原因引起注意。一九八五年，史塔西對一名新教牧師設下圈套，該名牧師一直在指導劇團演出批評軍備競賽的作品，暗指東西雙方都應受譴責。[66] 史塔西特工假扮成掌握灰色經濟管道的人，為牧師的寒冷教堂取得新的供暖設備，讓牧師從另一座正被拆除的教堂為他們弄到巴洛克時代的雕像。牧師上鉤後便被捕受審，但隨後當局給了他兩個選擇：移民或坐牢。他與其他許多異議分子和潛在異議分子一同前往了西德。[67] 史塔西利用第二經濟擺脫政治問題，為自我選擇的社會恢復社會主義的平衡狀態。

國家祕密部門還動搖親密關係，特工毫不猶豫地與人成為伴侶並同床共枕。一九九〇年，據檔案顯示，有對夫婦本為著名的異議分子，但丈夫多年來其實一直為史塔西工作。從充滿顆粒感的黑白照片中，可見微小的東德人權或生態團體擠滿客廳，散發出家庭般的團結氣氛，人們一邊飲酒、點燃蠟燭，一邊分享已被遺忘許久的笑話。然而散坐在沙發和椅子上的，都是一九九〇年後被認定為史塔西「非正式特工」的人：後來更證實有三、四分之一的「異議分子」都在為國家工作。[68]但他們提供的情報是否真有價值，那就是另一個問題了。

國家與社會的較勁：統治者、幫兇與敵手

晚期社會主義社會中常見民心低落，這是肇因於當局自稱是以更高的道德標準來統治，他們吹噓太過，結果在實際統治時難免有妥協，反而使政權顯得格外虛偽（即使真實社會主義的基尼係數是全世界最低）。大家都曉得階級制度的存在，過得最好的永遠都是與國家官員有密切關係者、利用體制利己者，或是在西方有親屬者。嚴格遵守官方規定的人（乖乖為一間公寓或一台汽車排隊等候二十年）注定只能落於人後。

女性雖被納入勞動力，待遇卻並不平等。她們在符合傳統形態的低薪工作中往往比例過高。在一九七〇年的南斯拉夫，女性占紡織業勞動力的百分之七十三點七、醫療服務業的六十九點七，在零售貿易領域卻只占百分之四十一點四。[69]就算有人突破了特定的職業障礙（如醫療），也仍是在薪水微薄的領域服務。經濟、國家及黨菁英管理層中的女性比例很低。女性在申請需研究所學歷的職位（如醫學領域）時也會受到無聲的歧視，因為官員擔心她們在生孩子後會利用國家保障的有薪假。

奠基於社經階級的社會已不復存在，但人們知道還是有等級分層。爭取利益的競爭不是比誰跑得快，而是比誰攀得高，衡量標準不是年收入而是地位，看誰更容易取得大家理應都能得到的東西：假期

圖 23.6 東德高檔專賣店。
來源：Florian Schäffer, GFDL or CC-BY-SA 3.0.

（要過得更豪華）、公寓（要更大更舒適）、汽車（要更高級：瓦特堡優於衛星；史柯達優於瓦特堡，諸如此類），採買也要到特別的熟食店（Delikatläden），而不是普通的零售店（Konsum）。一旦達成以上條件，接下來的目標可能就是弄到能讓人放鬆休憩、種植花草的週末度假屋了。對於國家公務員來說，重點不僅在於享受，更要複製地位。從一九四〇至一九五〇年代相對開放的時期開始，階級更明顯、流動性有限的社會已然形成。至一九八〇年代，大多數東德大學生的祖父母雖出身工人階級，但父母已完成大學學業。[70]

匈牙利是模仿西方模式最徹底的地方，官員在一九六〇年代中期公開承認，他們只能任由人們取得炫耀性商品。以私家車為例。在奉行史達林主義的拉科西統治時期，私有車的數量降至低於戰前水準，要是有誰的收入足以讓自己動了買車念頭，也會因車輛可能被沒收而作罷。轉折發生在一九五八年至一九五九年——在這十二年內，私有的自用車數量從一萬三千輛增加到二十六萬兩千一百七十四輛（仍遠低於法國）。[71] 但買得起汽車的人並非「領導」階層（即工人階層），而是經濟、文化及科學生活的領袖，也就是新的社會主義資產階級。黨官員表示，我們不應該、也不可能阻撓這些人滿足自身需求。「追求美好生活已不再是一種罪惡」。[72] 但同時，保加利亞和羅馬尼亞政權仍在鼓吹和實行「同質化」。

不論是哪國政權，與鄰國的競爭都讓他們在某個時刻開始採購西方商品。藍色牛仔褲尤其有種魅力，東德人要是有親戚住在西方，就能享有不公平的優勢，因為他們能收到二手（卻無比時尚）的西方服裝禮包，偶爾也會收到西方貨幣。沒有這種人脈的東德人，或是沒有管道取得西方貨幣的東德人，常會感覺低人一等、被社會主義背叛，無法跟上大家的腳步。雖然法規有所限制，但就連擁護正統者也難擋西方產品的魅力。為配合階級鬥爭的準則，政治局的座車是瑞典產的富豪汽車（Volvos）而非賓士轎車。畢竟瑞典是中立國。

柏林圍牆倒塌後，人們才震驚意識到這些領導人的生活是多麼低調。他們住在堅實但不起眼的兩層家庭住宅，牆上掛著印刷藝術品，屋內擺著批量生產的瓷器、餐具及家具；洗衣機和冰箱為國家社會主義製，但彩色電視是購自西方。[73] 政治局成員可以拿到新鮮水果和西方牙膏，還永遠不必排隊等候。埃里希．何內克在下班後喜歡喝罐西德啤酒，家中侍者會確保何內克太太瑪格（Margot，一位意識形態狂熱的教育部長）的西德香煙夠用。威利・斯托夫（Willi Stoph）夫人（二當家的妻子）成了購物狂，每天都會出現在社區的購物中心，想看看有什麼新產品。[74] 些許的特權引發了相關謠言讓人們心生怨念，因為領導人打著以更高標準統治的名號，卻似乎違背了自己試圖強加給工人的論調。

※

但就算有這樣的想法，要真正起而反抗卻很困難。何謂反抗？每個行為，甚至每個想法，都要違背國家的進程嗎？理論上，只要能阻撓欲徹底推動極權的作為都算。就如傑瑞米・邊沁（Jeremy Bentham）提出的環形監獄（panoptikon）結構，政權曾試圖「監視、控制社會中的每一個人」，社會的應對方式便是找時機拉下百葉窗；時機不對的時候，則是透過說謊來保護自己免受謊言的侵害。[75]

然而並非所有謊言或逃避都算是反抗。穿牛仔褲、工作懈怠、囤積奶油、非法兌換貨幣（其實就是涉及灰色經濟）充其量只是含蓄的反抗——這類多少算是不守規矩、甚至是顛覆的行為，也只是在反抗理論中存在的國家。以上行為其實是為了適應真實存在的社會主義，並有助於穩定局勢。

然而，知識分子的異議是明確、有意的抗爭，這些在「地下」自我組織的人精心發想替代的體系：更和平、對環境危害更小、更不虛偽的政治秩序。有些人更因涉及這類活動而入獄多年。但帶頭的異議分子也承認，社會秩序仍有賴社會各界合作，連同自己在內。匈牙利的喬治・康瑞德寫道：「我們都是同一齣戲裡的演員……表現稱不上是一流，但還可以接受。」[76] 捷克異議分子伊日娜・希克洛娃（Jiřina

Šiklová）指出國家與社會會相互滲透。正如政黨組織深入大街小巷、工廠及公寓住房，反對勢力網路也會在城鎮和村莊擴張影響力，時常還有守規矩的「好」公民暗中相助，例如國營出版社的編輯讓「非法」作者以假名發表文章，並支付他們酬金。[77] 國家官員也會讓異議分子留有生存空間。只要不引人耳目即可。

但也有相反的例子。一九八〇年代初，希克洛娃正於監獄服刑，女兒在攻讀醫學，成績還是全年級最好的。她本來有資格接受表揚，但院長辦公室聯繫說她的名字不能出現在學校公布欄上。於是校方想出了另一種表揚方式。因為她的母親「不在」，而她與祖母和未成年的弟弟同住，所以校方為希克洛娃的女兒提供最高的「社會獎學金、房租和電費獎金」。此種人性之舉展現出個人的善心，讓人民較能夠忍受極權制度，因此也更有可能落實極權制度。資優生遭受歧視，卻能夠坦然接受而不生氣。這個解決方式甚至讓她很開心。[78]

還有另一段較平凡的經歷，能更充分體現政權的力量是如何讓每個人都參與其中。幾年前，這個女兒非常想要藍色牛仔褲，但只有在國營強勢貨幣商店「圖澤克斯」（Tuzex）才能買到。當時希克洛娃博士正在一家醫院做清潔工，她成功從黑市弄到了西方貨幣，卻無法直接購買。隊伍排得很長，女兒也沒時間試穿。結果他們發現有個朋友（也是被降職的異議人士）在這家店工作，對方安排讓女孩在一般營業時間之外試穿。第二天，排隊輪到希克洛娃時，她總算買到了一條女兒可以穿的褲子。一切似乎都很順利。

幾天後，高中老師打來電話，態度非常激動，原來是因為這條牛仔褲後口袋的商標上繡有小型美國國旗。國家社會主義商店雖以美元出售帶美國國旗的產品，但國家社會主義學校內卻不許穿著。所以說，即使沒有違法，希克洛娃還是剪掉了那幅小旗幟。

對於一九六八年著名的共產黨改革派希克洛娃來說，此例展現出極權主義的內部運作方式。「我們」與「他們」之間並無分別。正如喬治・康瑞德所說，社會主義社會是一個整體，人人多少都與彼此關聯，並朝著同個方向（社會主義社會）牽引，只不過每個人用力的程度不同。在這個故事中，首先是一名想成為現代青少年的女孩，接著影響到她持異議的母親和朋友（受雇於國營強勢貨幣商店的那位），再牽扯到國家公務員（學校校長）。希克洛娃後來寫道：「我當初就該要求會見（學校的）主任同志、拒絕接受這種荒誕的說詞，再把事情鬧大才對。」沒有人會因此逮捕她。她早該主張此舉違法（沒有法律禁止穿戴美國國旗）並要求執行。但她卻同情學校老師，也不願「自找麻煩」。[79]

這個故事裡沒有「他們」，只有「我們」。就連政府也不能算是罪魁禍首，政府又沒有激起人民對牛仔褲的渴望，只是彆扭地嘗試滿足這個渴望。那麼，這樣的願望又是從何而來？

劇作家瓦茨拉夫・哈維爾寫道，同胞們為了保障消費社會的利益而活在「謊言」之中。他舉了蔬果商在五一節張貼此標語的例子：「全世界的無產者，團結一心！」這名蔬果商不是在表達信念，而是在表達忠誠。當局的回報就是讓他安穩生活，自由享受晚期社會主義的甜頭（例如在保加利亞度假）。哈維爾並未責怪國家社會主義創造了這個慣性說謊的世界。他寫道：「這樣的世界之所以可能存在，而也確實出現了，只是因為現代人類顯然有創造這種世界的傾向，或者說至少有容忍這種制度的傾向。」[80]此傾向既不是來自於社會主義，也不是資本主義，而是來自現代性本身。

哈維爾譴責這種制度，就表示他認為可以作出改變。儘管當局壓迫人們的尊嚴，但人民還是留有尊嚴，並知道生活在謊言中有損自己的尊嚴。但哈維爾眼見社會主義在捷克斯洛伐克如此穩固，就如地獄一般，他的呼籲也是對此局勢的一種悲觀診斷。當他、希克洛娃和幾十名異議分子設法喚起大眾良心時，一千七百萬同胞卻作出微小但容易的公開妥協，以換取在下班後隨心所欲的自由——低壓力且相對富裕的條件促成了這些承諾，再加上便宜的優質啤酒、儲備齊全的週末度假屋、有水準的大眾娛樂活動，以及家庭生活的歡樂和保障。

這種生活方式，與數百萬人在社會主義之外享受的生活有何差別？既然看不出抗爭能帶來何種改變，又有多少人願意危及家庭安全，惹得國家來監視自己？人們批評哈維爾只會說教。在他看來，民眾不願抗爭，是因為「重消費的人普遍不願為了保全自己的精神和道德操守，而犧牲掉確實能享有的物質」。然而也許他不是在批判，只是直截了當地提出其他選擇？撫育孩子的平靜家庭生活（如蔬果商參與政治異議，這種生活馬上就會受威脅）難道不只是「確實能享有的物質」嗎？道德操守的標準又是什麼？哲學家彼得．雷澤克（Petr Rezek）寫道，如果「採用哈維爾的操守標準、嘗試根據他的診斷來讓一切重來，那麼大多數人都得戒掉電視之類的日常普通活動」。[81]

話雖如此，獨裁統治下的人民仍是生活在恐懼之中。「說實話」不僅會斷了必需品的供應，再犯的話更可能會鋃鐺入獄，大家都心知肚明。對政治壓迫的恐懼似乎並不存在於人們的日常生活，但實際上恐懼卻是被擋在門外。一九八八年，一位布拉格的上班族女性被一家地下刊物問及對「恐懼」的看法，她說自己害怕上班遲到，但不怕外遇被發現，因為可以掩飾。那麼說出自己的想法呢？她對此答道：

「我沒有膽這麼做，而且我喜歡安逸的生活，所以什麼都不介入。我總是袖手旁觀。」另一位煤工倒是不怕抒發己見，反正自己的地位也不能再低了。[82]

政權本身也受到恐懼的支配，當局還記得一九六八年八月和一九五六年十一月發生的事。有位持異議的物理學家弗蘭蒂舍克・雅努奇（František Janouch）寫道：

> 我們的政權如今什麼都怕，真的什麼都怕；他們害怕活人……害怕死者，甚至害怕憶起死者。他們害怕喪禮與墳墓、害怕青年共產黨員與老共產黨員、他們害怕黨外人士、知識分子，他們害怕工人階級。他們害怕學界、藝術、電影，他們害怕劇場、書籍、留聲機唱片。[83]

當局對工人階級與一九五三年大規模騷亂的忌憚，解釋了為什麼東德政權會監控所有與消費品供應有關的抱怨。但東德工人沒有再次起而抗爭也是事實，因為他們記得一九五三年的鎮壓有多麼殘酷。

哈維爾還有一個論點，比前述「活在真實中」的論點更有爭議，他稱每個人「多少都是制度下的受害者和支持者」。[84]但希克洛娃的女兒和密切關注數百名教師與學員的高中校長之間沒有區別嗎？確實，史塔西上校與普通黨員的罪咎大不相同，畢竟前者負責管理一座小鎮，後者遵守黨紀。若比起不從屬於任何組織的產業工人，或庇護青年團體、讓其探討環境或人權議題的新教牧師，史塔西與他們之間的差距又更大了。

有人可能會爭辯說，牧師為被疏遠的年輕人提供聚會場所，所以讓他們「融入」了社會主義國家的生活。但這只有一部分是事實。牧師作為「受害者和支持者」的方式並不同於校長，因為牧師是在讓人們拓展批判性思考的能力，而非限制他們。此舉也許不會有立竿見影的效果，但就如默默努力的匈牙利和捷克斯洛伐克異議分子或波蘭的地下大學，他們花費的功夫可能會撼動原本穩定的局勢，因為人們會知道，在公開宣傳的政治謊言之外，還存有生機與真相。

羅馬尼亞

哈維爾的診斷在羅馬尼亞幾乎無人理解。該國結合了各體制最糟的一面：奉行新史達林主義的東德安全國家、失能的波蘭經濟，還有拉丁美洲各國的獨裁統治，再將其糟糕程度拓展到新境界。羅馬尼亞社會主義有位領頭學生稱之為民族史達林主義。比起其他共產集團國家，恐懼更是深入民眾的日常生活。羅馬尼亞人深知，只要說了什麼政治不正確的話，就可能會消失在監獄中，然後徹底從世上消失。羅馬尼亞共產黨政權下有五十萬政治犯，估計就有十萬人死於獄中。[85]

恐怖並不總是肉眼可見。諾貝爾獎得主作家荷塔．穆勒（Herta Müller）於三十四歲離開羅馬尼亞（一九八七年），她本喜歡騎著腳踏車，欣賞村莊和城市街景掠過眼前。有天，祕密警察特工在審訊中告訴她，騎腳踏車的人會出意外。不久後便有輛卡車將穆勒從自行車上撞下來，於是她賣了車。穆勒上髮廊時，理髮師問她是不是騎腳踏車來的，穆勒心想：「她怎麼知道我有腳踏車？」當她打開公寓大門時，又在冰箱頂上的碗裡發現朋友留下的便條——但她是怎麼進來的？那天晚上，穆勒就開始掉髮。她後來反思道：「追捕者不必在場就能構成威脅。他的陰影會籠罩各種事物，並將恐懼轉移到腳踏車、髮色、香水瓶、冰箱上。你擁有的一切都是追捕者的化身。無論你在家中是如何私下處理自己的財產，都還是能感覺到追捕者窺視的目光，而你也正注視著他的雙眼。」[86]

匈牙利作家伊斯特萬・艾爾希回應稱，匈牙利的祕密警察絕不會用製造自行車事故等手段來恐嚇匈牙利知識分子。但他補充道，政權也沒必要這麼做——這番話讓人想起哈維爾的批評。社會主義國家強勢到不必動用這種方法，原因與一九五六年達成的協議有關。匈牙利知識分子同意永不談論革命，並承認該統治權（即便當局處決了納吉和數百人），因此與蘇聯集團其他大多地方相比，該國知識分子擁有更大的寫作和創作自由。兩者變得如此合作無間，領頭的知識分子甚至還會固定與黨內建制派共進晚餐：不與政治局成員坐在一起的話，他們就會「消化不良」。[87]

羅馬尼亞並非從一開始就屬異類。進入一九七〇年代初期，西奧賽古政權以提高生活水準來獎勵人民順從當局。然而在那之後，羅馬尼亞的人均收入便下降了，部分是因為政權拒絕累積債務，再加上能源價格上漲的壓力。從一九八一年起，麵包、糖、油等基本民生必需品開始採配給制，其他商品的消費也受嚴格限制（從一九七六年到一九八五年，波蘭也限制配給各種商品，包括糖、奶油、肉、米及麵粉）。次年，物價瘋漲，政府開始每天無預警斷電幾次。[88]在夜晚，羅馬尼亞人只能蜷縮在寒冷黑暗的公寓裡，白天則將大半精力都花在排隊買食物上，彷彿回到了現代化之前的狀態。這對國家權力代表何種意義？羅馬尼亞心理學家拉杜・克利特（Radu Clit）寫道：「忙著生存的人不太可能會參與社會生活。」[89]

人們對美好生活的看法很快就變得怪異扭曲。一天早上，布加勒斯特世界知名的內分泌學家斯特凡．米爾庫（Stefan Milcu）教授接到兒子和女兒的電話，他們與父親分享一些值得開心的事。住在加拿大的兒子終於弄到了想要的汽車；住在羅馬尼亞的女兒則總算找到一家不必排隊就能買到起司的商店，她馬上為自己和爸媽買了很多。[90]米爾庫總結說，光是買得到起司就能感到高興的人，對生活的期望也不會太高。然而在大多時候，買起司（或是水果、魚、糖果）的想法，就是無法實現的夢想。

當局使用令人畏懼的羅馬尼亞祕密警察安全局（Securitate）來掌控政治，但對服從的人民幾乎沒有任何犒賞。在西奧賽古狂妄族群至上主義的背景下，這種貧困處境似乎是蓄意策畫，好為卑微民眾留下統治者無所不能的印象。[91]媒體吹捧統治者天才和仁慈的言論越發荒謬，古老的教堂和無價的建築瑰寶則淪落到被拆除的地步，讓位給帶有領導人個人印記的龐大社會主義寫實主義宮殿。[92]

羅馬尼亞祕密警察雇用了該國約三十分之一的成年人，是蘇聯集團最大的機構之一。由於一九八〇年代的經濟災難，該機構會威脅要扣留其他東歐人司空見慣的東西（如治療重病的藥物），藉此招募非官方特工。[93]他們也會勒索透過黑市獲取必需品的人。荷塔．穆勒因在提密索拉（Timisoara）的「私人市場」以「過高」價格（其實就是現行價）購買堅果而被捕。她在監禁期間，還認識了偷蠟燭（因為無電可用）或釘子的人。這種「機制」的重點在於「定罪越多人越好，這樣就能輕鬆敲詐他們」。[94]就連兒童也無法倖免。[95]其他地方的情況則截然不同：就算是在東德，異議分子通常也至少能指望有一間溫暖的公寓和足夠的收入來購買必需品；被捕的話，也會迅速被送往西邊。

但就如東德、捷克斯洛伐克及保加利亞，政治控制雖然不那麼暴力，但也比史達林時期更有效果

（在史達林時期，國家會一邊將異議分子關進監獄，一邊仍打造著線人網路）。公開的恐怖與其說是自信，不如說是軟弱的象徵。[96]東德國家為因應政治控制的需求而調整各級教育體系，想要接受越高的培訓水準，就必須更加服從。領導職位（即使是外科醫生）也必須有黨員身分，黨員就如軍人一樣要服從紀律，要執行「任務」。

羅馬尼亞的婦女吃盡苦頭，突顯出民族主義的邏輯思維是如何驅使該國莫名其妙的暴政。若說其他地方的婦女要忍受職業和家務的「雙重負擔」，那麼羅馬尼亞的女性還背負一項任務：儘量生育孩子。國家希望壯大羅馬尼亞人的數量，因而從一九六六年起將墮胎定為犯罪（從一九五〇年代末到一九七〇年代初期，其他地方正紛紛推動墮胎合法化），更規定女性須接受婦產科檢查，以確定她們是否懷有身孕。比起白領女性上班的國家政府辦公室，這些檢測在工廠中更為頻繁、也更羞辱人，反映了出未明言的階級結構。[97]

避孕並不違法，但羅馬尼亞已停產相關藥具。避孕用品至一九八〇年代已極難取得（匈牙利或南斯拉夫產的保險套會在黑市上以高價交易）。羅馬尼亞人本來就承受著各種恐懼，現在又添了一項對懷孕的恐懼。在其中一個例子裡，安全局承諾會協助一名遭受拙劣墮胎手術的婦女恢復元氣，但前提是她必須透露執行手術者的姓名——她拒絕了，安全局任她自身自滅。[98]在一九六五年至一九八九年間，羅馬尼亞就有超過九千名婦女死於不安全的墮胎手術。[99]有時醫生會為了保護婦女而將墮胎記錄為流產。[100]國家這種對壯大羅馬尼亞人的執著，導致許多不受歡迎的孩子出生，數千人淪落到破舊的孤兒院；一九九〇年，當這些孤兒院公諸世人檢視時，舉世更為之震驚。

支持生育只是羅馬尼亞的其中一項民族主義政策，另外還有摧毀匈牙利村莊及公然獨立的外交政策——這項政策使羅馬尼亞於一九八四年無視蘇聯抵制，仍派出運動員參加洛杉磯奧運；接著，在次年蘇聯領導人戈巴契夫開始出頭時，羅馬尼亞也抵制他提出的所有改革思想。

隨著西奧賽古政權不得不更吝嗇，祕密警察也配合控制著人民——他們生活在假裝熱愛可惡統治者的謊言之中，不過當局也授予足夠的「特權」來控制潛在的反對勢力，如教會上層在當局的恩威並施下已然腐敗。信眾最多的羅馬尼亞東正教往往與政府尤其親近，但規模較小的匈牙利改革教會主教和要員也被控制得服服貼貼。然而在尊重的表象背後，對不公義的憤怒也正在醞釀，程度遠超其他東歐人的感受——最終在一九八九年秋天爆發了街頭戰鬥。事件正好源起自壓迫最嚴重之處，其中涉及一名與高層不合的低階匈牙利神職人員，事發地點位於匈牙利裔地區，這裡的人尤其常受到騷擾和怠慢。101

⁂

本章開頭提出的辯論，仍沒有得出結論的跡象。在我們這個時代，提倡社會主義者（無論他們認為社會主義的意義為何，也無論是出於何種原因）很可能會說舊政權不符合社會主義的條件，因為他們未能推廣人類自由。而我們這個時代厭惡社會主義的右派（無論他們認為社會主義的意義為何，也無論是出於何種原因）則會說，舊政權確實包辦了這種失敗思想的本質。各時代的人都會以自身所處時代的濾鏡來看待過去。可以確定的是，過去的政權自稱為社會主義，且儘管存在種種缺點，領導人仍相信自己正在迎向更美好的明天。的確，他們曾實現社會主義最基本的條件：不採取資本主義。事實上這還是人類歷史上唯一一次有國家大舉將市場放逐到社會經驗的邊緣。但也許比「社會主義」一詞誤用與否更重要的，是大眾的記憶（畢竟人總愛執著於事物美好的一面，大眾記憶也不例外），因為我們探討的時代也是回憶者的年少時代——在年輕時，無論政治制度如何，任何值得記住的開心事都會發生。

表A.6 一九五六年至一九六五年，中東歐國家物質生產淨額每年增長率（百分比）

國家	1956～1960	1961～1964
東德	7.1	3.4
波蘭	6.5	6.2
捷克斯洛伐克	7.0	1.9
匈牙利	6.0	4.1
南斯拉夫	8.0	6.9
羅馬尼亞	6.6	9.1
保加利亞	7.0	5.8

出處：Geoffrey Swain and Nigel Swain, *Eastern European since 1945* (New York, 1993), 127.

表A.5　一八九〇年至二〇〇〇年，中東歐國家國民所得
（平均每人國內生產毛額，以一九九〇年國際元計算）

國家	1890	1910	1920	1929	1950	1960	1980	1989	2000
德國	2,428	3,348	2,796	4,051	3,881	7,705	14,114	16,558	18,944
奧地利	2,443	3,290	2,412	3,699	3,706	6,519	13,759	16,360	20,962
波蘭	1,284	1,690	—	2,117	2,447	3,215	5,740	5,684	7,309
捷克斯洛伐克	1,505	1,991	1,933	3,042	3,501	5,108	7,982	8,768	9,320
匈牙利	1,473	2,000	1,709	2,476	2,480	3,649	6,306	6,903	6,772
南斯拉夫	776	973	949	1,256	1,428	2,370	6,297	6,203	4,744
羅馬尼亞	1,246	1,660	—	1,154	1,182	1,844	4,135	3,941	3,047
保加利亞	1,132	1,137	—	1,227	1,651	2,912	6,044	6,216	5,483

出處："Maddison Project Database 2013," https://www.rug.nl/ggdc/historicaldevelopment/maddison/releases/maddison-project-database-2013（二〇一九年六月十五日瀏覽）；Jutta Bolt and Jan Luiten van Zanden, "The Maddison Project: Collaborative Research on Historical National Accounts," *Economic History Review* 67:3 (2014), 627-651.

註：所有數字皆以一九九〇年等值美元為單位計算；保加利亞一八九〇年和一九一〇年的數字，取自一八九九年和一九〇九年；捷克斯洛伐克和南斯拉夫一九二〇年以前與一九八九年以後的數字，則分別是捷克共和國和塞爾維亞的數字。圖示「—」代表資料無法取得。

克羅埃西亞		波士尼亞與赫塞哥維納		塞爾維亞		羅馬尼亞		保加利亞	
1921 年普查		1921 年普查		1921 年普查		1930 年普查		1930 年普查	
克羅埃西亞人	68.9	塞爾維亞人	43.5	塞爾維亞人	80.8	羅馬尼亞人	77.8	保加利亞人	83.4
塞爾維亞人	16.9	波士尼亞人	30.9	阿爾巴尼亞人	10.2	匈牙利人	10.0	土耳其人	11.2
義大利人	6.1	克羅埃西亞人	21.6	弗拉赫人	3.9	羅姆人	1.7	羅姆人	1.3
德意志人	2.9	德意志人	0.9	德意志人	0.1	德意志人	4.4	德意志人	1.0
猶太人	0.1	猶太人	0.6	猶太人	0.2	猶太人	3.2	猶太人	0.9
1948 年普查		1948 年普查		1948 年普查		1949 年普查		1949 年普查	
克羅埃西亞人	79.2	塞爾維亞人	44.3	塞爾維亞人	73.9	羅馬尼亞人	85.7	保加利亞人	85.4
塞爾維亞人	14.4	波士尼亞人	30.7	波士尼亞人	8.15	匈牙利人	9.4	土耳其人	8.6
義大利人	2.2	克羅埃西亞人	23.9	阿爾巴尼亞人	6.64	德意志人	2.2	德意志人	2.5
2011 年普查		2013 年普查		2011 年普查		2011 年普查		2011 年普查	
克羅埃西亞人	90.4	波士尼亞人	50.1	塞爾維亞人	83.3	羅馬尼亞人	88.6	保加利亞人	83.9
塞爾維亞人	4.4	塞爾維亞人	30.8	匈牙利人	3.5	匈牙利人	6.5	土耳其人	9.4
波士尼亞人	0.7	克羅埃西亞人	15.4	波士尼亞人	2.0	羅姆人	3.3	羅姆人	4.7

(gradjansko i vojničko, trajno i prolazno) po veroispovesti," http://pod2.stat.gov.rs/ObjavljenePublikacije/G1921/Pdf/G19214001.pdf（二〇一九年六月十五日瀏覽）；Republički zavod za statistiku, *Popis stanovništva, domaćinstava i stanova 2011 u Republici Srbiji*, vol. 1 (Belgrade, 2012), 14– 15; Comisia Judeţeană Pentru Recensământul Populaţiei şi al Locuinţelor, Judeţul Sibiu, "Comunicat de presă 2 februarie 2012 privind rezultatele provizorii ale Recensământului Populaţiei şi Locuinţelor—2011," (Bucharest, 2012), 10, http://www.recensamantromania.ro/wp– content/uploads/2012/02/Comunicat_DATE_PROVIZORII_RPL_2011.pdf（二〇一九年六月十五日瀏覽）；Natsionalen statisticheski institute, *Prebroyavane na naselenieto i zhilishtnya fond prez 2011 godina (okonchatelnidanni)* (Sofia, 2012), 23.

註：一九三一年的波蘭和一九五〇年的斯洛伐克，盧森尼亞人和烏克蘭人是計算在一起的。一九二一年的南斯拉夫依照宗教信仰計算猶太人的人數；除此之外，族群身分則由母語決定。擁有大量匈牙利人口的弗伊弗迪納省，則不計入塞爾維亞的數字。波士尼亞人是說塞爾維亞－克羅埃西亞語的穆斯林；弗拉赫人則是羅馬尼亞語使用者。

表A.4　一九二〇年代至二〇一〇年代，中東歐各國族群組成，按普查年度分（百分比

	波蘭		捷克共和國		斯洛伐克		匈牙利	
年代	1920 年普查		1930 年普查		1930 年普查		1920 年普查	
戰間期	波蘭人	68.9	捷克人	67.7	斯洛伐克人	70.4	匈牙利人	83.9
	烏克蘭人	13.9	波蘭人	0.9	匈牙利人	17.2	斯洛伐克人	1.8
	白羅斯人	5.3	斯洛伐克人	0.4	烏克蘭人	2.7	克羅埃西亞人	0.7
	德意志人	2.3	德意志人	28.8	德意志人	4.5	德意志人	6.6
	猶太人	8.6	猶太人	1.4	猶太人	2.0	猶太人	6.0
年代	1949 年普查		1950 年普查		1950 年普查		1949 年普查	
戰後	波蘭人	97.8	捷克人	93.9	斯洛伐克人	86.6	匈牙利人	98.6
	烏克蘭人	0.7	斯洛伐克人	2.9	匈牙利人	10.3	斯洛伐克人	0.3
	德意志人	0.7	德意志人	1.8	盧森尼亞人	1.4	德意志人	0.2
年代	2011 年普查		2011 年普查		2011 年普查		2011 年普查	
現今	波蘭人	98.5	捷克人	64.3	斯洛伐克人	80.7	匈牙利人	85.6
	西利西亞人	1.0	斯洛伐克人	1.4	匈牙利人	8.5	羅姆人	3.2
	德意志人	0.1	未表明	26.0	未表明	7.0	未表明	14.1

出處：Piotr Eberhardt and Jan Owsiński, *Ethnic Groups and Population Changes in Twentieth Century Central– Eastern Europe: History, Data, and Analysis* (New York, 2003); Główny Urząd Statystyczny, *Struktura narodowo– etniczna, językowa I wyznaniowa ludności Polski: Narodowy spis powszechny ludności I mieszkań 2011* (Warsaw, 2015); Český statistický úřad, "Obyvatelstvo podle národnosti podle výsledků sčítání lidu v letech 1921– 2011," https://www.czso.cz/documents/10180/45948568/130055170016.pdf/7def9876– 5651– 4a16– ac13– 01110eef9f4b?version=1.0（二〇一九年六月十五日瀏覽）；Štatistický úrad Slovenskej Republiky, "TAB. 115 Obyvatel'stvo podľa pohlavia a národnosti, Sčitanie obyvatel'ov, domov a bytov 2011." http://census2011.statistics.sk/tabulky.html（二〇一九年六月十五日瀏覽）；Központi Statisztikai Hivatal, *2011 Évi népszámlálás*, vol. 3, Országos adatok (Budapest, 2013), 67; Državni zavod za statistiku Republike Hrvatske, "Popisa stanovništva, kućanstava i stanova, Stanovništvo prema državljantsvu, narodnosti, maternjem jeziku I vjeri" (Zagreb, 2012), 11; Agencija za statistiku Bosne i Hercegovine, *Popis stanovništva, domaćinstava i stanova u Bosni i Hercegovini, juni 2013* (Sarajevo, 2013), 54; Bogoljub Kočović, *Etnički I demografski razvoj u Jugoslaviji od 1921 do 1991 godine* (Paris, 1998); "Ukupno stanovništvo

表A.3　一九三〇年至一九九〇年代，中東歐各國不識字率
（十五歲以上人口百分比）

國家	**1930年代**	**1940年代**	**1950年代**	**1960年代**	**1970年代**	**1980年代**	**1990年代**
波蘭	25	—	6	5	2	1	1
捷克斯洛伐克	4	—	3	—	—	—	—
匈牙利	10	6	5	3	2	1	1
南斯拉夫	46	27	27	24	17	10	7
羅馬尼亞	45	—	11	—	—	—	3
保加利亞	34	24	16	10	—	—	2

出處：UNESCO, *Progress of Literacy in Various Countries: A Preliminary Statistical Study of Available Census Data since 1900* (Paris, 1953); UNESCO, *Division of Statistics on Education, Compendium of Statistics on Illiteracy*, Statistical Reports and Studies, 31 (Paris, 1990); UNESCO, *Division of Statistics on Education, Compendium of Statistics on Illiteracy*, Statistical Reports and Studies, 35 (Paris, 1995)。

註：數字統計範圍是十五歲以上人口，但一九三〇年捷克斯洛伐克除外（十歲以上）；一九三〇年、一九五〇年和一九六〇年波蘭，一九三〇年和一九五六年羅馬尼亞，則統計十四歲以上人口。一九九一年南斯拉夫的數字排除斯洛維尼亞和克羅埃西亞，根據一九九五年《不識字率統計資料匯編》，這兩地十五歲以上人口的不識字率都低於百分之三點三。圖示「—」代表資料無法取得。

附錄

表A.2　一九一〇年至一九九〇年，中東歐國家從事農林及相關活動人口（百分比）

國家	1910	1920	1930	1950	1960	1970	1980	1990
德國	35	31	33	25	13	7	5	3
奧地利	40	40	38	34	24	15	10	8
波蘭		64	60	58	48	39	29	25
捷克斯洛伐克	40	40	33	39	26	17	13	13
匈牙利	64	56	51	52	38	25	18	15
南斯拉夫	80	79	76	73	64	50	32	21
羅馬尼亞	78	78	72	72	64	49	31	24
保加利亞	78	78	75	73	57	35	18	13

出處：一九一〇年取自：Ivan T. Berend and György Ránki, *The European Periphery and Industrialization, 1780–1914* (Cambridge, 1982), 159；David Turnock, *Eastern Europe: An Historical Geography, 1815–1945* (London, 1989), 104。一九二〇年取自：Derek Aldcroft and Steven Morewood, *Economic Change in Eastern Europe since 1918* (Aldershot, England, 1995), 18；Dušan Milijković, ed., *Jugoslavia 1918–1988: Statistički Godišnjak* (Belgrade, 1989), 39。一九三〇年取自：Dudley Kirk, *Europe's Population in the Interwar Years* (New York, 1968), 200；Wilbert Moore, *Economic Demography of Eastern and Southern Europe* (Geneva, 1945), 26, 35。一九五〇年至一九八〇年取自：International Labour Office, *Economically Active Population Estimates and Projections, 1950– 2025*, vol. 4 (Geneva, 1986), 160–170。一九九〇年取自：Alexander Klein, Max–Stephen Schulze, and Tamás Vonyó, "How Peripheral Was the Periphery? Industrialization in East Central Europe since 1870," in *The Spread of Modern Industry to the Periphery since 1871*, Kevin H. O'Rourke and Jeffery Gale, eds. (Oxford, 2017), 76。德國取自：Johan Swinnen, *The Political Economy of Agricultural and Food Policies* (New York, 2018), 72。

註：一九一〇年和一九二〇年保加利亞與羅馬尼亞的數字，在前引史料中記為範圍（百分之七十五到七十八）。一九一〇年捷克斯洛伐克的數字，乃是依據波希米亞－摩拉維亞和斯洛伐克（分別為百分之三十四和百分之六十一），南斯拉夫則依據塞爾維亞和克羅埃西亞－斯拉沃尼亞（分別為百分之八十二和百分之七十九）。

Ceaușescu's Socialism," *Communist and Post–Communist Studies* 32:2 (1999), 155–173; "The Fate of Half a Million Political Prisoners," *The Economist*, August 5, 2013.

86. 穆勒說的話取自：*Die Erblast von Stasi und Securitate: eine Debatte mit deutschen, rumänischen und ungarischen Antworten: Simposium, 6–8.06.2001* (Bucharest, 2002), 116.
87. *Erblast von Stasi und Securitate*, 117–119.
88. Adrian Neculau, ed., *La vie quotidienne en Roumanie sous le communisme* (Paris, 2008), 163.
89. Neculau, *La vie quotidienne*, 60.
90. Neculau, *La vie quotidienne*, 65.
91. 該計畫於一九八八年三月公告，欲摧毀約十三萬座村莊中的半數，並將居民遷移至五百五十八座「工農城鎮」。Dennis Deletant, *Ceaușescu and the Securitate: Coercion and Dissent in Romania, 1965–1989* (Armonk, NY, 1995), 134–135.
92. 據拉杜・克利特的觀察，取自Neculau, *La vie*, 57.
93. 招募人數引自：Oana Lungescu, "Romania Securitate Legacy 20 Years after Revolution," BBC, December 10, 2009, available at http://news.bbc.co.uk/2/hi/europe/8401915.stm (accessed June 21, 2019). 錫比烏縣的情形也請見：Deletant, *Ceaușescu*, 394.
94. 荷塔・穆勒說的話，取自：*Erblast von Stasi und Securitate*, 151.
95. This claim made in the BBC article ofLungescu, "Romania Securitate."
96. Neculau, *La vie*, 57.
97. 一九六六年十月一日的法令770。Jill M. Massino, *Engendering Socialism: A History of Women and Everyday Life in Socialist Romania* (Bloomington, IN, 2007), 165, 210.
98. Massino, *Engendering Socialism*, 165, 190.
99. Ann Furedi, "On Abortion, We Should Study Romanian History," *The Guardian*, January 15, 2013.
100. Massino, *Engendering Socialism*, 191.
101. 該名牧師為拉斯洛・托克斯（László Tokes），參見第三冊第二十五章。

68. 在情勢較棘手的東德南部，大約每四人就有一名非正式特工在設法阻撓反對勢力。Helmut Müller–Enberg, ed. *Inoffizielle Mitarbeiter des Ministeriums für Staatssicherheit: Statistiken*, vol. 3, (Berlin, 2008), 52; Irena Kukutz and Katja Havemann, *Geschützte Quelle : Gespräche mit Monika H., alias Karin Lenz, mit Faksimiles, Dokumenten und Fotos* (Berlin, 1990).
69. Pittaway, *Eastern Europe*, 128.
70. 該階級此時也出現了成長停滯。一九八二年，東德大專院校（Hochschule）學生的父親有百分之六十一受過大學教育，但只有兩成的祖父母受過技術工人教育。Doris Köhler, *Professionelle Pädagogen? Zur Rekonstruktion beruflicher Orientierungs– und Handlungsmuster von ostdeutschen Lehrern der Kriegsgeneration* (Münster and London, 2000), 75.
71. 法國每一千名居民持有汽車的汽車數量為兩百六十七輛，匈牙利為三十三輛。György Péteri, "Streetcars of Desire: Cars and Automobilism in Communist Hungary (1958–70)," *Social History* 34:1 (2009), 2–3.
72. Péteri, "Streetcars of Desire," 13; György Péteri, "Demand Side Abundance: On the Post–1956 Social Contract in Hungary," *East Central Europe* 43 (2016).
73. Gerd Schmidt, *Ich war Butler beim Politbüro : Protokoll der Wahrheit über die Waldsiedlung Wandlitz* (Schkeuditz, 1999), 59–60.
74. Schmidt, *Ich war Butler*, 43; Lothar Herzog, *Honecker Privat: Ein Personenschützer berichtet* (Berlin, 2012).
75. 「環形監獄」是種監獄規格，讓典獄長能最有效從中央控管，部分是因為能在「一覽無遺」的位置監視所有囚犯。Elemér Hankiss, *East European Alternatives* (Oxford, 1990), 94.
76. Konrad, "Wir schauspielern." 還有其他異議分子也認為，國家讓每個人都參與維護社會主義，如亞當・米奇尼克、瓦茨拉夫・哈維爾及羅蘭・楊恩（Roland Jahn）。參見：Jahn's *Wir Angepassten* (Munich, 2014).
77. 希克洛娃舉了日報《青年陣線》（*Mlada Fronta*）編輯揚・哈拉達（Jan Halada）的例子。Jan Hron, ed., *Věčné časy: československé totalitní roky* (Prague, 2009), 18.
78. Hron, *Věčné časy*, 20.
79. Hron, *Věčné časy*, 17.
80. Keane, *Power of the Powerless*, 38.
81. Caleb Crain, "Havel's Specter?" *The Nation*, April 9, 2012; 雷澤克這句話取自 Paulina Bren, *The Greengrocer and His TV: The Culture of Communism after the 1968 Prague Spring* (Ithaca, NY 2010), 206.
82. Bren, *The Greengrocer*, 204.
83. Quoted in Bren, *The Greengrocer*, 204.
84. Keane, *Power of the Powerless*, 37.
85. Vladimir Tismaneanu, "Understanding National Stalinism: Reflections on

命，而「付」了相當於一棟房子的錢，他患有需要特殊照護和西藥的慢性病。

53. Wedel, *Private Poland*, 12.

54. 這等同於一百四十六公升的啤酒和十五點五公升的烈酒。Kaminsky, *Illustrierte Konsumgeschichte*, 89.

55. 她寫道：「我在應對官僚與正式關係時已太過習於欺瞞，後來等我回美國時，幾個朋友更曾抱怨我太常說謊。」Wedel, *Private Poland*, 17.

56. Timothy Garton Ash, *The Uses of Adversity: Essays on the Fate of Central Europe* (New York, 1989), 133.

57. Paul Betts, *Within Walls: Private Life in the German Democratic Republic* (Oxford, New York, 2010), 24–25.

58. Jens Gieseke, *Die Stasi: 1945–1990* (Munich, 2011), 163; Betts, *Within Walls*, 22, 39.

59. Betts, *Within Walls*, 24–34.

60. Harald Schultze, *Berichte der Magdeburger Kirchenleitung zu den Tagungen der Provinzialsynode* (Göttingen, 2005), 238.

61. 這種國家和社會之間的「磋商」衍生出「vorauseilender Gehorsam」（忖度服從）一詞。參見：Stefan Wolle, *DDR: eine kurze Geschichte* (Frankfurt, 2004), 18 and passim; Jürgen Kocka, "Eine durchherrschte Gesellschaft," in Sozialgeschichte der DDR, Jürgen Kocka and Hartmut Kaelble, eds., (Stuttgart, 1994), 547–553.

62. 若排除私有農業，就業領域的私人部門比例為百分之三十一點三。Simon Commander and Fabrizio Coricelli, *Output Decline in Poland and Hungary in 1990–91* (Washington, DC, 1992), 27. 至一九八四年，該國已有近四十七萬個非農業私人企業。Wedel, *Private Poland*, 37, 53.

63. 內政部長基斯查克（Kiszczak）於一九八六年親自下令釋放最後兩百二十五名囚犯。Kuroń and Żakowski, *PRL*, 254.

64. 其領袖認為，黨不負責任地放任國家於一九八〇年代初期形成巨額貿易逆差。Jonathan R. Zatlin, *The Currency of Socialism: Money and Political Culture in East Germany* (Cambridge, 2007), 191.

65. 此為「西德廣播公司」（Westdeutscher Rundfunk）於一九七七年十一月三十日報導的故事。取自：http://www1.wdr.de/themen/archiv/stichtag/stichtag7126.html (accessed 26 November 2016). 衛星車款的官方價格為七千八百五十東德馬克；福斯高爾夫（Volkswagen Golf）則介於兩萬七至三萬六。

66. Bruno Schrep, "Kinder der Schande," *Der Spiegel* 28 (1995), 60.

67. 一九八四年曾出現大約三萬人的移民浪潮，因為當局試圖「疏通人民情緒」。Helge Heidmeyer, "Antifaschistischer Schutzwall oder Bankrotterklärung des Ulbricht–Regimes?" in *Das doppelte Deutschland*, Udo Wengst et al., eds. (Berlin, 2008), 94.

444, 446.

34. Fehérváry, "Goods and States," 430–431; Verdery, *What Was Socialism*, 28; John Borneman, *After the Wall: East Meets West in the New Berlin* (New York, 1991), 17–18.
35. I owe this point to Krisztina Fehérváry.
36. 麥克・博克哈特（Mike Burkhardt）指出其售價為五十九西德馬克。參見 http://www.geschichte–entdecken.com/Meine_DDR/ (accessed November 26, 2016).
37. Tobias Wunschik, *Knastware für den Klassenfeind* (Göttingen, 2014).
38. Fehérváry, "Goods and States," 448.
39. 參見：http://www.b92.net/eng/news/world.php?yyyy=2013&mm=01&dd=31&nav_id=84442 (accessed November 26, 2016).
40. 參見：http://www.balkanalysis.com/romania/2011/12/27/in–romania–opinion–polls–show–nostalgia–for–communism/#_edn1 (accessed November 26, 2016). 該調查始於二〇一〇年七月。大致情形請參閱收錄於此的論文：Maria Todorova and Zsuzsa Gille, eds., *Postcommunist Nostalgia* (New York, 2010).
41. Paulina Bren, "Mirror, Mirror on the Wall, Is the West the Fairest of Them All. Czechoslovak Normalization and Its (Dis)contents," *Kritika* 9:4 (2008), 842, 844.
42. Bren, "Mirror, Mirror," 846.
43. 引用於Bren, "Mirror, Mirror," 846.
44. Daniela Dahn, "Wir wollten doch auch noch leben oder Die Legende vom faulen Ossi," in *Ein Land genannt die DDR*, Ulrich Plenzdorf and Rüdiger Dammann, eds. (Frankfurt am Main, 2005), 117.
45. György Konrad, "Wir schauspielern alle in ein und demselben Stück," in *Ungarn: Ein kommunistisches Wunderland?* István Futaky, ed. (Reinbek bei Hamburg, 1983), 29.
46. 引用於Dahn, "Wir wollten," 139
47. Monika Maron cited in Kaminsky, *Illustrierte Konsumgeschichte*, 92.
48. 送花是因為她發現當天是他的生日。Janine R. Wedel, *The Private Poland* (New York, 1986), 23.
49. Wedel, *Private Poland*, 45–47.
50. Wedel, *Private Poland*, 26.
51. Daphne Berdahl, *Where the World Ended: Re–unification and Identity in the German Borderland* (Berkeley, 1999), 120–121.
52. Berdahl, *Where the World Ended*, 12, 120. 據估計，一九七九年匈牙利有三分之一的房屋和公寓保養工作都是由身處灰色經濟中的人們所完成。Pittaway, *Eastern Europe*, 129. 我有來自波蘭小鎮的朋友為了保住父親的性

Illustrierte Konsumgeschichte, 31.

21. T. Dombos and L. Pellandini–Simányi, "Kids, Cars, or Cashews?: Debating and Remembering Consumption in Socialist Hungary," in Bren and Neuburger, *Communism Unwrapped*, 325–326.
22. Bradley Abrams, "Buying Time: Consumption and Political. Legitimization in Late Communist Czechoslovakia," in *The End and the Beginning: The Revolutions of 1989 and the Resurgence of History*, Vladimir Tismaneanu with Bogdan C. Iacob, eds. (Budapest, 2012), 405.
23. Abrams, "Buying Time," 401; Dombos and Pellandini–Simányi, "Kids, Cars," 326.
24. 基尼係數為 0 表示完全平等，1 表示完全不平等。捷克斯洛伐克的數字是 0.22；東德為 0.28； 古巴為 0.27；波蘭為 0.31。K. Griffin, *Alternative Strategies for Economic Development* (New York, 1999), 219. 美國的數字一直在上升，一九八六年為 0.37，一九九一年為 0.38，至一九九四年又升至 0.40。World Bank, "GINI Index for the United States," retrieved from Federal Reserve Bank of St. Louis, https://fred.stlouisfed.org/series/SIPOVGINUSA (accessed November 9, 2018). 西歐的數字超過 0.5：法國為 0.68，西德為 0.78。
25. 如工程師迪特爾・莫斯曼（Dieter Mosemann）的收入就低於工人。http://www.spiegel.de/wissenschaft/technik/patente–der–letzte–erfinder–der–ddr–a–702108.html (accessed November 25, 2016).
26. 冰箱容量為一百四十公升，冷凍庫容量為七公升。Kaminsky, *Illustrierte Konsumgeschichte*, 42. 在美國，擁有冰箱的家戶百分比在一九四〇年為百分之五十六，一九六〇年上升至百分之八十，至一九六〇年代中期則接近百分之百。法國的百分比至一九七〇年達百分之八十，到一九八〇年代則超過百分之百。Vaclav Smil, *Transforming the Twentieth Century: Technological Innovations and Their Consequences* (Oxford, 2006), 42.
27. Heike Hüchtmann, "Küchen–Schätzchen entdeckt," In *Südthüringen*.de, July 30, 2011, at http://www.insuedthueringen.de/lokal/suhl_zellamehlis/suhl/Kuechen–Schaetzchen–entdeckt;art83456,1710085 (accessed November 25, 2016).
28. Kaminsky, *Illustrierte Konsumgeschichte*, 93.
29. Kaminsky, *Illustrierte Konsumgeschichte*, 95.
30. 參見：http://doku.iab.de/mittab/1990/1990_4_mittab_stephan_wiedemann.pdf, 552 (accessed November 25, 2016).
31. Bernd Stöver, *Der Kalte Krieg, 1947–1991: Geschichte eines radikalen Zeitalters* (Munich, 2007), 304.
32. Stöver, *Der Kalte Krieg*, 303–304. 學者指出，個人電腦和晶片也是如此。
33. Krisztina Fehérváry, "Goods and States: The Political Logic of State Socialist Material Culture," *Comparative Studies in Society and History* 51:2 (2009),

1968), 64.（A letter of March 1891 to Max Oppenheim）

6. 這句話是由共產黨詩人約翰內斯．貝歇爾（Johannes R. Becher）於一九五〇年寫下。Johannes R. Becher. Michael Brie and Dieter Klein, *Der Engel der Geschichte: befreiende Erfahrungen einer Niederlage* (Berlin, 1993), 267.
7. 學者寫道，經過史達林主義的極端之後，在政治上回歸更溫和的路線似乎對每個人而言都是不得已而為之。Alec Nove, *Stalinism and After* (London, 1975), 120. "Around 1981," Martin McCauley writes, "Communism meant almost entirely food and consumer goods. The material was again the master." *The Soviet Union 1917–1991* (London, 1993), 219.
8. Steffen Plaggenborg, introduction to Galina Ivanova, *Entstalinisierung als Wohlfahrt: Sozialpolitik in der Sowjetunion, 1953–1970* (New York and Frankfurt, 2015), 8–9.
9. William Taubman, *Khrushchev: The Man and His Era* (New York, 2003), 260.
10. Stephen E. Hanson, *Time and Revolution: Marxism and the Design of Soviet Institutions* (Chapel Hill, NC, 1997), 172. 赫魯雪夫讓人聯想到「顛覆過去，不願屈從於時間限制」，布里茲涅夫則是中間派，靠右或靠左都會受到他的責難，他極力維護馬克思列寧主義學說的純粹、黨的領導地位，以及史達林主義的社會經濟現狀。
11. Ivan T. Berend, *Central and Eastern Europe 1944–93: Detour from the Periphery to the Periphery* (Cambridge, 1998), 162; Vernon Aspaturian, "Eastern Europe in World Perspective," in *Communism in Eastern Europe*, Teresa Rakowska–Harmstone, ed. (Bloomington, IN, 1984), 22–23.
12. John Keane, ed., *The Power of the Powerless: Citizens against the State in Central–Eastern Europe* (Armonk, NY, 1985), 45.
13. Małgorzata Mazurek, "Keeping It Close to Home: Resourcefulness and Scarcity in Late Socialist Poland," in *Communism Unwrapped: Consumption in Cold War Eastern Europe*, Paulina Bren and Mary Neuburger, eds. (Oxford, 2012), 300–302; Paul Betts, *Within Walls: Private Life in the German Democratic Republic* (Oxford, 2012), 180.
14. Gábor Kovács, "Revolution, Lifestyle," in Rainer and Péteri, *Muddling Through*, 29.
15. Janos Rainer, "The Sixties in Hungary," in Rainer and Péteri, *Muddling Through*, 16, note 57.
16. Rainer, "The Sixties in Hungary," 13.
17. Varga, "Questioning," 110–111.
18. Annette Kaminsky, *Illustrierte Konsumgeschichte der DDR* (Erfurt, 1999), 51.
19. Mark Pittaway, *The Workers' State: Industrial Labor and the Making of Socialist Hungary* (Pittsburgh, PA, 2012), 6–7; Katherine Verdery, *What Was Socialism, and What Comes Next?* (Princeton, NJ, 1996).
20. Mark Pittaway, *Eastern Europe, 1939–2000* (London, 2004), 122; Kaminsky,

至六點一；匈牙利從百分之六點五降至三點五；東德從百分之五點四降至四點一；羅馬尼亞從百分之九點一降至七點二；蘇聯則從百分之五點六降至四點三。Vykoukal et al., *Východ vznik*, 475.

65. Florin Abraham, *Romania since the Second World War* (London, 2017), 51.
66. 他的「正職」是心理治療師。欲深入了解祕密任命神職人員（也含主教）的情形，請參閱David Doellinger, *Turning Prayers into Protests: Religious–Based Activism and Its Challenge to State Power* in Slovakia and East Germany (Budapest, 2013), 41.
67. 教育法的第二條（一九六一年七月十五日）宣布將學校世俗化。“Ustawa z dnia 15 lipca 1961 r. o rozwoju systemu oświaty i wychowania,” *Dziennik Ustaw* 1961, no. 32, position 160.

23. 真實存在的社會主義：蘇聯集團的生活

1. 這也是蘇聯史達林主義的基本自我認知。Stephen Kotkin, *Magnetic Mountain: Stalinism as a Civilization* (Berkeley, 1995), 360.
2. 何內克是屋頂工人，哥穆爾卡是油田技工，卡達爾是打字機技工，諾沃特尼是金屬工人，日夫科夫是印刷工人，喬治烏德治是鐵路電工，蒂索是機械師，還有其他領袖也為工人出身。Ghița Ionescu, *Communism in Rumania, 1944–1962* (New York, 1964), 45; Jozo Tomasevich, “Yugoslavia during the Second World War,” in *Contemporary Yugoslavia*, Wayne Vucinich and Jozo Tomasevich, eds. (Berkeley, 1969), 84; Obituary (Zhivkov), *New York Times*, August 7, 1998; 卡達爾詳細資料請見：John Moody, “Hungary Building Freedoms out of Defeat,” *Time*, August 11, 1986.
3. 一九七〇年代後期，蘇聯哲學家G．格萊瑟曼（G. I. Gleserman）會將一本書贈送給參加無神論堅信禮的東德青少年，書中稱社會主義和共產主義是同一經濟和社會秩序的兩個階段，其中生產方式是由整個社會所有，目的不在獲利，而是為了「滿足人民越來越高的需求」。共產主義會有更高等的物質技術基礎，包括自動化生產過程、電氣化所有經濟部門，也會利用更有效率的新能源。工人的文化和技術水準都會提高，知識分子和工農之間的界限就此消失。G. I. Gleserman, “Auf dem Weg zur kommunistischen Zukunkt,” in *Der Sozialismus Deine Welt*, Heinrich Gemkow et al., eds. (Berlin, 1975), 290.
4. 格萊瑟曼警告，真實存在的社會主義並不是「通往共產主義道路上的短暫中繼點」，且提前宣布烏托邦的到來是有害的。共產的未來不僅會有新社會，還會有新人類。他寫道：「過渡到共產主義的過程關乎社會秩序和紀律的持續加強、讓社會發展到人們習慣遵守社會主義共居法則的程度，且不必再動用武力。Gleserman, “Auf dem Weg,” 296.
5. 恩格斯沒有明說工人會如何想要主宰自己的生活，但他基本相信技術進步會帶來意識的改變。Karl Marx and Friedrich Engels, *Werke*, vol. 38 (Berlin,

47. Jacek Kuroń and Jacek Żakowski, *PRL dla początkujących* (Wrocław, 1996), 137; Adam Michnik, "Rana na czole Adama Mickiewicza," *Gazeta Wyborcza*, November 4, 2005; Harold B. Segel, "Introduction," in *Polish Romantic Drama: Three Plays in English Translation* (Ithaca, NY, 1977), 42; Jerzy Eisler, *Polskie miesiące: czyli Kryzys(y) w PRL* (Warsaw, 2008), 180; Zaremba, *Komunizm*, 340.
48. Eisler, *Polskie miesiące*, 31
49. Eisler, *Marzec 1968: geneza, przebieg, konsekwencje* (Warsaw, 1991), 158; Szczęsna and Bikont, *Lawina*, 356.
50. Bauman, *Dream*, 185–186.
51. 安傑伊・喬約諾夫斯基（Andrzej Chojonowski）所說，他在一九六八年還是一名學生。Barbara Polak, "Pytania, które należy postawić," *Biuletyn* IPN 3:86 (2008), 9.
52. Andrzej Friszke, "Miejsce marca 1968 wśród innych polskich miesięcy," in *Oblicza marca 1968*, Konrad Rokicki and Sławomir Stępień, eds. (Warsaw, 2004), 17; comments of Paweł Tomasik in Polak, "Pytania, które należy postawić," 2.
53. 華沙、格但斯克、格利維采、卡托維茲、克拉科夫、盧布林、羅茲、波茲南、史特丁、別爾斯科比亞瓦（Bielsko–Biała）、萊格尼采、拉多姆、塔諾夫（Tarnów）、捷欣、普瑟米斯和奧波萊（Opole）均有抗議事件；弗羅茨瓦夫、比亞維斯托克、比得哥什、奧爾什丁和托倫則有舉行達成決議的公開集會。Eisler, *Polskie miesiące*, 32–33.
54. In Polish: "dyktatura ciemniaków." Kisielewski claimed he was referring only to the censors.
55. Bauman, *Dream*, 189–191.
56. Michnik, "Rana."
57. Schaff, *Moje Spotkania*, 115.
58. Zaremba, *Komunizm*, 354–355; Edward Jan Nalepa, *Wojsko polskie w grudniu 1970* (Warsaw, 1990), 7.
59. Schaff, *Moje Spotkania*, 113; Michał Głowiński（「共產主義到頭來也是法西斯，是專制左翼，也是右翼。」）引用於 Szczęsna and Bikont, *Lawina*, 372.
60. 引用於 Włodzimierz Rozenbaum, "The March Events: Targeting the Jews," *Polin* 21 (2009), 63.
61. Stephen D. Roper, *Romania: The Unfinished Revolution* (Amsterdam, 2000), 49.
62. Petrescu, "Alluring Facet," 251.
63. Bernard Wheaton and Zdeněk Kavan, *The Velvet Revolution: Czechoslovakia, 1988–1991* (Boulder, CO, 1992), 14–15; Robert V. Daniels, *A Documentary History of Communism*, vol. 2 (London, 1985), 338.
64. 捷克斯洛伐克從百分之五點五降至到三點七；保加利亞從百分之七點九降

為所謂對蘇聯的誹謗，而指責杜布切克有欺騙和蓄意破壞之舉。Jaromir Navratil, ed., *The Prague Spring 1968. A National Security Archives Document Reader* (Budapest, 1998) 345–348; Valenta, *Soviet Intervention*, 172.

30. 其中有瓦西爾・比拉克（Vasil Biľak）、阿洛伊斯・因德拉（Alois Indra）和德拉霍米爾・科爾德（Drahomír Kolder），幾人偕同奧爾德里希・史維斯特卡（Oldřich Švestka）和安東寧・卡佩克（Antonín Kapek）早先於八月寫信給布里茲涅夫，請求援助因應「反革命」。該信正文見：F. Janáček and M. Michálková, "Příběh zvacího dopisu," *Soudobé dějiny* 1 (1993), 92–93.
31. Valenta, *Soviet Intervention*, 174.
32. Dubček, *Hope Dies Last*, 213.
33. Dubček, *Hope Dies Last*, 209.
34. Dubček, *Hope Dies Last*, 239. 此事發生在曲棍球比賽結束後。賽中蘇聯於布拉格挑釁滋事，在蘇聯俄羅斯航空（Aeroflot）辦公室前放了大堆石頭，鼓勵人們拿來投擲；那時蘇聯派出了更多的軍隊。
35. Sabine Stach, *Vermächtnispolitik. Jan Palach und Oskar Brüsewitz als politische Märtyrer* (Göttingen, 2016), 87.
36. 他於一九七五年擔任總統，參見：http://www.radio.cz/en/section/czech–history/president–gustav–husak–the–face–of–czechoslovakias–normalisation (accessed November 25, 2016)。
37. 原總數約一百五十萬人，其中有五十萬人遭除名。Jiří Vykoukal, Bohuslav Litera, and Miroslav Tejchman, *Východ vznik, vývoj a rozpad sovětského bloku, 1944–1989* (Prague, 2000), 575–576.
38. Vykoukal et al., *Východ vznik*, 575. 一九七〇年一月，全體會議作出檢查黨證的決議，但由於當局認為這次檢查過於寬宏，因此於四月再次檢查。
39. 引用於 Maruška Svašek, "Styles, Struggles, and Careers: An Ethnography of the Czech Art World, 1948–1992" (PhD dissertation, University of Amsterdam, 1996), 114.
40. Svašek, "Styles," 120. 於一九七五年。
41. Svašek, "Styles," 122.
42. Małgorzata Fidelis, *Women, Communism, and Industrialization in Postwar Poland* (Cambridge, 2010), 203–230; Małgorzata Mazurek, *Społeczeństwo kolejki. O doświadczeniach niedoboru 1945–1989* (Warsaw, 2010), 153–154.
43. 作者同意，哥穆爾卡與其他高層領袖「本身」都不是反猶主義者，卻都利用此議題的潛力來吸引政策支持者。Adam Schaff, *Moje spotkania z nauką polską* (Warsaw, 1997), 107 and passim.
44. 哥穆爾卡會於蘇聯利益看似受到威脅時作出回應。Zaremba, *Komunizm*, 334.
45. Zaremba, *Komunizm*, 336.
46. Janina Bauman, *A Dream of Belonging: My Years in Postwar Poland* (London, 1988), 177.

效運用生產過程中的所有要素，藉此提升在世界市場上的競爭力。

10. 此報告標題為〈文明的十字路〉（Civilization at the Crossroads）。Zbyněk A. B. Zeman, *Prague Spring: A Report on Czechoslovakia 1968* (Harmondsworth, UK, 1969), 89 and passim.
11. 人可以「早上打獵、下午捕魚、晚間放牛、晚餐飯後評論時事……而不必成為獵人、漁夫、牧人或評論家」。Karl Marx and Frederick Engels, *German Ideology*, C. J. Arthur, ed. (London, 1970), 53.
12. 姆林納日對改革過程有很深刻的敘述，請參閱其對這段時期的回憶錄：*Nightfrost in Prague: The End of Humane Socialism* (London, 1980).
13. 他說：「捷克人的文化價值，是否足以證明自己作為一個民族，具有正當存在的理由？」
14. Jaromír Navrátil, *The Prague Spring 1968* (New York, 1998), 8.
15. H. Gordon Skilling, *Czechoslovakia's Interrupted Revolution* (Princeton, NJ, 1976), 70; Navrátil, *Prague Spring*, 10.
16. Skilling, *Interrupted Revolution*, 71.
17. Dušan Hamšík, *Spisovatelé a moc* (Prague, 1969), 190.
18. Maria Dowling, *Czechoslovakia* (London, 2002), 104–105.
19. Eugen Steiner, *The Slovak Dilemma* (Cambridge, 1973), 154–159.
20. Frank Magill, *The Twentieth Century, Dictionary of World Biography*, vol. 7 (Pasadena, CA, 2008), 968.
21. 例如，他在回憶錄中表示自己無意加入諾沃特尼的牌局。Alexander Dubček, *Hope Dies Last*, Jiří Hochman, trans. (New York, 1993), 83.
22. Richard Severo, "Alexander Dubcek, 70, Dies in Prague," *New York Times*, November 9, 1992. 前項聲明是於一九六八年二月二十二日發表，當時布里茲涅夫在場。
23. Dubček, *Hope Dies Last*, 302–303, 313.
24. Williams, *Prague Spring*, 15.
25. 欲詳知改革綱領的模稜兩可和熱門程度（以及一九六八年六月黨內開始緩慢出現的反彈態度），參見：Kolář, "Post–Stalinist Reformism," 176–178.
26. "Action Program of the Communist Party of Czechoslovak Communist Party," *Marxism Today*, July 1968, 205–213. 欲了解此類團體，詳見：Skilling, *Interrupted Revolution*, 264–266.
27. 該項原則可追溯到一九二〇年代，重點在於嚴格控管幹部，並由領導階層任命黨職員，而非從基層選舉。
28. 部分是由於這群人堅信他們應該要能夠走自己的路，另一部分是由於捷克斯洛伐克的改革派和保守派無法決定要支持或反對果斷干涉媒體。Karen Dawisha, *The Kremlin and the Prague Spring* (Berkeley, 1984), 260–269; Williams, *Prague Spring*, 104–105; Jiří Valenta, *Soviet Intervention in Czechoslovakia, 1968: Anatomy of a Decision* (Baltimore, 1979), 84.
29. 雙方於八月十三日有過一次漫長又情緒化的通話，期間布里茲涅夫因

心態在看待自己的國家（與作者Bogdan Iacob個人通訊，二〇一三年七月）。例如羅馬尼亞共產黨於一九四四年與史達林對談時，便「依據該地區從羅馬征服以降的歷史，來主張對外西瓦尼亞之權力」。一九六〇年代，他們發表「以馬克思為基礎的學術著作，主張併入比薩拉比亞」。Dragoş Petrescu, "The Alluring Facet of Ceauşescuism: Nation–Building and Identity Politics in Communist Romania, 1965–1989," *New Europe College Yearbook* 11 (2003/2004), 249–250.

102. Judt, Postwar, 431.

22. 一九六八年與蘇維埃集團：改革共產主義

1. Peter Zwick, *National Communism*, 108. Emphasis added.
2. 引用於Pavel Kolář, "Post–Stalinist Reformism and the Prague Spring," in *The Cambridge History of Communism*, Norman Naimark, Silvio Pons, and Sophie Quinn–Judge, eds., vol. 2 (Cambridge, 2017), 170–172.
3. 一九五六年於捷克斯洛伐克領軍挑戰的人物穆里爾・布萊夫（Muriel Blaive）指出，有許多人希望恢復更民主的統治，也厭惡特定的政黨領袖，卻過於依戀舒適的生活形態而不願冒險。請見她的著作："Perceptions of Society in Czechoslovak Secret Police Archives: How a 'Czechoslovak 1956' was Thwarted," in *Perceptions of Society in Communist Europe*, Muriel Blaive, ed. (London, 2019), 101–122.
4. John N. Stevens, *Czechoslovakia at the Crossroads: The Economic Dilemmas of Communism in Postwar Czechoslovakia* (New York, 1985), 306.
5. 大約七百五十人負責經營黨中央。Kieran Williams, *The Prague Spring and Its Aftermath* (Cambridge, 1997), 14.
6. Varga, "Reshaping," 408.
7. 史達林主義者布魯諾・科列爾（Bruno Koehler）、約瑟夫・烏爾瓦萊克（Josef Urválek）及卡羅爾・巴齊萊克（Karol Bacílek）下台，改革人士切斯米爾・齊薩日（Čestmír Císař）和亞歷山大・杜布切克則在此早期階段出頭。Galia Golan, *The Czechoslovak Reform Movement: Communism in Crisis 1962–68* (Cambridge, 1971), 27, 32–34.
8. 舉行此會的想法是由哲學家沙特（Jean–Paul Sartre）提出，他挑戰東西兩方的作家，要求他們以卡夫卡來「檢驗」冷戰的競爭。老共產黨員戈德斯塔克接受了挑戰；以阿爾弗雷德・庫雷拉（Alfred Kurella）為首的東德文化官員則對這種政治挑戰感到困擾，因為這樣可能會引導他們承認，社會主義並未擺脫資本主義的異化。Martina Langermann, "'Nicht tabu, aber erledigt.' Zur Geschichte der Kafka–Debatte aus der Sicht Alfred Kurellas," *Zeitschrift für Germanistik* 4:3 (1994), 606–621. On the naps: Antje Schmelcher, "Onkel Franz Geht Spazieren," *Die Welt*, June 14, 2000.
9. 粗放式生產必須投入更多的工人、原物料及機器；集約化生產則旨在更有

and Political Violence since 1878 (Oxford, 2011), 172.

83. David Binder, "Todor Zhivkov Dies at 86," *New York Times*, August 7, 1998.
84. R. J. Crampton, *A Concise History of Bulgaria* (Cambridge, 1997), 203.
85. Biondich, *Balkans*, 175.
86. Biondich, *Balkans*, 173.
87. Bulgarian Helsinki Committee, *The Human Rights of Muslims in Bulgaria in Law and in Politics since 1878* (Sofia, 2003), 56.
88. Biondich, *Balkans*, 173.
89. 當局也強制採用新的身分證、出生證和結婚證。Biondich, *Balkans*, 174. 這種民族至上主義甚至成為抵制改革的手段：隨著蘇聯改革家米哈伊爾．戈巴契夫的到來越發強烈。Vladimir Tismaneanu, "What Was National Stalinism," in *The Oxford Handbook of Postwar European History*, Dan Stone, ed. (Oxford, 2012), 473.
90. Matthew Brunwasser, "Bulgaria's Unholy Alliances," *New York Times*, March 7, 2013; Bulgarian Helsinki Committee, *Human Rights*, 52.
91. Vladimir Tismaneanu, *Stalinism for All Seasons* (Berkeley, 2003), 144.
92. 被清算的還有瓦西列．盧卡（Vasile Luca）與特奧哈里．喬治斯庫（Teohari Georgescu）。Tismaneanu, *Stalinism*, 175. 據東德的瓦特．烏布利希散布之觀點，就是因為討論「問題」才催生了一九五三年六月十七日的抗議；他也憑藉蘇聯（以及經過納粹考驗後團結一心的幹部）的幫助，一同抵禦所有對黨的批評。一九五六年的事件據他們說只是證實了去史達林化的錯誤。參見：Catherine Epstein, *The Last Revolutionaries* (Cambridge, MA, 2003), 167–184.
93. Stefano Bottoni, "Nation–Building through Judiciary Repression: The Impact of the 1956 Revolution on Romanian Minority Policy," in *State and Minority in Transylvania, 1918–1989: Studies on the History of the Hungarian Community*, Attila Hunyadi, ed. (Boulder, CO, 2012), 415.
94. Bottoni, "Nation–Building," 421.
95. Bottoni, "Nation–Building," 415.
96. Bottoni, "Nation–Building," 404, 409.
97. Tismaneanu, *Stalinism*, 179; Zbigniew K. Brzezinski, *The Soviet Bloc: Unity and Conflict* (Cambridge, MA, 1957), 383–384.
98. 「此政策為一九七一年開始發展的民族共產主義奠定了基礎」。Caius Dobrescu, "Conflict and Diversity in East European Nationalism, on the Basis of a Romanian Case Study," *East European Politics and Societies* 17:3 (2003), 404.
99. Stefano Bottoni, "Find the Enemy: Ethnicized State Violence and Population Control in Ceaușescu's Romania," *Journal of Cold War Studies* 19:4 (2017), 4.
100. Tismaneanu, *Stalinism*, 183. 此為茲比格涅夫．布熱津斯基所言。
101. 早年的國際主義領袖（包括安娜．波克爾）都是以「大羅馬尼亞」式的

64. Paczkowski, *Pół wieku*, 318; Borodziej, *Geschichte*, 307.
65. 遭關閉的期刊為《新文化》與《文化評論》（*Przegląd kulturalny*）。Paczkowski, *Pół wieku*, 328.
66. 被捕者為藝術史學家卡羅爾・埃斯特賴歇爾（Karol Estreicher）。完整罰則清單請見 Aleksandra Ziółkowska–Boehm, *Melchior Wankowicz: Poland's Master of the Written Word* (Lanham, MD, 2013), 31–33.
67. 該名官員為米奇斯瓦夫・傑斯特倫（Mieczysław Jastrun），引用於：Joanna Szczęsna and Anna Bikont, *Lawina i kamienie: pisarze wobec komunizmu* (Warsaw, 2006), 323–324.
68. Paczkowski, *Pół wieku*, 329.
69. 取自他一九六四年六月十七日的日記，引用於：Szczęsna, and Bikont, *Lawina*, 328.
70. 此處係指由前法西斯分子博萊斯瓦夫・皮亞塞茨基帶頭的天主教前線組織PAX。參見：Mikołaj Kunicki, *Between the Brown and the Red* (Athens, OH, 2012).
71. Machcewicz, *Gomułka*, 60; Friszke, *Polska*, 292–293.
72. Maryjane Osa, *Solidarity and Contention* (Minneapolis, MN, 2003), 92–93.
73. Szczęsna and Bikont, *Lawina*, 341–342.
74. Paczkowski, *Pół wieku*, 329.
75. Krzysztof Szwagrzyk, ed., *Aparat Bezpieczenstwa w Polsce*, vol. 3 (Warsaw, 2008) 59. 後者為政客澤農・諾瓦克（Zenon Nowak）的論調。Zaremba, *Komunizm*, 237–238.
76. Włodzimierz Rozenbaum, "The March Events: Targeting the Jews," *POLIN: A Journal of Polish–Jewish Studies* 21 (2008), 64.
77. 其他例子有卡齊米日・維塔謝夫斯基和格熱戈日・科爾琴斯基（Grzegorz Korczyński）兩位將領。Rozenbaum, "March Events."
78. 比方說，不投票者就是敵人，是在反對這個以「部落聯繫、血緣與土地神話」來理解的國家。Zaremba, *Komunizm*, 301; Borodziej, *Geschichte*, 309.
79. Zaremba, *Komunizm*, 301. The analysis is based on the work of Michał Głowiński.
80. Tomasz Leszkowicz, "Zbigniew Załuski: niepokorny pisarz reżimowy," Histmag.org, May 3, 2013, at http://histmag.org/Zbigniew–Zaluski–niepokorny–pisarz–rezimowy–7681 (accessed December 19, 2018). Other critics included Kazimierz Koźniewski, Dariusz Fikus, Professor Bogusław Leśnodorski, and Stefan Kisielewski. Zbigniew Brzezinski, *Alternative to Partition* (New York, 1965), 32; Dariusz Stola, *Kampania antysyjonistyczna w Polsce 1967–1968* (Warsaw, 2000), 22.
81. 來自「游擊隊」的挑戰日益增加，哥穆爾卡政權卻異常被動，可能是因為將精力都用於打擊教會了。Borodziej, *Geschichte*, 309.
82. 最初是脅迫二十五萬人移居。Mark Biondich, *The Balkans: Revolution, War,*

牙利和東德的百分比分別是百分之十三、八點八及九。Anna M. Grzymała–Busse, *Redeeming the Communist Past: The Regeneration of Communist Parties in East Central Europe* (Cambridge, 2002), 32, 43, 52; John Connelly, *Captive University* (Chapel Hill, NC, 2000), 351, note 18.

48. Machcewicz, *Gomułka*, 54, 58.
49. Paczkowski, *Pół wieku*, 342.
50. Sheldon Anderson, *A Cold War in the East Bloc: Polish–East German Relations* (Boulder, CO, 2001), 227–228. 其他地方如克拉希尼克（Kraśnik）、格武霍瓦濟（Głuchołazy）、格利維采（Gliwice）及托倫（Toruń）也有抗爭情事。Paczkowski, *Pół wieku*, 343.
51. Machcewicz, *Gomułka*, 59.
52. Brian Porter–Szűcs, *Faith and Fatherland: Catholicism, Modernity, and Poland* (Oxford, 2011), 208 and passim.
53. Robert Jarocki, *Czterdzieści pięć lat w opozycji* (Kraków, 1990), 205.
54. Pope John Paul II, *Wybór kazań nowohuckich oraz homilie Jan Pawła II w Krakowie–Nowej Hucie* (Kraków, 2013), 134, 222; Monika Golonka–Czajkowska, *Nowe miasto nowych ludzi: Mitologie nowohuckie* (Kraków, 2013), 341.
55. Karol Sauerland, "Die Verhaftung der Schwarzen Madonna," *Frankfurter Allgemeine Zeitung*, August 17, 2010.
56. 他於一九六六年一月向民族團結陣線（National Unity Front）這麼說。Robert Żurek, "Der Briefwechsel der katholischen Bischöfe von 1965," in *Versöhnung und Politik*, Friedhelm Boll et al., eds. (Bonn, 2009), 70–71.
57. Borodziej, *Geschichte*, 310; *Życie Warszawy*, December 10, 1965, cited in Andrzej Micewski, *Kościół i państwo* (Warsaw, 1994), 45.
58. Sauerland, "Verhaftung."
59. Paczkowski, *Pół wieku*, 343.
60. Comments ofTadeusz Mazowiecki, cited in Stefan Bratkowski, ed., *Październik 1956: Pierwszy wyłom w systemie* (Warsaw, 1996), 220–221; Paczkowski, *Pół wieku*, 346. 一九一四年，在俄羅斯瓜分區長大的學生中有百分之七十七認為自己是「非信徒」。Porter–Szűcs, *Faith*, 217.
61. 他被稱為「煤氣管」將軍，因為他曾說如有必要，黨就會用煤氣管來當作自衛武器。Paulina Codogni, *Rok 1956* (Warsaw, 2006), 159. 托卡爾斯基相關資訊請見：Hansjakob Stehle, *Nachbar Polen* (Frankfurt, 1968), 67–69.
62. A. M. Rosenthal, "Polish Reds Turn Bitter over Rule," *New York Times*, December 1, 1959.
63. Borodziej, *Geschichte*, 304; Paczkowski, *Pół wieku*, 317; Andrzej Werblan, "Władysław Gomułka and the Dilemma of Polish Communism," *International Political Science Review* 9:2 (1988), 154; Friszke, *Polska*, 248–249; Adam Leszczyński, "Najsłynniejszy list Peerelu," *Gazeta Wyborcza*, March 17, 2014.

Lower Classes of Communist Hungary, János M. Rainer and György Péteri, eds. (Trondheim, 2005), 113, 115.

26. Varga, "Questioning," 115.
27. Nigel Swain, *Hungary: The Rise and Fall of Feasible Socialism* (London, 1992), 123; Aldcroft and Morewood, *Economic Change*, 123.
28. Varga, "Questioning," 125.
29. Varga, "Reshaping," 415; Gough, *Good Comrade*, 152–153.
30. Varga, "Reshaping," 415.
31. 當局會向企業利潤徵稅，然後統一重新分配給虧損的工廠。Varga, "Reshaping," 415–416.
32. Varga, "Questioning," 126; Berend, *Hungarian Economic Reforms*, 117–118.
33. Varga, "Reshaping," 409.
34. Péteri, "Demand Side," 327.
35. Roman Laba, *The Roots of Solidarity: A Political Sociology of Poland's Working–Class Democratization* (Princeton, NJ, 1991), 18–19.
36. Paweł Machcewicz, *Władysław Gomułka* (Warsaw, 1995), 56. 在一九六四年獲推選參與波蘭統一工人黨第四次代表大會的八十五名中央委員會成員中，只有八名屬於自由派普瓦維集團。Andrzej Friszke, *Polska: losy państwa i narodu* (Warsaw, 2003), 250.
37. Friszke, *Polska*, 250–251, 262; Machcewicz, *Gomułka*, 57.
38. Zbigniew Landau and Jerzy Tomaszewski, *The Polish Economy in the Twentieth Century* (London, 1985), 266.
39. Kuroń and Żakowski, *PRL*, 127.
40. 釘子和工具都很昂貴。Wiesław P. Kęcik, "The Lack of Food in Poland," in *Poland: Genesis of a Revolution*, Abraham Brumberg, ed. (New York, 1983).
41. 一九七一年後，他們可持有的土地上限提高為三十公頃；農場主也被納入了全民醫療保健。George Blazynski, *Flashpoint Poland* (New York, 1979), 190.
42. Friszke, *Polska*, 263.
43. 至一九七〇年，百分之四十五的波蘭家庭都裝有電視。Friszke, *Polska*, 265.
44. Borodziej, *Geschichte*, 319. 來自一位法國外交官的回憶錄。
45. Friszke, *Polska*, 264.
46. 保加利亞的狀況亦同。Andrzej Jezierski and Cecylia Leszczyńska, *Historia Gospordarcza Polski* (Warsaw, 1999), 504.
47. 一九六〇年代中後期，匈牙利、捷克領土和波蘭的政黨機構規模大致相同（分別為七千、七千八及八千人），但波蘭人口約為另外兩地的三倍（一九七〇年：波蘭人口為三千兩百六十萬，匈牙利一千零三十萬，捷克領土為九百九十萬）。在史達林主義的發展時期，波蘭的政黨規模比其他共產國家要小，始終低於人口的百分之六，而一九五〇年代中期捷克、匈

9. 馬克思在《資本論》（*Das Kapital*）中對自由王國的描述如下：「實際上，唯有勞動不再由必需品和世俗考量所支配，自由王國才於焉開始⋯⋯。此領域的自由只會存在於社會化的人身上；也就是聯合的生產者，他們能理性調節自己與自然的互動，共同控制自然，而非受到自然的盲目力量所支配」。引用自 Crowley, "Socialist Recreation?" 97.
10. 共產黨情報局於一九五六年四月解散。
11. "Der Fakt," *Der Spiegel*, January 2, 1967, 37. 該數字於一九六〇年為二十萬。
12. 參見資料：Wolf Oschlies and Hellmuth G. Bütow in *Die Rolle der DDR in Osteuropa*, Gert Leptin, ed. (Berlin, 1974); and Erwin Weit, Ostblock intern (Hamburg, 1970).
13. "Die SED unterscheidet zwischen Nation und Nationalität," *Die Zeit*, February 21, 1975.
14. Francois Fejtö, *A History of the Peoples Democracies: Eastern Europe since Stalin* (London, 1971), 188–189.
15. 莫爾納是中央委員會的一員，並任匈牙利歷史學會（Hungarian Historical Society）主席。Balázs Trencsényi, "Afterlife or Reinvention? 'National Essentialism' in Romania and Hungary after 1945," in *Hungary and Romania Beyond National Narratives: Comparisons and Entanglements*, Anders Blomqvist et al., eds. (Frankfurt, 2013), 540.
16. L. Péter, "A Debate on the History of Hungary between 1790 and 1945," *Slavonic and East European Review* 50:120 (1972), 443–444.
17. György Péteri, "Demand Side Abundance: On the Post–1956 Social Contract in Hungary," *East Central Europe* 43 (2016), 315–343; Gough, *Good Comrade*, 127.
18. 此舉於一九六一年二月實施。
19. Thanks to György Péterifor this formula.
20. Péteri, "Demand Side," 322; Tibor Valuch, "After the Revolution," in *Hungary under Soviet Domination*, Tibor Valuch and Gyorgy Gyarmati (New York, 2009), 315. hanks to Lydia Maher for the reference.
21. Péteri, "Demand Side," 325, 329; Derek H. Aldcroft and Steven Morewood, *Economic Change in Eastern Europe since 1918* (Aldershot, UK, 1995), 112.
22. Gough, *Good Comrade*, 135, 141.
23. Iván T. Berend, The Hungarian Economic Reforms 1953–1988 (Cambridge, 1990), 113; Zsuzsanna Varga, "Reshaping the Socialist Economy: The Hungarian Case," in *Österreich und Ungarn im Kalten Krieg*, István Majoros, Zoltán Maruzsa, and Oliver Rathkolb, eds. (Vienna, 2010), 407.
24. Berend, *Hungarian Economic Reforms*, 114.
25. Zsusanna Varga, "Questioning the Soviet Economic Model," in *Muddling Through in the Long 1960s: Ideas and Everyday Life in High Politics and the*

59. 有多達兩百名示威者遇害。Paul Lendvai, *One Day That Shook the Communist World: The 1956 Hungarian Uprising and Its Legacy* (Princeton, NJ, 2008), 77–78; Varga, "Fall Ungarn," 132.
60. Lendvai, *One Day*, 67.
61. 該黨已經「徹底土崩瓦解」。改革共產主義者費倫茨・多納特（Ferenc Donáth），引用自：Lendvai, *One Day*, 86–87. Rainer, "Progress of Ideas," 24.
62. 這類指控刊登於《真理報》（*Pravda*）。
63. 報告來自於謝羅夫（Serov）、米高揚及蘇斯洛夫（Suslov）。Lendvai, *One Day*, 88.
64. János M. Rainer and Bernd–Rainer Barth, "Ungarische Revolution: Aufstand—Zerfall der Partei—Invasion," in *Satelliten nach Stalins Tod*, András B. Hegedüs and Manfred Wilke, eds. (Berlin, 2000), 250–251; János M. Rainer, "The Yeltsin Dossier: Soviet Documents on Hungary, 1956," *CWIHP* 5 (Spring 1995), 25.
65. Vladislav M. Zubok, *A Failed Empire: The Soviet Union in the Cold War from Stalin to Gorbachev* (Chapel Hill, NC, 2007), 117.
66. Taubman, *Khrushchev*, 299. 匈牙利這邊官方登記的死者數為兩千七百人。Lendvai, *Hungarians*, 453; 蘇聯當局統計其部隊有 669 人死亡。Joanna Granville, "In the Line of Fire: The Soviet Crackdown on Hungary 1956–57," in *Hungary 1956—Forty Years On*, Terry Cox, ed. (London, 1997), 82.
67. Rainer and Barth, "Ungarische Revolution," 279–281.
68. Machcewicz, *Rebellious Satellite*, 30, 101, 237.

21. 通往共產主義的民族道路：一九六〇年代

1. Marcin Zaremba, *Komunizm, legitymizacja, nacjonalizm: Nacjonalistyczna legitymizacja władzy komunistycznej w Polsce* (Warsaw, 2001), 179.
2. Zoltan D. Barany, *Soldiers and Politics in Eastern Europe: The Case of Hungary* (New York, 1993), 47.
3. Zaremba, *Komunizm*, 270; Peter Zwick, *National Communism* (Boulder, CO, 1983), 88.
4. Zaremba, *Komunizm*, 272. 此人為 Mieczysław F. Rakowski。
5. Zaremba, *Komunizm*, 267.
6. 說是「所謂的」，是因為西德與西方和北約有往來（雖然西德也有被驅逐者組織）。
7. David Crowley, "Socialist Recreation? Amateur Film and Photography in the People's Republic of Poland and East Germany," in *Sovietization of Eastern Europe*, E. A. Rees et al., eds. (Washington, DC, 2008), 104.
8. Crowley, "Socialist Recreation?" 108.

41. Paweł Machcewicz, *Rebellious Satellite: Poland 1956* (Stanford, CA, 2009), 21–22.
42. Gati, "From Liberation," 378; Andrea Petö, "Julia Rajk or the Power of Mourning," *Clio* 41 (2015), 147.
43. Machcewicz, *Rebellious Satellite*, 87, 92, 95.
44. Neal Ascherson, *The Polish August: The Self–Limiting Revolution* (New York, 1982), 71; Janusz Karwat, "Powstanie poznańskiego Czerwca 1956," in *1956: Poznań, Budapest*, Janusz Karwat and Janos Tischler (Poznań, 2006), 19.
45. Łukasz Jastrząb, "Rozstrzelano moje serce w Poznaniu," in *Poznański Czerwiec 1956 r.—straty osobowe i ich analiza* (Poznań, 2006), 152, 178; Johanna Granville, "Poland and Hungary, 1956. A Comparative Essay Based on New Archival Findings," in *Revolution and Resistance in Eastern Europe: Challenges to Communist Rule*, Kevin McDermott and Matthew Stibbe, eds. (New York, 2006), 57–77.
46. Machcewicz, *Rebellious Satellite*, 101, 132; Karwat, "Powstanie, 33.
47. Maria Jarosz, *Bearing Witness: A Personal Perspective on Sixty Years of Polish History*, Steven Stoltenberg, trans. (London, 2009), 64–65.
48. Krzysztof Pomian, *W kręgu Giedroycia* (Warsaw, 2000), 95.
49. 其總面積於一九五五年原占所有農業用地的百分之十一點二，至一九六〇年則降至百分之一點二。Jerzy Kostrowicki et al., *Przemiany struktury przestrzennej rolnictwa Polski, 1950–1970* (Wrocław, 1978), 39.
50. 這裡概括了斯特凡・基謝來夫斯基於一九五六年九月提及的事項，引用自：Pomian, *W kręgu Giedroycia*, 95.
51. Pomian, *W kręgu Giedroycia*, 97.
52. 他指的是未經蘇聯許可就讓哥穆爾卡重返政治局會議。Mark Kramer, "Soviet–Polish Relations," in Engelmann et al., *Kommunismus in der Krise*, 118; Borodziej, *Geschichte*, 299.
53. Kramer, "Soviet–Polish Relations," 120, note 223.
54. 他呼籲加強與蘇聯的政治和軍事關係，並譴責欲引導波蘭脫離《華沙公約》的人。Kramer, "Soviet–Polish Relations," 122–123.
55. Granville, "Poland and Hungary," 61; János Tischler, "Polska wobec powstania węgierskiego 1956 roku," in Karwat and Tischler, *1956*, 192–193.
56. 據該政權估計（國家安全部於一九五九年至一九六〇年研究期間收集的資料），第一次示威有大約二十五萬人參與（由一萬至兩萬名學生發起）。Janos M. Rainer, "A Progress of Ideas: The Hungarian Revolution of 1956," in *The Ideas of the Hungarian Revolution, Suppressed and Victorious, 1956–1999*, Lee Congdon and Béla K. Király, eds. (New York, 2002), 24; Granville, "Poland and Hungary," 61.
57. Paul E. Zinner, *Revolution in Hungary* (New York, 1962), 253.
58. Granville, "Poland and Hungary," 62.

Hungarian Revolt (Stanford, CA, 2006), 32; János M. Rainer, "Der 'Neue Kurs' in Ungarn 1953," in *1953: Krisenjahr des Kalten Krieges in Europa*, Christoph Klessmann, Bernd Stöver, eds., 77, 79; George Paloczi–Horvath, *Khrushchev: The Making of a Dictator* (Boston, 1960), 225.

28. Gati, *Failed Illusions*, 40.
29. 納吉的演說引用自 Rainer, "Der 'Neue Kurs,'" 89.
30. 集體企業的整體數量於一年內下降百分之十四，原本為百分之二十六（自一九五〇年起巨幅增長），要到一九五九年才再次達到一九五三年的水準。Samuel Baum, *The Labor Force in Hu*ngary (Washington, DC, 1962), 20–22; Ben Fowkes, *The Rise and Fall of Communism in Eastern Europe* (New York, 1993) 58, 199.
31. László Varga, "Der Fall Ungarn Revolution, Intervention, Kádárismus," in *Kommunismus in der Krise*, Roger Engelmann et al., eds. (Göttingen, 2008), 129. 關押著四萬多名囚犯的拘留營被解散，軍事和民事監獄也釋放了一萬五千多人。István Vida, "Vorgeschichte," in *Ungarn 1956: Zur Geschichte einer gescheiterten Volkserhebung*, Rüdiger Kipke, ed. (Wiesbaden, 2007), 16; Lendvai, *Hungarians*, 446.
32. L. K. Gluchowski, "The Defection of Józef Światło and the Search for Jewish Scapegoats in The Polish United Workers' Party, 1953–1954," *Intermarium* 3:2 (1999); George Błażyński, ed., *Mówi Józef Światło: Za kulisami bezpieki i partii 1940–1955* (London, 1986), 12.
33. Adam Ważyk, "Poemat dla dorosłych,"〔成人詩〕*Nowa Kultura*, August 21, 1955.
34. William E. Griffith, "The Petőfi Circle: Forum for Ferment in the Hungarian Thaw," *Hungarian Quarterly*, January 1962, 15–16.
35. 此為雷瓦伊在一九五三年給拉科西的論點：Varga, "Zur Vorgeschichte," 64. Árpád von Klimó and Alexander M. Kunst, "Krisenmanagement und Krisenerfahrung. Die ungarische Parteiführung und die Systemkrisen 1953, 1956 und 1968," in *Aufstände im Ostblock. Zur Krisengeschichte des realen Sozialismus*, Henrik Bispinck et al., eds. (Berlin 2004), 287–308.
36. Varga, "Zur Vorgeschichte," 76.
37. Klimó and Kunst, "Krisenmanagement," 292; Jörg Hoensch, *A History of Modern Hungary* (London, 1988), 212–213.
38. Hoensch, *History*, 212; Griffith, "Petőfi Circle," 19–20; Charles Gati, "From Liberation to Revolution, 1945–1956," in Sugar et al., *History*, 377–378; Varga, "Fall Ungarn," 129.
39. 儘管兩人對改革抱持著共同希望，卻仍彼此憎惡，詳見：Taubman, *Khrushchev*, 258–261.
40. T. H. Rigby, *The Stalin Dictatorship: Khrushchev's "Secret Speech" and Other Documents* (Sydney, 1968), 37–66.

15. Marian Gyaurski, "Die Unversöhnlichen–Widerstand gegen den Kommunismus in Bulgarien," in *Texte zum Kommunismus in Bulgarien. KAS e.V. Bulgarien*, Konrad–Adenauer Stiftung, ed., November 26, 2014, 6–7; available at http://www.kas.de/wf/doc/kas_39743–1522–1–30.pdf?141208085543 (accessed November 24, 2016).
16. Seymour Freidin, *The Forgotten People* (New York, 1962), 151–159. On Zápotocký: Alena Zemančíková, "Plzeň 1953 a Masaryk se smyčkou na krku," *Denik Referendum Domov*, March 7, 2016, available at http://denikreferendum.cz/clanek/tisk/22492–plzen–1953–a–masaryk–se–smyckou–na–krku (accessed December 19, 2018).
17. 該改革表示工人必須將產能提高近四分之一，才能保住同樣的工資。Ivan Pfaff, "Weg mit der Partei," *Die Zeit*, May 22, 2003, 76; Keven McDermott, *Communist Czechoslovakia 1945–1989: A Political and Social History* (London, 2015); Jakub Šlouf, *Spřízněni měnou : genealogie plzeňské revolty 1. června 1953* (Prague, 2016).
18. Pfaff, "Weg mit der Partei."
19. Heumos, "Vyhrňme si rukávy," 72.
20. Jeffrey Kopstein, "Chipping Away at the State: Workers' Resistance and the Demise of East Germany," *World Politics* 48:3 (1996), 412. 該名官員為奧托・萊曼（Otto Lehmann），他發表了文章："Zu einigen schädlichen Erscheinungen bei der Erhöung der Arbeitsnormen," in *Tribüne*, June 16, 1953, 重印於 Ernst Deuerlein, ed., *DDR* (Munich, 1966), 133.
21. 該名西柏林職員為恩斯特・夏諾斯基（Ernst Scharnowski）。Ilko–Sascha Kowalczuk, *17. Juni 1953* (Munich, 2013), 43. 夏諾斯基的喊話全文請見：Gerhard Beier, *Wir wollen freie Menschen Sein: Die Bauarbeiter gingen voran* (Cologne, 1993), 104.
22. 「我們說過，工人不可能自行發展出社會民主意識，必須是由外部引入。所有國家的歷史都表明，工人階級若憑藉一己之力，只能培養出工會意識。」V. I. Lenin, "What Is to Be Done" (1902), in *Essential Works of Lenin*, Henry Christman, ed. (New York, 1966), 74.
23. Tony Judt, *Postwar: A History of Europe since 1945* (New York, 2005), 177.
24. 截至七月三日，有一萬零五百零六人曾因涉嫌於六月十七日犯下罪行而被逮捕，其中有超過一半（六千五百二十九人）獲釋，其餘則接受審判。"Chronologie des Aufstandes," *Die Tageszeitung*, June 14, 2003.
25. Zemančíková, "Plzeň 1953;" Memoirs of Bohumil Vávra, *Dnes* (Plzeň), October 14, 2014. 美國國旗：Čestmír Císař, *Paměti* (Prague, 2005), 412–417.
26. 他們從一九五三年六月十三日至十六日都待在克里姆林宮。György T. Varga, "Zur Vorgeschichte der ungarischen Revolution von 1956," in Foitzik, *Entstalinisierungskrise*, 64.
27. Charles Gati, *Failed Illusions: Moscow, Washington, Budapest, and the 1956*

20. 去史達林化：匈牙利革命

1. 逮捕發生在六月二十六日。策畫者包含其競爭對手赫魯雪夫和馬林可夫，他們擔心貝利亞正在策畫政變。William Taubman, *Khrushchev: The Man and His Era* (New York, 2003), 250–257.
2. 一九五一年，大眾運輸乘客無力登上正確電車的報告成倍增加，他們沒有吃早餐。Błażej Brzostek, *Robotnicy Warszawy. Konflikty codzienne (1950–1954)* (Warsaw, 2002), 133. 私人商店的數量從一九四八年的十三萬家降至一九五五年的一萬四千家；私人咖啡廳和餐廳的數量則從一萬四千家減少到不到五百家。Borodziej, *Geschichte*, 289.
3. 取自於一九五六年黨經濟周刊的一篇報導。Judy Batt, *Economic Reform and Political Change in Eastern Europe* (New York, 1988), 62.
4. 等同於三分之一的波蘭成年人。匈牙利警方懲處了八十五萬起案件。László Borhi, *Hungary in the Cold War, 1945–1956* (Budapest, 2004); Peter Heumos, *"Vyhrňme si rukávy, než se kola zastaví!" Dělnici a státní socialismus v Československu 1945–1968* (Prague, 2006), 17; Dariusz Jarosz, *Polacy a stalinizm* (Warsaw, 2000), 236–237; Applebaum, *Iron Curtain*, 110–111.
5. 這些變革與格奧爾基・馬林可夫有關。Taubman, *Khrushchev*, 260.
6. Jan Foitzik, "Ostmitteleuropa zwischen 1953 und 1956," in *Entstalinisierung in Ostmitteleuropa: Vom 17. Juni bis zum ungarischen Volksaufstand*, Jan Foitzik, ed. (Paderborn, Germany, 2001), 30–31, and passim; Steffen Plaggenborg, introduction to Galina Ivanova, *Entstalinisierung als Wohlfahrt: Sozialpolitik in der Sowjetunion, 1953–1970* (New York and Frankfurt, 2015), 8–9.
7. 波爾巴集團是由居住在巴黎的左翼作家組成。Jan Plamper and Klaus Heller, *Personality Cults in Stalinism* (Göttingen, 2004), 28–29.
8. Dennison Rusinow, *The Yugoslav Experiment 1948–1974* (Berkeley, 1977), 33.
9. 該段落來自《共產黨宣言》，引用自：Pavel Câmpeaneu, *Exit: Toward Post–Stalin*ism (London, 1990), 52.
10. Rusinow, *Yugoslav Experiment*, 51
11. Patrick Hyder Patterson, *Bought and Sold: Living and Losing the Good Life in Socialist Yugoslavia* (Ithaca, NY, 2011), 25.
12. 此為第二個五年計畫。一九五二年至一九六年間，人均GDP成長百分之五十四，消費率成長百分之四點八。從一九六〇年至一九六五年，實質個人收入以每年百分之九的驚人速率增長。Patterson, *Bought and Sold*, 30–31, 33.
13. Patterson, *Bought and Sold*, 34–35.
14. Novak Janković, "The Changing Role of the U.S.A. in Financing Yugoslav Economic Development Since 1945," in *Economic and Strategic Issues in U.S. Foreign Policy*, Carl–Ludwig Holtfrerich, ed. (Berlin and New York, 1989), 266.

Collectivization," 252.

66. Kovács, "Forced Collectivization," 245–247; Swain, "Eastern European Collectivization," 588.

67. 捷克斯洛伐克曾發生以下例子：在一九五一年九月至一九五三年八月期間，有一千四百二十一個富農家庭被「重新安置」到邊境地帶，成為國營農場的勞工。Swain, "Eastern European Collectivization," 572; Rychlík, "Collectivization in Czechoslovakia," 225.

68. Rychlík, "Collectivization in Czechoslovakia," 223; Swain, "Eastern European Collectivization," 595–596, 593.

69. 至一九五三年，只有保加利亞的耕地集體化比例超過半數；捷克斯洛伐克占四成；匈牙利百分之二十六；波蘭和羅馬尼亞分別為百分之七和百分之八。東德才剛起步（百分之三點三）。匈牙利和波蘭的總數於一九五三年後下滑，一九五六年後又再次下滑，波蘭政府最終放棄了此計畫。Ben Fowkes, *Rise and Fall of Communism in Eastern Europe* (New York, 1993), 58, 199.

70. Kovács, "Forced Collectivization," 245; Swain, "Eastern European Collectivization," 575, 601.

71. Rychlík, "Collectivization in Czechoslovakia," 228; Swain, "Eastern European Collectivization," 596.

72. 針對中央國家計畫之優勢及成本的討論，請見：Judy Batt, *Economic Reform and Political Change in Eastern Europe* (New York, 1988), 56–61; Teichova, *Wirtschaftsgeschichte*, 112–115; Ivan T. Berend, *The Hungarian Economic Reforms 1953–1988* (Cambridge, 1990), 1–14; Janusz Kalinski and Zbigniew Landau, *Gospodarka polska w XX wieku* (Warsaw, 1999), 233–240.

73. Świda–Ziemba, "Stalinizm," 53–54.

74. Alec Nove, *An Economic History of the USSR* (New York, 1982), 316. 其他對社會主義經濟的研究：Nigel Swain, *The Rise and Fall of Feasible Socialism* (London, 1992); Andre Steiner, *The Plans That Failed: An Economic History of the GDR*, Ewald Osers, trans. (New York, 2010).

75. Oskar Schwarzer, *Sozialistische Zentralplanwirtschaft in der SBZ/DDR: Ergebnisse eines ordnungspolitischen Experiments (1945–1989)* (Stuttgart, 1999), 61–62.

76. Támas Aczél and Tibor Méray, *Revolt of the Mind: A Case History of Intellectual Resistance behind the Iron Curtain* (New York, 1960), 195; Batt, *Economic Reform*, 56–67

77. Robert Frucht, *Eastern Europe: An Introduction to the People, Lands, and Culture* (Santa Barbara, CA, 2005), 363; Kenez, *Hungary*, 77.

78. 德國的案例（稱「害蟲行動」〔Action Vermin〕），請見：Edith Sheffer, *Burned Bridge: How East and West Germans Made the Iron Curtain* (Oxford, 2008), 102–117.

不相同。更具懷疑態度的論述，請參見：Jeffrey Kopstein, *The Politics of Economic Decline in East Germany* (Chapel Hill, NC, 1997), 33; 更正面的論述（及亨內克的故事）請見：Christoph Klessmann, *Arbeiter im Arbeiterstaat DDR* (Bonn, 2007), 216–218.

53. Mark Pittaway, *The Workers' State*, 104–105.
54. Nigel Swain, *The Rise and Fall of Feasible Socialism* (London, 1992), 55.
55. Ferenc Fehér, Agnes Heller, and György Markus, *Dictatorship over Needs* (Oxford, 1983).
56. 他於一九五六年獲釋並赴西德任教，其父為作家漢斯・納托內克（Hans Natonek）。Ilko–Sascha Kowalczuk, *Geist im Dienste der Macht: Hochschulpolitik in der SBZ/DDR 1945 bis 1961* (Berlin, 2003), 503–504.
57. Kovaly, *Under a Cruel Star*, 70; Hanna Świda–Ziemba, "Stalinizm i społeczeństwo polskie," in *Stalinizm*, Jacek Kurczewski, ed. (Warsaw, 1989), 49.
58. 這就是一九五〇年代初期捷克名導弗蘭蒂舍克・洽普（František Çáp）的命運。Jiří Knapík, "Arbeiter versus Künstler: Gewerkschaft und neue Elemente in der tschechoslowakischen Kulturpolitik," *Sozialgeschichtliche Kommunismusforschung*, Peter Heumos and Christiane Brenner, eds. (Munich, 2005), 243–260.
59. 捷克斯洛伐克於一九五三年廢除了固定薪水和以時數計工資之間的差異；至一九五五年，白領員工的平均收入比產業工人還低百分之十四點九。Alice Teichová, *Wirtschaftsgeschichte der Tschechoslowakei 1918–1980* (Vienna, 1988), 93.
60. McDermott, *Communist Czechoslovakia*, 82; Andrew Port, *Conflict and Stability in the German Democratic Republic* (Cambridge, 2008), 102–103. 將工農階層送入勞改營的罪行範例，請參見：Kopácsi, *In the Name*, 43.
61. Jan Rychlík, "Collectivization in Czechoslovakia in Comparative Perspective," in *The Collectivization of Agriculture in Communist Eastern Europe*, Constantin Iordachi and Arnd Bauerkämper, eds. (Budapest, 2014), 213.
62. 有時他們獲得的利益是來自於少數民族的犧牲。Nigel Swain, "Eastern European Collectivization Campaigns Compared," in Iordachi and Bauerkämper, *Collectivization*, 582, 585.
63. Swain, "Eastern European Collectivization," 577, 603; Rychlík, "Collectivization in Czechoslovakia," 217.
64. 在一九六〇年代，該數字下降至百分之五十。József Ö. Kovács, "The Forced Collectivization of Agriculture in Hungary," in Iordachi and Bauerkämper, *Collectivization*, 249.
65. 領導階層「經常侵犯成員最基本的權利，往往未經理事會許可便開除他們，也沒有正當理由。收入分配不當、違規扣留紅利等合法申訴數以千計」。取自一九五五年的內部報告，引用自：Kovács, "Forced

Tismaneanu, *Stalinism for all Seasons: A Political History of Romanian Communism* (Berkeley, 2003), 128–129.

43. 至一九五五年，只有約百分之九的農業用地屬於集體化農場。Włodzimierz Borodziej, *Geschichte Polens im 20. Jahrhundert* (Munich, 2010), 288.

44. 公立學校的教理課程相繼減少，從一九五二年／一九五三年占總數的約百分之四十七降至一九五五年／一九五六年的百分之二十六。Jarosz, *Polacy*, 195–196. 但在一九五六年十二月，國家和教會達成協議，同意將宗教教學歸還公立學校（國家最終於一九六一年將公立學校去宗教化）。Paweł Załęcki, "Roman Catholic Church," in *Europe since 1945*, Bernard A. Cook, ed., vol. 2 (New York, 2001), 1011–1012. 至一九五〇年，國家逮捕了大約一百名牧師。Andrzej Paczkowski, *Pół wieku dziejów Polski : 1939–1989* (Warsaw, 1996), 277; Andrzej Friszke, *Polska: Losy Panstwa i narodu* (Warsaw, 2003), 200–201.

45. 這解釋了為什麼維辛斯基被捕和凱爾采主教卡茨馬雷克（Kaczmarek）的作秀審判會發生在史達林死後：充滿敵意的社會讓黨感到無力，官員也擔心人民被壓抑的願望會爆發。Krystyna Kersten, "The Terror, 1949–1956," in *Stalinism in Poland, 1944–1956*, A. Kemp–Welch, ed. (London, 1999), 87.

46. 參閱一九四七年至一九四九年日丹諾夫思想滲透東歐音樂之概述：Steven Stucky, *Lutosławski and His Music* (Cambridge and New York, 1981), 35–36; Robert V. Daniels, A Documentary History of Communism in Russia (Hanover, NH, 1993), 236.

47. 音樂家熱切自行迎合社會主義寫實主義的情形，請參見：David G. Tompkins, *Composing the Party Line: Music and Politics in Early Cold War Poland and East Germany* (West Lafayette, IN, 2013).

48. 他與作家斯史蒂芬・赫姆林（Stephan Hermlin）合作寫成了由七部分組成的曼斯費爾德清唱劇（Mansfelder Oratorium）。Tompkins, *Composing the Party Line*, 55.

49. Janina Falkowska, *Andrzej Wajda: History, Politics, and Nostalgia in Polish Cinema* (New York, 2007), 36–38. 沃爾夫的介紹請見：Anna Chiarloni, "Nachdenken über Christa Wolf," in *Rückblicke auf die Literatur der DDR*, Hans–Christian Stillmark, ed. (Amsterdam, 2002), 117–118; Hermann Kurzke, "Warum 'Der geteilte Himmel' ein Klassiker ist," *Die Welt*, December 30, 2006.

50. Tamás Aczél and Tibor Merry, *The Revolt of the Mind; A Case History of Intellectual Resistance Behind the Iron Curtain* (New York, 1959), 122.

51. 據蘇聯構想，藝術家應滿足的基本要求就是「描繪革命發展中的現實」。但究竟該如何做到這點則一直未有定論；尤其是音樂領域，事實證明不可能確定哪種作曲趨勢會占上風，更具實驗性的「困難」現代音樂則顯然不受青睞。參見 Tompkins, *Composing the Party Line*, 19 and passim.

52. 目前尚不清楚一般是用何種方法來衡量他們的貢獻，評估結果也各

CA, 2005), 120–121; Bennett Kovrig, *Communism in Hungary* (Stanford, CA, 1979), 245.

32. Kuroń and Żakowski, *PRL*, 74; Jörg K. Hoensch, *A History of Modern Hungary, 1867–1994* (London, 1996), 192.
33. 甚至早在一戰期間，「怪物審判」（monster trial）一詞就已流傳開來，代表不公平的作秀審判。參見 Vladimir Nosek, *Independent Bohemia: An Account of the Czechoslovak Struggle for Liberty* (London, 1918), 53.
34. 「B」代表「資產階級」（bourgeois）。捷克的數量接近一萬五千。蘇聯前身的資料請見：Sheila Fitzpatrick, *Education and Social Mobility in the Soviet Union 1921–1934* (Cambridge, 1979), 76–77.
35. Dariusz Jarosz, *Polacy a stalinizm 1948–1956* (Warsaw, 2000), 64; Pittaway, Workers' State, 145.
36. Sharon Wolchik, "The Status of Women in a Socialist Order: Czechoslovakia 1948–1978," *Slavic Review* 38:4 (1979), 583–602; Isabel Marcus, "Wife Beating: Ideology and Practice in State Socialism," in *Gender Politics and Everyday Life in State Socialist Eastern Europe*, Shana Penn and Jill Massino, eds., (New York, 2009), 120.
37. 一九五〇年代中期，波蘭和東德的女性人數接近三分之一，捷克地區的女性人數則有近四分之一。波蘭和東德的目標為百分之四十。Connelly, *Captive University*, 267.
38. 比方說，一九七〇年的羅馬尼亞有百分之七十四點九的女性會外出工作；相較之下，英法的數字則只略超過一半。Jill Massino, "Workers under Construction," in *Gender Politics*, Massino and Penn, eds., 16–17.
39. 一九五一年上半，齊拉爾多夫（Żyrardów）紡織廠的勞動競賽參賽工人有一半是女性。Małgorzata Fidelis, *Women, Communism and Industrialization in Postwar Poland* (Cambridge, 2010), 80.
40. 在二戰前的波蘭，女性已開始進入法學院就讀，但在司法部門的就業人數並未有任何提升。一九二九年出現了首位女法官。由於人民波蘭的機會相對平等，女法官的比例從一九六八年的百分之三十三點二提升到一九九〇年的百分之六十一點六。Małgorzata Fuszara, "Women Lawyers in Poland," in *Women in the World's Legal Professions*, Ulrike Schultz and Gisela Shaw, eds. (Oxford, 2003), 375.
41. 一九五六年接受採礦訓練的女性占百分之七點六三；輕工業則占百分之六十一點零六。Jarosz, *Polacy*, 127–129; Pittaway, *Workers' State*, 155. 女性的收入平均而言比男性低二十五到三十五個百分比。Lynne Haney, "After the Fall. East European Women since the Collapse of State Socialism," *Contexts* (Fall 2002), 29.
42. Robert Levy, *Ana Pauker: Rise and Fall of a Jewish Communist* (Berkeley, 2001), 108–109, 126; Norman Naimark, review of Levy, *Ana Pauker, Slavic Review* 61:2 (2002), 389–390. 欲知蘇聯是如何鎖定她，參見：Vladimir

18. Roger Gough, *A Good Comrade: János Kádár, Communism and Hungary* (London, 2006), 43–44, 46.
19. Geoffrey Swain, *Tito: A Biography* (London, 2011), 103; Andrzej Leder, *Prześniona rewolucja* (Warsaw, 2014), 155.
20. 捷克斯洛伐克的問題可參見：Kevin McDermott, "A Polyphony of Voices? Czech Popular Opinion and the Slánský Affair," *Slavic Review* 67:4 (2008), 859; Jiří Pernes, *Krize komunistického režimu v Československu v 50. letech 20. století* (Brno, 2008), 41–56.
21. 感謝狄倫・布魯克斯（Dylan Brooks）提出這點。施林是一名西班牙志願者，戰時流亡倫敦，並接觸到捷克斯洛伐克共產黨的最高層。Karel Kaplan, *Report on the Murder of the General Secretary*, Karl Kovanda, trans. (London, 1990), 86.
22. 參見：Sándor Kopácsi, *In the Name of the Working Class* (New York, 1986), 33–34，其中記有匈牙利北部共產主義家庭一位年輕金屬工人的觀點。
23. 其中有個故事講的是一對匈牙利的共產黨姐妹，兩人都因這些審判而理想破滅，卻拒絕向彼此傾訴，以為另一人仍然抱有信心。Applebaum, *Iron Curtain*, 292.
24. Kevin McDermott, *Communist Czechoslovakia 1945–89* (London, 2015), 70; Mark Pittaway, *The Workers' State: Industrial Labor and the Making of Socialist Hungary* (Pittsburgh, PA, 2012), 101–102; Kovaly, *Under a Cruel Star*, 140
25. Marián Lóži, "A Case Study of Power Practices: The Czechoslovak Stalinist Elite at the Local Level," in *Perceptions of Society in Communist Europe: Regime Archives and Popular Opinion*, Muriel Blaive, ed. (London, 2019), 49–64; McDermott, *Communist Czechoslovakia*, 70.
26. Hana Kubátová and Jan Láníček, *The Jew in Czech and Slovak Imagination 1938–89* (Leiden, 2018), 169–211; Bożena Szaynok, "The Anti–Jewish Policies of the USSR in the Last Decade of Stalin's Rule and Its Impact on East European Countries," *Russian History* 29:2–4 (2002), 301–315. 欲了解仇恨猶太人的更深層歷史（並尤其考量多世紀以來的連貫演變），請參閱：David Nirenberg, *Anti–Judaism: The Western Tradition* (New York, 2013).
27. Kaplan, *Report*, 242.
28. 例如波蘭的希拉里・敏茲和雅各・伯曼，或者是匈牙利的馬蒂亞斯・拉科西和約瑟夫・雷瓦伊。
29. František Nečásek et al., eds., *Dokumenty o protilidové a protinárodní politice T. G. Masaryka* (Prague, 1953); McDermott, "Polyphony," 856; Martin Wein, *A History of Czechs and Jews: A Slavic Jerusalem* (New York, 2015), 162.
30. 取自於一九四九年六月一日他對中央委員會的報告。Gough, *Good Comrade*, 45.
31. István Rev, *Retroactive Justice: A Prehistory of Postcommunism* (Stanford,

of Eastern Europe, 1944–1953," in *The Cambridge History of the Cold War*, Melvyn P. Leffler and Odd Arne Westad, eds., vol. 1 (Cambridge, 2010), 175–197. 也請參見以下書中之論文：Francesca Gori and Silvio Pons., eds., *The Soviet Union and Europe in the Cold War, 1943–53* (London, 1996); and Norman M. Naimark and Leonid Gibianskii., eds., *The Establishment of Communist Regimes in Eastern Europe 1944–1949* (Boulder, CO, 1997).

2. Scott D. Parrish, "The Turn toward Confrontation: The Soviet Reaction to the Marshall Plan, 1947," Cold War International History Project Working Paper 9 (Washington, DC, 1994), 14.
3. Parrish, "Turn toward Confrontation," 3.
4. Hubert Ripka, *Czechoslovakia Enslaved: The Story of the Communist Coup d'Etat* (London, 1950), 70.
5. W. Gomułka, *Artykuły i przemówienia*, vol. 1 (Warsaw, 1962), 295 (from June 1945); Krystyna Kersten, *Narodziny systemu władzy, Polska 1943–1948* (Warsaw, 1990), 239–240; Jerzy Jagiełło, *O polską drogę do socjalizmu* (Warsaw, 1983), 134; Jan Ciechanowski, "Postwar Poland," in *The History of Poland since 1863*, R. F. Leslie, ed. (Cambridge, 1983), 296–297.
6. 支持「社會主義」的勢力之間的關係並未如史達林所願的對莫斯科如此有利。這點至一九四七年中變得很明顯。Mastny, *Cold War*, 25.
7. Ted Hopf, *Reconstructing the Cold War* (Oxford, 2012), 84–85.
8. *Sydney Morning Herald*, September 25, 1947. 該聲明係由克萊門特・戴維斯（Clement Davies，自由黨）、凡西塔特勳爵（Vansittart，保守黨）及A・布萊克本（A. R. Blackburn，工黨）發表。
9. Mastny, *Cold War*, 33; Jiří Pernes, "Specifická cesta KSC k socialismu," *Soudobé dějiny* 1–2 (2016), 11–53.
10. Connelly, *Captive University*, 127–132, 250–251.
11. 這是個持續到一九五〇年代的長期過程，每次都有數十萬社會民主黨人遭到清算。參見：Joachim von Puttkamer, *Ostmitteleuropa im 19. und 20. Jahrhundert* (Munich, 2010), 117–119.
12. 請見此六月二十八日達成之決議：http://www.fordham.edu/halsall/mod/1948cominform–yugo1.html (accessed November 23, 2016).
13. Richard West, *Tito and the Rise and Fall of Yugoslavia* (New York, 1995), 220–221.
14. Georg Hodos, *Schauprozesse: stalinistische Säuberungen in Osteuropa 1948–54* (Frankfurt am Main, 1988), 68–69.
15. Hopf, *Reconstructing*, 84–85.
16. 這四人中有兩人（恩諾・格羅和米哈伊・法卡斯）本就是蘇聯情報局特工。一九四八年五月，拉科西已至莫斯科與祕密警察局長貝利亞安排對拉伊克的作秀審訊。
17. Applebaum, *Iron Curtain*, 164–165.

桿。Janos, *Politics of Backwardness*, 301.

80. Bottoni, "Reassessing," 67–68
81. Crampton, *Concise History*, 187.
82. Hannah Arendt, *Eichmann in Jerusalem: A Report on the Evil of Banality* (New York, 1976), 188; Wilfried F. Schoeller, "Georgi Dimitroff: Held und Schurke," *Der Tagesspiegel*, March 11, 2001.
83. 這種技巧先是掌控報紙，再來是對組織下手。Seton–Watson, *Revolution*, 213–217.
84. *Sydney Morning Herald*, September 25, 1947.
85. Chary, *History of Bulgaria*, 127.
86. Crampton, *Concise History*, 188; Seton–Watson, *Revolution*, 216; Harold Segel, *The Walls behind the Curtain: East European Prison Literature, 1945–1990* (Pittsburgh, PA, 2012), 11–12; Michael Bar–Zohar, *Beyond Hitler's Grasp: The Heroic Rescue of Bulgaria's Jews* (Holbrook, MA, 1998), 146; Khaim Oliver, *We Were Saved: How the Jews in Bulgaria Were Kept from the Death Camps* (Sofia, 1978), 65.
87. Michael Padev, *Dimitrov Wastes No Bullets. Nikola Petkov: The Test Case* (London, 1948); Chary, *History of Bulgaria*, 127; "Petkov's Death Shocks West," *Sydney Morning Herald*, September 25, 1947; Seton–Watson, *Revolution*, 217; Crampton, *Concise History*, 186.
88. Papp, "Political Context," 385.
89. "US Excoriates Bulgaria," *New York Times*, September 24, 1947.
90. 一九四六年一月，米科瓦伊奇克彙整出一份名單，列出十八名在弗羅茨瓦夫被捕及另外八十名於羅茲被捕的運動人士。Applebaum, *Iron Curtain*, 198–199. Reale, *Raporty*, 103; "Die Memoiren Mikolajczyks," *Der Spiegel*, March 13, 1948, 48–49; Paczkowski, *Pół wieku*, 192.
91. Cătălin Augustin Stoica, "Once Upon a Time There Was a Big Party: The Social Bases of the Romanian Communist Party," *East European Politics and Societies* 19:4 (2005), 694.
92. Samuel L. Sharp, *Industry and Agriculture in Eastern Europe* (New York, 1951), 184.
93. "Free Speech: Reds Turn Assembly into a Brawl," *Life*, June 30, 1947, 30–31.
94. Krystyna Badurka, "Stalinizm w mojej pamięci," January 17, 2017, at https://obserwatorpolityczny.pl/?p=45317 (accessed October 23, 2018).

19. 冷戰與史達林主義

1. Daniel Yergin, *Shattered Peace: The Origins of the Cold War and the National Security State* (New York, 1977), 312–313; Vojtech Mastny, *The Cold War and Soviet Insecurity* (Oxford, 1996); Norman M. Naimark, "The Sovietization

說，不得對該日期前分配的土地提出訴求。

61. Kenez, *Hungary*, 112; Papp, "Political Context," 388.

62. Papp, "Political Context," 388–389.

63. 一九四五年秋天，小農黨發起運動反對濫用土地改革，尤其是共產黨主導的土地重畫委員會。Papp, "Political Context," 391.

64. 影像請見：Andrzej Paczkowski, *Zdobycie władzy: 1945–1947* (Warsaw, 1993), 30.

65. Abrams, *Struggle*, passim.

66. Connelly, *Captive University*, 75.

67. 可惜學生行進的街道聶魯多瓦（Nerudová）很狹窄，方便警察設下陷阱，阻撓他們抵達城堡。Peter Demetz, *Prague in Gold and Black: The History of a City* (London, 1998), 367; Zdeněk Pousta, "Smuteční pochod za demokracii," in *Stránkami soudobých dějin. Sborník stadií k pětašedesátinám historika Karla Kaplana*, Karel Jech, ed. (Prague, 1993), 198–207.

68. Abrams, *Struggle*, 115.

69. Abrams, *Struggle*.

70. János M. Rainer, *Imre Nagy: Vom Parteisoldaten zum Märtyrer des ungarischen Volksaufstandes. Eine politische Biographie 1896–1958*, Anne Nass, trans. (Paderborn, Germany, 2006), 65.

71. 參見馬蒂亞斯·拉科西一九四六年五月與共產黨中央委員會的談話紀錄，引用自：Csaba Békés et al, eds., *Soviet Occupation of Romania, Hungary, and Austria 1944/45–1948/49* (Budapest, 2015), 185ff.

72. Mark Pittaway, "Politics," 470–471; Kenez, *Hungary*, 128–129.

73. 他指責他們是在慫恿蘇維埃化。Kenez, *Hungary*, 130.

74. Alfred Rieber, *Salami Tactics Revisited: Hungarian Communists on the Road to Power*, Trondheim Studies on East European Cultures and Societies no. 33 (Trondheim, 2013), 85.

75. 接替拉約斯·丁尼斯的，是在政治上死氣沉沉的人物伊斯特萬·多比（István Dobi）。共產黨在掏空小農黨後，於一九四八年下旬關閉了兩個小型獨立政黨。Hugh Seton–Watson, *The East European Revolution* (London, 1956), 198–202; "Zwei Kilo Gold," *Der Spiegel*, June 14, 1947; László Borhi, Dealing with *Dictators: The United States, Hungary and East Central Europe* (Bloomington, IN, 2016), 72; Anne Applebaum, *Iron Curtain: The Crushing of Eastern Europe* (New York, 2012), 210–211; Jason Wittenberg, *Crucibles of Political Loyalty* (Cambridge, 2006), 56–57.

76. Keith Hitchins, *Rumania 1866–1947* (Oxford, 1994), 500; Roberts, *Rumania*, 259.

77. Bottoni, "Reassessing," 64.

78. Roberts, *Rumania*, 261.

79. 此為學者安德魯·亞諾什為匈牙利納粹勢力提出的用詞，他提出了三重槓

1989), 184. 一九四五年六月，克萊門特・哥特瓦爾德表示必須永遠消滅邊境地區的「敵對分子」。這是彌補白山之役（1620）的損失，也是在更正捷克國王當初邀請德裔殖民者來到波希米亞的錯誤。Tomáš Staněk, *Odsun Němců z Československa, 1945–1947* (Prague, 1991), 60.

48. František Čapka, *Sborník dokumentů ke studiu nejnovějších českých dějin* (Brno, 2002), 120–122

49. 取自 Sarah A. Cramsey, "Uncertain Citizenship: Jewish Belonging and the Ethnic Revolution in Poland and Czechoslovakia, 1938–1948" (PhD dissertation, University of Califoirnia, Berkeley, 2014), chapter two.

50. 例外者有自由主義者帕維爾・蒂格里德、斐迪南・佩魯特卡（Ferdinand Peroutka）以及瓦茨拉夫・切爾尼（Václav Černý）。比起其他非共產主義者，羅馬天主教徒通常更勇於反對種族主義及支持西方價值觀。Abrams, *Struggle*, 163–167, 174.

51. Tomáš Staněk, *Persekuce* (Prague, 1996), 72.

52. 蘇聯也背離史實，聲稱在一九三〇年代東歐面臨納粹侵略時提供援助。Igor Lukes, *Between Stalin and Hitler: The Diplomacy of Edvard Beneš in the 1930s* (Oxford, 1996). 比薩拉比亞的主要羅馬尼亞民族特徵請見：Henry L. Roberts, *Rumania: Political Problems of an Agrarian State* (New Haven, 1951), 32–33

53. Elaine Kelly, *Composing the Canon in the GDR* (Oxford, 2014).

54. 一九五五年設計的國家人民軍（National People's Army）軍裝，是仿照德意志國防軍之軍服。Rüdiger Wenzke, *Ulbrichts Soldaten: die Nationale Volksarmee 1956 bis 1971* (Berlin, 2013), 87–88, 96, 407. 腓特烈之介紹請見：Christoph Dieckmann, "Der König der DDR," *Die Zeit*, November 22, 2011.

55. Peter Fritzsche, *The Turbulent World of Franz Göll: An Ordinary Berliner Writes the Twentieth Century* (Cambridge, MA, 2011), 210; Günter Gaus, *Wo Deutschland liegt: Eine Ortsbestimmung* (Munich, 1986).

56. 目的是要造就群眾支持。Stephen Fischer–Galati, *Twentieth Century Rumania* (New York, 1991), 92. 被遣送至蘇聯的羅馬尼亞德意志人數目落在七萬五千到八萬之間，大多數於一九四九／一九五〇年被釋放，但有些人滯留的時間更長。Anneli Ute Gabanyi, *Die Deutschen in Rümanien* (Bonn, 1988), 34; Bottoni, "Reassessing," 79–80. 收到土地者占要求土地者的四分之三。

57. 一千戶人家握有總土地的四分之一，天主教會則擁有五十萬公頃。.

58. Hoensch, *History*, 169–170; N. G. Papp, "The Political Context of the Hungarian Land Reform of 1945: A Reassessment," *Historian* 46:3 (May 1984), 385–387, 395.

59. Kenez, *Hungary*, 107

60. Papp, "Political Context," 392. 效力可溯及一九四六年一月一日；也就是

36. 這點請見：Cichopek–Gajraj, *Beyond Violence*, 145. 從一九四四年至一九四六年間，波蘭的猶太罹難者總數估計介於六百五十至一千兩百人：Cichopek–Gajraj, *Beyond Violence*, 117. 屠殺詳情請見：Jan T. Gross, *Fear: Anti–Semitism in Poland after Auschwitz* (New York, 2006).
37. 參見：http://www.yivoencyclopedia.org/article.aspx/poland/poland_since_1939. 戰後波蘭的猶太人數峰值出現在一九四六年六月，為二十四萬四百八十九人。Cichopek–Gajraj, *Beyond Violence*, 44.
38. Bernhard Chiari, "Limits to German Rule: Conditions for and Results of the Occupation of the Soviet Union," in *Germany and the Second World War*, Jörg Echternkamp, vol. 9/2 (Oxford, 2014), 964.
39. Helga Hirsch, "Nach dem Hass das Schweigen," *Die Zeit*, April 16, 1993; Jerzy Lukowski and Hubert Zawadzki, *Concise History of Poland* (Cambridge, 2006), 279
40. Bottoni, "Reassessing," 74. 從一九四八年至一九五二年年間，有十三萬人前往以色列。
41. 德意志人的公民權利於一九四八年恢復。自一九四五年起，一間以匈牙利語為主要教學語言的大學（名為博利亞亞諾什大學〔Bolyai János〕）於克魯日開設，支持由數百所高中、熱門大學及其他職業教育機構組成的網路。Bottoni, "Reassessing," 72–73.
42. 在西方蓬勃發展的新國際主義，是由東歐事務專家在受到該地區衝突（如的里雅斯特）的啟發後提出。要等到很久之後，他們的想法才得以於家鄉落實。Glenda Sluga, *Internationalism in the Age of Nationalism* (Philadelphia, 2013), 81–85.
43. Zdeněk Radvanovsky, "The Social and Economic Consequences of Resettling Czechs into Northwestern Bohemia, 1945–1947," in *Redrawing Nations: Ethnic Cleansing in East–Central Europe, 1944–1948*, Philipp Ther and Ana Siljak, eds. (New York, 2001), 243, 251. 在共產主義機構中擔任領導職務的女性人數仍然很少，且越往高層越少。Sharon Wolchik, "The Status of Women in a Socialist Order: Czechoslovakia 1948–1978," *Slavic Review* 38:4 (1979), 583–602.
44. Josef Korbel, *The Communist Subversion of Czechoslovakia, 1938–1948: The Failure of Coexistence* (Princeton, NJ, 1959), 161–162.
45. Connelly, *Captive University*, 108–109.
46. 這方面請見戰後捷克民族社會主義黨的報告，其中有說明捷克共產組織是如何持續以暴力施壓於所有膽敢反對「人民的力量」的人。Authors' Collective, *Tři roky: přehledy a dokumenty k československé politice v letech 1945 až 1948*, 2 vols. (Prague, 1991).
47. 共產黨部長瓦茨拉夫・科佩斯基（Václav Kopecký）的立場最激進，他要求徹底驅逐德意志人和匈牙利人，並奪取盧薩希亞（Lusatia）的領土，聲稱斯拉夫人已定居於柏林地區。Karel Kaplan, *Mocní a bezmocní* (Toronto,

Rudolf Korte, eds. (Frankfurt, 1999), 586–597.

24. Czesław Miłosz, *The Captive Mind*, Jane Zielonko, trans. (New York, 1955), 98; Adam Michnik, *Polskie pytania* (Warsaw, 1993), 96.
25. 羅馬尼亞的要求請見：Henry L. Roberts, *Rumania: Political Problems of an Agrarian State* (New Haven, CT, 1951), 259.
26. 此為德國前外交部長約瑟卡・費舍（Joschka Fischer）對社會主義的定義：Steven Erlanger, “What’s a Socialist,” *New York Times*, July 1, 2012.
27. Stefano Bottoni, “Reassessing the Communist Takeover in Romania: Violence, Institutional Continuity, and Ethnic Conflict Management,” *East European Politics and Societies* 24:1 (2010), 65.
28. 作家瑪麗亞・達布羅夫斯卡（Maria Dąbrowska）是此思想潮流的代表。Jacek Kuroń and Jacek Żakowski, *PRL dla początkujących* (Wrocław, 1996), 42–43.
29. Peter Gosztony, *Miklós von Horthy: Admiral und Reichsverweser* (Göttingen, 1973), 114. 在一九四四年九月政變後，於保加利亞立即遭處決的確切人數不詳，但能以千計，其中有將軍、報紙出版商、律師和軍官。Polia Meshkova and Diniu Sharlanov, *Bŭlgarskata gilotina: taĭnite mekhanizmi na Narodniia sŭd* (Sofia, 1994), 引用自 Maria Slavtscheva, *Auf der Suche nach dem Modernen: Eine komparatistische Verortung ausgewählter bulgarischer Lyriker* (Stuttgart, 2018), 115.
30. 參見第十八章；被直接處決的總人數約為六萬人，其中更有一項行動被稱為「知識分子行動」（Intelligenzaktion）。參見：Snyder, *Bloodlands*, 149–151; Maria Wardzynska, *Byl rok 1939: Operacja niemieckiej policji bezpieczeństwa w Polsce. Intelligenzaktion* (Warsaw, 2009).
31. “Rozporządzenie z dnia 1 sierpnia 1944 r. Krajowej Rady Ministrów o utracie obywatelstwa przez Niemców,” *Dziennik Ustaw Rzeczpospolitej Polski*, August 2, 1944, part 3, position 7, 17.
32. “Dekret z dnia 13 września 1946 r. o wyłączeniu ze społeczeństwa polskiego osób narodowości niemieckiej,” *Dziennik Ustaw Rzeczpospolitej Polski*, November 8, 1946, no. 55, position 310, 632.
33. Speeches of Wacław Barcikowska and Władysław Gomułka. *Wiadomości Mazurskie* (Olsztyn, Poland), November 12, 1946, 2.
34. Jan Błoński, *Miedzy literaturą a światem* (Kraków, 2003), 238; Stanisław Krajewski, *Tajemnica Israela a tajemnica kościoła* (Kraków, 2007), 67; Teresa Torańska, *Śmierćspóźnia się o minutę* (Warsaw, 2010), 150. 非猶太人取走猶太資產的情形請參考：Jan Gross and Irena Grudzińska–Gross, *Golden Harvest: Events at the Periphery of the Holocaust* (New York, 2012).
35. 在戰前超過三百一十萬的人口中，波蘭領土中約有十四萬五千名波蘭猶太人倖存；蘇聯有二十三萬兩千人倖存，他處則有四萬人。Cichopek–Gajraj, *Beyond Violence*, 10, 44.

120–124.

9. 貝納許總統則補充道，蘇聯無意「讓其他國家布爾什維克化」。Igor Lukes, *On the Edge of the Cold War* (Oxford, 2012), 30, 40, 166.
10. Mark Pittaway, "The Politics of Legitimacy and Hungary's Postwar Transition," *Contemporary European History* 13:4 (2004), 466.
11. Bradley F. Abrams, *The Struggle for the Soul of the Nation: Czech Culture and the Rise of Communism* (Lanham, MD, 2004), 316, note 62.
12. 工人提出異議的方式及後果請見：Andrew Port, *Conflict and Stability in the German Democratic Republic* (Cambridge, 2007); Padraic Kenney, *Rebuilding Poland: Workers and Communists* (Ithaca, NY, 1997); Jeffrey Kopstein, *The Politics of Economic Decline in East Germany* (Chapel Hill, NC, 1997); Adrian Grama, *Laboring Along: Industrial Workers and the Making of Postwar Romania* (Berlin, 2019); Mark Pittaway, *The Workers' State: Industrial Labor and the Making of Socialist Hungary* (Pittsburgh, PA, 2012). 另請參閱此概述：Peter Heumos, "Workers under Communist Rule," *International Review of Social History* 55:1 (2010), 83–115.
13. 例子請見回憶錄：Heda Margolius Kovaly, *Under a Cruel Star: A Life in Prague, 1941–1968* (New York, 1997).
14. 亞當・米奇尼克指出，維卡於一九四五年走出反納粹的地下密謀活動後，從沒有時間考慮是否要接受新政權，他只是繼續自己的工作。"Polski rachunek sumienia," *Gazeta Wyborcza*, April 12, 2010. 針對有機工作的討論，見第十章。
15. Sebastian Drabik, "Komuniści i społeczeństwo PRL wobec śmierci Stalina," *Arcana*, March 5, 2011, at http://www.portal.arcana.pl/Komunisci–i–spoleczenstwo–prl–wobec–smierci–stalina,845.html (accessed December 19, 2018).
16. Marta Markowska, *Wyklęci. Podziemie zbrojne 1944–1963* (Warsaw, 2013). 共產黨實力的數據，請見第二十一章，註解四十七。
17. Abrams, *Struggle*, 116. 在波蘭，辯證法的熱門程度漸被稱作是黑格爾的毒刺。例子見：Jan Kott, *Theater of Essence* (Evanston, IL, 1984), 203.
18. Abrams, *Struggle*, 116.
19. Bradley Abrams，引用自：E. A. Rees, "Intellectuals and Communism," *Contemporary European History* 16:1 (2007), 145.
20. 此觀點取自：Josef Macůrek: Rees, "Intellectuals," 145.
21. Lukes, *On the Edge*, 30–31.
22. Eugenio Reale, *Raporty. Polska 1945–1946*, Paweł Zdiechowski, trans. (Paris, 1968), 104. From December 1945.
23. 東德於一九五〇年承認奧德河尼斯河邊界，西德於一九七〇年承認其「不可侵犯」，但仍可經由和平條約修改。Dieter Blumenwitz, "Oder–Neisse Linie," in *Handbuch zur deutschen Einheit*, Werner Weidenfeld and Karl–

after World War II," in *The Jews are Coming Back: The Return of Jews to Their Countries of Origin after WWII*, David Banker, ed., (Jerusalem, 2005), 257–276. 欲知捷克人對返家猶太人的態度，請見：Hana Kubátová and Jan Láníček, *The Jew in Czech and Slovak Imagination 1938–89* (Leiden, 2018), 115.

18. 人民民主：戰後早期的東歐

1. 蘇聯也拿走了一部分的東普魯士，含柯尼斯堡市（Königsberg）（今加里寧格勒〔Kaliningrad〕）以及捷克斯洛伐克東部和外喀爾巴阡魯塞尼亞，其中許多居民都自覺與烏克蘭有著統一的文化。
2. 「政權複製品」（Replica regimes）是肯尼斯・約威特（Kenneth Jowitt）提出的公式，請見*New World Disorder: The Leninist Extinction* (Berkeley, 1991), xvii, 250.
3. 蘇聯士兵在捷克斯洛伐克強暴了估計一萬至兩萬名婦女，在波蘭強暴了四萬名婦女。Anna Cichopek–Gajraj, *Beyond Violence: Jewish Survivors in Poland and Slovakia, 1944–1948* (Cambridge, 2014), 48.光在布達佩斯就有大約五萬名婦女被強暴。James Mark, "Remembering Rape: Divided Social Memory and the Red Army in Hungary," *Past and Present* 188 (2005), 133. 欲知人民的情緒如何從寬慰轉變為恐懼和焦慮，請見：Marcin Zaremba, *Wielka trwoga: Polska 1944–1947. Ludowa reakcja na kryzys* (Kraków, 2012), 153–154. 人民對匈牙利蘇軍的觀感：Sándor Márai, *Memoir of Hungary 1944–48*, Albert Tezla, trans. (Budapest, 1996); 欲了解德國的蘇維埃區，請參見： Norman M. Naimark, *The Russians in Germany* (Cambridge, MA, 1996).
4. Cichopek–Gajraj, *Beyond Violence*, chapters 2–3; Samuel Herman, "War Damage and Nationalization in Eastern Europe," *Law and Contemporary Problems* 16: 3 (Summer 1951), 507.
5. 波蘭的教育改革則取消了自一九一九年起實施的七年級普通教育，改為七年小學和四年中學教育的兩階段制（從一九四八年／一九四九年起）。Jerzy Wyrozumski, *Pińczów i jego szkoły w dziejach* (Kraków, 1979), 221. 針對短期學校和高等教育改革的討論，請見：John Connelly, *Captive University: The Sovietization of East German, Czech, and Polish Higher Education* (Chapel Hill, NC, 2000).
6. Jörg Hoensch, A *History of Modern Hungary* (London, 1988), 160.
7. 自一九四六年起。Norman Naimark, "Revolution and Counterrevolution" in *The Crisis of Socialism in Europe*, Christiane Lemke and Gary Marks, eds. (Durham, NC, 1992), 67.
8. Peter Kenez, *Hungary from the Nazis to the Soviets: The Establishment of the Communist Regime in Hungary, 1944–1948* (Cambridge and New York, 2006),

106. 此「佛巴報告」(Vrba)是由逃離集中營的斯洛伐克猶太人魯道夫・佛巴(Rudolf Vrba)所寫，一九四四年六月起被瑞士報紙摘錄刊登(儘管於四月便已準備好)。教宗庇護十二世、總統羅斯福、瑞典國王分別於六月二十五、二十六、三十日提出個人懇求。美國總統要求立即停止遣送及所有反猶措施，並要脅報復。美軍飛機七月二日空襲布達佩斯。Braham, *Politics of Genocide*, 161.
107. Braham, *Politics of Genocide*, 161.
108. Keith Hitchins, *Rumania 1866–1947* (Oxford, 1994).
109. Macartney, *Hungary*, 234
110. Hoensch, *History*, 157.
111. 費內是背著德軍與黨衛軍偷偷行事。Heinrich August Winkler, *The Age of Catastrophe: A History of the West* (New Haven, CT, 2015) 835; Heidi Eisenhut, "Im Leben etwas Grosses vollbringen," *Appenzellische Jahrbücher* 140 (213), 44–65.
112. Tilkovszky, "Late Interwar Years," 353.
113. Zoltán Vági et al., eds., *The Holocaust in Hungary: Evolution of a Genocide* (Lanham, MD, 2013), 330.
114. 羅馬尼亞戰前的猶太人口約為七十五萬七千人。International Commission, *Final Report*, 179.
115. 數字可至www.yadvashem.org取得 (accessed October 6, 2018).
116. 估計有八萬人遭殺害。Gruner, *Judenverfolgung*, 289
117. Browning, Origins, 291; Hoensch, *History*, 157.
118. Helen Fein, *Accounting for Genocide* (New York, 1979), 33. 戰爭期間，塞拉耶佛的公民聯合起來保護彼此，其中有穆斯林、天主教克羅埃西亞人和東正教塞爾維亞人。然而該市的一萬名猶太人幾乎全數喪生。Emily Greble, *Sarajevo, 1941–1945: Muslims, Christians and Jews in Hitler's Europe* (Ithaca, NY, 2011), 114–115.
119. George Konrád, *A Guest in My Own Country: A Hungarian Life* (New York, 2007), 103.
120. Heda Margolius Kovaly, *Under A Cruel Star: A Life in Prague* (New York, 1986), 66; Gruner, *Judenverfolgung*, 260–263.
121. 史家伊斯特萬・迪克(Istvan Deák)在其對康瑞德的精彩評論中強調了這點，見：*The New Republic*, April 2, 2007.
122. Konrád, *Guest*, 113–114.
123. 欲知波蘭的情形，請見：Jan T. Gross, *Fear: Anti–Semitism in Poland after Auschwitz* (New York, 2006); Celia Stopnicka Heller, *On the Edge of Destruction: Jews of Poland between the Two World Wars* (Detroit, 1994), 296; Anna Bikont, *The Crime and the Silence* (New York, 2015), 442; Anna Cichopek–Gajraj, *Beyond Violence: Jewish Survivors in Poland and Slovakia in 1944–1948* (Cambridge, 2014); Yehoshua Büchler, "Slovaks and Jews

2011), 91; Jörg Hoensch, *A History of Modern Hungary* (London, 1988), 146–148.

86. Hoensch, *History*, 147.
87. 此為第二次維也納仲裁；第一次仲裁為一九三八年十一月，斯洛伐克南部便是於此時割予匈牙利。Tilkovszky, "Late Interwar Years," 342–343.
88. Hoensch, *History*, 149; Tilkovszky, "Late Interwar Years," 343.
89. Hoensch, *History*, 150. 此書作者使用引號。
90. Hoensch, *History*, 150–151.
91. Rudolf Braham, *The Politics of Genocide: The Holocaust in Hungary* (Detroit, 1981), 33.
92. Browning, *Origins*, 291; Braham, *Politics of Genocide*, 34.
93. Arpad von Klimo, *Remembering Cold Days: The 1942 Massacre in Novi Sad* (Pittsburgh, PA, 2018).
94. Hilberg, *Destruction*, 521. 費克特哈爾米－蔡斯勒於審判開始便逃已至德國。
95. 貝拉·依姆雷迪立場親德；帕爾·泰萊基則否；拉斯洛·巴爾多西親德；米克洛什·卡萊則否；德邁·斯托堯伊親德；蓋薩·拉卡托斯則否。一九四四年，德國終於自立總理，即箭十字黨黨魁費倫茨·薩拉西。
96. Janos, *Politics of Backwardness*, 302.
97. 大型地產幾乎不受影響，猶太人經營的工業企業所受影響更小；有些人會在董事會裡增加非猶太人，以滿足第二部反猶法的配額。「這些權宜之計讓猶太工廠主還是能有效控管大型廠房，這類工廠在戰時仍如往常運作，對軸心國的戰爭經常有重大貢獻」。Janos, *Politics of Backwardness*, 303, 305.
98. Rothschild, *East Central Europe*, 196; Hilberg, *Destruction*, 514–515.
99. 猶太人幾乎被徹底趕出許多商業部門，例如水泥貿易、餐廳、蛋奶貿易及油品和豬肉貿易。Hilberg, *Destruction*, 516.
100. Braham, *Politics of Genocide*, 42, 49; Hilberg, *Destruction*, 517–518.
101. 一九四四年納粹將霍爾蒂趕下台後，他告訴匈牙利王室會議（Hungarian Crown Council）自己被指控的罪名是「不允許按希特勒的意願屠殺猶太人」。Hilberg, *Destruction*, 524, 527.
102. István Deák, *Essays on Hitler's Europe* (Lincoln, NE, 2001), 156.
103. Hoensch, *History*, 156. Janos speaks of eleven divisions. *Politics of Backwardness*, 308.
104. 該理事會是據一九四四年四月二十二日的法令成立。Kinga Frojimovics, "The Special Characteristics of the Holocaust in Hungary," in Friedman, *Routledge History of the Holocaust*, 255.
105. Frojimovics, "Special Characteristics," 256–257; Christian Gerlach and Götz Aly, *Das letzte Kapitel: Der Mord an den ungarischen Juden* (Stuttgart, 2002), 274; Lendvai, *Hungarians*, 422.

Wehrmacht: Bilanz einer Debatte (Munich, 2005), 95.

70. 部分資料估計有高達二十五萬到四十一萬人。Hartmann et al., *Verbrechen der Wehrmacht*, 95; Mark Mazower, *Hitler's Empire: How the Nazis Ruled Europe* (New York, 2008), 337–338.
71. Mazower, *Hitler's Empire*, 332–333.
72. Hilberg, *Destruction*, 493, 498.
73. International Commission, *Final Report*, 170.
74. Hilberg, *Destruction*, 501–502; International Commission, *Final Report*, 172. 萊卡於一九四四年被捕時，身家擁有兩千枚金幣和六十支金錶。Radu Ioanid, *The Holocaust in Romania: The Destruction of Jews and Gypsies under the Antonescu Regime* (Chicago, 2000), 285.
75. Dennis Deletant, *Hitler's Forgotten Ally: Ion Antonescu and His Regime, Romania 1940–44* (New York, 2006), 208; AP report of August 21, 1942, *Lawrence (Kansas) Journal–World*, 3.
76. Deletant, *Forgotten Ally*, 207; Holly Case, *Between States: The Transylvanian Question and the European Idea during World War II*, (Stanford, CA, 2009), 188.
77. Deletant, *Forgotten Ally*, 207–208.
78. 有位帶頭的領袖名為安妮・安德曼，她於一九三〇年代擔任猶太兒童福利組織（Oeuvre de secours aux Enfants）的羅馬尼亞分部主席。安德曼一獲悉聶斯特里亞仍有滯留的猶太孤兒正在受苦，便連同其他女性發起一場運動，呼籲將孩子們送回。孩子們一安全抵達羅馬尼亞，這些女性便努力將他們送至巴勒斯坦。Anca Ciuciu, "Kinder des Holocaust: Die Waisen von Transnistrien," in *Holocaust an der Peripherie: Judenpolitik und Judenmord in Rumänien und Transnistrien 1940–1944*, Wolfgang Benz et al., eds. (Berlin, 2009), 187–193; Jon Meacham, *Franklin and Winston: an Intimate Portrait of an Epic Friendship* (New York, 2004), 192; Richard J. Evans, *The Third Reich at War* (New York, 2009), 393; International Commission, *Final Report*, 170–171; Obituary, *The Independent* (London), July 31, 2006
79. Case, *Between States*, 188.
80. Ronit Fischer, "Transnistria" in Friedman, *Routledge History of the Holocaust*, 286.
81. Janos, *Politics of Backwardness*, 301.
82. Loránd Tilkovszky, "Late Interwar Years," in *A History of Hungary*, Peter Sugar et al., eds. (Bloomington, IN, 1990), 340.
83. 欲知此複雜人格，請參見：András Bán, *Hungarian–British Diplomacy 1938–1941: The Attempt to Maintain Relations* (London, 2004), 56–59, 141–142; Browning, *Origins*, 209.
84. Janos, *Politics of Backwardness*, 306.
85. Frederick B. Chary, *The History of Modern Bulgaria* (Santa Barbara, CA

482.

51. 其中含大約兩萬名猶太人，他們將與農村的猶太家庭一起生活。Hilberg, *Destruction*, 483–484.
52. Chary, *History of Bulgaria*, 145–148. 經此干涉手段後，鮑里斯三世傳訊給該名拉比，表示猶太人不會被送往保加利亞境外。當猶太人得知當局計畫將他們逐出索菲亞時，他們認為這可能表示自己會被驅逐出境。
53. Tzvetan Todorov, *The Fragility of Goodness: Why Bulgaria's Jews Survived the Holocaust* (Princeton, NJ, 2001), 104–105.
54. 在國王看來，會有兩個國家戰勝：美國和蘇聯。Chary, *Bulgarian Jews*, 46.
55. Chary, *Bulgarian Jews*, 139–140, 158; Hilberg, *Destruction*, 484.
56. 六月，該國失去了比薩拉比亞和北布科維納；八、九月則失去了北外西凡尼亞和南多布魯加。
57. 一九四〇年九月六日至一九四一年一月二十三日。安東尼斯庫於卡羅爾二世退位前兩天被任命為首相。
58. International Commission on the Holocaust in Romania (Wiesel Commission), *Final Report* (Bucharest, 2004), 114.
59. 六月二十七日。International Commission, *Final Report*, 121.
60. Hilberg, *Destruction*, 491; International Commission, *Final Report*, 124, 126; Christopher Browning, *The Origins of the Final Solution: The Evolution of Nazi Policy*, with contributions by Jürgen Matthäus (Lincoln, NE, 2004), 276–277; Edward Zuckerman, "God Was on Vacation," *New York Times*, October 4, 2018.
61. 取自他於一九四一年六月二十七日下給康士坦丁・盧普（Constantin Lupu）上校的命令：「務必將雅西的猶太人口淨空，全面執行，包括婦女和兒童」。International Commission, *Final Report*, 121.
62. Browning, *Origins*, 277; International Commission, *Final Report*, 122.
63. Victoria Gruber, *Partidul National Liberal (Gheorghe Brataniu)* (PhD dissertation, Universitatea "Lucian Blaga" din Sibiu, 2006), chapter six.
64. International Commission, *Final Report*, 127.
65. International Commission, *Final Report*, 128.
66. International Commission, *Final Report*, 128.
67. 「阻止羅馬尼亞人以不專業的手法來虐死猶太人」是突襲隊D的任務之一，直到一九四一年八月三十日簽訂《蒂吉納協議》（Tighina）之後，羅馬尼亞正式接管布科維納、比薩拉比亞和聶斯特里亞為止。Browning, *Origins*, 277; International Commission, *Final Report*, 129, 133–134.
68. 一九四一年秋季，比薩拉比亞／布科維納的猶太人被遣送至此地區。學者Raul Hilberg提到有十八萬五千人被遣送至聶斯特里亞的集中營：Hilberg, *Destruction*, 495; International Commission, *Final Report*, 137, 140 (about 150,000).
69. Hilberg, *Destruction*, 496; Christian Hartmann et al., eds., *Verbrechen der*

36. Longerich, *Holocaust*, 300–301; Lucy Dawidowicz, *The War Against the Jews: 1933–1945* (New York, 1975), 392.
37. Hilberg, *Destruction*, 32 and passim.
38. Frederick B. Chary, *The History of Bulgaria* (Santa Barbara, CA, 2011), 83–84. 保加利亞從德國進口的百分比從百分之二十五點九（一九三二年）上升到百分之六十五點五（一九三九年）。
39. 《巴爾幹協約》（*Balkan Entente*）於一九三四年由希臘、土耳其、羅馬尼亞和南斯拉夫簽署，旨在維持領土現狀。一九三八年七月，協約同意允許保加利亞重整軍備，此有違《塞納河畔納伊條約》。Dennis P. Hupchick, *The Balkans: From Constantinople to Communism* (New York 2002), 349.
40. Crampton, *Concise History*, 169.
41. 德國的規則為，若有一名猶太祖父母，就是屬於「Mischling」【雜種】，兩名的話就是一級「Mischling」，且各有其相應的權利限制。Karl A. Schleunes, *The Twisted Road to Auschwitz: Nazi Policy toward German Jews* (Urbana, IL, 1990), 128–130; Hilberg, *Destruction*, 476; James Frusetta, "The Final Solution in Southeastern Europe: Between Nazi Catalysts and Local Motivations," in *The Routledge History of the Holocaust*, Jonathan C. Friedman, ed. (New York, 2011), 271; Crampton, Concise History, 170.
42. 財政部的解釋為，猶太人欠保加利亞「六十多年的剝削」債，價值超過二十萬保加利亞列弗（兩千四百三十美元）的財產須繳納百分之二十，價值超過三百萬的財產則須繳納百分之二十五。Frederick B. Chary, *The Bulgarian Jews and the Final Solution, 1940–1944* (Pittsburgh, PA, 1972), 43.
43. 猶太人這時不得加入武裝部隊，但可以在軍營裡穿著普通的保加利亞制服，直到德國觀察人員提出抗議為止。羅姆人（Roma）的權利也受到限制。Hilberg, *Destruction*, 478
44. Crampton, *Concise History*, 171.
45. Hilberg, *Destruction*, 480; Frusetta, "Final Solution," 271.
46. 「這項決定的目的，是要奪走許多猶太人的性命。」Crampton, *Concise History*, 176. 一九四二年六月，可於新省分取得公民身分的法令生效，但不適用於猶太人。Hilberg, *Destruction*, 482.
47. Chary, *Bulgarian Jews*, 51.
48. 「對他們來說最重要的是保持後門敞開、逃生路線暢通。他們想……以有贏面但沒有損失風險的方式參與這場遊戲。」Hilberg, *Destruction*, 474–475.
49. 他起初同意讓十五名在德國受訓的保加利亞飛行員為德國服務，但僅限於派至北非。但這道許可很快就被撤銷了。Crampton, *Concise History*, 175; Marshall Lee Miller, *Bulgaria during Second World War* (Stanford, CA, 1975), 73.
50. 截至一九四二年十月，只有百分之二十的保加利亞猶太人拿到星星，為東歐中人數最少的。Neuburger, *Balkan Smoke*, 149; Hilberg, *Destruction*, 478,

190. 這名男子為伊曼紐・塔奈（Emanuel Tanay），其回憶收錄於：Marian Turski, ed., *Losy żydowskie : świadectwo żywych* (Warsaw, 1996–1999), 66.

21. Bauman, *Winter in the Morning*, 141.
22. Gross, *Neighbors*, 161.
23. 因此斯洛伐克猶太人約瑟夫・蘭尼克（Jozef Lánik）寫下了此回憶錄：Jozef Lánik, *Co Dante neviděl*〔但丁未見之境〕(Bratislava, 1964).
24. 此為Eli Goldsztejn. Barbara Engelking et al., eds., *Sny chociaż mamy wspaniale: okupacyjne dzienniki z okolic Mińska Mazowieckiego* (Warsaw, 2016).
25. 此類文章含：Stanislav Nikolau, "Židovská otázka," *Národní Politika*, November 20, 1938; Dr. Karel Strejček, "Nove Úkoly, Odstraňovat Kazy," *Venkov*, December 22, 1938; Jaroslav Arnošt Trpák, "Evropě asi nezbude než vytvořit svaz států na ochranu proti židovstvu," *Večer*, December 28, 1938; Miloš Krejza: "Udělejme si pořádek!" *Lidovélisty*, October 12, 1938. 其他作者則有：Václav Kubásek, Rudolf Halik, Antonin Pimper, and Dr. Vladimir Mandel. 關於英國的援助承諾：Miroslav Kárný, *Konečné řešení: Genocida českých židů v německé protektorátní politice* (Prague, 1991), 22–24. 以下資料探討捷克政治菁英在不得不接受慕尼黑協議後，對猶太人普遍有的惡意：Livia Rothkirchen, *The Jews of Bohemia and Moravia: Facing the Holocaust* (Lincoln, NE, 2005), 83–85; Wolf Gruner, *Die Judenverfolgung im Protektorat Böhmen und Mähren* (Göttingen, 2016), 23–33.
26. Jan Láníček, *Czechs, Slovaks, and the Jews* (London, 2013), 28. 欲知一九三八年底猶太作家、演員及知識分子遭到的人身攻擊，請見：Rothkirchen, *The Jews*, 90.
27. Kárný, *Konečné řešení*, 26–33.
28. Kárný, *Konečné řešení*, 12; Jan Gebhart and Jan Kuklik, *Velké dějiny zemí Korunyčeské*, vol. 15 (Prague, 2007), 198.
29. Láníček, *Czechs*, 30.
30. 名為Zentralstelle für jüdische Auswanderung〔猶太移民中央辦事處〕.
31. James Mace Ward, *Priest, Politician, Collaborator: Jozef Tiso and the Making of Fascist Slovakia* (Ithaca, NY, 2013).
32. Jean–Marc Drefes and Eduard Nižňanský, "Aryanization: France and the Slovak State," in *Facing the Catastrophe: Jews and Non–Jews in Europe during WWII*, Beata Kosmala et al., eds. (Oxford, 2011), 20–21.
33. Christian Gerlach, *The Extermination of the European Jews* (Cambridge, 2016), 94; Longerich, *Holocaust*, 294.
34. Gerlach, *Extermination*, 94; Ivan Kamenec, "The Slovak State, 1939–1945," in *Slovakia in History*, Mikuláš Teich et al., eds. (Cambridge, 2011), 188–191.
35. Longerich, *Holocaust*, 365; Ivo Goldstain and Slavko Goldstain, *The Holocaust in Croatia* (Pittsburgh, PA, 2016).

March 1942 (Lincoln, NE, 2004); Paul Hanebrink, *A Spectre Haunting Europe: The Myth of Judeo–Bolshevism* (Cambridge, MA, 2018).

12. Jan T. Gross, *Neighbors: The Destruction of the Jewish Community in Jedwabne, Poland* (Princeton, NJ, 2000); Dieter Pohl, *Nationalsozialistische Judenverfolgung in Ostgalizien 1941–1944: Organisation und Durchführung eines staatlichen Massenverbrechens* (Munich, 1997). 還有其他二十多處的波蘭人也加入屠殺，雖是受到德國人的鼓勵，但並未受強迫。K. Persak and P. Machcewicz, eds., *Wokół Jedwabnego* (Warsaw, 2002). 黨衛軍的將軍沃特・施塔勒克（Walter Stahlecker）曾頒布指令，以開始「自我清洗行動」，讓當地人看起來像是在「主動」屠殺，「不必受德國的明確命令」。*Trial of the Major War Criminals before the International Military Tribunal*, vol. 37 (Nuremberg, 1949), 682.
13. 在接下來幾天裡，黨衛軍的突擊隊於烏克蘭民兵協助下，處決了大約四千名猶太人。Hannes Heer, "Blutige Ouvertüre. Lemberg, 30. Juni 1941: Mit dem Einmarsch der Wehrmachttruppen beginnt der Judenmord," *Die Zeit*, June 21, 2001, 90.
14. Longerich, *Holocaust*, 255
15. Reviel Netz, *Barbed Wire: An Ecology of Modernity* (Middletown, CT, 2004), 225. 只有馬伊達內克和奧斯威辛使用齊克隆B，其他營地則使用一氧化碳氣體。從一九四一年末起，納粹在被吞併波蘭領土（瓦爾特蘭）的漢姆諾（Chełmno）又使用另一營地來殺害以「毒氣車」從羅茲運送過來的猶太人。Longerich, *Holocaust*, 290
16. Christopher Browning，引用自 Inga Clendinnen, *Reading the Holocaust* (Cambridge, 1998), 131.
17. Zygmunt Klukowski, *Diary from the Years of Occupation*, George Klukowski, trans. (Urbana, IL, 1993), 195–196.
18. 估計有五萬至六萬人存活下來，數字取自：Barbara Engelking, cite in Jarosław Kurski, "Życie w polskich rękach," *Gazeta Wyborcza*, January 9, 2011.「獵殺」是當時使用的詞：Judenjagd，參見Jan Grabowski, *Hunt for the Jews* (Bloomington, IN, 2013). 也參見Barbara Engelking, *Jest taki piękny słoneczny dzień: losy Zydow szukających ratunku na wsi polskiej* (Warsaw, 2011).
19. 該戶人家的幾個鄰居隨後也殺害了自己庇護的二十四名猶太人。Grabowski, *Hunt*, 152–153.
20. 提倡新問題和新觀點的一位主要學者為揚・格羅斯。此處引用的論述請見："A Tangled Web: Confronting Stereotypes Concerning Relations between Poles, Germans, Jews, and Communists," in *The Politics of Retribution in Europe*, Istvan Deak, Jan T. Gross, Tony Judt., eds., (Princeton, NJ, 2000), 80–87. 此處引用的案例請見Joanna Beata Michlic, *Poland's Threatening Other: The Image of the Jew from 1880 to the Present* (Lincoln, NE, 2006),

74. Kilian Kirchgessner, "Ende des Verdrängens," *Jüdische Allgemeine*, January 26, 2017.
75. 此區別是取自 Raul Hilberg, *The Destruction of the European Jews* (Chicago, 1961), 474. 欲詳知納粹於東歐煽動的殺戮政策，請參見：Peter Longerich, *Holocaust: The Nazi Persecution and Murder of the Jews* (Oxford, 2010), 313ff; Mazower, *Hitler's Empire*, 368ff; Saul Friedländer, *The Years of Extermination* (New York, 2007)

17. 但丁未見之境：東歐大屠殺

1. John Connelly, "Nazis and Slavs," *Central European History* 32:1 (1999), 1–33. 對比研究請見：Jerzy W. Borejsza, "Racisme et antislavisme chez Hitler," in *La politique nazie d'extermination*, François Bédarida, ed. (Paris, 1989), 57–84; Jerzy W. Borejsza, *Antyslawizm Adolfa Hitlera* (Warsaw, 1988).
2. 克拉科夫是例外，因蘇聯在一九四五年一月的攻勢過於迅速，讓德軍無暇摧毀這座城市。二戰奪去了大約六百萬波蘭公民的生命，其中約有三百萬猶太人。
3. 主要的例外發生於一九四三年，在數百名與猶太男子成婚的「雅利安」婦女公開抗議後，當局決定放過這些猶太男子。參見：Nathan Stolzfus, *Resistance of the Heart* (New York, 1996).
4. John Lukacs, *The Hitler of History* (New York, 1997), 123; Saul Friedländer, *Nazi Germany and the Jews*, vol. 1 (New York, 1997), 95–104; Eberhard Jäckel, *Hitler's World View* (Cambridge, MA, 1981), 47–66; Gerhard Weinberg, *The Foreign Policy of Hitler's Germany* (Chicago, 1970), 1–25.
5. Hilberg, *Destruction*, 32 and passim.
6. Jean Ancel, "The German Romanian Relationship and the Final Solution," *Holocaust and Genocide Studies* 19:1 (2005), 252.
7. 早在一九四一年七月，帕韋利奇的副手迪多・克瓦特尼克（Dido Kvaternik）就懷疑德國是否能戰勝，所以更決意要在當地造成無法扭轉的局面。Tomasevich, *War and Revolution*, 408.
8. Hannah Arendt, *Elemente und Ursprünge totalitärer Herrschaft* (Munich, 2006), 624.
9. Janina Bauman, *Winter in the Morning: A Young Girl's Life in the Warsaw Ghetto and Beyond* (New York, 1986).
10. 猶太隔離區的總死亡人數據估計為五十萬。Longerich, *Holocaust*, 160–161, 167; Friedländer, *Years of Extermination*, 38; *Alon Confino, A World without Jews: The Nazi Imagination from Persecution to Genocide* (New Haven, CT, 2014), 167.
11. Christopher Browning with contributions by Jürgen Matthäus, *The Origins of the Final Solution: The Evolution of Nazi Jewish Policy, September 1939–*

55. Djilas, *Wartime*, 340, 355. 該運動劫持了「人民」一詞，且村鎮民眾都不知曉共產黨是這些行動的幕後推手。Franklin Lindsay, *Beacons in the Night: With the OSS and Tito's Partisans in Wartime Yugoslavia* (Stanford, CA, 1993), 110.
56. Vujačić, *Nationalism*, 228; Djilas, *Wartime*, 321.
57. Djilas, *Wartime*, 165–166.
58. 「我和他們度過的那幾天讓我確信，蒙特內哥羅傳奇的英雄主義仍然存在」。Djilas, *Wartime*, 170; Vujačić, *Nationalism*, 224.
59. 「對小兵來說，從一方轉投靠另一方，比受意識形態影響的腦袋想得簡單多了」。Djilas, *Wartime*, 251, 305.
60. 在族群性穩固的克羅埃西亞進展較慢，然而那裡的人也不接受烏斯塔沙政權。Djilas, *Wartime*, 310–313, 323.
61. 如Timothy Snyder, *Black Earth: The Holocaust as History and Warning* (New York, 2015), 47 所述。
62. Paczkowski, *Pół wieku, 84; Norman Davies, Rising '44: The Battle for Warsaw* (London, 2003), 183. 一九四四年春天，共產黨人民軍共有大約兩萬名戰士，救國軍則大約有四十萬名戰士。
63. Piotr Stachiewicz, *"Akcja Koppe" : Krakowska akcja Parasola"* (Warsaw, 1982); Paczkowski, *Pół wieku*, 89.
64. 大約十一萬名波蘭人被驅逐出該地區（計畫預計移除四十萬八千人）；落腳在此的德國人則介於九千到一萬兩千人。Włodzimierz Borodziej, *Der Warschauer Aufstand* (Frankurt, 2001), 64; Joseph Poprzeczny, *Odilo Globocnik: Hitler's Man in the East* (London, 2004), 190, 251. 約三萬名兒童被帶離父母身邊，估計有一萬人沒能存活下來。Agnieszka Jaczyńska, *Sonderlaboratorium SS Zamojszczyzna* (Lublin, 2012); Werner Röhr, "Speerspitze de Volkstumspolitik," *Junge Welt*, November 28, 2002.
65. Borodziej, *Geschichte*, 233. 其中也有負責外交政策、戰後規畫和社會服務的部門。「祕密國度」（The Secret State）為地下信使揚・卡爾斯基（Jan Karski）的用詞。參見：*The Secret State* (New York, 1944).
66. Krystyna Kersten, *The Establishment of Communist Rule in Poland*, John Micgiel and Michael Bernhard, trans. (Berkeley, 1991), 50–51.
67. 此屬「風暴行動」的一環。波蘭人成功於城堡升起波蘭國旗，但隨後被移除，由紅旗取而代之。
68. Borodziej, *Warschauer Aufstand*, 120–123.
69. Paczkowski, *Pół wieku*, 90.
70. Borodziej, *Geschichte*, 234.
71. 百分之十二則記錄為在轉移過程中遺失。Borodziej, *Geschichte*, 233.
72. Borodziej, *Geschichte*, 234, "explicable only by the constant threats to which Poles were subject."
73. Paczkowski, *Pół wieku*, 92.

Yugoslavia (New York, 2008), 133.

45. 這個「聖刀」（Handschar）師最終人數約為二十一萬人，其中人員大部分是從其他克羅埃西亞獨立國單位強行調來。部分穆斯林菁英起初以為這支部隊可用來實現自己的民族目標，後來卻失望了，因為這些士兵在波士尼亞和赫塞哥維納境外接受訓練，並無法保衛穆斯林村莊。此師的部分成員在被調至法國南部時發起叛變，有些人依德國的命令部署至南斯拉夫領土（從一九四四年二月開始），參與對塞爾維亞人的暴行。戰爭後期，有些人還與其他克羅埃西亞獨立國單位一起叛逃到共黨游擊隊。Emily Greble, *Sarajevo 1941–1945. Muslims, Christians, and Jews in Hitler's Europe* (Ithaca, NY, 2011), 149–178; Marko Attila Hoare, *Bosnian Muslims in the Second World War* (Oxford, 2014), 53–54, 117, 194. 欲知烏斯塔沙對種族的想法，請參閱：Nevenko Bartulin, *The Racial Idea in the Independent State of Croatia* (Leiden, 2014).
46. 這類「清洗行動」的理由是因為「穆斯林襲擊塞爾維亞村莊，殺害塞爾維亞人民」。Tomasevich, *Chetniks*, 258. 一九四二年八月，在切特尼克高級將領扎哈里亞．奧斯托季奇（Zaharija Ostojić）領導下有八千名老弱婦孺遭屠殺，此數字為學者諾埃爾．馬爾科姆（Noel Malcolm）提供。Malcolm, *Bosnia*, 188.
47. Malcolm, *Bosnia*, 178; Vujačić, *Nationalism*, 221.
48. 有些人認為烏斯塔沙的種族滅絕與切特尼克的報復政策間有著重要區別。Vujačić, *Nationalism*, 218–220.
49. 人口超過五萬的城市還有四個。Rothschild, *East Central Europe*, 204.
50. Rothschild, *East Central Europe*, 213.
51. 女性人數估計為十萬人，約占總人力六分之一。Jelena Batinić, *Women and Yugoslav Partisans: A History of World War II Resistance* (Cambridge, 2015), 2. 游擊隊早期確實在波士尼亞東部有民眾的強力支持，但他們不得不於一九四二年三月逃離福查鎮，以躲避德、義聯手進行的「三重奏行動」（Operation Trio）攻勢。Kenneth Morrison, *Nationalism, Identity and Statehood in Post-Yugoslav Montenegro* (London, 2018), 15.
52. 依官方的南斯拉夫共產主義史學來看，游擊隊和德國人之間似乎根本沒有接觸，但至少有一高級代表團（含米洛萬．吉拉斯在內）確實曾與德國官員談判過（一九四三年），主要是為了安排俘虜交換。參見：Milovan Djilas, *Wartime* (New York, 1980), 229–245; Walter R. Roberts, *Tito, Mihailović, and the Allies, 1941–1945* (New Brunswick, NJ, 1973), 106–113. 第二筆資料引用了德國文件，而據這些文件，游擊隊曾提議與德國停戰以專心對付切特尼克，克羅埃西亞德國當局支持此想法，柏林外交部最終卻拒絕。
53. 此為醫生總數的一半。F. W. D. Deakin, *The Embattled Mountain* (London, 1971), 38, 42, 50
54. 比如說第五次進攻時的義大利人。Djilas, *Wartime*, 268.

34. Djilas, *Contested Country*, 140; Arnold Suppan, *Hitler, Beneš, Tito: Konflikt, Krieg, und Völkermord in Ostmittel– und Südosteuropa* (Vienna, 2014), 939; Ladislaus Hory and Martin Broszat, Der kroatische Ustascha–Staat (Stuttgart, 1964), 52–53; Tomasevich, *Chetniks*, 109. 內迪奇稱自己的政權為「救國政府」，該政權也被切特尼克運動的成員滲透。
35. Djilas, *Contested Country*, 137. 欲取得克羅埃西亞正規武裝部隊「本土衛隊」（Domobran）的內部分析，請參閱：Nikica Barić, "Domobranstvo Nezavisne Države Hrvatske," in *Nezavisne Države Hrvatske 1941–1945*, Sabrina P. Ramet, ed. (Zagreb, 2009), 67–86. 本土衛隊成員曾受指控為僕人或機會主義者，其中也載有他們對該指控的自我辯駁。據說只有德國願意保證克羅埃西亞的獨立及其「陽光下的地位」。
36. 欲知「德國的無盡恐怖統治使波蘭人沒理由放棄抵抗」的論點，請見：Jan T. Gross, *Polish Society under German Occupation: The Generalgouvernement* (Princeton, NJ, 1978).
37. Alexander Prusin, *Serbia under the Swastika: A World War II Occupation* (Champaign, IL, 2017), 97; Tim Judah, *The Serbs: History, Myth, and the Destruction of Yugoslavia* (New Haven, CT, 1997), 101; Mark Cornwall, "Introduction," in Andrej Mitrovic, *Serbia's Great War* (West Lafayette, IN, 2007), vii.
38. 克羅埃西亞獨立國境內共有六百三十萬人，其中塞爾維亞人口占一百九十萬。Noel Malcolm, *Bosnia: A Short History* (New York, 1994), 176. 不成文的計畫確實是要讓三分之一的塞爾維亞人改信教、驅逐另外三分之一並殺死其餘的人。Ivo Goldstein, *Croatia: A History* (London, 1999), 137. 遇害人數資料來自美國大屠殺紀念館：http://www.ushmm.org/wlc/en/article.php?ModuleId=10005449。改信教的人數資料取自 Stevan K. Pavlowitch, *Hitler's New Disorder: The Second World War in Yugoslavia* (New York, 2008), 135–36.
39. Slavko Goldstein, *1941: The Year That Keeps Returning* (New York, 2013), 88.
40. Goldstein, 1941, 177.
41. 一名德國情報官寫道：「克羅埃西亞人民當初迎接我軍的熱情幾乎蕩然無存。國民普遍對德國深表不信任，因為德國支持的是在道德或政治意義上無權存在的政權」。克羅埃西亞人在戰後回憶當初時，也常會說：「這不是我們想像中獨立的克羅埃西亞」。Goldstein, *1941*, 178.
42. 數字「七百」參考自：Tanner, *Croatia; Jozo Tomasevich, War and Revolution in Yugoslavia* (Stanford, CA, 2001), 337. 烏斯塔沙認為他們有大約四萬名支持者。
43. 訴諸種族也是迫切需要，因其他歐洲人並不把克羅埃西亞人當作建國者，將其視為注定要消失在更大南斯拉夫整體中的地區性族群。參見：John Connelly, "Language and Blood," *The Nation*, September 9, 2014.
44. Stevan K. Pavlowitch, *Hitler's New Disorder: The Second World War in*

Timothy Snyder, *Bloodlands: Europe between Hitler and Stalin* (New York, 2011), 149–151.

18. 遣送人數估計在三十二萬至三十五萬之間，首批有十三萬九千七百九十四人，其中有一萬五千人死亡。Snyder, *Bloodlands*, 129; Aleksander Wat, My *Century: The Odyssey of a Polish Intellectual*, transl. Richard Lourie (Berkeley, 1988), 104.
19. Stanisław Ciesielski, Wojciech Materski, and Andrzej Paczkowski, *Represje sowieckie wobec Polaków i obywateli polskich* (Warsaw, 2002).
20. Mark Mazower, *Hitler's Empire: How the Nazis Ruled Europe* (New York, 2008), 214. 不過黨衛軍的策畫人員也明白，他們很難能找到德國人來落腳於廣大的東歐地區。John Connelly, "Nazis and Slavs," *Central European History* 32:1 (1999), 29–30.
21. Alexander Werth, "Russland im Krieg," *Der Spiegel*, July 7, 1965.
22. Helmut Greiner, ed., *Kriegstagebuch des Oberkommandos der Wehrmacht*, vol. 1 (Frankfurt, 1965), 176.
23. 一九三九年春天，墨索里尼占領阿爾巴尼亞後，英國向希臘提供了保證；Peter Calvocoressi and Guy Wint, *Total War: Causes and Consequences of the Second World War* (London, 1972), 84. 羅馬尼亞和匈牙利兩國為了取悅德國，事實上還爭搶著要第一個簽署。C. A. Macartney, *Hungary*, (New York, 1956), 230.
24. Igor–Philip Matic, *Edmund Veesenmayer. Agent und Diplomat der nationalsozialistischen Expansionspolitik* (Munich, 2002), 125ff; Hoptner, *Yugoslavia*, 241.
25. 這一直是德國多年來的希望，參見：Martin Van Crefeld, *Hitler's Strategy 1940–41: The Balkan Clue* (Cambridge, 1973), 7.
26. Hoptner, *Yugoslavia*, 236.
27. Hoptner, *Yugoslavia*, 255.
28. Aleksa Djilas, *Contested Country: Yugoslav Unity and Communist Revolution: 1919–1953* (Cambridge, MA, 1991), 137; Hoptner, *Yugoslavia*, 259.
29. Jozo Tomasevich, *The Chetniks* (Stanford, CA, 1975), 45.
30. Germany, Auswärtiges Amt, *Documents on German Foreign Policy* (Washington, DC, 1962) Series D, vol. 12, docs. 219, 383; Hoptner, *Yugoslavia*, 258–259; Branko Petranović, *Srbija u Drugom svetskom ratu, 1939–1945* (Belgrade, 1992), 94ff.
31. Germany, Auswärtiges Amt, *Documents on German Foreign Policy*, vol. 12, docs. 217, 373.
32. Tomasevich, *Chetniks*, 87; Germany, Auswärtiges Amt, *Documents on German Foreign Policy*, vol. 12, docs. 217, 373.
33. 四月六日和四月七日的轟炸行動於貝爾格勒造成的平民傷亡人數約為兩千三百人。Lampe, *Yugoslavia*, 199–200.

in *Židé v Čechách*, V. Hamáčková et al., eds. (Prague, 2007), 32–45; Zacek, "Czechoslovak Fascisms," 61. 希特勒的威脅係針對新任外交部長弗蘭蒂舍克・切瓦爾科夫斯基（František Chvalkovský）。Theodor Prochazka, "The Second Republic," in Mamatey and Luža, eds., *History*, 263–264.

7. Jaroslav Čechura, *Historiečeských spiknutí* (Prague, 2000), 156; Livia Rothkirchen, "The Protectorate Government and the 'Jewish Question,'" *Yad Vashem Studies* 27 (1999), 331–362.
8. Vojtěch Mastný, *The Czechs under Nazi Rule: The Failure of National Resistance* (New York, 1970); Chad Bryant, *Prague in Black: Nazi Rule and Czech Nationalism* (Cambridge, MA, 2007). 在被逮捕的學生之中，有 1,185 名被送至薩克森豪森（Sachsenhausen）集中營，九人遭槍決。John Connelly, *Captive University: The Sovietization of East German, Czech, and Polish Higher Education* (Chapel Hill, NC, 2001), 84.
9. Leni Yahil, *The Holocaust: The Fate of European Jewry, 1932–1945* (Oxford, 1990), 354.
10. *Ilustrowana Republika* (Łódź), June 14, 1934; Stefan Martens, *Hermann Göring; erster Paladin des Führers* (Paderborn, 1985), 60–61. 波德兩國也有密集的文化交流，位於柏林的德國－波蘭研究所即是一例。Karina Pryt, *Befohlene Freundschaft: die deutsch–polnischen Kulturbeziehungen, 1934–1939* (Osnabrück, Germany, 2010). 欲知波蘭一九三〇年代的外交政策，請見：Henry L. Roberts, *Eastern Europe: Politics, Revolution, and Diplomacy* (New York, 1970), 138–177.
11. Ian Kershaw, *Hitler*, vol. 2 (New York, 2000), 155.
12. 該人數資料係取自於 Gerd Ueberschär, *Wojskowe elity III Rzeszy* (Warsaw, 2004), 41. 也請見：Alexander Rossini, *Hitler Strikes Poland* (Lawrence, KS, 2004).
13. 納粹於西部建立了完全由波蘭領土組成的瓦爾特蘭（Wartheland）區，還有部分曾屬德屬東普魯士的丹濟格西普魯士。卡托維茲則加入了上西利西亞。
14. 此「平定行動」（Aktion–Befriedung）涉及約六萬名受害者，其中有部分是來自總督府；遭吞併的地區內有約一萬六千人遭到射殺；約四十萬名波蘭人被遣送至總督府。Andrzej Paczkowski, *Pół wieku dziejów Polski: 1939–1989* (Warsaw, 1996), 31–32; Phillip T. Rutherford, *Prelude to the Final Solution* (Lawrence, KS, 2007), 42–43; Rossini, *Hitler Strikes*, 58 ff.
15. Peter Longerich, *Heinrich Himmer: A Life*, Jeremy Noakes and Lesley Sharpe, trans. (Oxford, 2012), 451, 456–457; Paczkowski, *Pół wieku*, 35.
16. Paczkowski, *Pół wieku*, 34. 欲知效力總督府行政部門的女性，請參見 Elizabeth Harvey, *Women and the Nazi East: Agents and Witnesses of Germanization* (New Haven, CT, 2003).
17. Norman M. Naimark, *Stalin's Genocides* (Princeton, NJ, 2011), 90–92;

74. Chary, *History of Bulgaria*, 77. This was the edition of May 28, 1934.
75. 其傾向自由主義。Alexander Velinov, *"Religiöse Identität im Zeitalter des Nationalismus,"* (Phd dissertation, Cologne, 2001), 133.
76. Jelavich, *History*, vol. 2, 208; Chary, *History of Bulgaria*, 77, 87–89
77. 軍事政府於一九三四年五月至一九三五年一月執政。
78. Chary, *History of Bulgaria*, 81, 89.
79. Mary Neuburger, *Balkan Smoke: Tobacco and the Making of Modern Bulgaria* (Ithaca, NY, 2013), 131–132.
80. 群眾動員是現代化的結果，因為當人們具備「社會溝通的初步技巧」時，「就能夠採取持久、有系統又有組織的政治行動」。Janos, *East Central Europe*, 140.
81. 參見：Armin Heinen, "Die Notwendigkeit einer gesamteuropäischen Perspektive auf den südosteuropäischen Faschismus," *East Central Europe* 37 (2010), 367–371.
82. Ian Kershaw, "Working toward the Führer: Reflections on the Nature of the Hitler Dictatorship," *Contemporary European History* 2:2 (1993), 103–118.

16. 希特勒的戰爭與其東歐敵人

1. W. D. Smith, "Friedrich Ratzel and the Origins of Lebensraum," *German Studies Review* 3:1 (1980), 51–68; Gerhard Weinberg, *The Foreign Policy of Hitler's Germany*, vol. 1 (Chicago, 1970); Ian Kershaw, *Hitler*, vol. 1 (New York, 1998), 247–249.
2. 此為一九三八年的民主選舉。Piotr M. Majewski, *Sudetští Němci1848–1949: Dějiny jednoho nacionalismu* (Brno, 2014), 356; Jörg Osterloh, *Nationalsozialistische Judenverfolgung im Reichsgau Sudetenland 1938–1945* (Munich, 2006), 150.
3. 欲詳知此論點及德意志人對捷克斯洛伐克語言使用的不滿，請見：Maria Dowling, *Czechoslovakia* (London, 2002), 47–49; 欲知納粹如何向德國境內外的群眾鼓吹反抗捷克斯洛伐克，請參閱：Katja Gesche, *Kultur als Instrument der Aussenpolitik totalitärer Staaten: Das Deutsche Ausland–Institut 1933–1945* (Vienna, 2006), 110–112. 也請見：Pieter Judson, *Guardians of the Nation* (Cambridge, MA, 2006)，其中對民族主義刺激民族情緒的力量載有詳細有力的論證。
4. Igor Lukes, *Czechoslovakia between Stalin and Hitler: The Diplomacy of Edvard Beneš in the 1930s* (Oxford, 1996), 82–83. 哈利法克斯勳爵至少曾有兩次表示，倫敦無人料想「世界會永遠保持原樣」。
5. 參見 https://www.gettyimages.com/detail/video/news–footage/mr_00011324 (accessed January 1, 2019).
6. Petr Bednařík, "Antisemitismus v českém tisku v období druhé republiky,"

57. 來自前哈布斯堡地區的塞爾維亞裔建國者斯韋托瓦爾・普里比切維奇（Svetovar Pribićević）於一九二九年被捕，但隨後在馬薩里克的干涉下獲准移民。Sundhaussen, *Geschichte*, 266.
58. In January 1929.
59. Alex N. Dragnich, *The First Yugoslavia* (Stanford, CA, 1983), 103.
60. Jovan Byford, "Willing Bystanders: Dimitrije Ljotić, Shield Collaboration, and the Destruction of Serbia's Jews," in *In the Shadow of Hitler: Personalities of the Right in Central and Eastern Europe*, Rebecca Haynes and Martyn Rady, eds. (London, 2011), 297–298. 整合型民族主義（Integral nationalism）尊國家利益為上，並可於必要時使用暴力。Louis Snyder, *The New Nationalism* (Ithaca, NY, 1968), 52.
61. 支持者大多來自德意志區，通常為醫生、律師、法官、公務員、教師、商人、學生、牧師和軍官。Byford, "Willing Bystanders," 297, 299.
62. Avakumović, "Yugoslavia's Fascist Movements," in Sugar, Native Fascism; Byford, "Willing Bystanders," 299. 他和追隨者也與納粹當局介入干涉，減少對塞爾維亞人的報復，然而他們並不在意是否要放過猶太人。Byford, "Willing Bystanders," 305–306.
63. Rothschild, *East Central Europe*, 254; Dejan Djokić, "'Leader' or 'Devil'? Milan Stojadinović, Prime Minister of Yugoslavia (1935–39), and His Ideology," in Haynes and Rady, *Shadow of Hitler*, 153; Avakumović, "Yugoslavia's Fascist Movements," 136.
64. Djokić, "'Leader' or 'Devil'?," 157.
65. John Lampe, *Yugoslavia as History: Twice There Was a Country* (Cambridge, 1996), 182.
66. 保羅擔心的是斯托亞迪諾維奇的獨裁手段。Hoptner, *Yugoslavia*, 128.
67. Marcus Tanner, *Croatia: A Nation Forged in War* (New Haven, CT, 1997), 130. 百分之十九的人口為東正教徒，百分之三點八為穆斯林。Veljko Vujačić, *Nationalism, Myth and the State in Russia and Serbia* (New York, 2015), 209.
68. 欲知達爾馬提亞的恐怖活動，請參見：Hugh Seton–Watson, *Eastern Europe between the Wars* (Hamden, CT, 1962), 236.
69. "So much for the notion that irreconcilable antagonisms had closed off all options for Serb–Croat reconciliation." Lampe, *Yugoslavia*, 180.
70. 該黨於一九二五年南斯拉夫的選舉中僅獲百分之零點一的選票。*Statistika izbora narodnih poslanika Kraljevine SHS održanih 8. februara 1925* (Belgrade, 1925).
71. Rothschild, *East Central Europe*, 246.
72. R. J. Crampton, *A Concise History of Bulgaria* (Cambridge, 1997), 158–159.
73. Barbara Jelavich, *History of the Balkans*, vol. 2 (Cambridge, 1983), 207–208. 環節是於一九二七年成形，其中也有部分社會民主黨人和部分軍人。Chary, *History of Bulgaria*, 76–77.

1933–1939 (Chur, Switzerland, 1994), 346. 他也建議避免光顧猶太商販，以更愛惜自己的民族；且只要猶太人仍是猶太人，「猶太問題」就會持續存在。

46. 一九二一年，大多數波蘭政黨都對反猶主義不以為然，但至一九三九年卻大多公開表態支持。Holzer, "Polish Political Parties," 205.
47. Andrzej Micewski, *Polityka staje się historią* (Warsaw, 1986), 114.
48. Andrzej Friszke, *Adam Ciołkosz: portret polskiego socjalisty* (Warsaw, 2011), 161–165. Czeslaw Brzoza, *Kraków miedzy wojnami* (Kraków, 1998), 319; Stanisław Piech, *W cieniu kościołów i synagog: życie religijne międzywojennego Krakowa 1918–1939* (Kraków, 1999), 136.
49. Włodzimierz Kalicki, "29 czerwca 1936 r.: General zmyka przed ludem," *Gazeta wyborcza*, July 2, 2010; Zbigniew Moszumański, "Historia mało znana: Nowosielce 1936," *Gazeta: Dziennik Polonii w Kanadzie*, December 1, 2006. 希米格維－雷茲是個有爭議的人物；他在一九四一年祕密返回波蘭後於密謀時死亡，但他本人是民族統一陣營的支持者（使得波蘭更接近法西斯主義），曾於一九三八年策畫從捷克斯洛伐克奪取捷欣。
50. Stephanie Zloch, *Polnischer Nationalismus: Politik und Gesellschaft zwischen den beiden Weltkriegen* (Cologne, 2010), 437; Andrzej Garlicki, *Piękne lata trzydzieste* (Warsaw, 2008).
51. 五百人被判處入獄服刑：Micewski, *Polityka*, 115. Polonsky, "Establishment," 195.
52. Emanuel Melzer, *No Way Out: The Politics of Polish Jewry, 1935–1939* (Cincinnati, OH, 1997), 98; Michael Marrus, ed., *The Nazi Holocaust*, Part Five: *Public Opinion and Relations to the Jews in Nazi Europe* (Westport, CT, 1989), 263; Polonsky, "Establishment," 198.
53. 塞爾維亞民主黨是前哈布斯堡地區的塞爾維亞大黨。Rothschild, *East Central Europe*, 258.
54. Rothschild, *East Central Europe*, 202, 238; Holm Sundhaussen, *Geschichte Serbiens* (Vienna, 2007), 266.
55. 在南斯拉夫政府（內政、外交、教育、司法及交通部門、國家抵押銀行和總理辦公室）的九百零九位資深常任官員中，有八百一十三名是塞爾維亞人。Rothschild, *East Central Europe*, 278–279.
56. Sundhaussen, *Geschichte*, 267; Tihomir Cipek, "Die kroatischen Eliten und die Königsdiktatur in Jugoslawien," in *Autoritäre Regime in Ostmittel– und Südosteuropa*, Erwin Oberländer, ed. (Paderborn, Germany, 2017), 547. 這次暗殺的受害者還有克羅埃西亞農民黨從政者約瑟普・普雷達維茨（Josip Predavec）和歷史學家伊沃・皮拉爾（Ivo Pilar）。Branimir Anzulović, *Heavenly Serbia: From Myth to Genocide* (New York, 1999), 199. 參見：報導來源：*New York Times*, February 20, 21, 1931; *The Nation* 132 (1931), 544; *The New Outlook* 158 (1931), 72; and *Current History* 34 (1931), 468.

28. Borjesza, "East European Perceptions," 356.
29. Antony Polonsky, "The Emergence of an Independent Polish State," in *The History of Poland since 1863*, R. F. Leslie, ed. (Cambridge, 1983), 178.
30. 總共有六十四名來自該集團的從政者及數千名嫌疑支持者遭到拘留。當這些故事於次年為人知曉時，連治癒運動的支持者都覺得反感。Polonsky, "Emergence," 174. 戰爭爆發前，約有三千人被關押在別廖扎。Andrzej Garlicki, "Bereza, Polski oboz koncentracyjny, *Gazeta Wyborcza*, April 4, 2008; Polonsky in Leslie, History, 178, 180
31. 儘管受到鎮壓，但強大的烏克蘭知識分子仍聯合活躍的烏克蘭合作社運動一同發展。Rothschild, *East Central Europe*, 42–43.
32. Henryk Wereszycki, *Niewygasła Przeszłość* (Kraków, 1987), 401 ff.
33. Polonsky, "Emergence," 176.
34. Rothschild, *East Central Europe*, 60: "Given his reluctance to shake the nation into genuine confidence and political partnership, Piłsudski might have done better to establish an explicit dictatorship on the morrow of the coup rather than lead the country through a demoralizing pseudo–parliamentary charade."
35. 該陣營是模仿義大利的法西斯黨。Borejsza, "East European Perceptions," 356.
36. Jerzy Holzer, "Polish Political Parties and Antisemitism," in *Jews in Independent Poland, 1918–1939*, Antony Polonsky, Ezra Mendelsohn, and Jerzy Tomaszewski, eds. (London, 2004), 199; 請參見：Alfred Döblin, *Reise in Polen* (Freiburg im Breisgau, 1968), 336，其中記有一段與某民族民主黨人的對話。
37. 此為其「綠色計畫」。Holzer, "Polish Political Parties," 200.
38. Andrzej Garlicki, *Z dziejów Drugiej Rzeczypospolitej* (Warsaw, 1986), 244; Elżbieta Janicka, *Sztuka czy naród? Monografia pisarska Andrzeja Trzebińskiego* (Kraków, 2006), 36–38; Włodzimierz Borodziej, *Geschichte Polens im 20. Jahrhundert* (Munich, 2010), 176.
39. Borjesza, "East European Perceptions," 355.
40. The article is in *Przegląd Wszechpolski*, May 1926, 396, and is cited in Krzysztof Kawalec, "Narodowa Demokracja wobec przewrotu majowego," in Z. Karpus et al., *Zamach Stanu*, 159.
41. Borejsza, "East European Perceptions," 355.
42. BBWR於一九三五年解散。Borodziej, *Geschichte*, 183; Holzer, "Polish Political Parties," 203.
43. 外交部還制定了移民計畫。Jolanta Żyndul, *Zajścia antyżydowskie w Polsce w latach 1935–1937* (Warsaw, 1994), 87.
44. Holzer, "Polish Political Parties," 203–205.
45. Borodziej, *Geschichte*, 179–180. 欲閱讀隆德於一九三六年的傳教信文字，請見：Ronald Modras, *The Catholic Church and Antisemitism: Poland,*

15. Mamatey, "Development," 146; Věra Olivová, *Doomed Democracy: Czechoslovakia in a Disrupted Europe, 1914–38* (London, 1972), 184.
16. Olivová, Doomed Democracy, 185–186; Mamatey, "Development," 146–147.
17. Eugen Steiner, *The Slovak Dilemma* (Cambridge, 1973), 30–31.
18. 社會民主黨人中有奧托・鮑爾。奧登・霍爾瓦特先後居於維也納和巴黎，但他的戲劇是在布拉格和奧斯特拉瓦首演。Bohumil *Černý, Most k novému životu: Německá emigrace v ČSR v letech 1933–1939* (Prague, 1967), 159–177.
19. Mamatey, "Development," 154; Rene Küpper, *Karl Hermann Frank: politische Biographie eines sudetendeutschen Nationalsozialisten* (Munich, 2010), Emil Hruška, *Boj o pohraničí: sudetoněmecký freikorps v roce 1938* (Prague, 2013). 在一九三五年相對自由的丹濟格選舉中，納粹拿下了百分之五十九的選票。Ernst Sodeikat, "Der Nationalsozialismus und die Danziger Opposition," *Vierteljahrshefte für Zeitgeschichte* 12:2 (1966), 139–174
20. Havránek, "Fascism in Czechoslovakia," in Sugar, *Native Fascism*. 康瑞德・韓萊因被任命為黨衛軍榮譽軍官。Küpper, Karl *Hermann Frank*, 116; Mamatey, "Development," 154.
21. Blanka Soukupová, "Modern Anti–Semitism in the Czech Lands between the Years 1895–1989," *Lidé města = Urban People* (Prague) 13:2 (2011), 242, 244.
22. 治癒運動內部的重要派系反對建立完全專制的國家。Jerzy Borejsza, "East European Perceptions of Italian Fascism," in *Who Were the Fascists: Social Roots of European Fascism*, Stein Larsen et al., eds. (Bergen, Norway, 1980), 354.
23. 來源請見：Zbigniew Karpus et al., eds., *Zamach stanu Józefa Piłsudskiego i jego konsekwencje w interpretacjach polskiej myśli politycznej XX wieku* (Toruń, Poland, 2008), 154. 畢蘇斯基表示自己打算維持「國會制」，但他其實基本上對從政者毫無尊重。Polonsky, *Little Dictators*, 37. 他還表示應該縮減議員的職責，讓他們「舉手」表示同意即可。Andrzej Chojnowski, *Piłsudczycy u władzy. Dzieje Bezpartyjnego Bloku Współpracy z Rządem* (Warsaw, 1986), 11.
24. "Polish fascism went against the long tradition of Polish ideals of freedom, individualism, and toleration." Piotr S. Wandycz, "Fascism in Poland," in Sugar, *Native Fascism*, 97.
25. 托馬西尼寫道（一九二三年前的某個時間點）：「要在波蘭尋找類比的話，就得訴諸畢蘇斯基的追隨者，畢蘇斯基是天生的領袖，也是非常勇敢的人，他已準備好迎接政壇的劇烈變革」。Borjesza, "East European Perceptions," 355.
26. Polonsky, *Little Dictators*, 38–39
27. Polonsky, *Little Dictators*, 59; Borjesza, "East European Perceptions," 358.

5. 他是唯一使用這種用詞的主要政治領袖，不過官僚機構的作風其實擺明了國家就是專門為捷克人而建立。J. W. Bruegel, *Czechoslovakia before Munich* (Cambridge, 1973), 62. 他的政黨於一九二〇年的國會選舉贏得了百分之六點二五的選票，之後就慢慢走下坡。一九二六年，他對義大利法西斯維持秩序的能力表示讚賞，並主張如果國會損及國家利益，就應該解散。Hans Lemberg, "Gefahrenmomente für die demokratische Staatsform der Ersten Tschechoslowakischen Republik," in *Die Krise des Parlamentarismus is Ostmitteleuropa zwischen den beiden Weltkriegen*, Han–Erich Volkmann, ed. (Marburg, 1967), 115. 一九三五年，法西斯「共同體」獲得百分之二的選票，民族民主黨則獲得百分之五點六的選票。Jaroslav Krejčí, *Czechoslovakia at the Crossroads* (New York, 1990), 150.
6. Rothschild, *East Central Europe*, 125. 各領袖擔心蓋伊達可能會利用夏季在布拉格舉行的索柯爾運動會來發動法西斯政變。Orzoff, *Battle*, 101–102; Lemberg, "Gefahrenmomente," 116.
7. Zacek, "Czechoslovak Fascisms," 61
8. H. Gordon Skilling, "Gottwald and the Bolshevization of the Communist Party of Czechoslovakia," *Slavic Review* 20:4 (1961), 650.
9. 此為一九二四年共產國際人員格奧爾基・季米特洛夫提出的口號。一九三三年納粹於德國上台後，人們似乎開始警醒起來。Jacques Rupnik, *Histoire du parti communiste tchécoslovaque: des origines à la prise du pouvoir* (Paris, 1981), 89–90, 98.
10. Ladislav Cabada, *Intellectuals and the Communist Idea: The Search for a New Way*, Zdeněk Benedikt, trans. (Lanham, MD, 2010), 153. 布拉格邊緣地區的支持度也很高，那裡的失業和季節性勞工相對較為大宗。Zdenek Kárník, "KSČ—úspěchy a neúspěchy," in *Bolševismus, komunismus a radikální socialismus v Československu*, Zdeněk Kárník and Michal Kopeček, eds., vol. 1 (Prague, 2003), 77–79; Josef Harna, *Krize evropské demokracie a Československo 30. let 20. století* (Prague, 2006), 115–117.
11. Lemberg, "Gefahrenmomente," 120; Jan Křen, *Bila místa v našich dějinách?* (Prague, 1990), 76–77.
12. 在弗蘭蒂舍克・烏德爾扎爾（František Udržal，一九二九年至一九三二年）和揚・馬利佩德（一九三二年至一九三五年）任總理期間，心懷不滿的工人和農村勞動力頻繁發起罷工等行動，警力鎮壓不時會傷及人命，不僅引來知識分子批評，也不為總統所喜。也請參見：Harna, *Krize*, 118.
13. 波蘭也是，請見：Lucian Leustean, "Economy and Foreign Relations in Europe in the Early Inter–War Period—The Case of Hungary's Financial Reconstruction," *Eastern Journal of European Studies* 4:1 (June 2013), 45; Lemberg, "Gefahrenmomente," 119.
14. 參見：Cynthia Paces, *Prague Panoramas: National Memory and Sacred Space* (Pittsburgh, PA, 2009).

115.

48. Alfred Läpple, *Kirche und Nationalsozialismus in Deutschland und Österreich* (Aschaffenburg, Germany, 1980), 32.
49. Ioanid, *Sword*, 141. 此外，這位瑪麗亞・魯甦還與聖母交談，人們爭相請求她療癒自己。
50. Goergetta Pana, "Religious Anti–Semitism in Romanian Fascist Propaganda," *Occasional Papers on Religion in Eastern Europe* 26:2 (2006), 3; Deák, "Hungary," 394; Weber, "Romania," 535. On Mussolini: Denis Mack Smith, *Mussolini* (New York, 1982), 8, 15.
51. Webster, *Romanian Legionary Movement*, 38–39; Petreu, *Infamous Past*, 63–64.
52. Z. Barbu, "Rumania," 200; Ioanid, *Sword*, 140, 142.
53. 加上了強調的語氣。Weber, "Romania," 542, 545.
54. Clark, *Holy Legionary Youth*, 157.
55. 來源為一九三六年四月號的雜誌《自由》（*Libertatea*），引用自：Clark, Holy *Legionary Youth*, 156.
56. 估計的數量各有不同，但阿曼・海因（Armin Heinen）聲稱從一九三四年到一九三六年，營地的數量從四個增加到五十個，另外還有五百個較小的營地。Clark, *Holy Legionary Youth*, 156.
57. Clark, *Holy Legionary Youth*, 163–164.
58. Platon, "Iron Guard," 69.
59. Vago, "Eastern Europe," 290; William Totok: "Meister des Todes. Über die Wiederbelebungsversuche des Kultes von Moța und Marin/Maeștrii morții. Despre încercarea de reînviere a cultului Moța și Marin," *Apoziția* 7 (2007), 396–422; Ioanid, *Sword*, 89.
60. Barany, "Dragon's Teeth," 77.
61. 他們贏得了百分之十五點五八的選票。Clark, *Holy Legionary Youth*, 216.
62. Payne, *History of Fascism*, 284; Deák, "Hungary," 391; Fischer–Galati, *Twentieth Century Rumania*, 55, 57.

15. 東歐的反法西斯主義

1. Piotr Wilczek, Letters to the Editor, *New York Times*, August 31, 2018; responding to Paul Krugman, "It Can Happen Here," *New York Times*, August 27, 2018.
2. Michael Mann, *Fascists* (Cambridge, 2004), 13.
3. Antony Polonsky, *The Little Dictators: A History of Eastern Europe since 1918* (Abington–on–Thames, UK, 1975), 120–121; Andrea Orzoff, *Battle for the Castle: The Myth of Czechoslovakia in Europe* (Oxford, 2009).
4. Joseph Zacek, "Czechoslovak Fascisms," in Sugar, *Native Fascism*, 61.

36. Stephen Fischer–Galati, "Fascism," in Sugar, *Native Fascism*, 118; Rothschild, *East Central Europe*, 294.
37. Payne, *History of Fascism*, 275. 也請見：Margit Szölösi–Janze, *Die Pfeilkreuzlerbewegung in Ungarn* (Munich, 1989), 134–147; Nagy–Talavera, *Green Shirts*, 94–155; Janos, *Politics of Backwardness*, 270–271; Deák, "Hungary," 380, 392.
38. Rothschild, *East Central Europe*, 296. 一九三九年有九十三名團員遭處決，可以確定他們的職業，其中有三十三名是學生，其餘幾乎所有人都來自中產階級，包括十四名律師。Payne, *History of Fascism*, 287.
39. Rothschild, *East Central Europe*, 310; Fischer–Galati, *Twentieth Century Rumania*, 56–57; Eugen Weber, "Romania," in *European Right*, Weber and Rogger, eds., 549; Radu Ioanid, "The Sacralised Politics of the Romanian Iron Guard," *Totalitarian Movements and Political Religions* 5:3 (2004): 419–453.
40. Radu Ioanid, "The Sacralised Politics of the Romanian Iron Guard," in *Fascism, Totalitarianism and Political Religion*, Roger Griffin, ed. (New York, 2005), 155; Deák, "Hungary," 392
41. 引自 Deák, "Hungary," 392.
42. Deák, "Hungary," 388–394.
43. Constantin Iordachi, "Fascism in Southeastern Europe," in *Entangled Histories of the Balkans*, Roumen Daskalov and Diana Mishkova, eds., vol. 2 (Leiden, 2014), 382; Mircea Platon, "The Iron Guard and the Modern State, Iron Guard Leaders Vasile Marin and Ion I. Mota, and the 'New European Order'," *Fascism: Journal of Comparative Fascist Studies* 1 (2012): 67.
44. 此為尤金・約內斯庫寫給帝舵・維亞努（Tudor Vianu）的信。Marta Petreu, *An Infamous Past: E. M. Cioran and the Rise of Fascism in Romania*, Bogdan Aldea, trans. (Chicago, 2005), 58–59. 這群青年知識分子被稱為「標準」群體：包括蕭沆、伊利亞德、黑格・阿克特里安、瑪麗埃塔・薩多娃、丹・博塔等人。Petreu, *Infamous Past*, 60. 也請見：Matei Calinescu, "Romania's 1930s Revisited," *Salmagundi* 97 (1993): 133–151.
45. Petreu, *Infamous Past*, 67. 喬治・莫斯（George Mosse）寫道：「在雅利安（Aryan）自給自足的世界裡，民族社區的自由與自給自足被認為是必不可少的」。*Toward the Final Solution: A History of European Racism* (New York, 1978), 49.
46. Emile Cioran, *On the Heights of Despair* (1934), Ilinca Zarifapol–Johnston, trans. (Chicago, 2003), 6.
47. Petreu, *Infamous Past*, 60, 63; Barbara Jelavich, *History of the Balkans*, vol. 2 (Cambridge, 1983), 205. 鐵衛團以男性占多數（軍團分子則都是負責處理「男人工作」的男性），但鐵衛團也為女性和年輕人打造了「巢穴」和「堡壘」，用來「以各種可能的方式」支援軍團。Roland Clark, *Holy Legionary Youth: Fascist Activism in Interwar Romania* (Ithaca, NY, 2015),

人數相對較多，因區內識字的都市人口有大量為猶太人。一九三〇年，摩達維亞和瓦拉幾亞不識字人口約百分之四十四點二，而文盲率高的地區也有「更多支持法西斯組織的選票」。Ioanid, *Sword*, 40, 64. 就羅馬尼亞整體而言，超過七歲的識字人口占百分之五十七點一。Rothschild, *East Central Europe*, 285.

20. Z. Barbu, "Rumania," in *Fascism Reader*, Aristotle Kallis, ed. (London, 2003), 199.「其多數成員正攀著社會等級階梯往中產階級的方向邁進，但重點是他們尚未抵達」。Vago, "Eastern Europe," 256.
21. István Deák, "Hungary," in *The European Right*, Hans Rogger and Eugen Weber, eds. (Berkeley, 1965), 389. 科德雷亞努的父親為擔任教師的伊揚．澤林斯基（Ion Zelinski）。Vago, "Eastern Europe," 287; Barbu, "Rumania," 200.
22. Stanley Payne, *A History of Fascism* (Madison, WI, 1995), 276; Vago, "Eastern Europe," 293–294.
23. Hitchins, *Rumania*, 368–370; Rothschild, *East Central Europe*, 300.
24. 成立於一九三四年。Hitchins, *Rumania*, 418.
25. Istvan Deák, "Hungary," in Kallis, ed., *Fascism Reader*, 202–203; Jörg K. Hoensch, *A History of Modern Hungary: 1867–1994* (London, 1995), 126.
26. Deák, "Hungary," in Kallis, ed., *Fascism Reader*, 203; Hoensch, *Hungary*, 128.
27. 他基本上是靠著掌控國家機器來達成目的。Deák, "Hungary," in Kallis, ed., *Fascism Reader*, 205. 他有德意志、斯洛伐克和亞美尼亞血統。Paul Lendvai, *The Hungarians: A Thousand Years of Victory in Defeat*, Ann Major, trans. (Princeton, NJ, 2003), 415.
28. Hoensch, *Hungary*, 129.
29. Andrew C. Janos, *East Central Europe in the Modern World* (Stanford, CA, 2000), 288–291; Hoensch, *Hungary*, 127, 129; Deák, "Hungary," in *The European Right*, Rogger and Weber, eds., 380, 391; George Barany, "The Dragon's Teeth," in *Native Fascism in the Successor States, 1918–1945*, Peter Sugar, ed. (Santa Barbara, CA, 1971), 79.
30. Hoensch, *Hungary*, 131.
31. J. B. Hoptner, *Yugoslavia in Crisis, 1934–1941* (New York, 1962), 157; Frederick B. Chary, *The History of Bulgaria* (Santa Barbara, CA, 2011), 83–84; Rothschild, *East Central Europe*, 256; Marshall Lee Miller, *Bulgaria during the Second World War*, (Stanford, CA, 1975), 7.
32. Chary, *History of Bulgaria*, 89.
33. Janos, *Politics of Backwardness*, 302–303.
34. Janos, *East Central Europe*, 290. 此為亞諾什的用詞，而非霍爾蒂。
35. 「一九三八年，超過一萬平方公里的可耕地仍把持在僅八十個權貴家族手中；另有一萬六千平方公里是由一千戶較小型的地主所有」。Hoensch, *Hungary*, 131.

2015), 51. 致謝Marina Cuneo提供此參考資料。
11. Paul A. Shapiro, "The German Protestant Church and Its Judenmission, 1945–1950," in *Anti–Semitism, Christian Ambivalence, and the Holocaust*, Keven Spicer, ed. (Bloomington, IN, 2007), 139.
12. 他於一九三四年成立了政黨：Tutul Pentru Tara（全是為了國家）。Stephen Fischer–Galati, *Twentieth Century Rumania* (New York, 1991), 53. 一九三一年他也於國會中贏得一席。
13. Nicholas M. Nagy–Talavera, *The Green Shirts and the Others* (Portland, OR, 2001), 77.
14. 匈牙利失去了大約百分之七十二的領土（從三十二萬五千四百一十一平方公里減至九萬三千零七十三平方公里），人口從一千八百萬減少到八百萬。Arpad von Klimo, "Trianon und der Diskurs über nationale Identität in 'Rumpf–Ungarn,'" in *Die geteilte Nation: Nationale Verluste und Identitäten im 20. Jahrhundert*, Andreas Hilger and Oliver Wrochem, eds. (Munich, 2013), 15; Raphael Vago, "Eastern Europe," in *The Social Basis of European Fascist Movements*, Detlef Mühlberger, ed. (London, 1987), 297–298.
15. Marcin Kula, *Narodowe i rewolucyjne* (Warsaw, 1991); Francis Carsten, "Interpretations of Fascism," in *Fascism: A Reader's Guide*, Walter Laqueur, ed. (London, 1976), 418; Vago, "Eastern Europe," 294.
16. 胡安・林茲（Juan Linz）點出，整體而言法西斯政黨包含眾多白領階級、專業人士和公務員，但他強調學生在羅馬尼亞的地位尤其突出。"Comparative Study of Fascism," in Laqueur, *Fascism*, 63, 70; Radu Ioanid, *The Sword of the Archangel: Fascist Ideology in Romania*, Peter Heinegg, trans. (Boulder, CO, 1990), 27.
17. Vago, "Eastern Europe," 288–289.
18. 羅馬尼亞的農民政治人物維達與其他幾人曾於一九三〇年代提出這類訴求，但未能獲得政治支持。他們使用的詞是「羅馬尼亞化」，而問題是這些訴求違反了少數民族保護協議，且少數民族也可以表示抗議。Keith Hitchins, *Rumania, 1866–1947* (Oxford, 1994), 417; Dietmar Müller, *Staatsbürger auf Widerruf: Juden und Muslime als Alteritätspartner im rumänischen und serbischen Nationscode* (Wiesbaden, 2005), 404–405.
19. Henry Eaton, *The Origins and Onset of the Romanian Holocaust* (Detroit, 2013), 24. 一九二三年至一九三〇年，雅西醫學院的猶太學生數為百分之四十三點三，一九三〇年至一九三六年為百分之三十九點六。一九二三年至一九三〇年，雅西的猶太學生數為百分之二十六點七，一九三〇年至一九三六年為百分之二十三點一；一九二三年到一九三〇年，切爾努西的猶太學生人數為百分之三十一點一，一九三〇年至一九三六年為百分之二十九點六。Lucian Nastasa, "Anti–Semitism at Universities in Romania," in *The Numerus Clausus in Hungary*, Victor Karady and Peter Tibor Nagy, eds. (Budapest, 2012), 222–223. 摩達維亞、比薩拉比亞和布科維納大學的猶太亞農民黨、馬紐的羅馬尼亞民族農民黨，以及波蘭的皮亞斯特和維茲渥雷尼。Palmer, *The Lands Between*, 178. 該史學家為Hans Lemberg。謝謝Joachim von Puttkamer提供參考資料。

71. George Orwell, *Homage to Catalonia* (Boston, 2015), 69.
72. 大約百分之二十九點九的匈牙利私有土地面積超過五百七十五公頃。漫長的改革過程並沒有增加太多自給自足的土地擁有者數量：「社會結構實質上保持不變，土地分配結構在大地產和小地產之間仍呈不健康的兩極化」。Nagy, "Revolution," 317; Rothschild, *East Central Europe*, 190. 至於羅馬尼亞的改革，向匈牙利裔大地主取用土地更有成效。
73. Rothschild, *East Central Europe*, 300–301.

14. 法西斯生根：鐵衛團與箭十字

1. Ernst Nolte, *Der Faschismus in seiner Epoche* (Munich, 1963); Geoff Eley, "What Produces Fascism," *Politics and Society* 12:53 (1983), 77. 欲知法西斯主義的定義（強調準軍事組織的作用、超脫平凡的革命議程，以及創造無矛盾的族群純化社會），參見：Michael Mann, *Fascists* (Cambridge, 2000).
2. 國家尚未成熟，不足以達成將自由主義認定為「健康社會唯一有效根基」的共識。Roger Griffin, *The Nature of Fascism* (New York, 1991), 211.
3. Robert Paxton, "The Five Stages of Fascism," *Journal of Modern History* 70:1 (1998), 14.
4. Eugen Weber, *The Hollow Years: France in the 1930s* (New York, 1994), 119.
5. Paxton, "Five Stages," 17.
6. Charles S. Maier, *The Unmasterable Past: History, Holocaust, and National Memory* (Cambridge, MA 1988), 112.
7. 匈牙利於一九二〇年立法限制猶太人就讀大學，但貝特倫的執政團隊多少削弱了其影響力，因此至一九三〇年，原本降至約百分之五的猶太學生人數回升到接近百分之十（仍比戰爭年代的三成以上低得多）。猶太商賈變得比以往還要富有。Janos, *Politics of Backwardness*, 225–226.
8. Janos, *Politics of Backwardness*, 177.
9. 賈夫・沙茨（Jaff Schatz）提出了另一個更整體的作用因素：「受歧視的少數群體若有一定程度的識字能力、教育，且曾受到社會不公的待遇，就比他人更有可能參與激進的改革運動」。Jaff Schatz, "Jews and the Communist Movement in Interwar Poland," in *Dark Times, Dire Decisions*, Jonathan Frankel, ed. (Oxford, 2004), 32. 一九三〇年，戰間期波蘭共產黨中的猶太人比例達到了百分之三十五的巔峰值。Archie Brown, *The Rise and Fall of Communism* (New York, 2009), 129–130.
10. Alexander F. C. Webster, *The Romanian Legionary Movement: An Orthodox Christian Assessment of Anti–Semitism*, Carl Beck Papers No. 502 (Pittsburgh, PA, 1986), 43–44, 52; Corneliu Zelea Codreanu, *For My Legionaries* (London,

and Dieter Langewiesche, eds., *Nation und Religion in Europa* (Frankfurt, 2004), 146.

53. Polonsky, *Little Dictators*, 120
54. 英國首相勞合・喬治甚至對捷欣的情勢與位置說不出個所以然。Stone, *Polish Memoirs*, ix; R. H. Bruce Lockhart, *Retreat from Glory* (London, 1934). 欲知東歐貿易的縮減情形，請參見：Ivan T. Berend, *Decades of Crisis* (Berkeley, 1998), 241–242.
55. 塞爾維亞人分別來自塞爾維亞、波士尼亞及奧匈帝國；波蘭人則分屬德國、奧地利及俄羅斯。
56. 據說他準備將波蘭賣給俄羅斯的老戰友。Borodziej, *Geschichte*, 117; Adam Michnik, "Naganiacze i zdrajcy," *Gazeta Wyborcza*, September 28, 2006.
57. 茲羅提於一九二四年取代馬克，並採金本位制。茲羅提從一九二五年開始貶值，但在一九二六年底便穩定處於一九二四年價值的百分之七十二左右。"Zloty Will Replace Polish Mark," New York Times, May 19, 1924; Barry Eichengreen, *Monetary Regime Transformations* (Aldershot, UK, 1992), 161.
58. Piotr Wróbel, "The Rise and Fall of Parliamentary Democracy in Interwar Poland," in *The Origins of Modern Polish Democracy*, M. B. B. Biskupski et al., eds. (Athens, OH, 2010), 135. 波蘭大學的猶太學生比例在一九二五年為百分之二十五，至一九三七／一九三八年則降至約百分之八點二。Yfaat Weiss, *Deutsche und polnische Juden vor dem Holocaust* (Munich, 200), 113. 在哈布斯堡統治下，東加利西亞有兩千六百一十二所烏克蘭小學，到一九二八年只餘七百間。Wenzel Jaksch, *Europe's Road to Potsdam* (New York, 1964), 255.
59. 整個媒體界似乎都在呼籲找方法取代一九二六年前的政治制度，詳見 Borodziej, *Geschichte*, 144–145.
60. Borodziej, *Geschichte*, 145.
61. Andrzej Garlicki, *Przewrót majowy* (Warsaw, 1979), 388; Antony Polonsky, "The Emergence of an Independent Polish State," in Leslie, ed., *History*, 155.
62. "Gave a Cue for Revolt: Pilsudski Began Movement through Democratic Newspapers," *New York Times*, May 15, 1926. 從左派到右派都相繼出現各種有趣、發人深省又令人困惑的隱喻，參見：Rothschild, *East Central Europe*, 53–55.
63. Rothschild, *East Central Europe*, 57.
64. Ferdynand Zweig, *Poland between Two Wars* (London, 1944), 13.
65. Andrzej Jezierski, *Historia Gospodarcza Polski* (Warsaw, 2010), 253.
66. Jezierski, *Historia*, 253.
67. 取自馬紐戰後早期的演講，引自：Radu, "Peasant Democracy," 32.
68. Roberts, *Rumania*, 134–136, 174–175.
69. "Rumanian Revolt Hinted," *New York Times*, June 30, 1935, 13.
70. 此名單之後也會加入斯塔姆博利伊斯基的農民聯盟、拉迪奇的克羅埃西

Busch–Zantner, *Bulgarien*, 141; Seton–Watson, *Eastern Europe between the Wars*, 246; Crampton, *Concise History*, 157.

42. Paul Robert Magosci, *Historical Atlas of Central Europe* (Seattle, 2002), 141; Rothschild, *East Central Europe*, 202.
43. Rothschild, *East Central Europe*, 82.
44. 神父是於重組斯洛伐克人民黨的代表大會上表態。James Mace Ward, *Priest, Politician, Collaborator: Josef Tiso and the Making of Fascist Slovakia* (Ithaca, NY, 2012).
45. 引用自 Ante Cuvalo, "Stjepan Radić: His Life, His Party, His Politics," *American Croatian Review* 5:3–4 (1998), 36–40.
46. 一九二四年，他代表自己的政黨與共產國際的統一戰線「農民國際」（Peasants International）結盟，並於一九二五年與整個農民黨領導層一起被捕。Markus Tanner, *Croatia: A Nation Forged in War* (New Haven, CT, 1997), 121.
47. Tim Judah, *The Serbs: History, Myth, and the Destruction of Yugoslavia*, second edition (New Haven, CT, 2000), 110. 國王是透過斯韋托扎爾・普里比切維奇給出提議：「既然我們無法共處，那麼像瑞典與挪威一樣和平分開會比較好」。
48. 該黨確實也有幾位突出的克羅埃西亞人物，結成的聯盟則名為「農民民主聯盟」（Peasant Democratic Coalition）。Dejan Djokić, *Elusive Compromise: A History of Interwar Yugoslavia* (New York, 2007), 65–68.
49. 在一九二九年一月六日的公告中，他表示：「盲目的政治熱情已開始濫用國會制度……到了讓國家難以有效執政的地步」。Snežana Trifunovska, *Yugoslavia through Documents: From Its Creation to Its Dissolution* (Dordrecht, 1994), 191.
50. 參見：Peter Haslinger, "The Nation, the Enemy, and Imagined Territories: Slovak and Hungarian Elements in the Emergence and Decline of a Czechoslovak National Narrative 1890–1938," in *Creating the Other. The Causes and Dynamics of Nationalism, Ethnic Enmity, and Racism in Eastern Europe*, Nancy Wingfield, ed. (Providence, RI, 2003), 169–182.
51. 五人委員會便是成立於此事件發生後不久的一九二〇年秋天。Zdeněk Kárník, *České země v éře První republiky, 1918–1938* (Prague, 2000), 140–142; Victor S. Mamatey, "The Development of Czechoslovak Democracy," in *History of the Czechoslovak Republic, 1918–1948*, Victor S. Mamatey and Radomir Luza, eds. (Princeton, NJ, 1973), 108.
52. Antony Polonsky, *The Little Dictators: A History of Eastern Europe since 1918* (Abingtonon–Thames, UK, 1975), 120; Mamatey, "Development," 127. 該新教會於幾年內就成長到約八十萬名成員，教友會使用捷克語進行禮拜儀式，也嘗試依據胡斯派的做法來制定自己的儀式。Martin Schulze Wessel, "Die Konfesionalisierung der tschechischen Nation, in Heinz–Gerhard Haupt

22. Seton–Watson, *Eastern Europe between the Wars*, 191.
23. Rothschild, *East Central Europe*, 297.
24. 原因在於國王會先指派政府，接著委任該政府在行政機構的協助下「籌備」選舉，然而此行政機構卻是由政府控管。Henry L. Roberts, *Rumania: Political Problems of an Agrarian State* (New Haven, CT, 1951), 102; Stephen Fischer–Galati, *Twentieth Century Rumania* (New York, 1991), 35.
25. Fischer–Galati, *Twentieth Century Rumania*, 35–36; Rothschild, *East Central Europe*, 297. 羅馬尼亞的土地改革比匈牙利成功，卻完全是出於政治考量。
26. Roberts, *Rumania*, 100–101.
27. Rothschild, *East Central Europe*, 301
28. Rothschild, *East Central Europe*, 306–308; Rebecca Haynes, "Reluctant Allies? Iuliu Maniu and Corneliu Zelea Codreanu against King Carol II of Romania," *The Slavonic and East European Review* 85:1 (2007), 109; "Rumania: Its People Await Hitler's Drive," Life, January 9, 1939, 49.
29. Roberts, *Rumania*, 134; Hitchins, *Romania*, 415.
30. Rothschild, *East Central Europe*, 332, 336; Seton–Watson, *Eastern Europe between the Wars*, 243.
31. Richard Busch–Zantner, *Bulgarien* (Leipzig, 1943), 136.
32. R. J. Crampton, *A Concise History of Bulgaria* (Cambridge, 1997), 151; Misha Glenny, *The Balkans: Nationalism, War, and the Great Powers* (New York, 2000) 397.
33. Crampton, *Concise History*, 154; Rothschild, *East Central Europe*, 337.
34. Alan Palmer, *The Lands Between: A History of Eastern Europ*e (London, 1970), 179.
35. 律師不得任職於國會或地方議會，也不得擔任其他公職。Crampton, *Concise History*, 152.
36. Rothschild, *East Central Europe*, 334–335; Seton–Watson, *Eastern Europe between the Wars*, 243; Crampton, *Concise History*, 154; Glenny, *The Balkans*, 398.
37. 該協議為《尼什公約》（Niš）。Crampton, *Concise History*, 155.
38. IMRO成立於一八九三年，旨在解放鄂圖曼帝國轄下領土，該組織於戰間期成為恐怖主義網路與游擊隊，與克羅埃西亞的恐怖組織烏斯塔沙合作。Seton–Watson, *Eastern Europe between the Wars*, 244; Busch–Zantner, *Bulgarien*, 139.
39. Crampton, *Concise History*, 155; Seton–Watson, *Eastern Europe between the Wars*, 245.
40. Crampton, *Concise History*, 156; C. A. Macartney and A. W. Palmer, *Independent Eastern Europe: A History* (London, 1962), 227.
41. Frederick B. Chary, *History of Bulgaria* (Santa Barbara, CA, 2011), 71–72;

5. Carlton Hayes, *A Brief History of the Great War* (New York, 1920), 388, 395; G. K. Chesterton. "Edward Benes—Central Europe's Peacemaker," *Current History* 16 (1922), 575.「普遍來說，充滿熱忱的解讀詮釋主導了戰後的公共論述……普選似乎被當成了靈丹妙藥」。Sorin Radu, "Peasant Democracy," in *Politics and Peasants in Interwar Romania* (Newcastle upon Tyne, UK, 2017), 30–34.
6. Rose, "New Idealism," 198–199.
7. 一九二二年，有選舉權的人口百分比降至二十九點五。從一九二二至一九三五年舉行過四次大選，執政黨於九百八十個空缺席次中贏得了六百二十八席（占百分之六十四點一），其中有五百七十八席位於實施記名投票的選區。Andrew Janos, *The Politics of Backwardness in Hungary* (Princeton, NJ, 1982), 212–213.
8. David Mitrany, *Rumania: Her History and Politics* (London, 1915), 29–30.
9. 在米特蘭尼的大羅馬尼亞理想中，馬扎爾人沒有道理屬於外西凡尼亞，因為這裡被視為羅馬尼亞的土地。David Mitrany, *Greater Rumania: A Study in National Ideals* (London, 1917), 15, 20. 欲知他之後的觀點，請見：David Mitrany, "Human Rights and International Organization," *India Quarterly* 3 (1947), 402–430.
10. 羅馬尼亞於一九二九年跟進，南斯拉夫則是於二戰後。
11. 流亡在外的皇帝卡爾一世（於匈牙利稱查理四世）於一九二二年死於異鄉。
12. Hajdú and Nagy, "Revolution, Counterrevolution, Consolidation," 312–313.
13. C. A. Macartney, *Hungary: A Short History* (Edinburgh, 1962), 211.
14. 來自一九二一年四月十九日的政府聲明。Margit Szöllösi–Janze, *Die Pfeilkreuzlerbewegung in Ungarn* (Munich, 1989), 78. 欲知貝特倫伯爵的民主手段，請參閱：Janos, *Politics of Backwardness*, 210–211.
15. Mária Ormos, "The Early Interwar Years," in *History*, Sugar, ed., 320; Zsolt Nagy, *Great Expectations and Interwar Realities: Hungarian Cultural Diplomacy 1918–1941* (Budapest, 2017), 48–49.
16. 比之一九一九／一九二〇年，此為一大退步，當時有百分之五十八點四的人口可投票。Paul A. Hanebrink, *In Defense of Christian Hungary: Religion, Nationalism, and Anti–Semitism* (Ithaca, NY, 2006), 109.
17. Macartney, *Hungary*, 213, 218. There were some 298,000 beneficiaries.
18. Seton–Watson, *Eastern Europe between the Wars*, 190.
19. Ormos, "Early Interwar Years," 321, 324.
20. 在野黨有社會民主黨、基督社會主義黨（Christian Socialist）以及中產階級黨派的成員；Ormos, "Early Interwar Years," 320.
21. 該協議為一九二一年簽訂的《貝特倫－佩爾契約》（Bethlen–Peyer）。Janos, *Politics of Backwardness*, 234–235; Dylan Riley, *The Civic Foundations of Fascism in Europe* (Baltimore, 2010), 176.

Hagen, "The Moral Economy of Popular Violence: The Pogrom in Lwów, November 1918," in *Antisemitism and Its Opponents in Modern Poland*, Robert Blobaum, ed. (Ithaca, NY, 2005) 129.

75. March 18, 2014.
76. Paul Robert Magocsi, *Historical Atlas of Central Europe* (Seattle, 2002), 140.
77. J. W. Bruegel, *Czechoslovakia before Munich* (Cambridge, 1973), 60; King, *Budweisers into Czechs and Germans*, 169.
78. Daniel Stone, ed., *The Polish Memoirs of William John Rose* (Toronto and Buffalo, NY, 1975), 104.
79. King, *Budweisers into Czechs and Germans*, 160; Szporluk, *Political Thought*, 135. 馬薩里克曾說過：「人性與民族彼此相依」。H. Gordon Skilling, *T. G. Masaryk: Against the Current, 1882–1914* (University Park, PA, 1994), 147.
80. Robin Okey, *Eastern Europe, 1740–1985: Feudalism to Communism* (Minneapolis, MN, 1982), 165.
81. 英國政治家奧斯坦・張伯倫（Austen Chamberlain）指出：「少數族群條約的目的，以及國會根據這些條約履行其義務的目的，在於為少數族群鞏固一定程度的保護和正義，使其逐步準備好融入所屬的民族社群」。Hans Rothfels, *Bismarck, der Osten , und das Reich* (Darmstadt, 1960), 16; C. A. Macartney, *National States and National Minorities* (London, 1934), 275, 277.
82. Helke Stadtland, "Sakralisierte Nation und Säkularisierte Religion," in *Beyond the Balkans: Toward an Inclusive History of Southeastern Europe*, Sabine Rutar, ed. (Vienna, 2014), 190; and with many sources: Nikolaus Barbian, *Auswärtige Kulturpolitik und Auslandsdeutsche in Lateinamerika* (Osnabrück, 2013), 67; Matthias Lienert, *Zur Geschichte des DAI* (Berlin 1989), 7.

13. 民族自決失敗

1. 英籍學者詹姆士・布萊斯（James Bryce）於其一九二一年的重要著作《現代民主》（*Modern Democracies*）中談及「全人類對民主的接納，將其視為政府的正常與自然形式」。引自 Mark Mazower, *Dark Continent: Europe's Twentieth Century* (New York, 1999), 4.
2. 因此《科孚宣言》（Corfu Declaration）宣稱新國度將採取「民主及國會君主立憲制」。公開宣稱為民主人士的尼可拉・帕希奇斷定，啟發了塞爾維亞人的民主精神也會在斯洛維尼亞和克羅埃西亞找到歸宿。Alex N. Dragnich, *The First Yugoslavia: The Search for a Viable Political System* (Stanford, CA, 1983), 7–8.
3. Stone, *Polish Memoirs*, 77.
4. 這是一位波蘭人的願望，羅斯曾於戰爭期間與之交談，對方拒絕成為德國人。William John Rose, "A New Idealism in Europe," *New Europe*, December 12, 1918, 197.

公投，但遭到羅馬尼亞人強烈反對，加利西亞的波蘭人也是如此。欲知前者詳情，請見：Spector, *Rumania at the Paris Peace Conference*.

64. 腓特烈・威廉（Frederick William）正是於這一年撤銷了波蘭在東普魯士的主權，而有塊較小的區域瓦爾米亞（Warmia）與爾曼蘭（Ermland），包含奧爾什丁（德語：Allenstein／波蘭語：Olsztyn），在一七七二年之前都是屬於波蘭。Robert I. Frost, *After the Deluge States: Poland–Lithuania and the Second Northern War* (Cambridge, 2004), 97–98.
65. Piotr Wandycz, *The United States and Poland* (Cambridge, MA, 1980), 142–143.
66. Davies, *God's Playground*, vol. 2, 398–399.
67. 歷史學家稱之為民族民主黨的和平，參見：Wandycz, *The United States and Poland*, 156.
68. Andrzej Micewski, *Roman Dmowski* (Warsaw 1971), 296.
69. 澤利戈夫斯基的行為看似是叛變，據稱不在畢蘇斯基的掌控之中，但事實上卻是由畢蘇斯基親自策畫。Antony Polonsky, "The Emergence of an Independent Polish State," in *History of Poland*, Leslie, ed., 138. 該承諾是由瓦迪斯瓦夫・格拉布斯基（Władysław Grabski）於比利時斯帕（Spa）許下。Borodziej, *Geschichte*, 119.
70. 有人建議依據英國外交大臣喬治・寇松（George Curzon）勛爵畫定的邊界來建設更加「民族性」的波蘭，但仍有數百萬的波蘭人被排除在外，所有波蘭政黨均不同意。Borodziej, *Geschichte*, 119. 英國輿論認為，這條「寇松線」可公平畫分波蘭民族，請參閱以下觀點：R. W. Seton–Watson, Hugh and Christopher Seton–Watson, *The Making of a New Europe* (London, 1981), 407.
71. Wandycz, *The United States and Poland*, 157.
72. 經波蘭國會調查之後，此人已洗清所有罪名。Alina Cała, *Ostatnie pokolenie: autobiografie polskiej młodzieży żydowskiej okresu międzywojennego* (Warsaw, 2003), 137; Agnieszka Knyt, ed., *The Year 1920: The War between Poland and Bolshevik Russia* (Warsaw, 2005).
73. 當局在國際社會的強烈抗議下關閉了該營地，但人們對猶太士兵的歧視仍然存在。Tomasz Stanczyk, "Internowani w Jabłonnie," *Rzeczpospolita* (Warsaw), July 28, 2008. 欲知猶太人對波蘭政治事業的支持，請參閱：Janusz Szczepański, *Społeczeństwo Polski w walce z najazdem bolszewickim 1920 roku* (Warsaw, 2000), 242–247. 猶太復國主義者與東正教群體特別號召其成員「履行愛國義務」，以支持「波蘭國家獨立」。然而也有許多猶太人（尤其是東部猶太人）並不認同波蘭的國家地位。Szczepański, *Społeczeństwo Polski*, 243, 246. Andrzej Krzysztof Kunert, *Polacy—Żydzi 1939–45: wybór źródeł* (Warsaw, 2006), 9.
74. 波蘭軍隊於激戰後攻下該土地（其中也發生數次大屠殺，最嚴重的為一九一八年十一月利維夫大屠殺，造成一百五十人喪命）。William W.

Zentralstaatliche Integration und politischer Regionalismus nach dem Ersten Weltkrieg (Munich, 2014), 241–249.

48. Banac, *National Question*, 233.
49. 這也是當今右翼民粹主義支持者的說詞，參見：Stephen Holmes, "How Democracies Perish," in Cass Sunstein, *Can It Happen Here? Authoritarianism in America* (New York, 2018), 327–428.
50. Sherman Spector, *Rumania at the Paris Peace Conference* (New York, 1962), 234.
51. John Maynard Keynes, *Economic Consequences of the Peace* (New York, 1920), 52, 249.
52. Jeremy King, *Budweisers into Czechs and Germans: A Local History of Bohemian Politics, 1848–1948* (Princeton, NJ, 2002), 157.
53. Bonsal, *Suitors and Suppliants*, 150–151, Detlev Brandes, "Die Tschechoslowakei," in *Versailles 1919: Ziele, Wirkung, Wahrnehmung*, Gerd Krumeich, ed. (Essen, Germany, 2001), 177. 馬薩里克曾被一名荷蘭記者問及他為何要違背三百萬名德意志人的意願，將其納入國土，他回應道：「像德國這樣擁有七千萬人口的國家，要丟掉三百萬人民，比起讓一千萬人口的國家丟掉五十萬人容易多了。這個考量是唯一正確的選擇」。Roman Szporluk, *The Political Thought of TomášG. Masaryk* (New York, 1981), 136. On the shootings, see Rothschild, *East Central Europe*, 79.
54. 此為一九一八年十二月二十日的日記內容，引用自：D. Perman, *The Shaping of the Czechoslovak State: A Diplomatic History of the Boundaries of Czechoslovakia* (Leiden, 1962), 139.
55. Perman, *Shaping*, 139; "Big Fleet to Meet Wilson," *New York Times*, December 4, 1918, 3.
56. 肯納的同事曾埋怨過他的親斯拉夫偏頗立場，但由於肯納會說的語言太不常見，豪斯只能將他留下。Gelfand, *Inquiry*, 45, 58, 131. 在調查委員會於一九一九年一月收到的初步報告中，德意志人口為二十五萬。Gelfand, *Inquiry*, 204
57. 委員會中還有其他經驗豐富的外交官。Perman, *Shaping*, 133.
58. Perman, *Shaping*, 134–135.
59. Hugh Seton–Watson, *Eastern Europe between the Wars* (Cambridge, 1945), 198; Rothschild, *East Central Europe*, 89.
60. 地圖可見：Paul Robert Magosci, *Historical Atlas of Central Europe* (Seattle, 2002), 149.
61. Zsuzsa L. Nagy, "Revolution, Counterrevolution, Consolidation," in *History of Hungary*, Sugar et al., eds., 314.
62. Margaret Macmillan, *Paris 1919: Six Months That Changed the World* (New York, 2003), 260; Hitchins, Rumania, 284.
63. 當時有聲音要求（尤其是美國人）應在外西凡尼亞與比薩拉比亞舉行全民

37. 肯納於一九一八年三月二十五日發表的備忘報告. Lawrence E. Gelfand, *The Inquiry: American Preparations for Peace* (New Haven, CT, 1963), 219. 同一時間，匈牙利地理學家費倫茲・福多（Ferenc Fodor，一八八七年至一九六二年）則堅稱斯洛伐克人與捷克人非屬同一族群，且馬扎爾人於族群較勁中勝過斯洛伐克人，因此自然擁有掌控喀爾巴阡山脈的權利。Ferenc Fodor, *The Geographical Impossibility of the Czech State* (Budapest, 1920), 7–8.
38. James Felak, "The Slovak Question," in *The Czech and Slovak Experience*, John Morison, ed. (London, 1992), 141; Brent Mueggenberg, *The Czecho–Slovak Struggle for Independence* (Jefferson, NC, 2014), 243; Stephen Bonsal, *Suitors and Suppliants: The Little Nations at Versailles* (New York, 1946), 160. 赫林卡的斯洛伐克人民黨於一九二五年總共贏得四十八萬九千一百一十一票，換算後等於是斯洛伐克百分之三十四點四的選票，使其成為該地的最大黨。Joseph Rothschild, *East Central Europe between the Two World Wars* (Seattle, 1974), 110.
39. Marcus Tanner, *Croatia: A Nation Forged in War* (New Haven, CT, 1997), 120.
40. Carol Skalnik Leff, *National Conflict in Czechoslovakia* (Princeton, NJ, 1988), 135–136.
41. Samuel Ronsin, "Police, Republic, and Nation: The Czechoslovak State Police," in *Policing Interwar Europe: Continuity Change and Crisis*, G. Blaney, ed. (New York, 2007), 154. Václav Beneš, "Czechoslovak Democracy and Its Problems," in *History of the Czechoslovak Republic*, Mamatey and Luža, eds., 77.
42. Leff, *National Conflict*, 138.
43. 關於該自治承諾，請參見：David and Kann, *Peoples of the Eastern Habsburg Lands*, 324.
44. Rothschild, *East Central Europe*, 89; "Summary," in *History of the Czechoslovak Republic*, Mamatey and Luža, eds., 462. 施羅巴爾從少數的新教派（約占全體百分之十二）選出一半的斯洛伐克代表參與國民會議，另還有七名捷克人。Beneš, "Czechoslovak Democracy," 57, 92–94.
45. Lucian Boia, *History and Myth in Romanian Consciousness* (Budapest, 2001), 43; Katherine Verdery, *Transylvanian Villagers: Three Centuries of Poltical, Economic, and Ethnic Change* (Berkeley, 1983), 273, 278.
46. Stephen Fischer–Galati, Twentieth *Century Rumania* (New York, 1991), 27; Caius Dobrescu, "Conflict and Diversity in East European Nationalism," *East European Politics and Societies* 17:3 (2003), 398.
47. Rothschild, *East Central Europe*, 287. 截至一九三一年，任職於外西凡尼亞上訴法院的有十一名職員是來自於羅馬尼亞王國，只有三名當地人；地方檢察官辦公室內則完全沒有外西凡尼亞人。警察、教育及海關局處也是類似的情形。Florian Kührer–Wielach, *Siebenbürgen ohne Siebenbürger?*

Entstehung, 229–230.

19. 這也屬於哈勒事件的一環。Peter Broucek, "Seidler von Feuchtenegg, Ernst," in *Österreichisches biographisches Lexikon 1815–1950*, vol. 12 (Vienna, 2001–2005), 131–132.
20. Okey, *Habsburg Monarchy*, 392, 394.
21. 社會主義人士已於前一週成立自己的波蘭政府。
22. 據稱當時有十萬多人參與會議。Keith Hitchins, *Rumania 1866–1947* (Oxford, 1994), 283.
23. Karel Zmrhal, *Armáda ducha druhé mile* (Chicago, 1918).
24. Derek Sayer, *The Coasts of Bohemia: A Czech History* (Princeton, NJ, 1998), 86; Josef Harna and Rudolf Fišer, *Dějiny českých zemi*, vol. 2 (Prague, 1995), 136; *Pilsner Tagblatt*, October 29, 1918, 1.
25. Zdeněk Kárník, *České zeměvéře první republiky*, vol. 1 (Prague, 2000), 37.
26. Stanisław Kutrzeba, *Polska odrodzona* (Kraków, 1988), 74, 77, 78; Borodziej, *Geschichte*, 91; Davies, *God's Playground*, vol. 2, 289.
27. Davies, *God's Playground*, vol. 2, 391.
28. 此聲明是由奧斯卡・亞斯齊（Oskar Jaszi）所發表。Lendvai, *Hungarians*, 367; Tibor Hajdú and Zsuzsa Nagy, "Revolution, Counterrevolution, Consolidation," in *History of Hungary*, Sugar et al., eds., 303.
29. Ivan T. *Berend, Decades of Crisis: Central and Eastern Europe before World War II* (Berkeley, 1998), 127.
30. 但庫恩政府同時間也推動社會立法，如失業救濟與四十八小時的每週工時。Berend, *Decades of Crisis*, 128.
31. 該法令於一九一九年七月十七日發布，為共和國解體的前兩週。György Borsányi, *The Life of a Communist Revolutionary: Béla Kun*, Mario Fenyo, trans. (New York, 1993), 198.
32. Raphael Patai, *The Jews of Hungary: History, Culture, Psychology* (Detroit, 1996), 468.
33. 庫恩本人與其手下的四十五名政治委員中，有三十二名都是猶太人。Robert Paxton, *The Anatomy of Fascism* (New York, 2004), 25.
34. 在波蘭遭殺害的猶太人最少為四百人，最多為五百三十二人。William W. Hagen, *Anti–Jewish Violence in Poland, 1914–1920* (Cambridge, 2018), 512. 在俄國內戰中，光是烏克蘭就發生了超過一千五百場大屠殺，大多罹難者都死於由白軍或烏克蘭勢力掌控的地區，但所有勢力（連同紅軍在內）都曾迫害猶太人。Oleg Budnitskii, *Russian Jews between the Reds and the Whites* (Philadelphia, 2012), 1, 216–217, 367–369.
35. Ezra Mendelsohn, *The Jews of East Central Europe between the World Wars* (Bloomington, IN, 1987), 98–99.
36. 揚・斯默瑞克的反思, *Sborník mladej slovenskej literatúry*, Ján Smrek, ed. (Bratislava, 1924), 298.

一九一六年就塞爾維亞中央集權制的問題與人爭執，離開了委員會。Ahmet Ersoy et al., eds., *Modernism: The Creation of Nation–States*, vol. 1 (Budapest, 2007), 250; Banac, *National Question*, 98.

10. Alan Sharp, *The Versailles Settlement* (New York, 1991), 130–131.
11. Z. A. B. Zeman, *The Break–Up of the Habsburg Empire* (New York, 1961), 113; Macartney, *Habsburg Empire*, 829.
12. István Deák, *Beyond Nationalism: A Social and Political History of the Habsburg Officer Corps* (Oxford, 1990), 201. 德意志人和匈牙利人的傷亡人數也高於平均，因為軍隊指揮部也更常將他們派遣至危險地區。
13. Włodzimierz Borodziej, *Geschichte Polens im 20. Jahrhundert* (Munich, 2010), 87.
14. Zeman, *Break–Up of the Habsburg Empire*, 169. 要了解人們如何以根深蒂固的反斯拉夫刻板印象大力貶損斯拉夫人，請參見：Martin Moll, "Mentale Kriegsvorbereitung," in *Die Habsburgermonarchie und der erste Weltkrieg*, Helmut Rumpler, ed., vol. 11, part 1 (Vienna, 2016), 196; Jürgen Angelow, "Der Erste Weltkrieg auf dem Balkan," in *Durchhalten: Krieg und Gesellschaft im Vergleich*, Arnd Bauerkämper et al., eds. (Göttingen, 2010), 183. 一群捷克人被帶至匈牙利接受基本訓練，見他們的中士因不服命令而遭判處死刑。他們一直唱著《七月六日》（The Sixth of July），這是一首紀念揚·胡斯殉難的歌曲。"Story of a Czechoslovak Private," *Czechoslovak Review*, December 1918, 206.
15. Zeman, *Break–Up of the Habsburg Empire*, 126, 128. 民族自然權利一直都是馬薩里克進步黨的主要訴求。
16. Otto Bauer, *Die österreichische Revolution* (Vienna, 1923), 110; Zeman, *Break–Up of the Habsburg Empire*, 145.
17. 據埃米爾·史特勞斯（Emil Strauss）的說法，這是該地區第一次出現革命氣氛。Emil Strauss, *Die Entstehung der tschechoslowakischen Republik* (Prague, 1934), 229–230; Bogumil Vosnjak, "Jugoslavia: A Commonwealth in the Making," *The Nation*, July 13, 1918, 36; Edward James Woodhouse, *Italy and the Jugoslavs* (Boston, 1920), 147.
18. 五月十三日尤登堡（Judenburg）及穆勞（Murau）發生叛亂、五月二十日為佩奇（Pécs）、五月二十一日朗姆堡（Rumburg）、五月二十三日拉德克斯堡（Radkersberg）、六月二日克拉古耶瓦茲（四十四名士兵遭處決之處）、六月十六日克拉科夫、七月二日沃格爾（Wörgl），以及七月四日札莫希奇。Jaroslav Pánek, *A History of the Czech Lands* (Prague, 2009), 389; Robert Foltin, *Herbst 1918* (Vienna, 2013), 171; Manfred Scheuch, *Historischer Atlas Österreich* (Vienna, 2008), 212; Wolfdieter Bihl, *Der Weg zum Zusammenbruch. Österreich–Ungarn unter Karl I.(IV.)*, in *Österreich 1918–1938. Geschichte der Ersten Republik*, Erika Weinzierl and Kurt Skalnik, eds., vol.1 (Vienna, 1983), 35; Borodziej, *Geschichte*, 88; Strauss, *Die*

注釋

12. 一九一九年：新歐洲與舊問題

1. 在一九一七年十一月選舉產生的制憲會議中，有三百七十名社會主義革命人士、四十名左翼社會主義革命人士、一百七十名布爾什維克黨人、三十四名孟什維克黨人，其他政黨代表則不滿百名。Nicholas V. Riasanovsky, *A History of Russia* (New York, 1993), 476–477; Scott B. Smith, *Captives of Revolution: The Socialist Revolutionaries and the Bolshevik Dictatorship* (Pittsburgh, PA, 2011).
2. 要了解戰後動員的方式，含革命的四大方向：和平主義、社會主義（指共產主義）、民族主義及農民（以上要素在俄羅斯結合得最成功），參見：Tibor Hajdu, "Socialist Revolution in Central Europe," in *Revolution in History*, Roy Porter and Mikuláš Teich, eds., (Cambridge, 1986), 101–118.
3. 若社會主義者無法捍衛受壓迫民族的權利，那麼這些民族（包括工人階級）就會屈服於高唱愛國主義的資產階級詭計，並反對社會主義革命。V. I. Lenin, "The Socialist Revolution and the Right of Nations to Self–Determination," February 1916, in *Collected Works*, vol. 5 (New York, 1935), 272.
4. 一九一七年十二月二十九日的聲明，參見：Derek Heater, *National Self–Determination: Woodrow Wilson and His Legacy* (New York, 1994), 36–37.
5. 「和平聯盟」演講（A World League for Peace）。一九一七年一月二十二日向美國參議院發表的演講。64 Congress, 2 Session, Senate Document no. 685 (Washington, DC, 1918).
6. 一九一八年五月十八日，威爾遜起身支持「全世界受壓迫、渴望自由的無助人民」。Ray Stannard Baker, ed., *Woodrow Wilson and World*, vol. 1 (New York, 1923), 16. 若要了解威爾遜對哈布斯堡政府的研究，請參見：Woodrow Wilson, *The State: Elements of Historical and Practical Politics* (Boston, 1889), 334–365.
7. August Schwan, "Permanent Peace," *The Survey*, March 6, 1915, 623; *Supplement to the Messages and Papers of the Presidents Covering the Second Term of Woodrow Wilson* (New York, 1921), 8667.
8. "Reply of President Wilson to the Austrian Proposal," October 18, 1918, in *Official Statements of War Aims and Peace Proposals*, James Brown Scott, ed., (Washington, DC, 1921), 427–428.
9. Ivo Banac, *The National Question in Yugoslavia: Origins, History, Politics* (Ithaca, NY, 1984), 98. 蘇皮洛因中風於倫敦一間療養院去世，他在

國家圖書館出版品預行編目（CIP）資料

共同體的神話：極權暴政的席捲與野蠻歐陸的誕生／約翰．康納利（John Connelly）著；黃妤萱譯.
-- 初版. -- 新北市：臺灣商務印書館股份有限公司, 2023.08
面；14.8×21公分（東歐百年史）
譯自：From peoples into nations : a history of Eastern Europe.

ISBN 978-957-05-3516-7（平裝）

1. CST: 民族主義　2. CST: 東歐史

740.73　　112009664

歷史・世界史

共同體的神話

極權暴政的席捲與野蠻歐陸的誕生

From Peoples into Nations: A History of Eastern Europe

作　　者—約翰・康納利（John Connelly）
譯　　者—黃妤萱
發 行 人—王春申
選書顧問—陳建守
總 編 輯—張曉蕊
責任編輯—陳怡潔、洪偉傑
版　　權—翁靜如
封面設計—許晉維
內頁排版—黃淑華
營 業 部—劉艾琳、謝宜華、王建棠
出版發行—臺灣商務印書館股份有限公司
23141 新北市新店區民權路 108-3 號 5 樓（同門市地址）
電話：（02）8667-3712　傳真：（02）8667-3709
讀者服務專線：0800-056193
郵撥：0000165-1
E-mail：ecptw@cptw.com.tw
網路書店網址：www.cptw.com.tw
Facebook：facebook.com.tw/ecptw

局版北市業字第 993 號
初版一刷：2023 年 8 月
印刷廠：鴻霖印刷傳媒股份有限公司
定價：新台幣 650 元

法律顧問—何一芃律師事務所